庆典贺词全书

qingdian heci quanshu

王学典◎编著

图书在版编目（CIP）数据

庆典贺辞全书/王学典编著. —北京：企业管理出版社，2011.12
ISBN 978-7-80255-942-4

Ⅰ. ①庆…　Ⅱ. ①王…　Ⅲ. ①汉语-格言-汇编　Ⅳ. ①H136.3

中国版本图书馆 CIP 数据核字（2011）第 236402 号

书　　名：庆典贺词全书
作　　者：王学典
选题策划：申先菊
责任编辑：申先菊
书　　号：ISBN 978-7-80255-942-4
出版发行：企业管理出版社
地　　址：北京市海淀区紫竹院南路 17 号　邮编：100048
网　　址：http：//www. emph. cn
电　　话：总编室（010）68420309　发行部（010）68701638
编辑部（010）68701074
电子信箱：emph003@ sina. cn
印　　刷：三河市南阳印刷有限公司
经　　销：新华书店
规　　格：170 毫米×240 毫米　16 开本　21.5 印张　420 千字
版　　次：2012 年 2 月第 1 版　2014 年 3 月第 2 次印刷
定　　价：46.80 元

版权所有 翻印必究 · 印装有误 负责调换

前言

中国是一个重视传统的国度，也是一个喜欢热闹的民族，因此，几千年的历史给我们留下很多传统礼仪、纪念日以及节日等。在经过几千年的沉淀后，逐渐形成了一种独特的庆典文化！

一般当我们遇到开业、婚庆、生日、乔迁、庆功、佳节等事情时，都会举办一个庆典来大肆庆祝一番。在庆典上，我们不仅要摆设筵席、请人奏乐，举行剪彩仪式，我们还要发表一些贺词。无论你是主人还是宾客，都有可能被邀上台去，发表一篇或热情洋溢或幽默诙谐的贺词。

一篇好的贺词，不一定要有很华丽的词藻，也不一定有很多大道理，更不需要长篇大论、滔滔不绝。好的贺词需要的是能够充分表达祝福的语言，需要的是能够调动人们热烈气氛的情感，需要的是简洁凝练、恰到好处！只要你的贺词能够做到这三点，那么，就是一篇完美的贺词了！

本书是一本专业庆典贺词全书，书中为你设置了多个庆典场景，列举了几百篇实用贺词，并且搜罗了上千个祝福佳词、佳句、对句，是一本实用的功能书。书中根据不同的场景不同的人物，列举了不同的范例，其中囊括了各行各业、各种人物，无论是商业庆典还是家庭聚会，无论是宴会还是酒席，都可以让你轻松搜罗到祝福之语！拥有了本书，不仅可以解决你工作生活上的难题，也会让你成为聚会的焦点，更能提升个人的致词水平！

作为四大文明古国之一的中国，向来重视礼仪之交，无论是什么样的场合都要遵守一定的礼仪，庆典也不例外。无论是婚礼、祝寿、开业、开幕、乔迁的庆典，还是周年、佳节的庆典，都有一定的礼仪规范，如果你因为不懂得一定的礼仪，而无意间破坏了庆典的气氛，或者是给人留下了不好的印象，那就太可惜了。因此，本书为了更加实用，在讲述贺词的同时，还特意为大家介绍了庆典的礼仪以及庆典小常识，目的是为了拓展读者的视野，了解中国博大精深的庆典文化、礼仪文化，也能够让读者在充分了解庆典的意义后，更好地完成贺词的准备。

希望本书可以给你带来阅读的快乐，也希望本书可以成为你生活中的得力助手，为你的工作、生活和学习增添更多的色彩！

第一章　庆开业贺词

无论是一个小店铺，还是大商场、大酒店，在开张之时都会举行一个开业庆典。在开业典礼上有一个重要的环节，就是致开业贺词，这个贺词一般由领导或者是机构代表进行，可长可短，几百字、上千字都可以，在这短短的贺词中，有对商业机构的祝福，也有对来宾们的感谢，好的开业贺词可以调节气氛，也可以扩大机构的知名度。虽然开业贺词篇幅不长，但却是整个开业典礼的亮点，有着重大意义！

庆典之道

开业贺词的要点

一篇好的开业贺词，一般分为以下几个部分：

第一，开篇语。开篇语一般都是向大家问好，然后点明主题，一般会说“今天是×××的开业庆典”或者是“今天是×××公司开业的大好日子”等，贺词就要直奔主题，让大家明白贺词主要的恭贺对象，切忌拖拖拉拉一大堆，说了半天大家还是云里雾里，不知所云！

第二，点明主题之后，如果发言人是本公司领导，则要向各位来宾道谢，“感谢大家在百忙之中来参加我公司的开业庆典”；如果发言人是嘉宾，则要向开业公司道贺，“在此，我代表所有嘉宾向×××公司表示真诚的祝贺！”

第三，回顾公司筹备的历程，展望公司未来。一般每个公司或者店铺的开张都会经历一定的时间筹备，投入大量的资金和精力，贺词人此时应当对筹备期间的艰辛回顾一下，认同公司的努力成果。一般会说“×××公司在全体员工的共同努力下，历经了半年时间筹备，今天终于顺利开业了。该公司在筹备过程中……这是大家共同努力的结果……”。或者说，也可以介绍一下公司的概况，例如“本商场占地面积××平方米，是一个综合性规模性的综合购物商场……”。

回顾之后，展望公司的未来，或者说一下公司对本地区经济发展的促进作用等，例如“本公司在未来的时间里，一定会继续努力，大展拳脚，争取成为行业的佼佼者……”。

第四，结束语。在结束的时候，需要说一些祝福语，如“祝×××公司开张大吉，生意兴隆！”也可以说一些激励的话语，如“希望×××公司严格要求自己，加强公司管理，踏踏实实，创造更大的辉煌！”

总之，贺词的最大目的是恭贺公司的开张，表达对新公司诞生的祝福，无论是什么公司，祝福和激励的话是必不可少的！

受邀嘉宾的礼仪

开业庆典对于一个公司来说是非常重要的，开业庆典是一个喜庆的事情，同时也是一个商业活动，因此，作为一个受邀的嘉宾一定要遵守商务礼仪，如果有失礼的地方，就会贻笑大方，同时也会给庆典带来不愉快的影响。

作为一个嘉宾，能够受到主办方的邀请，说明你是有一定的地位或者身份，也充分表示了主办方对你的尊重！那么，作为一个嘉宾，你要遵守哪些礼仪呢？

第一，贺礼。开业庆典和婚礼一样，婚礼代表着一个家庭的开始，而开业庆典代表着一个商业机构的开始，因此，贺礼是必不可少的。一般来说，开业的时候赠送花篮或者给红包都是可以的，如果是赠送花篮，则需要在花篮上写上祝贺语，如“开张大吉、生意兴隆”等。如果是红包，则直接交给负责人即可。当然也可以赠送其他的贺礼，比如牌匾、吉祥物、工艺品摆件等都可以。

第二，祝福的话一定要得体，在公司开业的时候，嘉宾的祝福话是必不可少的，而且一定要面带笑容，如果你冷冰冰地将祝福话说出去，那么，一定会大煞风景，会让对方很尴尬！祝福的话，可以针对不同性质的公司来说，不过一般来讲，“恭贺开张、宏图大展”等话语都是可以用的。

第三，在庆典的过程中，一定要注意自己的行为，如果有人致贺词要耐性倾听，不要表现出急躁或者窃窃私语的事情，在高潮时要真心喝彩。在和他人交谈的时候，要流露出对该公司的真诚祝福，不要说扫兴话。如果有宴席，那么，最好不要中途退场，否则会给主人留下不好的印象，这是对主办方的不尊重，你的祝贺同时也就大打折扣了。

第四，在道别的时候，一定要到主人面前去，再对主人说一些祝贺话，千万不要不声不响离开，这是商务礼仪中非常重要的一环。

剪彩的注意事项

在开业庆典上，有项很重要的程序，那就是剪彩。虽然很多时候，剪彩是一个单独的仪式，但是，在很多开业庆典上，剪彩依旧是不可缺少的程序之一。剪彩仪式可以让开业庆典更加热烈，提高喜庆的成分；剪彩仪式是对未来美好的祝福，对开业公司是一个鼓励；剪彩也是一个最佳的公布方式，是向社会宣布公司诞生的良机！那么，剪彩仪式有哪些注意事项呢？

第一，事前物品准备。一般来说，剪彩需要很多道具，比如红色缎带、白色薄手套、托盘、新剪刀、红色地毯等物品，红色缎带是剪彩中的重中之重，一般要使用新的整条缎带，如果觉得用缎带浪费，也可以使用红布条、红纸条来代替。红色缎带上面团的花朵，要大、要醒目，要看上去喜庆，花朵的数量根据剪彩人数多一个或者少一个都可。剪刀和手套必须是新的，根据剪彩人数的多少而准备，只能多不能少，剪刀还要检查一下是否锋利，要确保可以一刀剪开，切忌不能补剪。托盘是为盛放缎带、剪刀、手套所用，也需是新的，最好为银色不锈钢材质，一般是一个剪彩者配备一个托盘，由礼仪小姐手持托盘。

第二，剪彩人员。一般来说，剪彩的人员最多不能超过 5 人，由领导、合作伙伴、名流、客户代表、员工代表等组成。主办方应当提前通知剪彩者，让其有充分的准备，以免临时准备不足，一般来说剪彩者需要身着套装、制服，不能戴帽子和墨镜，头发要梳理整齐。剪彩者的位置，可以遵循中间高于两侧，右侧高于左侧的原则，但是主剪人应当位于中央，如果剪彩者只有一个，那么，必须站在中央位置。

在上台的时候，剪彩者要微笑着用轻快稳重的步伐走向自己的位置，从托盘者手中接过剪刀，一剪将其绸缎剪断，再将剪刀放回原处。下台的时候，依次走下去即可。

第三，礼仪小姐的挑选。在剪彩仪式上，礼仪小姐也是一道亮丽风景线，礼仪小姐担任着迎宾、引导、服务、拉彩、捧花、托盘等重要任务，贯穿整个庆典的过程，因此，礼仪小姐必须是训练有素、外貌端庄的人员。相貌好、身材高、年轻、具有气质、聪明敏捷等是礼仪小姐的基本要求。礼仪小姐的装束也是有规定的，需要化淡妆、头发盘起，身着统一的单色旗袍、肉色丝袜、黑色高跟皮鞋，除戒指、耳环，不能佩戴任何首饰。如果可以，开业公司可以向礼仪公司聘请礼仪小姐。

妙句共赏

经典佳词

在开业典礼的时候，都会有祝贺词，无论是口头上的祝贺，还是赠送花篮，都会说上一些经典的佳词，这些佳词为祝贺增辉添彩，使得祝贺有诗意，祝贺也显得更加具有诚意。

常用的开业庆贺经典佳词有：

财源广进，生意兴隆！开业大吉，恭喜发财！

敬贺开张，宏图大展！开业之喜，大富启源！

生意兴旺，财源滚滚！兴旺发达，蒸蒸日上！

宾客如云，财运亨通！马到成功，如日中天！

鸿运高照，财源广进！红红火火，日进斗金！

宏图大展，裕业有孚！大吉大利，顾客盈门！

兴隆大业，昌裕后人！萃集百货，丰盈八方！

百尺竿头，更进一步！开张大吉，顺风顺水！

前程似锦，一帆风顺！花开富贵，源远流长！

财通四海，骏业宏开！门庭若市，辉煌腾达！
万商云集，骏业崇隆！紫气东来，马到成功！
欣欣向荣，事事如意！金玉满堂，乾坤万里！
客似云来，大展经纶！喜气盈门，骏业日新！
鹏程万里，兴旺发达！骏业肇兴，不断发展！

庆贺对句

对子，是我们中华文化中博大精深的一部分，使用对子不仅可以突出个人的文采，也可以变得更有诗情画意，在开业庆贺中如果使用一些对子，那么，会让你的祝福更加多彩，也更加具有诚意。

一、商铺贺词对句

财源滚滚达三江，生意兴隆通四海。
三阳开泰生意隆，四季亨通鸿业振。
秋高气爽经营伊始，日进斗金利益均红。
门庭若市如流水，服务周到如暖春。
顾客川流不息；生财道畅无穷。
开张添吉庆，启步肇昌隆；同行增劲旅，商界跃新军。
四面八方客来客往如流水；十全九美货进货出如走珠。
财源通四海，生意畅三春。
四海交游晏子风，五湖寄迹陶公业。
公平交易财源广，合理经营利路长。
举鹏程，北汇南通千端称意；祝新业，东成西就万事顺心。
开张迎喜报，举步尽春光。
货畅其流通四海，誉取于信达三江。
恒业需恒心，声名需隆德。
迎八面春风志禧，祝十方新路昌隆。
财如晓日腾云起，利似春潮带雨来。
雄心创大业，壮志写春秋。
根深叶茂无疆业，源远流长有道财。
东风利市春来有象，生意兴隆日进无疆。

二、文化、教育机构贺词对句

文坛新生放异彩，艺苑增香溢花芳。

国宁百艺生，土沃群芳艳。

妙曲吹开百花艳，英姿舞得万马跃。

誓奉银针开笑面，愿将玉液护春晖。

兢兢业业为人师，勤勤勉勉育英才。

桃李满天下，名师出高徒！

春蚕到死丝方尽，蜡炬成灰泪始干！

满腔热情，撰写大千世界，纵观世态炎凉；笔走龙蛇，描绘自然奇观，俯瞰气象万千！

三、餐饮、酒店贺词对句

誉满南北，美酒三杯供客醉；香飘东西，佳肴百味任君评！

开业喜迎远近宾，开张笑纳城乡客。

色香味俱全，秀色可餐；蒸煮炒皆用，香飘万里！

瑞雪拥祥贺启门，红梅献瑞祝新店。

品佳肴，味道人家；看美景，得意人生！

生意兴隆客满座，财源滚滚美名赞！

贺词好句

◆今天，在我们精心打造下××公司成立了，我们要以百分百的激情和努力来共同打造出一个示范性的公司，让我们一起发展壮大起来！

◆各位领导、各位来宾，大家好！欢迎大家来到我们××公司的开业庆典！我们公司是一个有梦想的公司、是一个有目标的公司，我们公司将在大家的关心和支持下奋勇前进，创造出一个美好的未来！

◆我们公司终于开业了，这是我们公司迈出的第一步，今天的典礼将载入我们公司的历史，对我们公司有重要的意义，从此以后，我们将扬帆远航，在商海中乘风破浪、奋勇前进！今天是一个新的起点、新的标志、新的里程碑，今后，我们将不断开拓进取，争取成为行业的佼佼者！

◆这是一个充满活力、朝气蓬勃的公司，具有强大的创造力，具有求是朴实的作风，具有诚实守信的品德！公司在今年来不断发展壮大的同时，也为该地区带来了更多的经济价值以及就业岗位，为该地区的经济发展做出了巨大的贡献。今天，一个新的分公司在我们这里成立了，相信，在如此优秀的××集团带领下，分公司一定会蓬勃发展起来，成为行业的带头人！

◆朋友们，我们××公司的成立是全体员工共同努力的结果，同时也是各位领导和朋友支持的结果，我们公司开业以后将肩负起自己的责任，努力将自己的

业务做到最好，给该地区的客户提供最好的服务。我们公司有着完善的理念、高效的团队、优良的设备，我们将在有限的条件中创造出无限的效益！

◆最后，祝××公司开业大吉、生意兴隆、财源滚滚！同时也祝在场的领导、嘉宾、朋友们，身体健康、事业有成、合家欢乐！

◆各位领导、各位朋友：今天是一个值得纪念的好日子，我们欢聚一堂，在这里庆祝××公司成立！在这个激动人心的时刻，请允许我代表×××向××公司表示真诚的祝贺！对于百忙之中前来祝贺的各位领导、朋友们，表示热烈的欢迎！

◆今天是贵公司开业的喜庆之日，向贵公司表示最最热烈的祝贺，希望贵公司生意兴隆，财源广进！

◆×××公司就好比是一艘刚刚扬帆的航船，让我们和它一起乘风破浪，共同建设美好的明天！

实用贺词赏析

庆酒店、饭店开业贺词

范文一：庆××酒店开业贺词

【致词人】××酒店总经理

【致词背景】××酒店开业庆典

各位领导、各位来宾，女士们、先生们：

大家好！今天艳阳高照、春意浓浓，我们酒店隆重开张了！我代表酒店全体员工向前来祝贺的各位领导、来宾们表示热烈的欢迎，感谢你们在百忙之中抽出时间来参加我们的开业庆典！同时，还要感谢为我们酒店的建设投入心血和汗水的朋友们，在此，向你们道一声真诚的问候！

我们酒店经历了两年时间的筹备，克服了多方面的困难，终于在今天功德圆满，顺利开业！

我们酒店是一个全国连锁酒店，在国内具有很高的知名度，是我市的第一家分店，也是该连锁品牌投入最多，规模最大的一个店。酒店在建立初期的理念就是要打造一个示范性酒店，因此我们花费了很大的精力，付出了很大的努力，终于呈现给了大家一个与众不同的酒店！我们酒店，设计风格新颖、功能齐全，从整体建筑到细节装修都体现出了华丽别致的气质，当然也不缺乏温馨和舒适。我们酒店设施完备，有不同的房间，实用的标准间、豪华的套房、商务用房；还有会议厅、中餐厅、西餐厅、自助餐厅、茶室、洗浴中心、娱乐室等配套设施，可以满足不同人士的住房和休闲需求。

我们酒店的开业不仅是我们集团的一大盛事，对于整个城市的发展也是一个促进。我市是一个著名的旅游城市，每年有大量的游客来到，而我们酒店正是迎合我市的这一特点而精心建造的，可以满足游客的住宿需求，提升城市的档次和品位，促进旅游事业的发展！我们致力于为客人提供更多更好的服务，为我市增加更多的收益！

酒店开业之后，我们会进一步加强管理，严格要求，做到规范运作，为大家提供更好更周到的服务！欢迎各界的领导、朋友前来我们酒店，给予我们更多的支持和关心，对我们的工作做出肯定！有你们的支持和关怀，我们将做得更好，争取成为全市最好的酒店！

最后，祝愿各位领导和来宾们身体健康、万事如意，事业蒸蒸日上！也祝我们酒店开业大吉、生意兴隆！

再次感谢大家的光临！

范文二：庆××食府开业贺词

【致词人】××食府经理

【致词背景】××食府开业典礼

各位来宾、各位朋友、女生们、先生们：

大家好，欢迎大家的到来！今天，是我们××食府的开业庆典，大家能够到来，我感到非常荣幸，感谢大家对我们食府的关心和支持！在这个具有历史意义的时刻，我代表我们食府向大家道一声真诚的问候，同时，也感谢为食府付出了大量精力和汗水的员工们！

我们食府从筹备到开业，是离不开大家的努力的，而今后的兴旺更是需要大家继续努力，今天的开业是我们食府迈出的第一步，今后才是我们大展宏图的时候，我们食府的未来是美好的，我们食府的前途是光明的！今后，我们食府将用最优质的服务将最健康的饮食带给大家！

我们食府兼具大江南北名菜、家常菜，比较符合大众的消费口味，有高档的包间可以满足商务宴请以及朋友聚会；也有环境优雅的大堂，可以满足人们平时的简餐；同时如果你结婚、祝寿，我们这里也可以承办宴席。我们食府的多样化就是为了满足人们不同的需求，而且我们物美价廉，服务好，绝对让您满意！在今天，我们开始正式营业，在开业的前三天，我们将对关心和支持我们食府的顾客给予优惠，凡是到我们店消费的，可以享受八折优惠！

今天，秋高气爽，秋天向来是一个收获的季节，而今天也是我们酒店收获的季节，我们将开始一个新的旅程，有一个新的开端，我们将力争成为该市的餐饮领头企业，用我们真诚的服务、严谨的管理，为大家呈现出一个与众不同的食

府，让大家有宾至如归的感觉。我们最终的目标就是成为大家最喜欢的餐厅，能够受到各界人士的好评！当然，我们食府的未来也是需要大家支持的，有了大家的支持我们才可以更好地前进，才能不断地进步，希望开业以后，大家多多光临，为我们食府增辉添彩，我们也会用最大的热情欢迎你的到来，为你提供最优质的服务！

再次感谢大家能够来到我们的开业典礼现场，我们将永远记住这激动人心的时刻，在此，我衷心祝愿大家身体健康、万事如意、财源滚滚！同时，也祝愿我们酒店开张大吉，生意兴隆！

谢谢大家！

范文三：庆×××山庄开业贺词

【致词人】×××山庄董事长

【致词背景】×××山庄开业庆典

尊敬的各位领导、各位来宾、女士们、先生们：

大家好！今天，我们来到了风景秀丽、环境优美的×××山庄，一起为我们的山庄开业庆贺！大家能够不远千里前来，我感到非常的荣幸，这是你们对我们山庄最大的支持和鼓励！在此，我代表我们山庄的股东们以及全体员工，向前来祝贺的嘉宾表示真诚的感谢！

最近几年，我市大力发展旅游经济，在发展经济的同时，也非常注重环境的保护，让经济和环境两不耽误。我市为了大力发展，促进成长，因此，出台了更加规范、更加宽松的招商引资政策。正所谓良禽择木而栖，我们集团正是看中了本市的良好投资环境以及广阔的发展前景，因此决定到此投资兴建山庄，相信在这样宽松开放的环境中，我们山庄会和本市一起迎风破浪、共同创造出经济的辉煌！

对于一个山庄来说，环境是首要的，没有好的环境，也就没有山庄的存在，因此，我们将山庄建立于本市的北部郊区，这里不仅环境优美，而且交通便捷。山庄内有碧水青湖，可以钓鱼、划船；有青山草地，可以放松休闲；有亭台楼阁，可以驻足小憩！山庄在优美环境的基础上，也建立了完善的配套设施，集餐饮、娱乐、住宿、温泉于一体，让大家可以享受到全方位的服务！

我们山庄是我们集团联合各位股东投资兴建的，历时两年的时间终于建立完毕，顺利开张。山庄可以顺利开业离不开全体员工的努力，同时也离不开政府的大力支持。在我们山庄开业之后，我们会秉承着“自然、健康、文明”的标准，以诚实守信的原则来经营，我们争取要打出自己的品牌，塑造自己的形象，让山庄成为全市的典范单位，让山庄成为本市的骄傲！我们山庄虽然开业了，但是创业之初，肯定会有很多不完善的地方，我们会在经营中不断改进，不断完善，提高服务质量，完备配套设施，进一步扩大山庄的规模，给大家提供更好的服务。

山庄开业之后，希望政府能够给予更多指导和建议，也希望社会各界人士多多关心和支持！祝×××山庄开业大吉、宏图大展！也祝各位嘉宾身体健康、生活幸福！

庆商场、超市、市场、开业贺词

范文一：庆××超市开业贺词

【致词人】××超市总经理

【致词背景】××超市开业庆典

尊敬的各位领导、各位嘉宾：

上午好！

秋高气爽、丹桂飘香，今天，我们欢聚在这里，共同为我们超市的开业而庆祝。非常感谢大家今天能够光临我们××超市的开业庆典，你们的到来让我感到非常荣幸，感谢大家对我们超市的关心和支持！

我们超市在政府的政策和指导下，经过半年的筹备，今天隆重开业了！

如今，是市场化的经济，政府非常重视对经济的发展，为我们投资商创造了一个良好的投资环境，给予了很宽松的条件。而作为一个投资人，能够为地区的经济贡献出一份力量，能够为老百姓的购物提供便利，也是我的荣幸，我们超市将不断开拓进取，争取做到最优，为大家提供更多更好的商品。

××超市，是我们集团投资100多万全新打造的一个大型的现代化综合超市，营业面积达500多平方米，商品涵盖了粮食、蔬菜、副食、百货、家电、日用品等，都是大家日常生活中需要的物品。我们超市地处该区的商贸中心，交通便捷、商业氛围浓厚，超市中的配套设施完备，装潢精美，购物方便，是大家日常消费购物的最佳场所，欢迎大家光临我们超市，我们也会为您提供最热情最周到的服务！

在开业之后，我们超市将不断努力，进一步发展，加强管理，正规运作，增强自己的实力，做到一流的管理、一流的信誉、一流的服务，为大家提供优质的商品，优秀的服务，力争成为本地区高档次、影响大、有品位的一流超市，为本地区的经济发展贡献一份力量！

希望大家以后可以多多支持我们超市，我们的超市也会用最优质的服务和商品来回报大家的支持！最后，祝大家身体健康、合家欢乐，也祝我们超市开业大吉、生意兴隆！谢谢大家！

范文二：庆×××百货商场开业贺词

【致词人】×××百货商场董事长

【致词背景】×××百货商场开业庆典

尊敬的各位领导、来宾、顾客朋友：

大家好！今天是我们×××百货商场开业的大喜日子，我非常激动，相信每个经历过商场开业筹备的人心情会和我一样激动，因为这是我们的心血和汗水的结晶！欢迎大家前来参加我们的开业庆典，我代表×××百货商场向大家表示最真诚的感谢！感谢你们对我们×××百货商场的支持！

×××百货公司从今年年初就开始筹备，经过半年时间的努力，终于瓜熟蒂落，和大家见面了！×××百货公司是由我们×××公司联合国内最大的零售商××公司联合成立的，我们公司拥有雄厚的实力和科学规范的管理。在商场筹备的初期，我们就确定了便利、时尚、潮流的方针，凭借着开拓进取的精神，借鉴世界知名百货商场的经营模式，建立起了本地区最大最全的百货商场，经营的货品涵盖面广，中高档次的商品应有尽有，最大程度方便市民的购物，满足不同人的需求，也是人们追求高档次消费的场所！商场的内部装修温馨典雅舒适，设有中央空调，冬暖夏凉，让顾客可以舒适购物！我们商场除了齐全的货物，配套设施也是一流的，电梯、休闲区、卫生间、咖啡厅、餐厅、KTV、影视城等，在购物的同时也集娱乐、休闲于一体，购物娱乐同时进行！

×××百货商场开业之后将以更大的热情欢迎各位顾客朋友前来，我们将以自己的实际行动来证明我们商场的实力，我们将最大程度为顾客考虑，最大让利给顾客，让顾客安全购物、省钱购物、满意购物！当然，我们×××公司也不会止步不前，我们会进一步完善自己，进一步扩大商场的规模，给大家带来更多更好的商品，同时也为社会创造更多的财富。相信我们的进步也会带动整个区域的经济进步，我们力争要成为整个地区的最优商场！同时，我们也欢迎更多的人来到我们×××商场工作，成为我们的一员，让我们共同进步，创造美好的未来！

再次感谢大家能够光临今天的开业庆典，希望各位领导、各位来宾能够多多支持我们×××百货商场，提出更多的宝贵意见，也希望广大顾客朋友们能够多多光临，我们将以最大的热情为您服务！祝所有来宾身体健康、幸福快乐！

最后，祝×××百货商场开业大吉！谢谢大家！

范文三：庆×××手机卖场开业贺词

【致词人】×××手机卖场经理

【致词背景】×××手机卖场开业贺词

各位领导、各位朋友：

大家好！今天是一个值得纪念的好日子，我们在此隆重庆祝×××手机卖场开业！我代表我们卖场对百忙之中前来参加庆典的领导们、朋友们表示热烈的欢迎，感谢大家对我们卖场的支持和关心！

我们×××手机卖场隶属于×××集团公司，是×××集团投入巨资打造的一流手机卖场。卖场从年初开始筹备，经过了几个月的时间，终于在这个春夏之交的美好季节顺利开业了！我们卖场的营业面积达600多平方米，囊括了时下多个知名手机品牌，手机档次也是中高低齐全，同时也拥有很多高端手机、老年手机、学生手机、商务手机、娱乐手机等，满足不同人群的需求。我们卖场还有专业的试机区，让你真实体验到手机的多种功能，提供各种类型的下载服务、维修服务等！同时，我们卖场还有完善的配套设施，顾客休息区、卫生间等，可以让顾客在购物的同时，能够享受到更舒适的环境！我们×××手机卖场，以“诚信、热情”为宗旨，保证所售物品为正品行货，让顾客可以放心购物，无忧购物！

×××集团是一个充满活力的集团，整个集团在董事会的领导下，不断取得新的成绩，今天×××手机卖场的成立，标志着×××集团的一个新的里程碑，也将开创更大的辉煌！我作为卖场的负责人，今后也会严格要求员工，规范管理，不辜负集团领导对我的期望，争取将×××手机卖场成为整个地区的优秀卖场之一，我相信在全体卖场员工的努力下，我们一定会步步高升，宏图大展！

在此，我非常感谢各位领导以及朋友对我们的关心，我们在你们的帮助下，一定会茁壮成长，在开业之后，还希望你们能够多多关心我们卖场，而我们也会用最好的成绩来回报你们的支持！祝各位领导、各位朋友、在场的嘉宾们事事顺心、合家欢乐！

最后，祝×××手机卖场开业大吉、一帆风顺！谢谢大家！

范文四：庆××花卉市场开业贺词

【致词人】××花卉市场负责人

【致词背景】××花卉市场开业庆典

尊敬的领导、各位来宾、朋友们：

大家好！在这个春暖花开、万物复苏的季节，我们××花卉市场经过一个冬天的筹备，终于在今天开业了！欢迎大家来到我们花卉市场的庆典，我们将共同度过这美好的、具有历史意义的时刻！如今，正是百花齐放、群芳争艳的时候，我们××花卉市场也在这个时候静静绽放了！××花卉市场好比是一朵娇嫩的鲜花一般，在经过一个冬天的沉睡涵养，在这个时候开放出了艳丽的花朵，给大家的生活带来了美丽和芬芳！

××花卉市场是××公司精心打造的花卉交易市场，位于××市的西郊地区，这里交通便捷、地理位置优越。整个市场占地6000多平方米，分为鲜花区、鱼鸟区、仿花区、工艺品区四大区域，出售的商品有各种鲜花、仿真花、以鱼鸟为主的各种宠物以及版画、藤编、摆件等工艺品。品种繁多，数量巨大，可以满足整个市区的鲜花需求，无论是商务鲜花、开业鲜花，还是家庭植物等应有尽有，是花卉爱好者的理想购物之地！

××花卉市场，是统一管理的市场，制度严格规范，如今已经入驻的商户有100多家，经营着各种中高低档花卉、鱼鸟等，这些商户我们都是经过严格招

商，很多商户都是本市的花卉种植大户，拥有自己的花卉种植基地，还有专营高档盆景、盆花的商户，满足不同人的需求。我们市场的宗旨就是要美化我们的城市、美化我们的家庭，让每个家庭都拥有鲜花和绿植，让生活充满绿色，让生活更加有情趣，让生活更加有格调！

今天，是××花卉市场值得纪念的日子，也是我们征程的第一步，尽管我们已经尽到了最大的努力，但是，肯定还有不完善的地方，希望大家能够给我们多多提建议和意见，我们将不断改进，加强我们的管理，争取成为本市最大最全的花卉交易市场，给大家的生活带来更多的美丽！同时，也希望更多商户入驻我们市场，我们给你们提供舒适的经营场所，给予更多的优惠政策，我们××人欢迎您的加入！

最后，感谢今天到场的所有领导、嘉宾、朋友们，有了你们的支持，才有了我们××花卉市场的今天，希望你们以后能够一如既往地支持和关心我们××，我们××也将以优异的效益来回报大家的关心和爱护！谢谢大家！

范文五：庆××市古玩市场开业贺词

【致词人】××市文物局局长

【致词背景】××市古玩市场开业典礼

尊敬的各位领导、女士们、先生们：

你们好！今天是我们××市古玩市场开张的大喜日子！我十分荣幸能够前来参加古玩市场的开业典礼，并且代表文物局以及在场所有的嘉宾致贺词！感谢大家对我市古玩市场的支持，同时也是对我市文物工作的支持！

××市位于中原腹地，已经有两千多年的悠久历史，是华夏文明的发祥地之一，这里拥有深厚的历史文化沉淀，有丰富的遗产资源，未开发的古玩市场巨大，因此，我市的古玩市场有着不可估量的潜力！古玩业在中国向来都是一个非常热的行业，尤其是在一些历史悠久的城市，比如北京，古玩市场很多，喜欢古玩的人也很多。我市也是一个十分有潜力的古玩城市，但是，从前人们的生活水平并不是很高，因此对古玩并没有过多的关注，如今，大家的生活水平提高了，除了追求物质方面的需求，对精神层次也有了更高的要求，所以玩古玩的人也越来越多了！古玩不同于其他的爱好，它在陶冶情操的同时，也具有很大的收藏价值和经济价值，可谓是精神物质双丰收！

古玩，是文化行业中的重要组成部分，我市作为一个具有悠久历史的古城，发展古玩业就是发展文化、重视历史的表现。现在，我市认识到了古玩业的重要性，为了大力发展古玩业，建立了我市的古玩市场。这个市场的建立，对我市的古玩业有重大的意义，也为古玩提供了一个交流、收藏之地。我作为一个文物工作者，对于古玩有着特殊的感情，能够看到我市古玩业蓬勃发展起来，我感到十分的激动，古玩能够为我市的文化添上一笔浓重的色彩，我十分高兴，这是对我们文物工作的支持和认同！

××市古玩市场，是我市建立的第一个古玩市场，占地面积达5000多平米，拥有上百个室内、室外摊位，可以满足我市古玩爱好者的需求，对古玩业的发展也起到了积极的作用。在此，我代表我市文物局向各位为古玩工作作出贡献的人，以及市场的各位商户表示亲切的问候，希望你们以后能够为古玩业作出更多的贡献！

最后，祝××市古玩市场开业顺利，也祝古玩市场的各位商户生意兴隆，在场所有的嘉宾和朋友，身体健康、事业顺利！

庆公司开业贺词

范文一：庆×××外贸公司开业贺词

【致词人】×××外贸公司总经理

【致词背景】×××外贸公司开业典礼

各位领导、女士们、先生们：

你们好！金风送爽，秋兰飘香。在这个收获的季节，我们×××外贸公司在辛勤的耕耘下，也获得了巨大的收获。经过几个月的筹备，终于成立了！今天，我们欢聚一堂来庆祝本公司的开业，这将是我们公司的第一件大事，也将成为我们公司历史上最激动人心的时刻！

在此，我代表×××外贸公司的全体员工，向大家致以亲切的问候！感谢大家对我们的关心和支持，在筹备期间，我们经历了很多困难，但是，在政府的指导下，同行的关心下，我们还是将困难一一克服，使得公司顺利开张！当然，全体员工的努力也是很重要的，没有你们公司也不会成立！我们公司能够组建成功，和团队精神以及团队智慧是分不开的，团队的力量是巨大的，我希望在今后的工作中，依旧可以发扬这种团队精神，将工作做到最好，创造出更多的效益！

我们×××外贸公司，是一个专业的外贸经营公司，公司具有外贸经营资格，和多个国家有贸易合作关系，欧洲、东南亚、日本、韩国、香港等地区，都是我们主要的贸易对象，经营的货品涵盖食品、日用品、工业用品等。我希望我们公司在开业之后可以做大做强，为客户提供更好的服务，也希望有业务需求的各界人士前来我公司洽谈业务，我们将用最大的热情为您提供服务！

公司开业之后，我希望各位领导、同行的朋友们，多多对我们提出宝贵意见和建议，我们也将会不断完善自己，努力进取，加强自身管理，充分利用我们的资源，创造出更多的效益，为本地区的经济发展贡献一份微薄的力量！我们是一群充满激情的人，我们肩负着重任，怀揣着梦想，相信我们的未来一定是美好的！

最后，再次感谢所有嘉宾的光临，祝大家事业顺利、合家幸福！也祝我们公司开业大吉、宏图大展！

范文二：庆××房产中介园田分公司开业贺词

【致词人】××房产中介公司董事长

【致词背景】××房产中介园田分公司开业庆典

各位领导、各位来宾，朋友们：

大家好！今天，是我们××房产中介公司园田分公司成立的大好日子，也是我们公司值得庆贺的日子！在我们××公司全体人员的共同努力下，园田分公司终于开花结果，顺利开业了！

最近几年，房产行业蓬勃发展，我们公司就是在这样的大潮之下，应运而生的。××房产中介公司成立于2001年，当初我们只有总公司一家公司，如今，我们在全市遍地开花，分公司已经多达26家，遍布于城市的各个区域，业务量也翻了几番，能够取得今天的成果同大家的努力是分不开的，我在此衷心地感谢各位员工的努力和付出，有了你们才有了今天的××房产。

如今我们的园田分公司成立了，这家公司的成立标志着我们××房产又提升了一个高度，标志着我们的业务范围将再次扩大，标志着我们公司的实力越来越大了！园田分公司就像是我们公司的又一个里程碑，是我们前进道路上成功的标志，也是一个新起点的开始，激励我们不断前进！希望园田分公司在开业之后，能够百尺竿头更进一步，不断扩大业务范围，争取最好的效益，成为我们公司的优秀分公司！相信在分公司经理的带领下，在全体员工的努力下，园田分公司一定不会让我们失望，我们总公司也会及时解决分公司出现的问题，相信在大家的努力下，我们会再创辉煌！

在此，我还要感谢政府部门对我们公司的支持和鼓励，如果没有政府的关怀，我们公司也不可能有今天的成就，因此，我从内心深处要感谢我们的政府！当然，我们也会更加努力，创造出更大的经济价值来回报政府的关怀！

最后，祝园田分公司开业庆典圆满成功！也祝各位领导、各位来宾、朋友们万事如意、事业兴旺！谢谢各位！

范文三：庆×××会计师事务所开业贺词

【致词人】×××会计师事务所法人代表

【致词背景】×××会计师事务所开业庆典

各位嘉宾、各位朋友：

上午好！今天，是我们×××会计师事务所举行开业庆典的日子，首先，欢迎大家在繁忙的工作中能够抽出时间来参加我们的庆典，我感到非常荣幸！也为我们×××会计师事务所能够受到这么多人的关注而感到高兴！感谢大家能够和我一起度过这个值得纪念的时刻！

×××会计师事务所在经过四个月的筹备，终于顺利开张了！我们会计师事务所是经过工商局、税务局批准的专业会计师事务所，我们具备会计、审计、司法会计鉴定资格，以及税务审计、基建审计、资产评估等资格，可以为大家提供各种的会计审计服务。我们×××会计师事务所的所有员工都是具有高学历，持有会计师、审计师资格证证书的人员，并且有着多年的从业经历，办事沉稳，经验丰富，是每个企事业单位最佳的得力助手。

从改革开放以后，我国的经济就得到了飞速的发展，国家经济实力也得到了稳步的提高。我们会计师行业是经济发展中必不可少的一部分，为经济作出了很大的贡献。随着我国经济体制的不断完善，会计师行业也在不断发展，会计师的工作也出现了新的内容和标准。因此，很多会计师事务所都进行改进和提升，×××会计师事务所就是在一个新的体制下应运而生。我们与时俱进，根据新的政策和标准，确立了我们事务所的宗旨和标准，我们会以诚信为基础，运用专业的人才和知识为大家提供一流、高效的服务，争取成为本地区优秀的会计师事务所之一！

在这个经济飞速发展的时代，在这个信息化的时代，会计业将面临新的挑战，同时也会有新的机遇，而我们×××会计师事务所一定会把牢牢把握机遇，不断进取，为本地区的经济发展作出更大的贡献！在此，我预祝庆典圆满成功！也祝各位嘉宾、各位朋友事业兴旺、一帆风顺！谢谢大家！

范文四：庆××软件公司开业贺词

【致词人】××软件公司总经理

【致词背景】××软件公司开业庆典

尊敬的来宾、朋友们：

大家好！我们××软件公司正式开业了！

今天是一个值得纪念的日子，我们在这里热烈庆祝××软件公司的隆重开业，这是我们公司迈出的第一步。俗话说：好的开始是成功的一半。今天我们顺利开业预示我们将有一个灿烂辉煌的未来。在此，我代表我们公司的全体员工向前来参加庆典的所有来宾、朋友们表示衷心的感谢！感谢你们的到来，让我们的庆典更加喜庆，这也是对我们最大的鼓励！

一年以前，我有了建立××软件公司的念头，当时，心中还只是有一个雏形，如今，这个想法经过一年酝酿和筹备，成为了事实，我为此感到十分高兴，看到自己用心血和汗水创造出来的成果，就仿佛是一个母亲看到初生的婴儿一般，心中的激动是不可言喻的！在筹备的过程中，我们也遇到过很多困难，但是我们不畏艰难，努力克服，最终实现了公司的成立。在此，我要感谢所有为此付出努力和汗水的员工以及关心支持我们公司的朋友们，我们公司的诞生离不开你们的帮助！

××软件公司是一个欣欣向上的团体，具有很大的创造力和想象力，××软件公司在新的科技环境下，在各位朋友的帮助下，通过自己的努力，一定会发展壮大的。在这个科技迅猛发展的时代，互联网电脑已经成为了最普及的东西，信息技术也是推动当代经济发展的重要力量，对于一个软件公司来说，科技尤为重要，是提高企业竞争力的关键所在。我们公司将在大好发展机遇的面前，牢牢把握，争取为我国的经济发展贡献一份力量！我们也会将最优质的产品和服务提供给大家，并且我们会不断前进，推出更多更好的软件，方便大家的工作和学习，让网络时代变得更加具有朝气！我们公司将会乘势而上，不断发展，扩大公司规模，提升自身品牌，加强自身管理！相信，在公司领导的带领以及员工的努力下，我们公司会取得辉煌的成绩！

最后，祝××软件公司开业庆典圆满成功！也祝各位尊敬的来宾、朋友们事业有成、身体健康！谢谢！

范文五：庆××装饰公司开业贺词

【致词人】被邀请的业内嘉宾代表

【致词背景】××装饰公司开业庆典

尊敬的领导、各位朋友、业内同仁们：

大家上午好！杨柳依依、百花齐放，在这个春意盎然的季节，我们相聚在这里共同参加××装饰公司的开业典礼！能够作为嘉宾代表来致贺辞，我感到非常荣幸，在此，我代表全体业内同仁向××装饰公司表示热烈的祝贺！

随着近几年的经济发展，人们生活水平的提高，房产事业的兴旺，装饰装修行业也出现了很大的机遇，出现了繁荣兴旺的局面。装饰公司、设计人才如雨后春笋般涌现出来，装饰行业能够如此兴旺，作为一个装饰人我感到非常的开心。但是，在机遇面前更多的是挑战，虽然机会多了，可是我们的竞争更激烈了，如果没有开拓创新的精神是很难立足的，不过也正是因为这样才能促进我们装饰业的发展。今天，我们装饰行业又有一个新的成员加入了，那就是××装饰公司，该公司的成立将给我们装饰业注入新的活力、新的动力，进一步促进装饰业的前进脚步！

××装饰公司的创立人×××是我的多年好友，我们具有深厚的友谊以及多年的合作关系。×××是我们业内十分优秀的人才，曾经供职于国际知名的装饰公司，参与过很多大型的装饰工程，并且还获过全国装饰大奖。经过多年的努力奋斗，×××终于有了属于自己的一片天地，成立了自己的装饰公司。这是我们装饰行业的骄傲，也是每个从事装饰行业的人的努力目标。××装饰公司在筹备过程中，也遇到过很多难题，但是，××员工本着不怕艰难，开拓进取的精神，将其一一克服，到今天，他们的努力终于开花结果，初见成效！但是，这仅仅是一个开始，是一个新起点，希望××装饰公司在开业之后能够不断开拓进取，创造新的辉煌！

作为一个业内同仁以及老朋友，我真心祝愿××装饰公司开业大吉、蒸蒸日上！也祝在场的各位领导、朋友、同仁们身体健康、万事如意！谢谢大家！

范文六：庆×××物流公司开业贺词

【致词人】×××物流公司总经理

【致词背景】×××物流公司开业庆典

尊敬的领导、各位嘉宾、朋友们：

大家好！欢迎大家前来参加我们×××物流公司的开业庆典！今天是国际五一劳动节，是一个全世界劳动人民都兴奋不已的日子，我作为一个大众劳动者，今天感到无比的兴奋，因为，我创办的×××物流公司经过半年的筹备，在今天终于收获了果实——开业了！在此，我谨代表公司的领导班子以及全体员工向大家道一声真诚的问候！感谢大家对我们×××物流的大力支持和厚爱！

在改革开放之后，我们国家的经济得到了飞速的发展，国力大大增强。在经济繁荣的基础上，科技也得到了迅速的发展，人们不再遵循原来的贸易方式，互联网、异地交易等纷纷出现，人们的贸易出现了无地域的形式！人们无须到产地就可以买到自己心仪的商品，不再浪费人力资源，贸易方式更加便捷！贸易方式的改变促使了物流行业的兴盛，尤其是当电子商务产生后，物流行业的发展成了必然，全国的物流公司如雨后春笋一般冒了出来。我之所以成立×××物流公司，正是看中了物流行业无限的发展前景，在不久的未来，物流行业将成为一个新兴的行业，更加兴旺！

×××物流公司总共投资×××元，在各大城市中都建立有网点，可以运送物品到全国许多地方，我们开展的业务有同城快递、省内快递、省外快递、加快快递等。我们配备有经过专门训练的物流人员，本着以“快速、优质、便捷、诚信”的宗旨，可以上门取件、送货上门，让你不出家门，轻松购物，轻松交易！我们×××物流公司将让你的生活更加便捷！我们公司刚刚成立，必然还有不足的地方，而且网点分布也不足，我们开业以后，会不断前进，完善我们的服务网点，开展更多的业务，相信，我们×××物流公司将会有一个美好的明天，因为我们有一个团结的集体，我们有一群优秀的员工，我们会共同努力，创造出更多的辉煌！

在此，我对关心和支持我们的各位领导和朋友表示衷心的感谢，正是因为你们的关心，才有我们今天顺利的开业！希望开业之后，你们继续关心和帮助我们，我们将会以更加优质的服务来回报大家、回报社会！

最后，祝在场的各位身体健康、事业顺利！也祝×××物流公司开业大吉、马到成功！谢谢大家！

庆营业厅开业贺词

范文一：庆××移动营业厅开业贺词

【致词人】移动公司×××分公司领导

【致词背景】××移动营业厅开业庆典

各位领导、各位朋友：

大家好！

今天是十一国庆节，在这个举国欢庆、人人欢欣的日子里，我们公司×××移动分公司××营业厅在一片欢腾中盛大开业了！首先我代表公司对××营业厅的顺利开张表示热烈的祝贺！

我们×××移动分公司隶属于移动通信集团，自从分公司成立以来受到了各界人士的关注，成立十年以来，公司发展迅速，得到了众多客户的喜爱和认可，我们的客户也是成倍增长，如今已经达到了当初的15倍，用户高达20多万，这是客户对我们最大的鼓励，也是促进我们继续努力的动力！我们公司为了更好地为大家服务，在整个地区开办了30多个自营营业厅，10多个合作营业厅以及多达上百个移动交费网点，最大程度为客户服务，为客户行方便，一切以客户为中心。客户无论是在市中心还是偏远的郊县，都可以方便快捷办业务。虽然我们的网络覆盖率已经很高了，但是，我们并不能停下追求的脚步，我们还需要不断努力，今天，我们××营业厅的开张就是我们不断努力的结果！

××营业厅是我们深入客户调查，为了满足客户的需求，为了给客户提供更好的服务而开设的。南京路位于本市的旧城区，经过这几年的城市改造，环境大大改善，居住人口增加，周围的商贸中心也越来越多，因此，我们公司经过研究决定在此开设营业厅便利大家办理业务！××营业厅是我们在南京路上唯一一家自营营业厅，是我们公司直属管理的营业厅，并且采取了最先进的设施服务，而且配备了自助服务缴费机、打印机等，客户可以用最快的速度办理自己的业务，方便省时省力！除此，我们营业厅还有舒适的环境、良好的服务，肯定会让你满意到家！

××营业厅是我们×××移动分公司为大家打造的最方便快捷的营业厅，并且有着全方位的服务，虽然才刚刚开始营业，不过我相信在今后的发展中它将成为我们营业厅中的模范，在优秀品牌和强大网络的支持下，我们会愈发壮大！

最后，祝在场的领导、朋友、客户们全家幸福、工作顺利！也祝××营业厅蒸蒸日上、如日中天！

范文二：庆××证券营业部开业贺词

【致词人】××证券营业部负责人

【致词背景】××证券营业部开业庆典

尊敬的领导、各位来宾、朋友们：

大家好！今天是我们××证券营业部正式挂牌成立的日子，非常感谢大家能够前来参加我们的开业庆典！我代表我们××证券营业部的全体领导和员工向大家表示真诚的感谢！

××证券营业部是××证券公司在本市开办的第五家营业部，位于本市北区，这里地处北区的商业繁华地段，交通便利，周围商业氛围浓厚，也是北区市民聚集区，我们营业部的建立不仅是为了方便市民更好地办理业务，也说明了我们××证券实力的进一步增强。我们××证券公司从2002年建立以来，通过自身的努力，不断发展壮大，到现在已经在全国拥有多家分公司，多个营业部，是全国十佳证券公司之一！

××证券营业部，主要开展的业务有证券承销与保荐、证券经纪、证券投资咨询、证券交易、证券投资活动有关的财务顾问、证券资产管理、融资融券等，可以满足人们对证券的各种投资业务。我们营业部将秉承××证券公司"诚实守信、客户至上"的宗旨，用最周到最热情的服务让客户得到最大的满意！

在此，我要感谢当地政府部门以及各位领导、各位朋友，××证券营业部得以顺利开张，和你们的关心和厚爱是分不开的，我们营业部开张之后将会以执著的专业精神、热情的服务、更高的目标，迎接大家的到来，接受市场的考验，我们会努力奋进，为客户提供更加专业优质的服务，同时也为本地区的金融业贡献一份力量！

最后，我祝在场的领导、来宾们幸福快乐！也祝我们××证券营业部开业大吉、蒸蒸日上！谢谢大家！

庆店铺开业贺词

范文一：庆××理发店开业贺词

【致词人】××市美容美发协会会长

【致词背景】××理发店开业庆典

各位领导、各位来宾、各位同仁：

大家好！在这个春回大地、万物复苏的季节，我们共同来到了××理发店的开业庆典上，作为被邀请的嘉宾，我感到十分荣幸！同时，我也感到十分高兴，因为作为一个从事美容美发行业的人，能够看到新的美发店诞生，我很欣慰，我们的队伍又壮大了，我们可以为市民们提供更多更好的服务了！

理发店作为一个服务行业，已经存在很多年了，自古就有理发的行当，从前我们被称为剃头匠，不过是一个简单的剃头、理发手艺而已，但是随着社会的进步、人民生活水平的提高，人们对美无限的追求，我们理发行业也出现了翻天覆

地的变化，我们不再是单纯的理发、剃头，更多是如何美化大家的头发，如何创造出更多好看的发型，除了理发的基本功，烫发、染发、造型等也是一个理发师必备的基本技能，而烫发、染发也不再是女性的专利，很多男性也加入了美发的行业，全民爱美的时代已经到来了，我们美发行业也要不断创新、开拓进取，争取为大家提供更多更优质的服务！

××理发店，是由我们××市美容美发协会监督，由具有多年开店经验的著名理发师×××创办的，×××是我们协会的会员，曾经服务于多家顶级的美发店，还先后获得过很多美容美发大奖，是我们行业的佼佼者。今天，一个属于他自己的理发店成立了，这是他多年努力付出的成果，也是对他心血和汗水最好的回报。××理发店分为上下两层，营业面积达400多平方米，店内有最先进的烫发仪器，装饰典雅，而且还配备有休息区，可以供人们在美发期间休息娱乐！希望××理发店在开业之后，继续发扬不断进取的精神，为大家提供更加优良的服务！

最后，祝××理发店开业大吉、一帆风顺！也祝在场的各位领导、来宾、同仁们身体健康、万事如意！

范文二：庆××××影楼开业贺词

【致词人】××××影楼总经理

【致词背景】××××影楼开业典礼

各位来宾、朋友们：

大家好！欢迎大家前来参加××××影楼的开业典礼！大家能够前来我感到十分高兴，在此向大家表示衷心的感谢！××××影楼于年初开始筹划，经过半年时间的准备，终于在这个秋高气爽、雁过留声的收获季节开张了！我们影楼就好比是春天种下的一粒种子，经过一个夏天的耕耘，终于在秋天结果了！

我们××××影楼隶属于×××婚纱摄影公司，×××公司是全国知名的摄影公司，在全国有多家分店，受到了很多顾客的好评，并且获得过很多荣誉。×××摄影公司的宗旨就是为顾客拍出最好看的照片，让顾客留住自己最美的一面。我们××××影楼是×××公司在本市开办的第一家影楼，公司看好的是本市浓厚的商业氛围，看中的是消费者对高层次消费的追求，我们影楼是为了满足消费者的需求而建立的，我希望每一个顾客都可以在我们影楼留下一个美好的回忆！

我们××××影楼位于市中心的繁华地带，这里云集了大量的商场、商务写字楼，是本市最大最重要的商业区，也是本市人流量最大的地方。我们影楼拥有上下三层，具有十多个摄影棚，塑造出了二十几个不同的场景，有背景模式，也有实景模式，并且我们在森林公园、北郊公园还有两个外景拍摄基地，满足人们对大自然的亲近，可以留住人们最自然的美好瞬间。影楼以婚纱摄影为主打，同时可以拍摄全家福、写真集、韵味照、儿童摄影等，是一个综合性的影楼！我们影楼刚刚创立，虽然我们尽了自己最大的努力，但是肯定还会有很多的不足之处，希望各位可以多多给予宝贵意见，我们也会在今后的经营中不断提高和完善自己，不断创新，推出更多更好的套系！

最后，感谢大家的到来，希望大家以后多多支持和关心××××影楼，祝大家身体健康、越活越年轻！也祝我们影楼开张大吉、蒸蒸日上！谢谢大家！

范文三：××汽车4S店开业贺词

【致词人】受邀的政府部门领导

【致词背景】××汽车4S店开业庆典

各位来宾、同志们：

大家好！

今天是××汽车4S店开业的大好日子，能够有幸来参加这个典礼我感到十分高兴，并且能够为开业典礼致贺词，更是我的荣幸！我代表我们部门，我们××政府对××汽车4S店表示真诚的祝贺，祝愿开张大吉，生意兴隆！同时，也向在场的各位来宾表示感谢，欢迎你们的到来！

最近几年，我市的发展脚步不断加快，经济得到前所未有的繁荣，各行各业蓬勃发展，尤其是汽车行业，从前我市的汽车专营店寥寥无几，汽车也是普通人家可望而不可即的高档品，但是，几年的时间过去了，我市的汽车专营店如雨后春笋般遍地开花，已经达到了几十家，而汽车也走进了普通家庭，成为了人们重要的代步工具。汽车专营店的发展，从一个侧面说明了我市经济发展的程度，也代表了人们生活水平的提高！今天，又一个优秀的汽车4S店开张了，加入了为我市汽车服务的行业，为我市的汽车专营店注入了新的活力，也为消费者提供了更多更好的选择。

××汽车4S店是一个一流的专营店，拥有全市最大的汽车展厅，并且有着完善的售后服务，提供汽车修理等一条龙服务，这里已经成为了我市多家单位的指定用车维修单位，希望该店在开张之后，能够为大家提供更多更好的服务，公司越做越大，生意越来越好，为我市的经济发展作出更大的贡献！

作为政府部门，我们将对任何有利于我市发展的企业给予最大的支持，不断推出新的政策，让更多的企业入驻我市，为我市的经济添砖加瓦！相信在政府和企业的共同努力之下，我们的经济会得到飞速的发展，人们的生活也会越来越好！

最后，祝××汽车4S店生意兴隆，蒸蒸日上，也祝各位来宾身体健康、家庭幸福！谢谢大家！

范文四：庆××服装专营店开业贺词

【致词人】××服装专营店店长

【致词背景】××服装专营店开业庆典

尊敬的各位领导、各位嘉宾、朋友们：

上午好！在这个吉祥的日子里，我们××服装专营店准时开张了！欢迎大家前来参加我们的庆典，能够得到这么多人的关心和支持，我感到非常高兴！

××服装是我省一个著名的连锁店，具有较高的名牌知名度，宗旨为“年轻、潮流、时尚”，针对的是城市中的白领以及时尚的年轻人。××服饰在省内很多城市都有连锁店，但是，在我市却一直没有推广开来，当我第一次发现这个品牌时就被其魅力深深吸引了，因此，我准备建立本市的第一家××服饰专营店。在和总部沟通以后，总部考察了我市的概况，准许了我的申请，于是，我在总部的指导下，经过三个月的努力，××服饰专营店终于开张了！专营店能够顺利开张，离不开总部对我的指导和帮助，在此，我对总部表示深深的感谢，希望我们以后能够合作愉快，创造出佳绩！

××服饰专营店位于我市的步行街，是我市最繁华的商业地段，聚集了大量的品牌专营店铺。我们××服饰专营店不过是其中的一个小角色，如何能够在这个高手林立的商海中脱颖而出，除了优质的产品、突出的特色，也离不开优质的服务。我们产品的品质是没有争议的，××服饰的好品质是业内公认的。在今后的经营中，我们一定加强管理，用最热情的服务来迎接每一位顾客。我们还会多和总部沟通，将最新最好的服饰推荐给大家，让大家成为最时尚最潮流的人。××服饰专营店就像是一个刚刚起航的帆船，我们才刚刚踏上征程，但是，我们有信心，在未来的日子里，我们一定会大展宏图、蒸蒸日上的！

最后，祝我们的庆典圆满成功，也祝在场的各位领导、各位来宾、朋友们幸福健康、合家欢乐！谢谢大家！

范文五：庆×××美容院××分店贺词

【致词人】×××美容公司副总

【致词背景】×××美容院××分店开业庆典

尊敬的各位领导、各位来宾、各位朋友：

大家上午好！今天是我们×××美容公司值得纪念的日子，我们欢聚在此共同庆祝×××美容院××分店的隆重开张！在这个激动人心的时刻，我代表×××美容公司向百忙之中抽空前来参加我们庆典的各位领导、各位来宾、各位朋友表示热烈的欢迎！也对××分店的顺利开张表示热烈的祝贺！

×××美容公司成立于2003年，起先只是一个很小的美容院，在公司领导高层不断的努力下，公司规模越来越大，仅仅几年的时间，公司已经发展壮大，如今，××美容院已经成为了本市最具规模最有影响力的美容院之一，全市有数十家分店，每个分店都取得了不错的成绩，这是我们×××公司的骄傲，也是全体×××人努力的结果！虽然我们取得了不斐的成绩，但是，我们并没有停下前进的脚步，我们要不断进取，争取更大的成绩，××分店的诞生就是我们努力的结果！

××分店是我们在本市新区开张的第一家店铺，位于经济开发区的中心位置。新区位于城市的西边，是政府城市建设的重要地区，如今已经有很多写字楼、企事业单位、文化场所入驻这里，这里将成为一个新的商圈，成为我市的代表。×××公司在这里开设××分店正是看中了这里无限的商机和发展潜力。希望，××分店开张之后，继续发扬“顾客至上、服务热忱”的宗旨，在经营期间如果出现问题，我们总公司也会给予及时相应的指导，相信，××分店在开张之后也不会辜负总公司的厚望，一定会创造出优异的成绩！

最后，祝××分店开张大吉、马到成功！也祝各位在场的领导、嘉宾、朋友们心想事成、万事如意！谢谢大家！

庆工厂开业贺词

范文一：庆×××制药厂开业贺词

【致词人】某地区卫生局局长

【致词背景】×××制药厂开业庆典

各位领导、各位来宾、同志们：

大家好！春意浓浓、草长莺飞，在这个阳春三月里，我们大家欢聚一堂，前来参加×××制药厂举行的开业庆典。今天是个吉祥的日子，也是一个值得庆贺的日子，×××制药厂也要开始新的航行了！在此，我代表我们卫生局向全体从事医药卫生行业的同仁们致以亲切的问候，也向×××制药厂的成立表示热烈的祝贺！

×××制药厂的前身是我们××市制药厂，经过几次的重组和改制，形成了今天的×××制药厂。×××制药厂虽然是一个新生的企业，但是，在以往的奋斗中，它也取得了辉煌的成就，曾经获得了地区制药企业的前五强，生产的药品不仅满足了本地区的供求需要，还输送到了全国各地，甚至还有很多出口到了其他国家和地区。能够取得这样优异的成绩是我们整个制药行业的荣誉，看到这样壮大的发展我由衷的高兴！如今，一个全新的×××制药厂成立了，这个企业将充满新的活力，新的动力，要以新的气象和面貌，继续发扬开拓进取、不断创新的精神，加强对自身的管理，生产出更加优质的药品来服务广大患者！

作为一个制药企业，作为一个以药品为生的行业，一定要严格管理自己，我们要时刻牢记身上的责任，我们每生产出来的一样药品都具有非同小可的意义，甚至关系着人们的生命大事，因此，×××制药厂要严把质量关，不能有任何的疏漏，这不仅是自己信誉的问题，也是对大家生命安全负责的表现。卫生局作为监督部门之一，我们也会严格履行自己的责任，对×××制药厂进行严格监督，为其提供更多的帮助和支持。相信，在我们共同的努力下，×××制药厂一定可以创造出更大的辉煌，取得更丰硕的成绩！

最后，祝×××制药厂开业庆典圆满成功！也祝在场的各位领导、来宾、同志们事业顺利、身体健康！

谢谢大家！

范文二：庆××食品加工厂开业贺词

【致词人】××食品加工厂厂长

【致词背景】××食品加工厂开业庆典

尊敬的领导、各位来宾、朋友们：

大家好！今天是我们××食品加工厂开业的日子！非常感谢大家能够前来参加我们的开业庆典，在这里我代表××的全体员工向大家表示最衷心的问候！除此我还要向在工厂建设期间付出大量心血和汗水的施工者以及员工们道一声谢谢，正是因为有了你们的付出，才有了今天的工厂。

××加工厂经过半年时间的建立，今天终于完工了！我们欢聚在一起，共同庆贺这一喜事！我们××加工厂是为了响应乡政府大力发展经济的号召而投资兴建的，如今，农民仅仅依靠土地的收入是很难致富的，虽然说我们乡是一个农业大乡，但是，人均收入依旧不高，农村的经济发展有待进一步开发。因此，乡镇府决定开展乡镇经济，增加农民的收入，提高农民的生活水平。我们××食品加工厂的建立，对于整个乡来说也有很大的意义，能够解决农村的剩余劳动力，让农民可以在家门口就业，免去了外出打工远离家乡、舟车劳顿的烦恼，在此，我欢迎家乡父老前来我厂工作！××食品加工厂以肉类为主，有冷冻鸡肉、冷冻猪肉等产品，同时还有一些香肠的加工项目，因此，我厂的建立可以带动我乡养殖业的进一步发展，也算是我对我乡经济的一个大贡献吧。同时，我厂需要大量的生猪、活鸡的收购，欢迎大家前来洽谈合作事宜。

在此，我要特别感谢我们的乡政府，在建厂期间给予我们的巨大帮助和支持，如果没有乡政府的优厚政策，也就没有我们××食品加工厂的诞生。希望，我们××食品加工厂开业之后，乡政府能够给予我们更多的指导和关怀！我们自己也会继续奋斗，加强管理，做出最优质的产品！我相信在政府的领导以及我们自己的努力下，我们××食品加工厂一定会发展壮大、宏图大展！

最后，祝各位领导、各位来宾、朋友们生活幸福、万事如意！也祝××食品加工厂开业大吉、财源滚滚！谢谢大家！

范文三：庆×××油漆厂开业贺词

【致词人】×××集团董事长

【致词背景】×××油漆厂开业庆典

尊敬的各位领导、各位来宾、同志们：

大家上午好！今天是×××油漆厂举行开业庆典的日子，今天，我代表×××集团的领导班子以及全体员工向前来参加庆典的各位领导、来宾、朋友们道一声最真诚的问候，欢迎大家前来参加庆典，你们的到来是对我们最大的鼓励！

×××油漆厂是我们×××集团花费巨资投资兴建的，该厂占地面积××亩，共建有数十个厂房。初期投入的产品，主要有墙面漆、室外漆、家具漆，在经过一段时间的发展后，我们还将投入生产汽车漆等工业用漆。×××厂是我们×××集团经过深思熟虑，多次的股东大会决定成立的，在一年前我们的构想还是在图纸上，十个月前我们的构想开始动工，三个月前我们的构想初具规模，到了今天，我们的构想终于开花结果，建成了一个具有规模的油漆厂。×××油漆厂，虽然刚刚建立，但是，相信在我们集团领导的带领以及全体员工的努力下，我们一定会拥有一个美好的明天！

我们×××集团已经具有20多年的历史了，涉及的领域包括化工、工业制造、金融、房产等多个方面，我们集团能够发展壮大，得益于我们欣欣向上、朝气蓬勃的企业氛围和文化，我们是一个具有创造力和想象力的集团，我们以诚信为宗旨，无论在哪个领域我们都遵守商业规范，严格要求自己。当然，我们能够取得这样的成绩，和全体员工的努力也是分不开的，有了一群团结奋进的团体，我们才可以不断前进！在此，我谢谢集团的全体员工，也希望你们在今后能够继续努力，发扬创造力精神！

×××油漆厂刚刚建立，虽然前期投入了很多努力，可是还会有很多考虑不足的地方，希望你们在今后的发展中不断完善自己，创造出更多的收益！最后，祝×××油漆厂开业庆典圆满成功！

谢谢大家！

庆文化机构开业贺词

范文一：庆×××电影院开业贺词

【致词人】×××电影院总经理

【致词背景】×××电影院开业庆典

尊敬的各位领导、各位来宾、朋友们：

大家上午好！今天是元旦佳节，人们都在为新年的到来庆祝着。元旦意味着新的开始，新年必将会有新气象，而我们×××电影院也迎来了新的纪元、新的希望，因为，今天是我们×××电影院开张的大好日子！非常感谢大家能够在这个举国欢庆、合家团圆的日子里前来参加我们的庆典，你们的到来使得我们的庆典更加隆重、更加喜庆，我代表我们×××电影院的领导和员工向大家表示衷心的感谢！

×××电影院是×××集团投资兴建的现代化大影院，于半年前开始筹备建设，经过六个月的努力奋斗，今天，终于隆重开业了！我们影院位于×××大厦的八楼，面积达500多平方米，总共有5个大小不同的放映厅，其中一个厅兼具3D放映功能，在1号厅中还有一个10座的包厢式贵宾席。影院的播放设备是全国领先的放映机，画面清晰，质量好，尤其是看大片的时候，绝对让你有身临其境的感觉。影院的装饰为典型的欧式风格，典雅高贵，可以让你感受到尊贵的享受。我们影院还有完善的配套设施，卫生间、等候区、零售部等，可以满足你的零食购物、休闲等候等要求！

我们影院在开张之后，一定会继续秉承×××集团的艰苦创业精神，努力开拓，不断进取，使自己做大做强，争取成为本地区最受欢迎的影院！当然，我们也会不断引进新片、大片，满足大家对文化娱乐的需求，丰富大家的业余生活。相信，我们在×××集团领导的带领和指导下，一定会百尺竿头更进一步，创造出优异的成绩！希望我们影院在开张之后，能够得到大家的支持和厚爱，我们会用最热情的服务欢迎您的到来！

最后，感谢在场的所有领导、来宾、朋友们，祝愿大家生活美满、事业有成！也祝×××影院开张大吉、马到成功！

谢谢大家！

范文二：庆×××区少儿活动中心成立贺词

【致词人】受邀的××区领导

【致词背景】×××少儿活动中心成立庆典

尊敬的各位领导、各位来宾、同志们、同学们：

大家好！

在这个春寒料峭、万物复苏的时节，我们共同来到了我区新成立的少儿活动中心，一起参加活动中心的成立庆典！今天是3月12日，一年一度的植树节，我们区的少儿活动中心成立了！之所以选择这个日子举办成立庆典，具有深刻的含义，春天是成长的季节，而植树节更是一个种植的季节，我们的青少年就好比是稚嫩的小树苗，等待着成长，而少儿活动中心的建立为少儿的成长增添了无数的色彩，可以帮助他们茁壮成长！今天，有幸被邀请前来参加庆典，并发表贺词，我感到十分激动，在此，我向各位在场的领导、来宾、同志们、同学们表示最衷心的问候，同时也对活动中心的成立表达最热烈的祝贺！

教育是关乎民生的大事，关乎国家的未来，因此，国家历来都十分重视对教育的投入。随着我国的改革开放，国家实力大大增强，人民的生活水平日益提高，人们对教育也越来越重视了。加上我国近几年来对教育体制的改革以及素质教育的要求，人们意识到仅凭单纯的文化知识、学校的教学已经无法满足对孩子教育的需求了，校外教育已经成为了孩子教育中的重要部分，如果想要孩子德智体全面发展，做一个全能人才，那么，校外教育是必不可少的。

××区正是考虑到孩子校外教育的重要性，要培养高素质的学生，因此，决定成立少儿活动中心，目的就是丰富孩子的业余生活，培养孩子的业余爱好，让孩子成为一个高素质的有用人才！少儿活动中心的成立标志着我区的教育又提高了一个台阶，也是学校教育联合校外教育的示范点！少儿活动中心成立以后，将成为我区最大的少儿活动聚集地，届时将开展各种少儿活动以及少儿业余培训班，让孩子的素质能够得到进一步的提高。多多参加少儿活动，可以培养孩子的动手动脑能力，增强孩子的自信心和意志力。希望，少儿活动中心能够成为孩子们的天堂，为孩子的教育贡献一份力量！

祝各位领导、嘉宾、朋友们事业有成，祝同学们好好学习、天天向上。最后，祝少儿活动中心成立庆典圆满成功！谢谢大家！

范文三：庆×××英语培训学校成立贺词

【致词人】×××英语培训学校校长

【致词背景】×××英语培训学校开业庆典

尊敬的各位领导、各位来宾、朋友们：

大家好！很高兴大家能够前来参加我们的开业庆典！我代表我们×××英语培训学校的全体教职工向大家问好！感谢大家能够在百忙之中抽空前来参加我们的开业庆典，这是对我们最大的鼓励和支持！

秋天是一个收获的季节，到处都洋溢着欢乐的气氛。秋天也是学生们新学期的开始，将有一个新的计划、新的学习旅程，我们×××英语培训选择在这个时间开业，就是想要和同学们同步开始，让同学们能够有一个丰富多彩的业余生活，让同学们在业余的时间能够有更多的收获！

如今，英语教学已经成了全民教育的重中之重，学习英语的热潮丝毫没有减退，反而高涨了！从前，我们的英语多数是从高年级开始的，但是，如今从幼儿园就开始了英语教学，从这点可以看出，人们认识到了英语教育的重要性，也说明了人们观念的转变。英语是一门语言，同时也是一种技能，在全球化的今天，英语似乎已经成为了人们必备的素质，如果你不会英文，就好比从前的文盲一样，因为英语已经渗入到了我们生活的各个方面。如果说孩子将来要从事同国际接轨的工作，那么，英语更是不可或缺。既然英语这么重要，那么，仅仅从平时的学校教学中学习，显然是不够的！此时，英语培训学校就显得至关重要了！

我们×××英语培训学校，就致力于对英语校外的教育，专注于培养学生的英语水平。我们学校拥有雄厚的师资力量，很多老师都是具有多年教学经验的优秀教师，同时，还聘请了数名外教，开发了全英环境的教学，孩子在这样的环境中，英语水平必然会突飞猛进！我们学校全为小班教学，还有一对一的教学，重视培养孩子的听说能力，我们的宗旨是“让每个孩子都有一口流利的英语”。今天，我们隆重开业了，我们将面临新的起点，走向一个新的未来！当然，我们肯定还有很多不足，但是我们会在今后的教学中不断改进，争取做到最好！还希望开业后，各位领导、嘉宾、朋友们能够多多支持和关心我们，相信，在我们共同的努力下，一定会取得优异的成绩！

最后，祝各位万事如意、身体健康！也祝×××英语培训机构开业庆典圆满成功！

范文四：庆×××出版社成立贺词

【致词人】×××出版社社长

【致词背景】×××出版社成立庆典

尊敬的各位领导、各位来宾、朋友们：

上午好！欢迎大家前来参加我们出版社的成立庆典！时间将记住这一刻，历史将铭记这一刻，因为这一刻对我们来说实在是具有非同小可的意义。此刻，代表着我们出版社将进入一个新的纪元；此刻，代表着我们出版社将面临新的挑战；此刻，代表着我们出版社横空出世！

在这个瞬息万变的世界上，每个事物都面临着不断的变化和完善，如果你不改善，那么就等于你在落后。我们出版社也一样，在经历了二十多年的时间磨砺后，我们需要注入新的活力，我们需要接受更大的挑战，我们不愿意做温水里的青蛙，我们要发展壮大自己。我们一直在寻找探索发展的道路，终于，在半年前我们遇到了蓬勃发展的×××图书文化传播公司，我们一拍即合，当即决定进行合并重组，建立起一个新的出版机构。终于在经历了数个月的努力后，我们的新生命诞生了——×××出版社成立了！

成立后的×××将成为一个具有策划、编辑、排版、出书为一体的综合性出版社，不再为单一的出版业务，业务范围的扩大，标志着我们开拓进取的精神，但是，同时也标志着我们将面临更大的挑战，如果某一环节出了问题，我们就会玉石俱焚。所以说，前途虽然是光明的，但是，道路并不平坦，甚至还会有很多曲折。面对这些曲折，我们应该勇往直前，不畏惧，力争在曲折的道路上，不断前进，相信，在我们全体人员的共同努力下，我们会创造更美好的明天！

现在，我们出版社刚刚成立，乃是白手起家，很多领域需要去探索，因此，我们的很多方面还有很多缺陷，如果有什么做得不足的地方，还希望各位领导、来宾、朋友们多多原谅，也希望在今后的工作中大家能够给予我们支持和厚爱，相信在大家的鼓励下，我们×××出版社会更上一层楼！

最后，祝大家身体健康、工作顺利！也祝我们出版社成立庆典圆满成功！谢谢大家！

第二章　庆开幕贺词

随着社会的不断进步，经济的不断发展，越来越多的会议、比赛、展览、活动等出现在人们的生活中。召开会议或者是举办活动，不仅是对内部工作的总结和检验，更是和外界联络感情、增进友谊、加强交流与合作的一种途径。不论召开什么重要会议，或开展什么重要活动，按照惯例，一般都要由主持人或主要领导人致开幕词。致开幕词是一个必不可少的程序，它标志着会议或活动的正式开始。

庆典之道

运动会、比赛开幕重“鼓励”

运动会一般要彰显鼓励的因素。

鼓励运动员们发扬“更快、更高、更强”的奥林匹克体育精神，裁判员们遵循“公开、公平、公正”的竞赛原则。全体运动员发扬“友谊第一、比赛第二”的精神，发扬中华体育的优良传统，顽强拼搏，团结互助，赛出竞技水平、赛出个性风采、赛出道德风尚、赛出团结友谊。让我们以百倍的信心迎接挑战，以优异的成绩开创体育运动史上的辉煌。把本届运动会办成一个“文明、精彩、热烈、圆满”的大会。运动会开幕以鼓励居多，其中还掺杂着希望和参会要求。

在运动会上和比赛上，领导致开幕词时要多用鼓励和希望的语气。公司举办这样一个活动就是为员工提供一个展示自我、锻炼自我、增减感情的舞台，员工能够积极参加是对活动的喜爱和重视，领导就不要在这样的喜爱和重视上再增加别的权力色彩。运动会是一项艰难的活动，它在锻炼身体、强健体魄的同时，也是需要体力的。公司的领导以鼓励和希望的态度致词，会让员工感受到重视和尊重。

如领导可以这样说：“名次不重要，重要的是你们参与了，你们锻炼了自己的体质，强健了自己的体魄，这是对公司的一个交代，更是对你们健康的一个交代。”那么员工就会尽全力去参加运动比赛，同时也会把这种参赛的精神带到工作中去，为企业的建设和发展作出杰出的贡献。

学校领导一般会从学校教育的角度来看待运动会和比赛。学校里是一群比较骄傲的孩子们，这时的他们自尊心还比较强，也很敏感。学校领导或者是老师对待他们不能用严厉的鞭策式教育，要用鼓励、激励的方式去引导他们。

学校领导可以从学习和生活上关心他们入手，在致开幕词时可以这样说：“这次活动不仅仅是发展德育、智育之外的体育，更是全校师生的一次劳逸结合的大放松。在这次活动里，我们不仅可锻炼自己的身体，还可以多学一项技能，全面发展自己。我们不在乎名次和奖项，我们重在参与，只要参加就是成功。我希望大家可以积极参赛，赛出个性、赛出风采、赛出水平。”

展览会开幕重“展示”

展览会是通过现场展览和示范来传递信息、推荐形象的一种常规性公共关系活动。展览会的名称有博览会、展览会、展览、展销会、博览展销会、展览交流会、庙会、集市等等。

展览会的最大特点是提高企业信用度、提升企业影响力、让消费者更进一步了解该企业。总的来说，展览会对企业的未来发展有着很大的影响。

展览会一般要彰显展示的因素，是一种比较喜悦的心情。

展览会一般是展示成果、技术、作品等。这是一件值得高兴的事，是大家喜闻乐见的。展览会的召开，既可以展示成果，又可以加强彼此之间的交流与合作，增进彼此的感情。

展览会的这种展示的特点，就决定了展览会开幕词的特殊性。

若是企业展览自己的产品，一般开幕词的内容要回顾企业的辛酸历程，讲述在大背景和社会环境下的努力，讲述自己的产品优点和成效，同时还要对员工的辛勤付出表示感谢，以及对关心支持企业发展的社会人士表示敬意。一般会这样说：“本次××展览会的成功举办，有赖于国内外有关单位的积极参与和大力支持。在此，我代表主办机构，向所有支持××展的机构和朋友们表示衷心的感谢！并诚挚地希望各位能一如既往地支持××展的发展。”

若是主持人致开幕词，称赞的成分居多，除了祝贺展览会的如期举办外，主要是对某项产品、技术等的赞赏，讲述它的特点、成效、好处等，最后的结尾一般是祝福的话语，希望展览会办得更好。

若是市长类的人致开幕，像书画展、摄影展等的开幕词，一般是先对于展览会的举办给予工作上的肯定，然后介绍展览会的相关内容、称赞作品和成果，接着会提出新的希望。

会议开幕重“意义”

会议是为了解决某个共同问题或出于不同的目的聚集在一起进行讨论、交流的活动。

会议的形式一般有股东大会、董事会议、部长（部门经理）会议、委员会议、与政党有关的会议、与企业职员有关的会议、与财界有关的会议等。

会议的内容一般会回顾过去一段时间的工作，总结经验和工作成果，这里就少不了分析报告、总结报告；然后会着眼现在的工作，对于存在的问题提出解决的方案；最后会展望未来的工作，提出新的要求和指示，为未来的建设和发展作出贡献。

若是党政机关的开幕词，一般首先要强调会议的召开背景和意义。比如：“这次大会是在扎实推进社会主义新农村建设、努力构建和谐社会的新形势下召开的一次大会，对于进一步加强党的先进性建设和执政能力建设，认真践行‘三个代表’重要思想，落实科学发展观，加快构建和谐××，具有十分重大的现实意义和深远的历史意义。”始终围绕党政建设和指导思想，以国家建设为重点。

若是企业领导致开幕词，一般会强调公司的发展，对过去一段时间的回顾，对取得的成绩表示祝贺和给予肯定，对于不足和缺陷进行分析、总结。一般会说：“回顾过往，公司始终坚持‘完善、规范、巩固、提高’的要求，坚持以大政方针来总揽全局，积极投身到××的建设中来。在工作过程中不断地转变观念，夯实基础，扎实工作，强化管理。在广大职工的努力下，公司各项工作水平都得到了有效的提升，为公司全面完成新的一年里的各项任务和目标做了大量的工作，作出了积极的贡献。”然后会提出新的希望和要求，为企业的建设和发展更加努力。

若是学校领导致开幕词，少不了对教育成果的展示、总结和报告。比如：“我校自升本以来也获得了快速的发展，目前本科专业已有×个，覆盖工学、文学、经济学、法学和管理学等学科，在校生超过××××人。今年我校毕业生××人，就业率达××%。两年来，我校的教学质量不断提高，社会美誉度也在不断地上升。”

节庆开幕重“热闹”

节庆活动是在固定或者不固定的日期内，以特定主题活动方式，约定俗成、世代相传的一种社会活动。

节庆活动的举办主要是纪念、庆祝等，少不了热闹的因素。它的主要特点是：主题鲜明、地方特色浓郁、功能多样化、群众性强等。

对于不同的节庆日，要采取不同形式和礼仪的的庆祝活动，如联欢晚会、文艺晚会、舞会、庆典会等等。进行这类活动时一般要注意以下几点：

一是要对活动的内容和形式精心策划，尽量灵活、欢快。

二是精心组织，特别是大型集中活动。要把各个方面考虑周全，像是参会人数、场所选择、应急措施等。

三是宴请当地领导人及有关部门的领导人出席，并安排本单位的负责人讲话。

说到讲话就不能不提开幕词，开幕词一定要简明扼要，同时还要兼顾精彩生动，忌冗杂长乱。

解说开幕词

开幕词的定义

开幕词是党政机关、社会团体、企事业单位的领导人，在回忆开幕式时所作的讲话，旨在阐明回忆的指导思想、宗旨、重要意义，向与会者提出开好会议的中心任务和要求。主要特点是宣告性和引导性。

开幕词的结构和写法

开幕词一般有首部、正文和结束语组成。

首部包括标题、时间、称谓三项。

正文包含开头、主体、结尾三部分。开头一般都是直接宣布开幕，中间也可以加上与会者的身份，祝贺、感谢之类的话。切记，不管开头有多少内容，哪怕就一句话，也要单独列为一段。主题部分是核心，主要讲述会议的意义、会议的指导思想、提出的要求三项内容。结尾是提出会议任务、要求和希望。

结束语一般都简短、有力，而且具有号召性和鼓动性。常用“预祝大会圆满成功”。

开幕词的内容特点

内容特点一般是篇幅简短，快速地进入正题。切忌冗杂、重复，语言尽量口语化、富有感情，还要生动活泼。语气要友好、热情，同时还要兴奋、激动。

妙语共赏

经典好词

运动会开幕贺词常用词语：

努力拼搏、尽心尽责、公正裁判、重在参与、赛出风格、赛出水平、赛出风采、奋力争先、顽强拼搏、坚持不懈、遵章守纪、各司其职、增强体魄、热心健身、增强体质、公平公正、实事求是、圆满成功，等等。

展览会开幕贺词常用词语：

开拓创新、交流合作、增进感情、互利双赢、竞争开放、标新立异、传承文化、再接再厉、一如既往、深入钻研，等等。

会议开幕贺词常用词语：

认真践行、深入贯彻、斗志高昂、激情饱满、安居乐业、明确目标、经济进步、开拓创新、积极探索、历经考验、排难前进、抓住机遇、乘势而上、与时俱进、构建和谐、总结工作、上下团结、广开言路、反馈民意、政治安定，等等。

节庆开幕贺词常用词语：

喜气洋洋、欢天喜地、张灯结彩、合家欢乐、万事如意、锦上添花、前程似锦、兴高采烈，等等。

经典好对

十载风雨身后事，策马扬鞭向前看。

忆往昔少年，风华正茂；数今朝人物，名利双收。

自尊自爱自重自强，挑起时代重任；多才多艺多胆多识，争做巾帼英雄。

乡官与乡民谋利，镇干为镇人造福。

立凌志云，做栋梁才。

年少宏图远，人小志气高。

知天文晓地理现经管莘莘学子携手共进，培栋梁育英才枫林园代代园丁含辛茹苦。

创建千秋大业，造就一代新人。

寄情德智体美，寓教歌舞游玩。

风抚桃花香两岸，云横春水绿千山。

钢铁铸锤镰，开天辟地；灯烛煌火炬，接力传薪。

立壮志，替万株幼苗，灌输文化养料；树雄心，为一代新人，塑造美好心灵。

开幕贺词好句集锦

◆在这阳光明媚、鲜花盛开的日子里，我们共同迎来了“××”公司首届职工运动会的隆重举行。在此，我代表“××公司”党政工团，向本届运动会的召开致以热烈的祝贺！向前来参加大会的各位领导、来宾、职工和家属表示热烈的欢迎和衷心的感谢！

◆在这秋高气爽、硕果累累的的时节，我们××高中一年一度的体育盛会——第×届校运动会开幕了！

◆今天是个特别的日子，我们欢聚一堂，共同迎来了第×届“中国××·××投资贸易博览会”。

◆时光飞逝，白驹过隙，今天我们××酒店十周年庆典隆重开幕了！在此，我代表××酒店向多年来关心、支持我们酒店的各级领导、社会各界人士表示最衷心的感谢！向为酒店发展付出辛勤汗水的全体员工表示最亲切的问候！

◆预祝××学校文艺晚会“传之梦”专场演出取得圆满成功！祝各位学生取得优异的成绩！

◆我们共产党××县××次代表大会今天正式开幕了！这次党代会在筹备期间，得到了省直工委、交通厅党委的大力支持和亲切关怀，今天诸位领导应邀出席了我们的会议，让我们以热烈的掌声对他们的到来表示诚挚的欢迎和衷心的感谢！

◆预祝××公司第×届篮球比赛圆满成功！预祝各代表队取得优异的成绩！

◆经过半年时间的筹备和组织策划，今天，我们××大学××××年教学工作会议在这里隆重开幕了！

◆在这金桂飘香、硕果累累的季节，我们迎来了盼望已久的日子——××学院新校落成暨更名揭牌庆典仪式。

◆各位青年朋友们，同学们大家好！在举国上下共庆中国共产党成立90周年之际，××杯经典诵读比赛隆重开幕了！

实用贺词赏析

庆运动会开幕贺词

范例一：领导在厂职工运动会开幕式上致贺词

【致词人】领导

【致词背景】厂职工运动会开幕式

各位来宾，各位代表，同志们：

大家好！

在这阳光明媚、鲜花盛开的日子里，我们共同迎来了“××”公司首届职工运动会的隆重举行。在此，我代表“××公司”党政工团，向本届运动会的召开致以热烈的祝贺！向前来参加大会的各位领导、来宾、职工和家属表示热烈的欢迎和衷心的感谢！

全民健身运动正在全国各地蓬勃发展。随着社会经济的不断发展，人民生活水平的不断进步和提高，整个社会的物质、文化生活水平在不断提升。人民不再满足于物质生活，转而不断寻求更高水平的精神生活和更加健康的生活水平。企业职工体育事业也因此得到了长足发展。同时，发展体育运动，弘扬体育精神，增强职工的体质，对于企业的发展壮大、做强做精，有着十分重要的意义。我们

“××”公司素来有开展群众性文化体育活动的优良传统，举办本次运动会，旨在检验我们“××”公司职工体育的新成就，交流各单位关于开展体育活动的新经验，促进我们的职工体育竞技迈上新台阶，达到新水平。

这次运动会将会是一次空前团结的盛会，是一次展示才能的盛会，是一次凝聚人心的盛会，有着深远的意义。今天有近万名“××”职工、离退休老人、少年儿童，有72支强劲的队伍，汇聚成一股蓬勃向上的力量，支撑起了一个加强融合、团结合作、共同进步的平台。这是竞技的愉悦，是心灵的沟通，是友谊的促进，是未来的憧憬。这是一场展现职工精神风貌的精彩演出，是一个展现公司人精诚团结的舞台，职工家属普遍参与其中，更是彰显了活动的欢乐气氛，这次体育盛会，将大大提升企业的人气，鼓舞队伍的士气，增强必胜的勇气，扬起向上的豪气，积极建设“××”公司。

本届运动会筹备时间达半年之久，受到领导的高度重视，各个单位和广大职工积极参与，大会组委会精心设计，周密组织，为公司内部的广大体育爱好者、运动员们，提供了一个切磋技艺、比试身手、促进感情交流的大舞台。希望全体运动员、教练员、裁判员们以党的十六大精神和“三个代表”重要思想为指导，发扬“更快、更高、更强”的奥林匹克精神，遵循“公开、公平、公正”的竞赛原则，发扬中华体育的优良传统，重在参与，赛出风格，赛出水平。让我们以百倍的信心迎接挑战，以优异的成绩开创公司体育运动史上的辉煌。把本届运动会办成一个“文明、精彩、热烈、圆满”的大会。

最后，预祝本届运动会取得圆满成功！预祝各位运动员取得优异的成绩！

谢谢！

范例二：校长在××高中第×届校运动会开幕式上致贺词

【致词人】校长

【致词背景】校运动会开幕式

各位来宾，各位代表，老师们、同学们：

大家好！

在这秋高气爽、硕果累累的的时节，我们××高中一年一度的体育盛会——第×届校运动会开幕了！在此，我谨代表学校党总支、学校行政处对本届校运会的如期顺利举行表示热烈的祝贺！向积极参与校运会筹办、组织、比赛工作的老师、职工、同学们表示衷心的感谢！

生命在于运动，自建校××年来，我校始终全面贯彻党的德智体全面发展的素质教育教学方针。因为我们深深认识到，作为一个学生，如果忽视了德育，可能会成为社会上的祸害品；忽视智育，可能会成为社会上的残缺品，忽视体育，可能会成为社会上的废弃品。因此，我们在坚持德育为主、智育为重的同时，也非常重视体育。积极开展健康高尚、丰富多彩、有趣有益的体育活动，掀起全民

健身的热潮，会使得同学们不仅有高尚的品质、渊博的知识，而且有强健的体魄。所以，我们要像重视德育和智育一样重视体育，要像办好各项学科活动一样，办好学校运动会。

校运会是一次具有深远影响和意义的盛会。首先，它是一次展示的盛会，它将展示我们全面推进素质教育的决心和决策；展示我们体育竞技水平的高低；展示我们的团结协作精神和集体荣誉感。其次，它是一个发展的契机，我们可以借此来提倡健康有益的业余生活，推广科学文明的健康理念，使更多的师生和广大群众投身到体育锻炼中来，使我们都有强壮的身体、顽强的意志，去更好地完成繁重的学习任务。同时，运动场上还可以培养我们不甘落后的精神、坚持不懈的意志、奋力拼搏的态度、令行禁止的纪律。我们可以把你追我赶的精神、战胜困难的意志、全神贯注的态度运用到教育和学习中去，使我校的全面素质教育工作能够再上一个台阶。

本届校运会是我校建校史上第×个体育盛会，希望全体的运动员、教练员、裁判员们努力拼搏、尽心尽责、公正裁判，发扬“更快、更高、更强”的奥林匹克精神，遵守“公开、公平、公正”的竞赛原则，赛出风格，赛出水平。

最后，预祝第×届校运动会取得圆满成功！预祝各位选手取得优异的成绩！

谢谢大家！

范例三：校领导在学校秋季运动会开幕式上致贺词

【致词人】校领导

【致词背景】学校秋季运动会开幕式

各位来宾，各位老师、同学们：

大家好！

在这充满收获的季节里，我们全校的师生以激动的心情迎来了××××年第××届秋季运动会。本次运动会是我校自建校以来最隆重的、同学参与度最高的一次运动会。参会的师生达××××人，其中运动员将近××××名，裁判员×××名，这是对我校学生综合素质的一次大锻炼和检验。另外，我们还有幸请来了××队的消防员来为我们做演示。在此，让我们以热烈的掌声对他们致以最热烈的欢迎和最衷心的感谢！

我校自建校以来一直坚持教育创新的理念，不断提高教育教学水平，不断地加强教育的现代化建设。在全校师生的努力下，我校的各项工作取得了优异的成绩，特别是今年我们又在××竞赛中获得了一等奖。除了德育和智育之外，我校的艺术体育特色也得到了社会广泛的好评和称赞。我校的学校文化氛围良好，教学环境优美，这一切都得益于全校师生的努力。我校的体育工作也在新课程理念的指导下，树立了全民健身和终身体育的意识，倡导人本主义思想，树立了人文第一、健康第一的目标，将一切为了学生的健康作为体育工作的出发点和归宿。

在这些新理念的指导下，我校的体育工作也开展得有声有色，获得了喜人的成绩。

举办这次运动会正是对学生平时体育活动的一次大检验。为了本次运动会能够举办成功，我提出几点要求和希望：希望全体运动员们，认真参加各项体育竞赛活动，充分展示自己平时体育锻炼的成果，发挥自己的最佳水平，赛出风格、赛出水平，努力以最好的成绩为班级争光。在竞赛过程中顽强拼搏、服从裁判；希望全体裁判员能够遵循公开、公平、公正的原则，及时到位、客观公正地履行裁判职责。给每一个运动员的付出进行正确的评判和裁决；希望各班的班主任做好学生的组织工作，对学生进行安全教育、卫生教育、保持良好的大会秩序，确立服务意识。

衷心地希望各班的体育健儿在运动场上一展雄姿。我相信：你们一定能够赛出友谊、赛出风格、赛出水平，发扬奥运精神，向着更高、更快、更强的目标而努力迈进。

最后，预祝本届秋季运动会圆满成功！

谢谢大家！

范例四：镇长在××镇第×届运动会开幕式上致贺词

【致词人】镇长

【致词背景】××镇第×届运动会开幕式

尊敬的各位领导，各位来宾，运动员、裁判员们：

大家好！

天高云淡，秋风送爽，在此黄金季节，我镇的第×届运动会在今天开幕了！我谨代表××镇的党委、政府，向百忙之中前来我镇参加运动会的各级领导和来宾致以崇高的敬意！向本届运动会的顺利召开表示热烈的祝贺！向进行筹备、组织的工作人员表示衷心的感谢！

本届运动会是我镇实现全镇农转非、基本实现城市化建设之后的首届运动会，是对我镇三个文明建设和体育建设成果的一次大检验，是市委、市政府和区委、区政府大力倡导的全民健身运动的进一步开展。几年来，我们在区委、区政府的正确领导下，在全镇人民的共同努力下，我镇的各项事业发展都取得了可喜的成绩，特别是近几年，我镇的经济趋于稳步上升阶段，这更是值得大家庆贺的。但是我们要知道“逆水行舟，不进则退”，我们决不能安于现状，停滞不前。我们要始终坚持不懈、努力发展、奋发向上。就像我们深知运动场上的每一项奖励，都是运动员身体素质和顽强精神的结晶。

运动会的举行，推动了我镇全民健身工作的不断纵深发展，增强了全民的身体素质，提高了干部群众的体育强身、强镇的意识，加强了各部门和单位之间的联系和沟通。对进一步推进××镇的精神文明建设城市建设有着十分重要的意义。

为使这次运动会达到预期的目的，我代表大会组委会向全体与会人员提出以下希望：希望全体运动员发扬“友谊第一、比赛第二”的精神，顽强拼搏，团结互助，赛出竞技水平、赛出个性风采、赛出道德风尚、赛出团结友谊，发扬更快、更高、更强的奥林匹克精神，不管成就如何，重在参与。希望全体裁判员发扬公平公正、实事求是的精神，尽职尽责，恪守比赛规则。做到公正裁判、热情服务，保证竞赛的顺利进行。希望全镇人民关注体育、热心健身、增强体质。希望你们以本次运动会为契机，不断增强体魄、奋发向上，夺取体育比赛和精神文明的双分手，为××镇的发展和建设作出重大贡献。

最后，预祝全体运动员取得优异的成绩！预祝本届运动会取得圆满成功！

谢谢大家！

范例五：校长在××小学田径运动会开幕式上致词

【致词人】校长

【致词背景】学校田径运动会开幕式

老师们，同学们：大家好！

在这繁花似锦的季节里，我们××小学第×届田径运动会在全校师生的共同努力和精心筹备下隆重开幕了！首先，请允许我代表本届大会的组委会对运动会的如期举行表示热烈的祝贺！向那些辛勤筹备本届运动会的老师们、同学们表示衷心的感谢！

今天，我们召开这次运动会，就是为了给全校师生们提供一个运动的场所，一个劳逸结合的场所。这次运动会不仅是对我校同学体育水平和成绩的一次大检阅，更是对全校师生的道德品质、团结精神、思想作风和校纪校风的一次考察和展示。

作为学校和教师，我们不仅希望你们能够掌握扎实的科学文化知识，更希望你们能够有强健的体魄，做到德智体全面的发展。只有这样，你们才能更好地在新世纪中发挥你们的才能和活力，在激烈的竞争中更好地展示你们的价值，实现你们的理想，本次运动会比赛分为两批，一是我校各年级的同学们之间的比赛，一是各年级老师之间的比赛。希望你们秉着更快、更高、更强的体育精神，在本届运动会上发扬努力拼搏、敢于争先、自强不息的精神，弘扬中华民族传统美德，坚持“友谊第一、比赛第二”。重在参与、赛出水平、赛出风格、赛出友谊，用你们无限的青春活力和风采去展示你们卓越的才能、健康的身心，展示我们××学校的新风貌。

希望各位老师也能积极发挥师德，给孩子们做一个好的榜样，发扬坚持不懈、奋发向上的精神。同时也希望各位裁判员能够遵循“公开、公平、公正”的竞赛原则，以促进学校的体育事业为重，认真负责，公正准确地对每场比赛给予评判。希望全体工作人们都能够忠于职守、保障安全、热情服务。希望全体观众文明守纪、团结友爱，为我校的体育事业奉献自己的力量。

让我们一起努力，共同办好本届运动会，我相信：我们众人划桨一定能把本届田径运动会办成一个“文明、热烈、精彩、圆满”的盛会，为推动我校体育运动事业的发展，提高我校体育运动技术水平作出新的贡献。

最后，祝本届田径运动会取得圆满成功！祝各位运动员取得良好的成绩！

谢谢大家！

范例六：领导在××县第×届县直机关运动会开幕式上致贺词

【致词人】领导

【致词背景】县直机关运动会开幕式

尊敬的各位来宾，运动员、裁判员们：

大家好！

在这光芒四溢的季节里，我们共同迎来了××县第×届县直机关运动会。在此，我代表中共××县委、县人大、县政府，对本届运动会的隆重举行表示热烈的祝贺！向前来参加盛会的各位来宾、各界朋友表示热烈的欢迎！向所有积极参赛、刻苦训练的运动员、教练员们致以亲切的问候！向裁判员和辛勤工作的后勤人员致以崇高的敬意！

随着我国加入WTO，经济快速发展，社会物质、文化生活水平在不断地提高，全民的体育事业也得到了长足的发展，全民健身活动正在全国各地迅速地开展。发展体育事业，增强人民体质，强健民众体魄，弘扬奥林匹克精神，对于促进××县的发展有着重要的意义。

本届运动会，将集中检阅我县机关干部职工体育运动的新成就，促进全县职工体育竞技水平迈上新台阶，加强各单位开展体育活动新经验之间的交流。经过大会组委会的精心设计和周密部署，本届运动会为全县的体育爱好者们提供了一个顽强拼搏、切磋技艺的大舞台。希望通过这个大舞台，通过这次运动会，进一步提升县直机关的活力，激发机关人员积极向上的豪气，鼓舞干部队伍的士气，增强他们敢于胜利的勇气，从而形成良好的环境和氛围。

我希望全体运动员都能坚持高昂的斗志、顽强的精神，发扬“更快、更高、更强”的奥林匹克精神，遵循“公开、公正、公平”的竞赛原则，积极参赛，赛出风格、赛出友谊、赛出成绩。弘扬中华民族优良的传统，重在参与，友谊第一、比赛第二。努力把本届运动会办成一次“文明、热烈、精彩、圆满”的盛会。

预祝全体参赛人员取得优异的成绩！预祝本届运动会取得圆满成功！

谢谢大家！

庆展览会开幕贺词

范例一：市长在首届教育工作发明和作品展览会开幕式上致贺词

【致词人】市长

【致词背景】首届作品展览会开幕式

尊敬的各位来宾，各位代表，同志们：

大家好！今天，由中国科技教育辅导协会和中国发明协会举办的“首届教育工作发明和作品展览会”隆重开幕了。在此，我谨代表市委、市政府向本次活动的举办方表示热烈的祝贺！向各地为我国教育事业做出成绩的教育者们表示亲切的问候！向关心、热爱、支持科技教育事业的各级领导和社会各界人士表示衷心的感谢！

本次展览会遵循的是“全国科普工作会议”和“第三次全国教育工作会议”的主要精神。主要目的是展示科技教育工作者们的发明和作品，表彰取得优异成绩的教育者们，交流和展示他们在科技工作中所积累的经验和创造的成果，倡导和鼓励创新教育，提高广大教育工作者们的创新意识和开展科技活动的能力，促进我国科技教育事业的发展。

素质教育的重点是培养学生的创新精神和实践能力，作为教育工作者，他们的科学素养和创新能力如何，不仅会直接影响到学生的创新精神和实践能力，而且还会关系到我国科学技术发展的潜力，影响我国现在与未来的科学技术的实力。因此，在广大工作者中弘扬科学精神，提高教师的科学素质，倡导科学思想和科学方法就显得尤为重要。本次展览会就是在这样的契机下举办的，希望通过教育工作者之间的交流和研讨，激励广大工作者们的创新意识，提高科技水平和教学能力，提高全面实施素质教育的能力，加快素质教育的进程。

在本次展览会中将会展出诸多教育工作者近年来的优秀发明和创造××件，这些作品是从全国各地征集来的，包括语文、数学、化学、地理、物理等多门学科的教学用具，涉及工业、农业、医疗、保健等诸多领域。这些作品突出展示了它们的教育性，近70%的作品可以直接运用于实际教学领域。我相信，这次的展览会，将会极大地激励广大教育者们的创新意识，提高师资队伍和科技素质，同时，对于今后学生的科技教育活动将会产生巨大的影响，在培养和造就科技创新后备人才上也将发挥积极的作用。希望这次展览会能够持久地开展下去，让更多的教育工作者们积极参与到这项有意义的活动中来。

最后，预祝本届展览会取得圆满成功！

谢谢大家！

范例二：主持人在××博览会开幕式上致贺词

【致词人】主持人

【致词背景】××博览会

尊敬的各位领导，各位来宾：

大家好！

今天是个特别的日子，我们欢聚一堂，共同迎来了第×届“中国××·××投资贸易博览会”。

在这洋溢着喜悦的日子里，来自世界各地不同肤色、不同语言、不同民族的人们，不远万里，怀揣着共同的目标和梦想，相聚本届“中国××·××投资贸易博览会”。这是中国和世界各国真诚互动、友好往来的纽带和桥梁，是谋求发展、寻求商机、开创××地区共同繁荣的重要平台，是一个意义深远、影响巨大的举动。众所周知，随着全球经济一体化的不断发展，我国也在建设沿海经济特区、实施西北大开发战略之后，进一步提出了振兴东北地区等老工业基地的战略。

经过一段时间的调整和改造，东北老工业地区逐渐成为中国当前以及今后经济快速增长的一个重要区域，同时，东北老工业地区也在与××地区各国的长期经贸合作与友好发展交往过程中，结下了深厚的友谊，为推进××区域经济的共同繁荣和发展奠定了坚实的基础。在这样一种时代背景下，国务院批准在东北老工业地区搭建起××投资与贸易平台，进一步加强与××以及世界各国家和地区在经济、文化等方面的合作，是明智而重大的举措。

本届“中国××·××投资贸易博览会”旨在搭建一个我国与××以及世界各国之间互利双赢、交流合作、竞争开放的长期合作的平台。本届展会的主题是“××、××”，宗旨是“构建合作平台，打造招商品牌，展示区域形象，促进共同发展”。

最后，让我们共同预祝“中国××·××投资贸易博览会”顺利召开，祝大家生活幸福美满，身体健康，事业一帆风顺。

谢谢大家！

范例三：主持人在国际××技术展览会开幕式上致贺词

【致词人】主持人

【致词背景】××技术展览会开幕式

各位来宾，各位代表，同志们：

大家好！

国际××技术展览会今天在××隆重开幕了。在此，我代表展览会的主办单位××××协会和××××单位，向参观展览会的全国各地的企事业单位的朋友们表示热烈的欢迎！向积极参展的××××协会、××××单位表示衷心的感谢！

在××××协会和××××单位的共同努力下，国际××处理技术和设备已在××市成功举办了×届，集中展示了城市垃圾收集、清运、处理技术和设备，城市公共厕所技术和设备、城市固体废物回收利用与资源化技术和设备等。展览会的组织和筹办得到了建设部、科技部和国际固体废物协会的大力支持。来自美国、法国、荷兰、日本、新西兰等国家和国内诸多知名环保环卫企业、科研机构参加了展览会。这个展览会也是迄今国内举办的规模最大、适用性、针对性、专业性最强的国际性展览会。

当前国际社会普遍关注的重大战略问题，除了和平与发展外，还有环境与发展。垃圾污染和防治是目前世界各国共同关注和亟需解决的环境问题之一，也是党中央、国务院高度重视的一件大事。温家宝总理曾强调指出，要从根本上解决垃圾污染问题，必须制定有关的政策和法规，加强对垃圾排放、处理、回收再利用的管理；必须统筹规划，引进、开发和推广适合我国国情的垃圾先进处理技术；必须运用市场机制，实行垃圾排放收费制度，对于加快我国环卫产品市场的建立与发展，对于加强垃圾处理和污染防治，必将发挥重要的导向作用和推动作用，有利于将中央的决策和指示落到实处。今后，我们将顺应环卫行业发展需求继续举办国际固体废物处理技术和设备展览会，并依靠全行业的努力，依靠全社会的支持，不断扩大规模，提高成效，丰富内容，使之成为促进我国城市环境卫生行业的现代化，实现全面建设小康社会的宏伟目标，作出更大的贡献！

我希望本届展览会成为我国城市环境卫生行业的一次盛会。通过本届展览会的展示和交流，起到增进了解、加强合作、洽谈贸易、广交朋友的作用。最后，预祝展览会取得圆满成功！

谢谢大家！

范例四：领导在××汽车展览会开幕式上致贺词

【致词人】××领导

【致词背景】汽车展览会开幕式

尊敬的各位领导，各位来宾，女士们、先生们：

大家好！

今天，能和各位领导、各位嘉宾、各位朋友相聚，我感到十分高兴。我谨代表××市政府，本届展会的主办和承办机构，对光临今天开幕式庆典的各位领导、各位嘉宾、各位朋友表示热烈的欢迎和衷心的感谢！

本届汽车展览会以“承载梦想，畅想生活”为主题，全球所有汽车跨国公司全部报名参加了本届车展，参加展出的国际品牌有：德国大众集团（一汽大众和上海大众）、奔驰集团（迈巴赫和SMART）、奥迪（含一汽奥迪）、宝马和MINI、日本马自达、路虎、捷豹、通用及上海通用（别克、雪佛兰、凯迪拉克)、丰田、本田及广州本田和东风本田、法国的标致、雷诺汽车、沃尔沃、雪铁龙，等等。此外，国内展商也是势头强劲，底气充足，将集体与跨国公司同场竞技，全面展示我国自主知识品牌上的科研和创新成果。像是几大国有汽车集团的倾力参展，一汽集团、上汽集团、北汽集团、东风集团、长安集团等。

展会总规模达到××××平方千米，其中，整车参展企业××家，展出面积××平方米，零配件及用品参展企业××家，展出面积××平方米。本届车展的参展企业阵容强大，品牌云集，展商对本届××车展的重视程度进一步提高。在会展当天有××家参展企业、××台概念车、××台新车争相登场，来自海内外的汽车行业知名厂家也会纷纷亮相，在××车展这个优秀的商业平台上展示他们的最新产品、先进技术和品牌形象。

本次车展会的成功举办，有赖于国内外有关单位的积极参与和大力支持。在此，我代表主办机构，向所有支持××车展的机构和朋友们表示衷心的感谢！并诚挚地希望各位能一如既往地支持××车展的发展。

预祝本届车展会圆满成功！也祝各位朋友身体健康、工作顺利！

谢谢大家！

范例六：领导在××县全国书画展开幕庆典上致贺词

【致词人】××市领导

【致词背景】全国书画展开幕庆典

各位领导，各位来宾，同志们、朋友们：

大家好！

今天，我们欢聚一堂，共同举办全国书画展。在此，请允许我代表本届书画展组委会对书画展的举办表示衷心的祝贺！向前来参加的各位领导、来宾，向在座的同志们、朋友们表示热烈的欢迎！

本次书画展共有来自全国各地的142名书画界名家，以各自富有激情的创新力作参加展览比赛，规模之大、规格之高，在国内业界是屈指可数的。本次展览既是打造强势企业文化的重要载体，也是促进文化交流、建设和谐社会的重要举措。我们举办这次书画展的主要目的就是以艺术的形式向各位领导和来宾展示人民的新精神风貌，汇报我县近年来精神文明建设所取得的成就，同时，也是以书画艺术作为桥梁，增进各地人民之间的联系和交流，加深省内外各界人士的了解，营造加快我县经济发展的良好氛围。

书画艺术源远流长，历史悠久，它可以陶冶人的情操，净化社会风气，提高人的素质。在新的历史时期，书画艺术也是社会主义精神文明建设的一项重要内容。我们××县是××省文化厅命名的全省唯一的书法之县，有着光荣传统，产生过具有一定知名度的书画艺术家，全县的书画爱好者众多，书画艺术得到极大的推广和普及。这次我们有幸举办这次全国书画展，和众多德高望重的老一辈书

画艺术家共聚一堂，感到十分兴奋和激动。我相信，这次书画展对于进一步提高我县书画艺术的整体水平必将产生积极的影响和促进作用，对我县两个文明的建设也必将产生重大的影响。

各位领导、各位来宾、朋友们，要落实科学发展观是离不开先进文化的支撑的，让我们以这次书画展作为新的起点，加强交流与合作，增进彼此间的友好往来，传承先进文化，共创美好明天。同时希望广大的书画爱好者能一如既往、深入钻研，进一步提高我县书画艺术的普及率，努力把书画艺术推向一个新境界，为社会精神文明建设奉献自己的力量。

预祝本届书画展取得圆满成功！

谢谢！

庆会议开幕贺词

范例一：领导在××县党代会开幕式上致贺词

【致词人】××县领导

【致词背景】党代会开幕式

各位代表、同志们：

大家好！

我们共产党××县××次代表大会今天正式开幕了！这次党代会在筹备期间，得到了省直工委、交通厅党委的大力支持和亲切关怀，今天诸位领导应邀出席了我们的会议，让我们以热烈的掌声对他们的到来表示诚挚的欢迎和衷心的感谢！

这次大会是在扎实推进社会主义新农村建设、努力构建和谐社会的新形势下召开的一次大会，对于进一步加强党的先进性建设和执政能力建设，认真践行“三个代表”重要思想，落实科学发展观，加快构建和谐××，具有十分重大的现实意义和深远的历史意义。这次大会的主要任务是：高举邓小平理论伟大旗帜，认真实践“三个代表”重要思想，以科学发展观为指导，深入贯彻党的十六大及十六届六中全会精神，认真总结我县第×次党代会以来的×年所取得的成就，为构建和谐××作出全面部署。同时，肩负着选举新一届县委、县纪委领导班子，为今后发展提供坚强领导和组织保证的重任。

回首过去，我们备感欣慰。在过去的五年里，县委总揽全局，带领全县各级干部和广大人民群众，在困境中奋进，在挑战中发展，开创了经济进步、政治安定、人民群众安居乐业的良好局面。过去的五年是理清思路、凝聚力量的五年，是不断开拓创新、积极探索的五年，是历经考验、排难前进的五年，是抓住机遇、乘势而上的五年，是我县综合实力提升最快、经济发展最好的五年。

展望未来，我们豪情满怀。未来五年的任务光荣而艰巨。未来五年，是承前启后、继往开来的五年，是构建和谐、与时俱进的五年，是科学发展、加快调整的五年。这次大会的成功与否，将直接影响到××县未来的发展和出路，关系到广大人民的切身利益。全县共产党员和广大群众也对这次大会十分关注，并寄予了厚望。希望全体与会代表，要以高度的政治责任感和历史使命感，齐心协力，努力把这次大会开成一个朝气蓬勃的大会，一个共谋发展的大会！也希望在这次大会之后，在新一届县委的领导下，全县共产党员和人民群众能够以高昂的斗志、饱满的激情、务实的作风，积极投身到全县的经济、政治、文化和社会建设上来，为构建和谐××作出更大的贡献。

最后预祝大会圆满成功！也祝在座各位身体健康、工作顺利！

谢谢大家！

范例二：领导在企业职工代表大会开幕庆典上致贺词

【致词人】领导

【致词背景】企业职工代表大会开幕庆典

各位代表，各位来宾，同志们：

大家好！

今天，我们欢聚一堂，同庆我们××公司第×届职工代表大会隆重开幕！值此喜庆之际，我谨代表公司党委、行政向关心支持我们公司发展的社会各界人士致以崇高的敬意！向辛勤工作的全体员工表示衷心的感谢！

公司的第×届职代会是在深入学习贯彻党的十六届五中全会精神、××电网公司工作会议精神的形势下召开的一次总结工作、分析形势、部署任务的重要会议。公司自召开职代会以来，全体职工群众认真学习和贯彻党的十六大精神，全面践行“三个代表”重要思想，在公司领导的正确带领下，按照以往职代会上所确定的工作思路，上下团结，开拓创新，与时俱进，取得诸多工程项目的成功和辉煌成绩。

回顾过往，公司始终坚持“完善、规范、巩固、提高”的要求，坚持以大政方针来总揽全局，积极投身到电网的建设中来。在工作过程中不断地转变观念，夯实基础，扎实工作，强化管理。在广大职工的努力下，公司各项工作水平都得到了有效的提升，为公司全面完成新的一年里的各项任务和目标做了大量的工作，作出了积极的贡献。

展望未来，希望与困难同在，机遇和挑战并存。我们要继续坚持“对省网公司负责，为业主用户服务”的宗旨，继续坚持以法政方针为指导来总揽全局，坚持“强本、创新、领先”的战略，始终坚持做到把公司的各项工作落到实处，着力提高职工人员的素质、管理水平和创新水平，进一步加强干部职工队伍的建设、党的建设和党风廉政建设，努力开创公司各项工作的新局面。

大会期间的主要内容有：代表们将听取××的《××》行政工作报告；××的《××》工会工作报告等；本会将继续签署第×轮的《集体合同》；推选出××××年度的“十佳”优秀职工并给予表彰；选举出新一届工会委员会和工会经费审查委员会；通过本届职代会各专门委员会委员等。公司将继续遵循“全心全意依靠工人阶级”的方针，始终坚持依靠职工办企业，充分发挥各位代表参政议政的作用，畅通职工民主决策、民主管理和民主监督的渠道，广开言路，反馈民意。把本届大会开成务实求真、团结奋进的大会。希望全体职工能够继续坚持艰苦奋斗、勇往直前的作风，坚持不怕苦、不怕累的精神积极投身到公司的建设和发展中来，也希望社会各界人士能够一如既往地关心和支持我们。

最后，预祝本次大会取得圆满成功！

谢谢大家！

范例三：领导在学院教学工作会议开幕式上致贺词

【致词人】校领导

【致词背景】学院教学工作会议开幕式

各位老师，各位来宾，同志们：

大家好！

经过半年时间的筹备和组织策划，今天，我们××大学××××年教学工作会议在这里隆重开幕了！在此，我代表校党委、行政，对本次会议的召开表示热烈的祝贺！向在座的各位来宾表示衷心的欢迎！向为本次会议付出辛勤劳动的工作人员致以诚挚的感谢！向全体教职工，特别是全体教师表示亲切的问候！

本次教学工作会议是在全国、全省、全市高等教育快速发展、我校各项工作表现出良好的发展态势的形势下召开的。近些年来，我国的教育事业不断地进行改革和发展，实现了历史性的跨越。截止到××××年，我国已有普通高校××所。我校自升本以来也获得了快速的发展，目前本科专业已有×个，覆盖工学、文学、经济学、法学和管理学等学科，在校生超过××××人。今年我校毕业生××人，就业率达××%。两年来，我校的教学质量不断提高，社会美誉度也在不断地上升。这些成果的取得，离不开广大干部和教职工的辛勤付出，在此，我谨代表院党政领导向大家表示衷心的感谢！

本次教学工作会议会期两天。会议的主要内容是：听取并讨论××校长的教学工作报告；讨论即将出台的关于我校教学建设、改革和管理的相关规章制度；邀请国内知名专家做关于学校建设问题的专题讲座；交流研讨各单位的教学经验；展示各单位的教学成果；最后有××书记做总结讲话。这次会议的目的是总结交流经验，研讨分析问题，提高认识，认清形势，明确目标，构建我校新的教学质量保障体系。

我相信本次教学工作会议的召开，必将进一步激发全员教职工对教学工作的热情、信心和责任感，必将有力地促进全校教学建设的开展并成功带动各项工作的顺利进行，开创我校改革与发展的新局面！

最后，预祝本次教学工作会议圆满成功！

谢谢大家！

范例四：领导在董事会会议开幕式上致贺词

【致词人】领导

【致词背景】董事会会议开幕式

各位董事，各位来宾：

大家好！

在这鲜花盛开、阳光明媚的日子里，××大学第×届第一次会议今天开幕了。在此，我谨代表××大学董事会，向参加会议的全体董事及各位来宾表示热烈的欢迎和衷心的感谢！

这次会议是在新旧世纪之交召开的。在面向新世纪之时，我校面临着进一步深化教育改革和组织实施“××工程”建设的任务。我们这次会议着重研讨如何加强董事会自身的建设，发挥董事会的作用和支持我校进行“××工程”建设的问题。

自召开第×届董事会第一次会议以来，我校始终坚持“××××、××××”的办学方针，不断深化教育改革，努力把××大学办出自己的特色和水平。我校于××××年×月×日通过“××工程”部门预审，于××××年×月×日通过立项可行性论证。××大学加入“××工程”，正是获得跨世纪发展的良好机遇。多年来，国家主管部门、地方政府不断加大对××大学的政策支持力度，使学校的整体面貌得到新的发展。在此我感谢上届董事会的全体董事为我校的建设和发展付出的努力，感谢国务院、国家教育部多年来的关心、支持。同时对长期以来给予××大学热情帮助的社会各界人士表示衷心的感谢！

这次会议的主要内容是请各位董事审议《××工作报告》和《××董事会会务报告》；商讨××大学董事会关于如何开展工作的问题。希望大家尽己所能，畅所欲言，出谋划策，为××大学的建设和发展贡献力量。我相信，本届董事会的全体董事一定会在新的历史形势下团结一致，以改革和发展××大学为己任，发挥各自的优势和能力，共同建设好我们的××大学。

最后，预祝本届董事会圆满成功！祝各位董事身体健康、工作顺利！

谢谢！

庆比赛开幕贺词

范例一：领导在篮球比赛开幕庆典上致贺词

【致词人】领导

【致词背景】篮球比赛开幕庆典

各位领导，各位来宾，同志们：

大家好！在这阳光明媚、鲜花盛开的日子里，在这充满和谐、奋进、团结、发展的美好时刻，“××公司第×届篮球比赛”隆重开幕了！在此，我谨代表××公司党政领导和全体员工向莅临本次大会的各位领导和来宾表示热烈的欢迎！向全体篮球员、裁判员和工作人员致以诚挚的谢意！向坚守在一线的广大员工致以亲切的问候！

一年一度的篮球赛俨然已成了公司必不可少的企业文化之一。它不仅活跃了员工的文化生活，使员工有了更多更好的业余活动，而且还为全厂的篮球运动爱好者搭建了一个展示自我的平台，让大家有机会展示球技，强健体魄，锻炼身体，以更加饱满的精神投身到工作中去。篮球赛具有广泛的参与性和强烈的竞争性，广大员工们都积极参与到篮球赛事中来。本次球赛共有××支参赛队伍，其中男队有×支，女队有×支。本次比赛旨在活跃员工业余文化生活，增强各部员工在工作中的凝聚力和战斗力。

在此，我殷切地希望全体运动员发扬“更高、更快、更强”的奥林匹克体育精神，奋力争先，顽强拼搏，以高超的球技，高昂的斗志，赛出竞技水平，赛出个性风采，赛出道德风尚，赛出团结友谊。为奥运增光添彩，为奥运贡献自己的力量。同时，希望裁判员们忠于职守，公正裁判，严肃认真，努力营造公平、公正、客观、有序的良好竞赛环境。也希望各位现场工作服务人员能够积极配合，遵章守纪，各司其职，为办好本届比赛作出贡献。希望通过本次篮球比赛能够带来“人人关注健康、人人重视锻炼”的热潮。

让我们大家一起努力，力争把本次篮球比赛办成一次规模空前的盛赛、一次凝聚人心的盛赛、一次展现才能的盛赛。同时，让我们以此共同祝愿我们祖国、我们公司更加兴旺发达、繁荣昌盛、快速发展！

最后，预祝××公司第×届篮球比赛圆满成功！预祝各代表队取得优异的成绩！

谢谢大家！

范例二：领导在××杯经典诵读比赛开幕式上致贺词

【致词人】领导

【致词背景】××杯经典诵读比赛开幕式

各位青年朋友们，同学们：

大家好！

在举国上下共庆中国共产党成立90周年之际，××杯经典诵读比赛隆重开幕了！

本次比赛是由××区委宣传部、工作委员会、区文明办、教育局联合开展的，旨在培养青少年的爱国主义思想，进一步加强青少年社会主义核心价值体系建设，拉开全区庆祝建党90年的帷幕，唱响共产党好、改革开放好、社会主义好、伟大祖国好的主旋律。

经典诗词就像是一座座的丰碑，记载着中华文明的历史遗产；又像是一顶顶的王冠，点缀着中华文学的奇珍异宝。在这里，我们能体味到“才下眉头，却上心头”的相思之苦，也能体味到“纵有千种风情，更与何人说”的怅惋；能找到“人比黄花瘦”的婉约，也能找到“大江东去”的豪放；能听到“杨柳岸，晓风残月”的浅吟低唱，也能听到“臣子恨，何时灭?”的愤怒呐喊；有独上西楼的长相思，也有草长莺飞的梦江南；有怒发冲冠的报国志，也有床前明月光的故乡情；有春光乍现的蝶恋花，也有斗霜傲雪的一剪梅。捧着经典诗词这一宝典，我们能清晰地感受到它的分量：思索人生，它笔笔入理；刻写历史，它刀刀见血；憧憬光明，它声声不倦；鞭笞黑暗，它字字带泪。它是文人的妙笔，也是哲人的沉思；它是历史的凝固，也是现实的写照。它的大漠孤烟，它的金风玉露，它的塞外鼓角，共同托起了中国文学史上的一座高峰。

古人常说：腹有诗书气自华。我们举办经典诵读比赛，就是要让经典滋润我们的心田，我们亲近经典，在中华美德的滋养下，生活更加阳光灿烂，我们举办经典诵读比赛，就是要让经典伴着我们成长，我们诵读经典，在书声朗朗的氛围里，人生更加丰富多彩。

最后，预祝本次××杯经典诵读比赛取得圆满成功！

谢谢大家！

范例三：校长在第×届校运动比赛开幕庆典上致贺词

【致词人】校长

【致词背景】第×届校运动比赛开幕庆典

各位裁判，各位运动健儿，老师们、同学们：

大家好！

在这风和日丽、秋高气爽的季节里，我校第×届校运动会隆重开幕了！

我谨代表全校领导向本次大会表示衷心的祝贺！向踊跃参加本届校运动会的全体运动员们表示热烈的欢迎！为了本次大会的顺利召开，大会组委会、校体育组、裁判员等全体工作人员都做了充分的准备和筹划，同时还有全校师生的极力配合和大力支持，在此，我向付出辛勤汗水的各位师生们表示诚挚的感谢！

校运动会是我校推行素质教育、提高学生身体素质、发展体育事业的一项重大举措和活动。一年一度的校运动会不仅展现出了我校素质教育的新风貌，而且表现出了我校体能教育的新成果。它是对我校体育水平和质量的一次大检验，更是我校为庆贺我国运动健儿在第×届奥运会上满载而归准备的一份礼物。近年来，我校为筹建体育场地，投入了大量的资金，对体育器材的配置和场地设施进行了改造和增新，使得我校各项体育活动能够顺利进行和开展。在广大师生的奋发向上和不懈努力下，学校的体育运动水平也在不断地进步，取得了优异的成绩，不仅为学校争取了荣誉，更得到了社会各界的好评。

本届运动会的主题是：文明、进取、健康、准确。要求全体学生和运动员遵守规则，服从大会安排，尊重对手，发扬顽强奋进的精神，做到胜不骄、败不馁。要求裁判员起到文明先率的模范作用，遵循严肃、认真、公平、公正、准确的原则。要求全体工作人员加强服务意识，相互配合，为大会多作贡献。通过本次校运动会，推进学校的体育教育事业的发展，推动全民发展健身事业；培养全体师生关心、感恩、团结的精神和品质。我相信，本届运动会一定会涌现出大批的优秀体育人才；一定会呈现出更多的关心、爱护他人的事迹；同学自身也会培养和锻炼出更加顽强的意志和坚韧的精神，因为，这些是我校教育事业兴旺发展的基础。我们真诚地希望全体师生都能够始终保持这样的精神和意志，那么不管在未来遇到什么困难和磨难，都能克服难关，从一个胜利走向另一个胜利。相信在全校师生的共同努力下，我校第×届校运动会一定会开展得健康、有序、安全、精彩！会让我校的运动会展现出全新的精神面貌。

最后，让我们共同预祝第×届校运动会圆满成功！

谢谢大家！

范例四：县领导在“××杯”乒乓球比赛开幕庆典上致贺词

【致词人】领导

【致词背景】“××杯”乒乓球比赛开幕庆典

各位来宾，各位代表，同志们：

大家好！

春回大地，冰雪消融，今天，我们迎来了“××杯”全县乒乓球比赛。在此，我代表全县向这次比赛的举行表示热烈的祝贺！向筹办此次乒乓球比赛的一线辛勤工作的工作人员表示衷心的感谢！向积极奋战、不懈努力的所有参赛运动员表示亲切的问候！

乒乓球是我国的国球，历来为广大群众所喜爱，有着广泛的群众基础，更是我们全县人民都关注和喜爱的一项运动。近年来，随着我县体育事业的不断发展，乒乓球比赛已经得到普遍的推广，参与比赛的人数正在逐年增加，活动场所在不断的增多，技术水平也是在不断的提高。现在，发展乒乓球运动已经成为我县开展全民健身运动的一项重要内容。

举办这项比赛的目的也是以竞争为动力，来推动我县人民的乒乓球技术水平的不断提高；同时也是为了更好地贯彻和落实《全民健身条例》，动员全县人民参与到全民健身运动中来，调动广大乒乓球喜爱者的积极性和参与性，以此来激励全县人民的斗志、增强体质、凝聚力量、培养全县人民顽强拼搏、不懈努力、奋发向上的精神。使全县人民以饱满的激情投身到全县的建设中来，为建设富强、文明的××县作出贡献，以良好的风貌，努力创业、积极干事，实现我县经济社会科学的跨越发展。

本次乒乓球比赛为期×天，共有××名运动员参加，分为男子双打和单打，女子双打和单打，男女混打。届时会选出团体赛和个人赛的前×名进行奖励。我希望全体运动员、裁判员、教练员和工作人员要遵循“更快、更高、更强”的奥林匹克精神和“公开、公平、公正”的原则，以身作则，遵守赛会要求，尊重裁判，尊重对手，努力参赛，弘扬体育风尚，赛出风格、赛出水平。要坚持“友谊第一、比赛第二”的宗旨。

最后，预祝比赛取得圆满成功！祝各位代表取得优异成绩！祝××县如日中天！

谢谢！

范例五：校长在第×届歌咏比赛开幕庆典上致贺词

【致词人】校长

【致词背景】第×届歌咏比赛开幕庆典

各位领导，各位来宾，老师们、同学们：

你们好！

在这百花争艳、百鸟争鸣的日子里，我们很荣幸地相聚在这里，隆重举行××学校第×届歌咏比赛。这是各个班集体向前发展和进步的一次展示，也是青春活力的一次大检验。在此，我代表全校热烈祝贺这次比赛的举行，同时，向为筹办这次比赛而辛勤工作的老师、学生和工作人员表示衷心的感谢！

在这里，我们曾播下希望的种子；在这里，我们曾放飞梦想；在这里，我们曾书写豪言壮语。如今，我们正收获成果，迎着太阳，展开我们七彩的画卷，走向未来的康庄大道。是歌咏比赛这个舞台给了我们这一切，让我们站在同一起跑线上，用自己的歌声去创造一个个七彩的故事，用自己的激情去演绎一段段美好的片段，用自己的真诚去感动一个个的观众。让每首歌都成为一捧鲜花，来装点我们××学校。

歌咏比赛不仅给参赛的全体同学提供了一个展现自我、展示青春的平台，同时也是帮助他们自我改造、自我锻炼、自我教育、自我陶冶的一条有效途径。为了迎接这场比赛，全体的师生在不间断学习的情况下，刻苦练习。我相信：你们

的付出不会白费，你们的汗水不会白流，你们的信念、你们的意志、你们的毅力都将会在比赛中充分地展示出来。一分耕耘一分收获，你们的辛劳将会换来优异的成绩，你们的信念将会带给你们一次超越，你们的毅力将会给予你们一次洗礼。当然，我们的评委们也会遵循“公开、公平、公正”的原则，给你们一个准确的评判。

在本届的歌咏比赛中，我希望同学们发扬不屈不挠、奋发向上的精神，弘扬团结一致、共同努力的精神，用优美的歌声、飒爽的英姿、整齐的步伐来体现我们××学校的青春风采；以昂扬的斗志、饱满的激情、优异的成绩，去追求更高、更快、更强的奥运精神；本着“友谊第一、比赛第二”的宗旨，协调一致、团结一心、赛出风格、赛出水平、赛出形象。更加希望全体师生以此为契机，奋发向上、团结奋进，再次谱写我们××学校的辉煌！

最后，预祝本届歌咏大赛取得圆满成功！各位选手取得优异的成绩！

谢谢大家！

庆节庆开幕贺词

范例一：经理在酒店开业10周年庆典开幕式上致贺词

【致词人】经理

【致词背景】酒店开业十周年庆典开幕式

各位领导，各位来宾，同志们、朋友们：

大家好！

时光飞逝，白驹过隙，今天我们××酒店10周年庆典隆重开幕了！在此，我代表××酒店向多年来关心、支持我们酒店的各级领导、社会各界人士表示最衷心的感谢！向为酒店发展付出辛勤汗水的全体员工表示最亲切的问候！

10年来，××酒店始终坚持“以人为本”的经营理念和“客人至上”的服务宗旨，不断地深化改革、锐意进取，积极地拓展市场、勇闯难关，凭借着优良的设备设施、优秀的员工队伍、优质的服务管理，在激励的市场竞争中始终立于顶端，创造了良好的经济效益和社会效益，赢得了顾客的高度认可和同行的一致好评。

本次庆典的举行主要有两方面：一是庆祝酒店长久以来取得良好成绩，二是激励广大员工再接再厉。十载风雨身后事，回望以往，我们是艰苦的10年，是奋发的10年，是取得佳绩的10年。在竞争激烈的形势下，要想脱颖而出，始终立于顶端而不倒，我们是凭借着完善的设备和设施，人性化的管理和服务。竞争说到底也就是硬性竞争和软性竞争。我们在设备引进上是世界先进服务设备，在人才运用上是原始挑选的优秀员工，不仅具有专业素养，还具有过硬的职业素养和道德素养。在酒店上下全体员工的共同努力下，我们对过去的10年感到欣慰。

策马扬鞭向前看，展望未来，我们要紧紧抓住机遇，在顺应市场经济发展的大潮的同时，进一步发扬“敬业、创新、责任”的企业精神，完善“情满××，舒适家园”这一主题，不断地提高××酒店的知名度和美誉度。

我希望，在今后的发展中，各级领导和社会各界朋友能够一如既往地关注、支持我们，希望××酒店的全体员工能够继续发扬艰苦奋斗、不怕苦、不怕累的精神，积极投身到酒店的建设和发展中来。我相信，在各级领导和社会各界朋友的大力支持下，在全体员工的努力拼搏下，我们××酒店一定能够再创辉煌！为我市的经济发展作出更多更大的贡献！

最后，预祝本次10周年庆典取得圆满成功！

谢谢大家！

范例二：老师在××学校晚会开幕式上致贺词

【致词人】老师

【致词背景】学校晚会开幕式

各位领导，各位来宾，老师们、同学们：

大家晚上好！

春回大地，在这风光无限的美好时刻，“××学校文艺晚会“传之梦”专场演出”开幕了！在这里，我谨代表××学校全体师生向前来观看演出的各位领导、各位来宾、广大市民朋友们表示热烈的欢迎！

在市委、市政府的亲切关怀下，××学校已有×年历史了。随着素质教育和新课程改革的推行，学校确定了“高起点、高标准、争创一流”的办学思路，面向学生的每个方面，面向每一个学生，始终站在21世纪对人才需求的高度上，使××学校的每一个学生在德、智、体、美、劳等各方面得到全面的发展。同时学校还以英语教育、音乐教育、信息技术为切入点，发现学生的特长所在，做到特长加全面、全面加特长。严格采用一流的教学设施、严格的教学管理、勤奋的师资队伍，始终坚持以人为本、全面发展的教育理念，努力构建具有××学校特色的校园文化。

今天的晚会演出，是贯彻落实《中共中央关于进一步加强未成年人思想道德建设的若干意见》精神，积极构建学校、家庭、社区三位一体的教育模式，推动学校、社区文化建设。此次晚会活动的召开不仅是为了丰富市民的业余文化，促进社区的文化建设，也是我校艺术教育成果对全市人民的一次展示，更是我校实施素质教育的一次社会实践。希望各位来宾、广大市民朋友们对我们的活动予以支持。希望广大学生认真表演，发挥极致，超越极限。

最后，预祝××学校文艺晚会传之梦专场演出取得圆满成功！祝各位学生取得优异的成绩！

谢谢大家！

范例三：市领导在××学院新校落成暨更名揭牌庆典上致贺词

【致词人】××市领导

【致词背景】学院新校落成暨更名揭牌庆典

尊敬的各位领导，各位来宾，老师们、同学们：

大家好！

在这金桂飘香、硕果累累的季节，我们迎来了盼望已久的日子——××学院新校落成暨更名揭牌庆典仪式。从今天起，××学院正式更名为××大学。新校的落成，凝聚了全体建设者的汗水，凝聚了关心和支持××大学的社会各界人士的爱心。在此，我代表市委、市政府向学院的顺利建成表示热烈的祝贺，向关心和支持学院建设的各界人士表示衷心的感谢！

百年大计，教育为本。投资建设××大学是我市教育系统的重要工程之一，对此市委、市政府高度重视，专门召开会议研究解决方案、落实目标任务，提出明确的工作要求。在市教育、建设、投资等部门的共同努力下，经过近×年的紧张施工，建成了这座占地××亩，建筑面积××平方米，总投资××万元的现代化学校，并更名为××大学。她的设计新颖、设备齐全、环境优美，在全市乡镇大学中堪称一流，但是同时也要求我们以更新、更高的目标来追求卓越。要实现办一流教育、育一流人才的目标还有很长的路要走，因此，我希望××大学要紧紧抓住这个难得的机会，认真贯彻党的教育机制，按照“三个面向”的办学要求，用发展的眼光，勇于创新，大胆改革，积极引进竞争激励机制，加强学校管理，把学校建成教育人的典范。全体教育工作者要按照教学规律，紧跟时代步伐，提高教育教学效率。全体学生要珍惜这得来不易的学习环境和大好时光。

××学院已经成为历史，××大学正以全新的姿态迈进，我衷心祝愿××大学的明天更加美好！也祝在场各位嘉宾的身体健康、工作顺心！

谢谢大家！

范例四：校长在六一儿童节晚会开幕式上致贺词

【致词人】校长

【致词背景】六一儿童节晚会

尊敬的各位来宾，各位老师，同学们：

大家好！

经过我校全体师生两个多月的筹备组织，第×届六一儿童节的各项准备工作已经到位。现在，我宣布：××小学第×届儿童节开幕！

今年是新中国成立×周年，全国各族的人民正以各种不同的形式来庆祝新中国成立×周年。在这样一个特殊的年月里，在这充满火一样激情的夏季里，我们迎来了“六一”国际儿童节。今天，对我校全体师生来说是一个重要而喜庆的日子。在此，我代表学校祝全体小朋友们节日快乐！向精心筹备本届活动的全体工作人员表示衷心的感谢！

本次举行的第×届儿童节的主要活动内容有：一是举行学生文艺演出；二是举行师生艺术作品展。通过这些活动内容，一是通过系列主题活动，为少年儿童创造一个充满生机和活力，充满快乐和祥和的节日氛围，使大家共同度过一个欢快的节日。二是表达我校全体师生对中国共产党几代人的崇敬爱戴之意，缅怀革命先烈们的丰功伟绩，表达我们对建国×周年的喜迎，对伟大祖国更加繁荣富强的美好愿望和期盼。三是通过文艺演出和书画展，为学生提供一个展现自我，张扬个性，展示特长的舞台。这样不仅可以促进学生的全面发展，还可以展示我校素质教育的成果，全面提升我校的文化建设品位。

本次活动的开展，必将会扩大我校的良好社会声誉，全面提高学校的办学效益。为了确保活动的顺利进行和圆满成功，我希望所有的学生遵守纪律，服从管理，有序文明地参与各项活动；全体工作人员强化自己的责任意识，积极主动地搞好各自的工作；所有演员，动作要到位，精神要振奋，表情要美好，努力给观众献上精彩的演出；各位家长遵守公德，做文明观众。我相信，只要我们师生一心，家校联手，多一份责任，多一份自觉，多一点文明，本届儿童节的各项活动就一定会顺利进行！

最后，预祝本届儿童节取得圆满成功！祝各位演员取得优异的成绩！

谢谢大家！

第三章　庆周年贺词

周年庆典具有特殊的意义，因为在周年庆典上，大家不仅可以联络感情、增强凝聚力和荣誉感，也可以激发对美好未来的憧憬和奋进。正因如此，举办方会不惜投入巨大的财力、人力和物力，举办一场高规格、高档次的周年庆典。在周年庆典上，致贺词是不可缺少的、最重要的一个环节，因为贺词不仅可以表达对此次庆典的美好祝愿，也可以表达自己的感情，更是整个庆典中最能烘托气氛的一环！因此，我们有必要来了解一下周年贺词！

庆典之道

周年庆上的贺词，可以表现出一个人的品位，因此所有的致词人无论从语言还是情感上都要慎重！如何说好贺词，要注意以下几点：

1．不同的场合，侧重点不同

不同的人在不同的场合，语气、内容是不同的，分清场合说话，会显得祝贺人比较会办事。

2．抓住重点，语言要简洁

试想一个人站在台上讲了十几分钟后，还在高谈阔论，再有耐心的听者也会按耐不住的。因此，为了贺辞能抓住观众的心，贺辞的语言最好简洁。同时，在语言中穿插名言、对联之类的，会起到锦上添花的效果。

3．注重说话的礼仪

说话时，各方面的礼仪做到位，会给听者留下很好的印象，也会显得自己比较有礼貌。因此，演讲前，先问好是必需的，说话途中，也不要忘了使用诸如“您”“尊敬”“各位”等敬语。最后结束时，不要忘了“谢谢大家”，这不仅告诉大家你的演讲结束，更重要的是感谢观众对你的尊重。

结婚周年庆典重“真情”和“感恩”

两个人能够相伴便是无尽的缘分。茫茫人海中，两个素不相识的人从相遇，到相识，再到相知，最后能走进婚姻的殿堂，这是很大的缘分。佛说：“前世的500次回眸，才换来今生的擦肩而过”，那么两个人前世肯定付出了很多努力，才能走到一起，所以要珍惜对方，“十年修得同船渡，百年修得共枕眠”就是这个道理。

对于两个人来说，结婚是两个人终于结束了爱情长跑，在亲朋好友的祝福和见证下，从此开始了相伴一生的生活。但是，我认为每个结婚纪念日也是很有意义的。婚前的爱情是处于不食人间烟火，一心只谈爱情的童话世界里。而婚后，两个人的爱情要经受柴米油盐的考验，一下子就从梦幻回到了现实里，现实的残酷有可能摧毁曾经编织的美好梦想，认识到曾经对未来生活的美好憧憬是多么的遥不可及。所以，能一起过每个结婚纪念日是幸运的，说明彼此能够经受住平淡生活考验，这样的感情才是最真的。同时，庆祝结婚周年还可以升华夫妻之间的感情。

综上所述，我认为在发表结婚周年贺词的时候，要重视“真情”和“感恩”这两个因素。“真情”和“感恩”不仅仅是夫妻之间可以共诉的情感，他人也同样可以在结婚周年上表达。

夫妻之间的“真情”是爱情和亲情，而“感恩”则是感激多年来对方对自己的关怀、理解和彼此之间的相濡以沫。例如结婚纪念日这一天，妻子可以对丈夫说：“从我们携手走上红毯的那一刻，我就认定今生把自己交给你，是多么的明智！从此有你为我遮风挡雨，我将幸福无比！感谢老公赋予我的一切，我会珍惜我们今后相伴的时光！”老公也可以对妻子说：“‘执子之手，与子偕老’，这是我今生不变的追求。从你答应做我老婆的那一刻起，我就告诫自己：今后一定要让你幸福！感谢老婆为这个家里所做的伟大牺牲！”这样的话，一般来讲，年轻人讲的比较多，在结婚一周年、三周年等可以使用。但是如果到了金婚或是钻石婚的时候，夫妻之间的亲情一般就胜于爱情，没有那番轰轰烈烈的告白，只有平平淡淡的感激，感激彼此陪伴走过的几十年风风雨雨，感谢几十年来的相濡以沫。如丈夫可以对妻子说：“我们现在已是两鬓斑白之人，多亏彼此的扶持才能到今天，你是我此生最亲的人，希望我们能一直这样走下去！”

他人在夫妻结婚周年庆典上发表贺词时，“真情”和“感恩”同样不能缺少，这个时候的致词多半是祝愿之类的，也有以他们为榜样的意思。例如子女对父母的金婚之喜会说：“50 年的风风雨雨、50 年的柴米油盐、50 年的酸甜苦辣、50 年的相濡以沫。感谢爸爸妈妈为我们在婚姻爱情方面树立了好榜样，我们会以你们为参照，来经营好自己的婚姻。”

每一次的结婚周年纪念庆典，就如同夫妻二人又结了次婚，是激情已过，回归平淡婚姻生活的爱情添加剂。每年的结婚庆典实际上起到了升华夫妻感情的作用，而庆典中，贺辞则成了人们表达感情的最好方式。

公司周年重“感激”和“祝愿”

实际上，每次的公司周年庆典都可以作为一场感恩会。因为一个公司从小做到大，需要各方面的配合与努力：政策的支持、领导层的英明决策和员工的同舟共济、爱岗敬业。因此，在公司周年庆典上发表贺辞时，要着重于“感激”。例如公司的董事长在发表贺辞时，可以这样说：“百花争艳，鞭炮齐鸣。今天我们迎来了我们××公司的 5 周岁生日。首先，让我们以热烈的掌声，欢迎各位领导和嘉宾朋友的到来，感谢他们长期以来对我们公司的关心、帮助与支持！其次，让我们把热烈的掌声送给我们辛勤的员工，正是由于他们的无私奉献、兢兢业业，才有我们公司的今天。再次，我们把掌声送给公司的领导层，因为他们的决策英明，才指引着公司走向明天。最后，让我们把掌声送给这个美好的时代，好时代造就了我们公司发展的好机会、好前景。”

我们知道公司都是希望能够发展壮大，创造更大的效益，因此在表达“感激”之余，贺辞的结尾一定要带上祝福语，表达对公司美好明天的期盼。如“我坚信：在大家的共同努力下，我们的公司会越来越好，让我们携手，面向未来，争取更大的发展。”

学校周年重“历史”和“展望”

悠久的历史造就了学校非凡的成就，这是一所学校的资本。所以校庆伊始，回顾学校的历史是在所难免的，因为这样会增加学校的荣誉感和历史厚重感。同时，每个学校都希望继续走下去，取得更大的发展，因此在结束语时，不管谁发言，都会说一通对学校美好前景的祝愿，表达自己对学校情感的寄托。

例如校友在发表贺辞时，可以这样说：“今天是母校的100周岁华诞，我代表全体校友对学校表示祝贺。100年来，母校在一天天壮大成长：从中专、大专，一直升到本科，教学楼从土房子到瓦房，再到今天的现代化的高楼，学校从建校初的100多人到现在的几万人，教师从一般的老师到现在的博士，名望从当初的不为人所知到现在的名声显赫。并且从这里走出来的学生多已获得很大的成就，这都是母校赋予我们的。”“希望社会各界进一步重视教育，希望有能力的校友们尽大家最大的努力，继续关心和支持我们的母校、关心母校、捐助母校，为母校的发展创造更好的发展环境。最后，祝愿母校的明天更加辉煌，为我们的90年、100年校庆时的再聚首表示期待，期待看到更加灿烂的××！”

诞辰周年重“歌颂”和“怀念”

诞辰，多数用于受人尊敬的、已故之人，或伟大的组织团体。因此，在纪念×××诞辰多少周年之时，重点在于歌颂其丰功伟绩，怀念其走过的峥嵘岁月。

在说到已故的伟人出生多少年时，我们都是用诞辰来表达。例如，到2013年正好是毛主席的120岁生日，我们就可以以毛主席“诞辰120周年”作为主题来组织一个庆典。在毛主席诞辰120周年的贺辞上，可以这样写道：“在毛主席为首的第一代中央领导集体的带领下，我们相继完成了新民主主义革命和社会主义革命；进行了三大改造，建立了社会主义制度，使中国社会发生了深刻的变革；建立社会主义，中国人民真正的当家做主，中国真正地站了起来。很难想象，假如没有毛主席，我们还要在黑暗的社会中摸索多久。”

我们伟大的中国共产党90岁华诞，那么在中国共产党诞辰90周年的贺辞中，可以写道：“‘没有共产党就没有新中国，有了共产党，中国的面貌才会焕然一新’。在党的带领下，我们冲破三座大山，建立新中国；在党的带领下，我们建立社会主义制度，中国的面貌焕然一新；在党的带领下，我们进入改革开放的新时期，进入小康社会。目前，我们正朝着更高层次、和谐的社会迈进。感谢党，党无愧于先进的、科学的政党！”

节日周年重“意义”

节日如长河中的朵朵浪花，让平淡的生活时而充满激情；如整片绿叶中的朵朵鲜花，起到了点缀千篇一律的生活的作用。中国人民喜欢过节，有句话说中国的节日是“大节三六九，小节天天有”。但是得到人们重视的节日也只是具有特殊意义的节日，比如说词旧迎新的春节、拜祖寻根的清明节、纪念爱国诗人屈原的端午节、“六一”儿童节、建党节、“每逢佳节倍思亲”的中秋节、重阳节、国庆节等等。

人们在庆祝节日周年时，重视的是节日本身所蕴含的特殊意义。比如说今年恰好是建党90周年，伟大的中国共产党走过了近1个世纪的风风雨雨。我们在庆祝的同时，还要表达出缅怀先烈，学习党的优良传统，坚定信心跟党走的思想。因此在发表贺辞时，我们可以阐述一下党成长的历程，罗列一下在党的带领下我们所取得的成就，最后表达自己坚持党的领导的信念。例如学生代表在发表贺辞时可以这样说：“中国共产党领导我们相继完成了新民主主义革命任务、实现了民族独立和人民解放、建立了中华人民共和国，中国人民从此站了起来。回顾党发展的90年历程，我更加深深地体会到中国共产党不愧为领导中国人民不断开创社会主义事业的核心力量，我们要坚定信心跟党走！”

香港和澳门的回归在中国实现民族统一大业上具有重要的意义，每逢回归周年庆的时候都很重视，尤其是逢5、逢10的周年，场面很是隆重。因此，在发表周年贺辞时，要突出以下三点：1. 香港、澳门自古以来就是中国神圣不可分割的领土；2. 香港和澳门回归后，各个方面所取得的成就；3. 台湾回归是大势所趋。例如××香港市民在香港回归周年庆上，可以这样说：“香港是中国的领土，为了完成祖国统一的大业，中国人民收回香港的主权是不可非议的。”“回归后的香港，在‘一国两制’政策的实施下，焕发生机，社会各个方面取得了飞速发展，面貌焕然一新。我们已为台湾回归做了良好的示范，希望国家早日完成统一大业！”

妙句共赏

经典好词

无论是公司、企业，还是婚姻、诞辰，都比较重视周年庆，尤其是逢5、逢10的周年，届时会有一个隆重的，或是一个具有特殊意义的场面出现。在这个重要的时刻，贺辞，也就是祝福语是不能避免的。那么如何说话才能为这个重大时刻增添光芒呢？我认为在语言里穿插一些经典好词句，不仅会为语言增色不少，也会提升庆典的档次。

庆典常用词及运用的场合：

结婚周年庆典：百年好合、永结同心、相濡以沫、共结连理、执子之手，与子偕老、秦晋之好、幸福美满、心心相印、珠联璧合、伉俪情深、天长地久、白首偕老、永浴爱河、终身之盟、相敬如宾、美满良缘、同德同心、缘定三生、佳偶天成、夫唱妇随、许订终身、郎才女貌、美满家园、花好月圆等等

公司、商场、酒店周年庆典：生意兴隆、财源广进、恭喜发财、年年有余、大吉大利、一帆风顺、龙马精神、岁岁平安

学校周年庆典：桃李满园、桃李天下、青出于蓝 、师道尊严 、研桑心计 、尊师重道 、春风化雨 、呕心沥血、蜡炬成灰泪始干、循循善诱 、诲人不倦 、桃李满门 、门墙桃李 、言传身教、潜移默化

诞辰周年庆典：松鹤延年、光芒永驻、青史留名、与日同辉、永存民心、福泽后代

经典好对

对仗工整的上下两联，虽然字数很少，却能表达出最深厚的意思，往往妙不可言，这正是我国经典文化的魅力所在。因此在发表贺辞时，致词人若能随手拈来几副对联，那么说话的整个感觉就很不一样了。在发表贺辞时，致词人可以根据情感的表达需要，择取这些经典好对：

身无彩凤双飞翼，心有灵犀一点通

死生契阔，与子成说；执子之手，与子偕老

海枯石烂同心永结，地阔天高比翼齐飞

相亲相爱幸福长，同德同心幸福永

十年修得同船渡，百年修得共枕眠

百年恩爱双心结，千里姻缘一线牵

君当作磐石，妾当作蒲苇；蒲苇韧如丝，磐石无转移

山无陵，江水为竭；天地合，乃敢与君绝

梧桐枝上栖双凤，菡萏花间立并鸳

恋爱心已合，结婚情更浓

比飞却似关雎鸟，并蒂常开连理枝

贫贱之交无相忘，糟糠之妻不下堂

在天愿为比翼鸟，在地愿为连理枝

但愿人长久，千里共婵娟

两情若是久长时，又岂在朝朝暮暮

鞭炮齐鸣贺新春，锣鼓震天迎周年

生意兴隆周年庆，财源茂盛万载长

酒香招客骏业发，店铺迎宾鸿途展

周到服务周年好，店来喜迎店庆来

漫漫十载弹指过，阵阵欢声扑面来

高朋常临，十载福地十载春 ；贵客盈门，四时佳肴四时香

花发上林生意盛，莺迁乔木好音多

风雨兼程，惊涛骇浪一轮甲子；改革开放，日新月异几度春秋

年年岁岁喜看春蕾初长成，岁岁年年又迎园内结硕果

江山代有才人出，各领风骚数百年

古都××彩旗飘飘，××大地万众欢腾

雪尽百年耻辱，游子终归母怀，回归十载又五，再创明日辉煌

一日为师终身父，毕生难以报师恩。十年树木百年人，老师恩情比海深

举国欢乐迎国庆，阵阵红浪舞秋风。男女老少齐欢畅，家和国盛万事兴

回首青春同年少，并肩岁月共花甲

金婚60载伉俪情深醇如老酒，诞辰80年青松苍翠劲似盘虬

玉镜人间传合璧，银河天上降寿星

国永昌，家永睦，福永生，兴万代子孙，绘千秋伟业；人长久，月长圆，春长在，翻一页日历，存百年基业。

十年树木，百年树人；万事吉祥，福泽千秋

九十载峥嵘岁月，中华大地换貌一新；六十年峥嵘历程，九州生气推陈见荣

好主义好路线好政策，般般都好；新中国新时代新面貌，处处皆新

红日东升，党蔚新风树正气；神州飞腾，民为四化展宏图

中华崛起迎盛业；巨龙腾飞颂党恩

经典好句

一、结婚周年贺词

◆1 年前的今天，开启了我幸福的一生。感谢你这一年陪我走过的风风雨雨，我会疼你爱你一辈子，让我们一起共创美好的明天。

◆我为你而存在，因为有你，我的生命才会如此绚烂多姿，我愿意永远陪在你身边，携手一生，共同度过人生的每分每秒。

◆“十年修得同船渡，百年修得共枕眠”，分明是千年前的一段缘，不知回头了多少次，才让我们在茫茫人海中相遇、相识，到相知，最后走到一起，而且还要相伴一生，我想对你说一句话：“死生契阔，与子成说，执子之手，与子偕老”，愿我们一起慢慢变老，相伴一生！

◆“我能想到最浪漫的事，就是和你一起慢慢变老，直到我们老得哪儿也去不了，你还依然把我当成手心里的宝……”

◆佛说：前世的五百次回眸，才换来今生的擦肩而过。我要用无数次回头来换与你的再世相遇，希望能亲口告诉你：“下辈子，下下辈子，还会永远永远爱你”。

◆50 年的风风雨雨、50 年的酸甜苦辣、50 年的悲欢离合、50 年的相濡以沫。转眼间，姥爷和姥姥迎来了结婚 50 年的纪念日，作为晚辈，我代表全家人向二老表示祝贺，祝愿您们相伴永远，共同迎接钻石婚的到来。

◆大千世界中，两个陌生人相遇、相知，已是很有缘的，祝愿爸爸妈妈永结同心，相伴永远！

◆时光流逝，岁月如梭，带走了我们的容颜，却无法带走我对老婆浓浓的爱，只会使它愈加深厚，祝愿我们永远幸福美满！

◆不管时光如何改变，不管你的容颜如何改变，我将携手你一生。祝我们结婚周年快乐！

◆岁月带走了我们的容颜，却带不走我们彼此之间的关爱。

◆亲爱的老公，你在我的生命中占据了重要的位置，感谢这么多年你对我这么多的呵护与付出，相信我们能常伴下去。

二、公司周年贺词

◆大家好！在新春佳节即将来临之际，我们迎来了××有限公司开业 10 周年庆典。我们在这里为她的生日举行隆重的庆典会。首先，请允许我代表公司全体员工向关心和支持我们的兄弟公司表示衷心的感谢和崇高的敬意，让我们以热烈的掌声，欢迎他们的到来！同时，也允许我代表公司向各位辛勤劳动的员工表示亲切的慰问。

◆××公司有今日的辉煌，与所有的员工和领导层的努力是分不开的，我们坚信：××公司的明天一定会更好，××公司一定会更加红红火火。

◆伴随着时代的变迁、经济的好转，以及我们市日新月异的变化，特别是沐浴着改革开放的春风，经济政策的大好，公司焕发出更加旺盛的生命力，我相信，我们的公司会越办越大，知名度和影响力会越来越高。

◆预祝公司10周年庆典酒会圆满成功！预祝我们公司生意兴隆、事业恢弘！也预祝各位领导、各位嘉宾、各位员工身体健康！家和业兴！

◆进入新时代，发展的涛声在不断逼迫着我们，这正是腾飞的时刻。祝愿我们公司在××行业中迅速发展，在竞争日趋激烈的形势下，再创佳绩！再铸辉煌！

◆市场竞争日益激烈，展望未来，公司的发展过程中定是机会与挑战并存。我们不应该满足于现状，而是要以此为基点，向着新的目标前进，满怀信心迎接挑战，同心协力，共铸辉煌！

◆20年的奋斗拼搏，20年的峥嵘历程，我们公司终于实现了全国百强企业的梦想，实现了跨越式的发展，谱写了由小做大、由弱到强的光辉诗篇。展望未来，我们豪情壮志，相信公司的明天更加辉煌！

◆让我们携手前进，把目光投向远方，去创造更加美好的明天！

◆众所周知，××有限公司有今日的辉煌，离不开赶上的好机遇和好形势，离不开领导的英明决策和精心管理，离不开员工的辛勤努力和无私奉献，离不开广大顾客的支持，我们坚信：有了这些天时、地利和人和，我们的公司会越做越大，我们的事业会更加辉煌！

三、酒店周年贺词

◆我们欢迎各地的朋友入住我们的酒店，我们将不断提升酒店的档次、管理水平和员工的服务质量，为您营造一个良好的入住环境。我们将尽心尽力把××酒店打造成省内数一数二的高档次、高标准的酒店。

◆再次欢迎各位的到来，祝大家身体健康，家庭美满！也祝我们酒店的明天更加辉煌！

◆大家好，百花争艳，鞭炮齐鸣．今天我们迎来了我们××酒店的5周岁生日。首先，让我们以热烈的掌声，欢迎各位领导和嘉宾朋友的到来，感谢他们长期以来对我们酒店的关心、帮助与支持！再次，让我们把热烈的掌声送给我们辛勤的员工，正是由于他们的无私奉献、兢兢业业，才有我们酒店的今天。最后，让我们把掌声送给这个美好的时代，好时代造就了发展的好机会、好前景。

◆××年的春节即将到来，为了方便顾客，我们的一些员工放弃了与家人团聚的机会，放弃了自己休息的时间，仍以饱满的热情坚守在工作岗位上，热情服务每一位客人。我代表酒店对你们表示敬意，给你们拜年了，我们以酒店有这样的员工引以为豪。

◆我坚信：只要我们怀着“顾客至上”的理念，热情服务每一个客人，我们酒店必将赢得越来越多的认可，我们的酒店会更加辉煌！

四、校庆周年贺词

◆大家好，金风送爽，丹桂飘香，在母校××建校80周年之际，我谨代表我们所有的校友向母校表示由衷的祝福和真诚的感谢！向参加校庆的教职工和校友们致以亲切的问候。

◆祝愿母校的明天更加辉煌，为我们的90年、100年校庆时的再聚首表示期待，期待看到更加灿烂的××！

◆希望社会各界进一步重视教育，希望有能力的校友们尽大家最大的努力，继续关心和支持我们的母校，为母校的发展创造更好的发展环境。

◆20年的风风雨雨，20年的坎坷历程，20年的相濡以沫，20年的不断进取。今天，在这花的海洋里，我们欢聚一堂，共同庆贺幼儿园的20岁生日。让我们以最热烈的掌声送上对幼儿园最真诚的祝福。

◆幼儿园是一座花园，老师是辛勤的园丁。建校20年了，一届又一届的孩子们在这里长大，这里承载了一片又一片孩子们的欢声笑语，在这里记录了他们成长的点点滴滴，留下他们最美好的童年回忆。

◆翻开毕业相册，一张张可爱的笑脸映入眼帘。蓦然回首，我已离校10年。人生最重要的4年在这里度过，感谢母校4年来对我的培养教导，我将以自己的微薄之力为母校做出点事情。祝愿母校的明天更加辉煌！

五、诞辰周年贺词

◆今天是毛主席诞辰100周年，让毛主席的精神永远激励着我们，我们要为国家的富强和振兴尽自己的一份力，做好社会主义的接班人。

◆回顾党发展的90年历程，我更加深深地体会到中国共产党不愧为领导中国人民不断开创社会主义事业的核心力量，不愧为伟大的马克思主义政党。近几年，在党的带领下，绘就了我国改革开放的宏伟蓝图。中国共产党正带领着全国各族人民为中华民族伟大复兴做出了巨大的努力；从此中国的历史和面貌将翻开新篇章，中华民族伟大复兴不会太远。

◆邓小平同志是中国改革开放和现代化建设的总设计师。在他的带领下，我们步入改革开放的新时期，进入了社会主义市场体制，从此中国的经济实现了跨越式的发展，中国人民迈向了小康社会；在他“一国两制”的决策下，香港和澳门回到了祖国的怀抱，实现祖国统一大业不会遥远。在今天“邓小平同志诞辰××周年”的庆典上，我想代表全国13亿百姓问声：“小平，您好！”

六、节日周年贺词

◆雪尽百年耻辱，游子终归母怀，回归十载又五，再创明日辉煌。

◆“一日为师终身父，毕生难以报师恩。十年树木百年人，老师恩情比海深。”在这个收获的季节里，我们迎来了第30个教师节的到来，请同学们把最热烈的掌声送给我们最敬爱的老师们，祝他们身体健康、工作顺利、合家欢乐。

◆ 女同胞们，新的一年里，希望大家再接再厉、振奋精神，在家庭和工作中，充分发挥“半边天”的作用，为树立女性崇高的地位添砖加瓦。最后，祝姐妹们节日快乐，工作顺利，身体健康，合家幸福！

◆“巾帼不让须眉”的女同胞比比皆是，为我们女性树立了好榜样，也让社会对我们女性另眼相看，谁说女子不如儿男？

◆举国欢乐迎国庆，阵阵红浪舞秋风。男女老少齐欢畅，家和国盛万事兴。很高兴，在这个激动人心的时刻，我们迎来了祖国妈妈的60周岁华诞，我代表大家向祖国妈妈问好，道一声：妈妈生日快乐！

◆“爱国、进步、民主、科学”是五四精神的核心内容，今天大家欢聚一堂纪念五四青年节60周年，目的在于号召广大学生发扬五四精神，为振兴中华民族而努力奋斗。最后希望大家记住今天的讲话，继承先辈的优良传统，担负起振兴中华的民族使命，为国家的富强而努力！

◆但丁说过：“世界上有一种最美丽的声音，那便是母亲的呼唤”，我们已在外漂泊了1个世纪之久，日夜想念着祖国那温暖的怀抱，母亲，我要回来！渴望在你温暖的臂弯中得到疼爱，渴望在你的关爱中成长。

◆爱情会伴着平淡生活而渐渐枯萎；青春会随着时光流逝而慢慢逝去；友谊会随着空间增大而凋零。而一个母亲对孩子的关爱之心会与生命同在，母亲的生命有多长，对孩子的爱就会有多广。

实用贺词赏析

庆结婚周年贺词

范文一：丈夫在夫妻结婚1周年的贺词

【致词人】丈夫

【致词背景】夫妻结婚1周年

可爱的老婆：

1年前的今天是个重要的日子，因为我幸运地娶了你，从此开启了我幸福的一生。感谢你这一年陪我走过的风风雨雨，我会疼你爱你一辈子，让我们一起共创美好的明天。

还记得1年前的今天，我带领着亲朋好友把你迎娶进门，从你爸爸的手里接过你，面对着证婚人、双方的父母，以及其他的见证者，我们彼此戴上象征爱情的婚戒，然后在众人面前许下承诺：愿我们相扶一生，不离不弃，白头到老。那时的情景至今历历在目，时刻提醒着我对你不变的承诺。

1年来，因为我们的事业都处在起步阶段，为了事业要努力打拼，工作都很忙，但你为了解除我的后顾之忧，还是作出了巨大的牺牲，把家里的事全揽在自己的身上，成为了我强大的后盾，让我可以全身心投入工作。更让我欣慰的是，你完全把我的父母和你的父母一样对待，这是难能可贵的。你对他们关心的程度，有时我这个儿子都自叹不如。爸爸妈妈都说我娶了个好媳妇，我虽嘴上说还行，但心里却乐开了花：谁家要能娶个明事理的儿媳，比中六合彩还要高兴。

结婚时我们没有属于自己的房子，我没能给你一个安稳的家，至今还让我觉得对不起你，和你一起住在出租房的日子里，虽然很挤，但我们天天有说不完的话，乐不完的事，我们还把那个暂时的家打扮的温馨、舒适，虽然简陋却成了我们的安乐窝。每天下班后就急切回到家中，因为有你等候着我，还有那些可口的饭菜。值得高兴的是，在我们共同努力下，现在终于有了属于自己的小窝，漂泊的心终于安定下来了，这让我对你的歉疚也减轻了许多。我想，在我们共同的努力下，一定会把家经营的更好的！

老婆，你是我的好老婆，能够遇上你，我感到很幸福，能够与你相伴一生，我感到无比的幸运！我的生命因你而存在，我的生命因你而精彩，我愿意永远守候在你身边，陪你走过人生的每分每秒，让我们携手共度这一生。“十年修得同船渡，百年修得共枕眠”，分明是千年前的一段缘，不知回头了多少次，才让我们在茫茫人海中相遇、相识，到相知，最后走到一起，而且还要相伴一生，我想对你说一句话：“蒲苇韧如丝，磐石无转移”，愿我们能一起慢慢变老，相伴一生！

范文二：老公在结婚5周年时的贺词

【致词人】老公

【致词背景】结婚5周年

亲爱的老婆：

没想到，眨眼间，我们已经相伴走过了5个春秋、共同度过了1825个日日夜夜。今天是我们结婚5周年纪念日，我想对你说：“这些日子有你陪伴，真好！

如果一切重新来过，我相信：我们还会在茫茫人海中不期而遇，我还会选择一眼爱上你、主动追求你、让你成为我的老婆，决不会后悔。”

回首过往，我们相恋的情景至今还在眼前。曾经多少次，我们携手一起走在海滩上，傍晚的海风轻轻拂过我们的脸庞，我相信，那亘古不变的海风海浪会记得我俩每一个絮语的黄昏，沙滩会永远留下我们相伴的脚印。当我把将象征永恒的戒指套在你的无名指上时，我感觉到自己将是世界上最幸福的人，能娶你为妻，夫复何求？我下定决心一定要让你幸福，今生只爱你一人，你将是我人生中的唯一女主角。

经过打拼，现在我们不仅事业上取得了不错的成绩，拥有舒适安逸的生活，最重要的是我们有了爱情的结晶——我们的女儿点点。女儿的到来充实了这个家庭，也增添了许多乐趣，成为了真实意义上的家。但同时也给你带来了许多事情，为了照顾女儿，你的睡眠时间越来越短，看着日益憔悴的你，我只好尽力帮忙做些家务，但老是手忙脚乱的，最终还是为你添麻烦。随着女儿慢慢地成长，我们不仅收获了许多快乐，而且感情也越来越牢固，这是源自我们的互相包容、互相理解、互相关心的结果。

老婆，今天是我们的结婚 5 周年纪念日，我想为您唱首歌：“因为爱着你的爱，因为梦着你的梦，所以悲伤着你的悲伤，幸福着你的幸福。因为路过你的路，因为苦过你的苦，所以快乐着你的快乐，追逐着你的追逐……”佛说：前世的五百次回眸，才换来今生的擦肩而过。我要用无数次回头来换与你的再世相遇，希望能亲口告诉你：“下辈子，下下辈子，还会永远永远爱你。”

希望我们白首到老，共同迎接金婚、钻石婚的到来，也希望我们的宝贝女儿越来越聪明、越来越漂亮！

范文三：孙女在姥爷、姥姥金婚庆典上的贺词

【致词人】孙女

【致词背景】庆祝姥爷、姥姥的金婚之喜

最亲爱的姥爷、姥姥：

50 年的风风雨雨、50 年的酸甜苦辣、50 年的悲欢离合、50 年的相濡以沫。转眼间，姥爷和姥姥迎来了结婚 50 年的纪念日，作为晚辈，我代表全家人向二老表示祝贺，祝愿您们相伴永远，共同迎接钻石婚的到来。

看着今时今日姥爷和姥姥的面容，就不难想象到 50 年前，一个帅气英俊、英气逼人，一个温柔美丽、娴静端庄，因为缘分彼此结缘，在亲朋好友的共同见证下走进了婚姻的殿堂，从此开启了 50 年的相伴历程。听妈妈说，姥爷因为工作的原因常年在外，全家的重担就落到了姥姥一个人的身上，姥姥毫无怨言，用对姥爷的真情化为无尽的动力，以瘦弱的肩膀承担起了照顾全家的责任，不仅把儿女抚养长大，还成为当时队里的一把手，让姥爷没有后顾之忧，在背后尽心尽力地支持姥爷；而姥爷怀着对家人，尤其是对姥姥的愧疚，在外尽心地工作，为家人撑起一片天空，抵挡风吹日晒。正是有了姥爷和姥姥的相互理解、相互扶持，才有我们这个家的今天。姥爷和姥姥已经成为了全家的楷模，是您二老给我们无限关怀，以行动诠释了彼此之间的责任和义务。我相信我的父辈们会以你们为榜样，尽心尽力为彼此，相互扶持。

现在，子孙满堂，是姥爷和姥姥安享天年，尽享天伦之乐的时候，您们不必再为我们操心，我们会让自己的人生充满色彩，绝不让您们失望。

最后，祝愿姥爷和姥姥相伴到永远，身体安康、永远幸福！

范文四：爸爸妈妈60周年结婚贺词

【致词人】女儿

【致词背景】庆祝爸妈的钻石婚

亲爱的爸爸、妈妈：

转眼间，爸爸和妈妈已经相伴了半个多世纪，首先，作为女儿，我代表全家向你们的钻石婚之喜表示由衷的祝贺，希望二老相伴相扶到永远。

你们共同经历了60年的风风雨雨，见证了山河飘摇的年代，凭着共同的理想和青年人的血气方刚加入了轰轰烈烈的革命浪潮中，在战斗的过程中培养起了革命情谊；接着在新中国初创的艰苦岁月里，你们由于共同的扶持，达到了心灵上的契合，终于走到了一块；其间，经过“文革”的动乱，使得你们的感情铸就的更为牢固，相互理解，相互信任，不离不弃，走到了改革开放的新时期；在经济浪潮汹涌澎湃的冲击下，你们并肩而行，一步一步走来，创造了我们这个美满的家庭。

有子女组成的家庭，才是美满的。谢谢爸爸妈妈，你们把我们带到这个世界上，并给我们创造了一个良好的环境，助我们健康成长。你们不仅给我们提供了充足的物质方面的东西，而且在精神方面对我们的影响很大：一是给我们提供了良好的文化氛围，二是一个良好的家的感觉。我认为家的感觉是最重要的，这会给我们家庭一个很好的凝聚力，让我们在这样的感觉中幸福、快乐地成长。而这个家的感觉就是通过您们两个平时的行动来给我们影响的，你们实践了那些话“举案齐眉”、“相敬如宾”，虽然这60年来也有一些争执，但那些都是非常细微的琐事，而且都是为对方着想，基本上你们都是和和气气，有时看着你们相伴而行，互相搀扶，我就心生羡慕，如果将来和自己的另一半也是如此，应该也是件幸福的事！我会以你们为榜样的。

大千世界中，两个陌生人相遇、相知，已是很有缘的，像爸爸妈妈这样，能够幸福、互相扶持走到钻石婚的更是了不得的，令人眼羡。最浪漫的事就是如歌中所唱的“就是和你一起慢慢变老，等到我们老的哪也去不了，你还依然把我当成手心里的宝”，爸爸妈妈亦是如此。

今天是个高兴的日子，就让我们祝愿爸爸妈妈钻石婚快乐，一直携手相伴走下去，争取下一个十年，再过一个更有纪念意义的结婚纪念日！

庆公司成立周年贺词

范文一：老总在公司成立10周年的贺词

【致词人】老总

【致词背景】公司成立10周年

各位来宾、朋友们：

大家好！在新春佳节即将来临之际，我们迎来了××有限公司开业10周年庆典。我们在这里为她的生日举行隆重的庆典会。首先，请允许我代表公司全体员工向关心和支持我们的兄弟公司表示衷心的感谢和崇高的敬意，让我们以热烈的掌声，欢迎他们的到来！同时，也允许我代表公司向各位员工的辛勤劳动表示亲切的慰问。

10年前，××创办了××有限公司，主要从事于零售批发、贸易业务。乘着改革开放的东风和经济形势的大好，经过10年的发展，××有限公司已成为拥有员工3000多人、全国近千家加盟店的的大型企业，独创的名牌芦荟化妆品以绿色的口号、鲜明的功效、合理的价位迅速占领全国的市场。以营养最为丰富的芦荟为原料，以美国公司的精湛提取技术为依托，所用效果甚为明显，赢得了受众的广泛欢迎。2000年底，尽管当时市场上已经有了不少的知名化妆品，化妆品市场正在经受着国外产品的冲击，几乎接近饱和，并且是芦荟成分的化妆品也不止一家。在这些投资环境并不是很好的情况下，××独具慧眼，对投资××充满信心，毅然作出投资的决策。现在，××有限公司在××先生的正确领导下，在各位代理区经理的精心管理下，经过全体员工的共同努力，业务蒸蒸日上，不断发展壮大，已获得了大众的信赖。

众所周知，××有限公司有今日的辉煌，离不开赶上的好机遇和好形势，离不开领导的英明决策和精心管理，离不开员工的辛勤努力和无私奉献，离不开广大顾客的支持，我们坚信：有了这些天时、地利和人和，我们的公司会越做越大，我们的事业会更加辉煌！

范文二：职工在公司成立100周年庆典上的贺词

【致词人】职工

【致词背景】公司成立100周年庆典

尊敬的各位领导、各位来宾、同事们：

大家好！

鞭炮齐鸣，锣鼓震天，今天是我们××公司的百年大庆，很高兴能和大家欢聚一堂，共同为我们××公司的百岁华诞庆祝。作为一名有着百年历史企业的职工，我感到无比的高兴与自豪，在此我衷心地祝愿我们的公司生日快乐！

百年历史，沧桑变化，如今××公司的发展和成就大家都是有目共睹的。能够走到今天，是几代××人不词辛苦、无私奉献的结果，凝聚了几代人的心血和汗水，当然和在座的每位领导、职工的努力付出是密不可分的。

回首过往的岁月，感慨万千。俗话说“万事开头难”，××的成长也是如此，根据公司的资料显示，以及前辈们的回忆，成立之初，××只是个小小的店面，在艰苦、动乱的年代里独立支撑着，多亏了前辈们的极力维持，才有了后来的发展，使得××的发展壮大成为了可能；建国初期，经过国家政策的调整，××成为国有企业，在国家的大力扶持下，××的发展突飞猛进，规模逐渐壮大；随着改革开放，××把握新时期、新机遇，顺应时代潮流，突破自我，引进先进的技术和管理方法，终于，××成为了一个实力雄厚、资本充足的大企业；但好事多磨，经济危机的冲击，使得××的发展又遇到了阻碍，但是当时以×××为首的领导班子果断采取措施，大刀阔斧地实行改革，使我们的企业突破国有企业的束缚，成为了私营企业，增加了竞争机制，与市场接轨，这就焕发了企业的生机，使得企业蒸蒸日上，一直发展到现在。××的发展历程告诉我们：“不经历风雨，怎能见彩虹。”××公司的今天来之不易，发展也不是一帆风顺的，经历了许多坎坷、挫折，直到现在的成长、壮大，成为一流的品牌企业。

××虽然历史悠久，但他并不落后，而是与时俱进、紧跟时代步伐，企业如今已经突破瓶颈，走向规范化、程序化、整体化。××还已经形成了“无私奉献、锐意进取、团结向上、创新发展”的企业精神，这个精神是我们几代人经验的总结，今后这个精神也会带领××走得更远。我已经在××工作××年了，在这几年中，我已经深深体会到企业精神带给我的感动和震撼！我坚信在公司上层的领导和职工的坚持努力下，没有任何困难能阻挡我们前进的脚步。

如今，××就好比是一个大家庭，生活中大家亲如兄弟姐妹，互帮互助，让每个人都感受到亲人的温暖，家的温馨。我作为大家庭的一员应该充分发挥主人翁的精神，用心呵护这个大家庭，工作严格按照公司的各项规章制度来约束自己，一心一意为公司谋发展。我坚信：××的发展是无限的，前途是光明的，职工是优秀的。我愿意和大家以毕生的精力扎根××，奉献××，为我们××的腾飞撑起一片蓝天！

最后，我想借此机会说几句心里话：感谢大家，谢谢大家在这段时间里，对我无论是生活中还是工作中的支持与帮助，让我体会到“家”的感觉，在以后的工作中我会用自己出色的工作表现来回报各位领导、回报各位同事，回报公司。

谢谢大家！

范文三：省领导在××食品有限公司成立20周年庆典上的贺词

【致词人】省领导

【致词背景】××食品有限公司成立20周年庆典

各位来宾、朋友们：

大家好！在中秋佳节即将来临之际，我们迎来了××食品有限公司成立20周年庆典。在此，我谨代表××省委、省政府表示最热烈的祝贺，同时，向××食品有限公司所取得的成就致以崇高的敬意。

1991年，××食品有限公司开始投产，专职从事肉类食品加工，乘改革开放的东风，经过多年的发展，目前已有员工20000人，总资产10多亿元，年屠宰生猪1000万头，年产肉制品60多万吨，是国内比较大的肉类加工基地，位于中国企业500强前列。

近几年，依靠“创新、拼搏、优质、高效、敬业、诚信”的企业精神，××食品有限公司在领导层的正确领导下，经过全体员工的共同努力，不断进行技术创新、管理创新、市场创新，企业实现了持续、快速、健康的发展，业务蒸蒸日上，不断发展壮大，已成为我省龙头企业。并且，××食品有限公司相继被国家经贸委贸易市场局评为“国家经贸委重点联系企业”；被我省国税局评为纳税超百万元的模范纳税户；被中央宣传部、共青团中央、国家发展改革委员会、国家质量监督检验检疫总局、国家工商业行政管理总局、商务部、全国总工会、中央文明办授予全国“百城万店无假货”活动先进企业等等，××食品有限公司所获得荣誉多不胜数。

众所周知，××食品有限公司有今日的辉煌，与所有的员工和领导层的努力是分不开的，我们坚信：××食品有限公司的明天一定会更好，××食品有限公司一定会更加红红火火。

各位来宾、朋友们，我们××省委、省政府将努力改善投资环境，进一步为投资者提供优质、高效、廉洁的全方位服务，令投资者称心、放心、充满信心，达到互利共赢的目的。同时，我们期盼更多像××食品有限公司一样的企业，在××结出更多丰硕的果实，促进××社会及各项事业的发展。

中秋佳节即将来临，俗话说“每逢佳节倍思亲”，而××食品有限公司的许多员工来自祖国各地，借此机会，我祝福大家：中秋节快乐、身体健康、万事如意、合家团圆、美满幸福！“月是故乡明，人是故乡亲”，在这个时刻，大家就把××当做自己的第二个故乡，大家尽情地庆祝吧！

最后，祝庆典联欢会圆满成功！

谢谢大家！

庆商场开业周年贺词

范文一：董事长在商场开业10周年庆典酒会上的讲话

【致词人】董事长

【致词背景】商场开业10周年的庆典聚会

尊敬的来宾、朋友们，大家好：

金风送爽、丹桂飘香，××百货商场迎来了10岁生日，在此，我们举行了隆重的庆典酒会，这是商场10年来同舟共济、合作共赢的最佳印证，也是商场人辛勤努力的结果。作为公司的董事长，我对此表示由衷的感谢。

商场的成长凝聚了大家的心血和汗水，从成长之初的小店面，慢慢做大，到现在的现代化大楼越来越强，这一切都集中地反映了大家艰苦创业、坚忍不拔、奋发图强、无私奉献的企业精神，而带头人×××凭着高超的魄力和胆识，引领着大家战胜了一个又一个的困难，揭开了商业发展史上的新篇章。商场不会忘记大家，你们的精神会永远作为动力激励着后来的商场人。

通过商场人的努力，铸就了我们××商场的黄金知名度，伴随着时代的变迁、经济的好转，以及我们市日新月异的变化，特别是沐浴着改革开放的春风，经济政策的大好，商场焕发出更加旺盛的生命力。

如今，面对残酷的市场竞争，我们将用商场求实创新、不断进取的企业精神凝聚全体员工，珍惜这难得的声望，传承商场自力更生、无私奉献的光荣传统，发扬在困难面前百折不挠的精神，冲破一切阻碍。我坚信：在大家的共同努力下，我们的商场会越来越好，让我们携手，面向未来，争取更大的发展。

最后预祝商场10周年庆典酒会圆满成功！预祝我们商场生意兴隆、事业恢弘！也预祝各位领导、各位嘉宾、各位员工身体健康！家和业兴！

范文二：经理在××书城成立10周年庆典上的贺词

【致词人】××书城经理

【致词背景】××书城成立10周年庆典

尊敬的各位来宾：

大家好，在硕果飘香的金秋十月，趁着锣鼓喧天庆祝国庆60周年的喜庆时刻，我们××书城也迎来了自己的10岁生日。这10年以来，多亏了在座的各位领导和广大读者的大力支持，我们书城才有了今天的面貌，在此，我代表××书城的全体员工对大家的理解和支持表示由衷的感谢。

莎士比亚说："书籍是全世界的营养品，生活里没有书籍就好像没有阳光，智慧里没有书籍就好像鸟儿没有翅膀"；培根说："读书在于造成完全的人格。阅读使人充实，会谈使人敏捷，写作与笔记使人精确，史鉴使人明智，诗歌使人

巧慧，数学使人精细，博物使人深沉，伦理之学使人庄重，逻辑与修词使人善辩。”从中，我们可以看出阅读的重要性。为此，10 年前在市领导的关怀下，书城拔地而起，以“为全市人民提供充足的精神食粮，提供良好的阅读环境和优质的服务”为宗旨，经过这10 年的扩充与发展，现在书城里各类书籍应有尽有，而且分类详细，不仅有纸质的还有电子版的，在这里你可以阅尽天下所有书籍，在知识的海洋里尽情遨游。我们书城不仅方便了市民的阅读，丰富了他们的业余生活，同时也得到了广大读者的认可，这是我们 10 年来日积月累的成绩，也是大家对我们最好的鼓励！

这 10 年来取得的成就，不可否认，与书城全体员工的无私奉献、兢兢业业有很大的关系，所以，我也代表书城的领导层对大家表示真诚的问候。我相信，有你们这批尽心尽力的员工，我们的书城会越做越大，更好地为民众服务。

最后祝愿我们书城的明天更加辉煌！

范文三：董事长在××百货商场进驻××5 周年贺词

【致词人】董事长

【致词背景】××百货商场进驻××5 周年

尊敬的各位来宾、朋友们，大家好：

大地春意融融，一片生机焕发。阵阵的锣鼓声和悦耳的鞭炮声结束了我们××百货商场进驻××市场的第 5 个年头，准备迎接新的一年到来。新时期、新气象，我代表××百货向各位这 5 年来的大力支持表示由衷的感谢！

2007 年 3 月，××百货进驻××，由此揭开了××百货开拓××市场的新篇章。俗话说：万事开头难。大多数企业处于初创时期并不是一帆风顺的，2007 年是××百货商场在××扎根的第一年，也是全球经济危机严重的一年，百货零售业遇到了前所未有的困难，再加上市场竞争的激烈，××百货的发展遇到了很大的阻力。

但是，在××百货领导层的正确带领下，全体员工奋发图强，努力工作，圆满地完成了各项工作任务，顶住了经济危机的冲击，以及同行业的激烈竞争。在 2009 年，××百货在××地区取得了长足的发展，商场的整体规模、硬件设施、品牌阵容、服务质量、销售模式等方面都大放异彩，可圈可点，增强了××百货的竞争力。2009 年直至今日，××百货已经成为××百货行业的领军人物。

5 年来取得的惊人成就，是我们没有想到的，感谢领导，是你们在政策上的支持，成就了××的今天；感谢各位消费者，是你们的认可，给了××继续前进的动力；感谢××百货的员工，是你们的辛勤付出，托起了××的未来；感谢××各阶层的管理者，是你们英明的管理，带领着××走向美好的明天！

祝愿我们的××再创佳绩，为××的经济发展、为满足顾客的需求而努力奋斗！

庆酒店开业周年贺词

范文一：员工在××酒店5周年庆典上的贺词

【致词人】员工

【致词背景】××酒店5周年庆典

女士们，先生们：

大家好！百花争艳，鞭炮齐鸣．今天我们迎来了我们××酒店的5周岁生日。首先，让我们以热烈的掌声，欢迎各位领导和嘉宾朋友的到来，感谢他们长期以来对我们酒店的关心、帮助与支持！再次，让我们把热烈的掌声送给我们辛勤的员工，正是由于他们的无私奉献、兢兢业业，才有我们酒店的今天。最后，让我们把掌声送给这个美好的时代，好时代造就了发展的好机会、好前景。

回首这5年的时光，感慨万千，最初我们的酒店只是3星级的，为了提升酒店的档次，我们全体员工在领导层的带领下，全新改造，在酒店的硬件设施方面，比如房间的物品，都是紧跟国际时尚潮流，重视顾客的舒适度，让顾客感到温馨。在酒店的软件方面，比如员工的服务水平，都是按照5星级的水准要求和培训的。经过大家的努力，我们酒店终于获得了相关部门的验收合格，达到了5星级酒店的标准，并且在同一年，入选奥运会合作单位，也协办了多次重要的会议。

在这5年来，我们酒店在领导层的英明领导和决策下，在社会各界的支持下，在所有员工的勤奋进取下，才取得了今天的不凡业绩。5年的时间不算长，但是在这1800多个日日夜夜里，对于我们××大酒店的每一个人来说，都是难以忘怀的，我们对××酒店的发展投入了很多的感情和心血，可以说，我们是看着××酒店成长起来的，它就仿佛是我们一手培养成才的孩子一般。今天是我们××大酒店成立5周年的纪念日，此时此刻我的心情是难以用语言来形容的，我实在是太激动了，看着自己的努力得到了回报怎么能够不激动呢？

最后，祝愿我们的酒店越办越好，有个辉煌的明天！

范文二：董事长在××酒店开业10周年庆典上的贺词

【致词人】董事长

【致词背景】××酒店开业10周年

各位领导、各位来宾、各位同事、各位朋友：

金秋报喜，硕果飘香，在这收获的季节里，我们怀着喜悦的心情迎来××酒店开业10周年的大喜日子。请允许我代表××酒店向前来参加庆典的各位领导及来宾表示热烈的欢迎！向在酒店经营中所有帮助、支持和关心过酒店的朋友表示感谢！向付出辛勤努力的所有酒店员工致以崇高的敬意！

××酒店从建立之初就致力于打造市内的标志性、现代化建筑：聘请知名工程师按照5星级的标准，将其设计成为国内一流的建筑。从2001年动工以来，××克服了资金短缺、施工难度大等困难，经过施工人员的艰苦奋斗1年半，终于一座现代化、标志性的高楼拔地而起。建成后的××大酒店，定位于会议接待、旅游观光。××风格新颖、样式别致、功能齐全，无论是整体感觉，还是内部的装饰装修，都气势恢弘、尽显大气。酒店建筑面积××平方米，主体共××层，内有多功能会议厅、多种风格的标准房、商务用房和豪华套房、中西餐厅、茶室、桑拿洗浴中心。酒店前后被××平方米的喷泉广场和面积××平方米、有××个泊位的现代化停车场相拥着。可以说，××大酒店对提升整个市区档次、品位，打造旅游名市，作出了巨大的贡献。

我们欢迎各地的朋友入住我们的酒店，我们将不断提升酒店的档次、管理水平和员工的服务质量，为您营造一个良好的入住环境。我们将尽心尽力把××酒店打造成省内数一数二的高档次、高标准的酒店。

最后，再次欢迎各位的到来，祝大家身体健康，家庭美满！也祝我们酒店的明天更加辉煌！

谢谢大家！

范文三：省领导在××饭店60周年庆典上的贺词

【致词人】省领导

【致词背景】××饭店60周岁庆典

各位领导、各位来宾，以及××饭店的员工们，大家好：

风雨兼程，惊涛骇浪一轮甲子；改革开放，日新月异几度春秋。

秋风送爽，丹桂飘香，今天，我们迎来了××饭店的60周岁华诞。在这个喜庆的日子里，我代表省委、省政府向付出辛勤汗水的××饭店所有员工致以节日的问候和诚挚的敬意。

××饭店始建于1951年，是省会建立后的第一个省级接待单位，隶属于省政府接待办公室。××饭店具有60年的历史积淀，它见证了省会60年的发展壮大，虽显历史沧桑，不像现代化建筑那般透露着潮流时尚的元素，但这也正是其他现代化酒店所望尘莫及的，正是××饭店的魅力所在。

××饭店在保留自己历史厚重的同时，没有故步自封，而是在新时期，根据时代的发展和市场的需求，在×××的带领下，大刀阔斧地进行了改革。整体面貌上突出历史文化元素的同时，也具有现代化的气息，尽显大气。内部的装饰装修，也配合着××饭店的精神文化，气势恢弘。

地处商业、公务之枢的××饭店，地理位置得天独厚，交通便利。经过60年的发展壮大，现饭店占地面积××××××平方米，建筑面积×××××平方米。拥有整体楼舍×幢，标准客房×××间、床位×××个，豪华套间×余套，可以满足不同宾客的需要。××饭店还拥有×个大型的自助餐厅，×个宴会接待厅和××个风格各异的豪华包间，同时可以满足××××多人就餐，主营豫菜，兼营川、粤菜及其他菜系，满足不同口味的宾客就餐。会议室×个，成为举行会议的首选。同时，为方便客人停车，南北区均辟有可容纳200余辆机动车的停车场，另外设有防盗电子监控系统，并提供日夜保安服务。

"有朋自远方来，不亦乐乎？"作为历届省党代会、人代会的主要接待场所，××饭店全体员工将真诚服务于你。我相信××饭店正敞开着大门欢迎四方宾朋，三星级的标准给你营造一个良好的下榻环境。

最后，祝愿××饭店越办越好，有更加辉煌的明天！全体员工节日快乐、身体健康、工作愉快！

庆论坛运行周年贺词

范文一：论坛管理员在论坛5周年庆典上的贺词

【致词人】论坛管理员

【致词背景】论坛成立5周年

尊敬的各位论坛朋友们，大家辛苦了！

今天是我们论坛成立5周年，论坛从1996年元旦开放到今天，共走过了近2000个日日夜夜。截止目前为止，论坛成员已达几千人，共发帖数近万篇，主题涉及各个方面，内容极为丰富。我们在论坛上相互交流，互通有无，表达自己的观点，对论坛成员都帮助很大。

今天是我们论坛运行的5周年华诞，在这个喜庆的日子里，我的内心很激动，因为我感受到我们这个大家庭的温暖。回顾这5年的时光，在论坛中的所有情境都历历在目，5年来，我几乎把所有的业余时间都花在我们的论坛上，在这里我学到了许多知识、积累了许多管理经验、认识了许多朋友。

我们这里的所有成员都很尽心尽力，都愿意为我们这个家园贡献自己的一份力。例如，我们知识丰富的论坛管理员×××，为了给大家营造一个良好的环境，他尽心尽力，把所有的精力都用在了改善论坛上，论坛一直能够安全稳定运行与他的辛勤付出和无私奉献是分不开的。在此我代表论坛全体朋友感谢我们的论坛管理员×××，道一声你辛苦了！还有，各个版块的版主们，为了活跃论坛气氛，坚持在论坛上热情回帖和辛勤维护，尽职尽责，对此表示衷心的感谢！有你们的鼎力协助，积极配合，我们的论坛会越来越好！

过去一年来，所有成员们，积极努力在论坛发表自己的观点，贡献自己的一份力量，那些一个个具有代表性和针对性的观点展示了大家不同的超人才华，为各个版块的发展作出了巨大的贡献，特别是"煮酒论史""美文美图""天下杂谈”“娱乐八卦”这四大栏目活跃的版友，使得这四个版块成为了我们论坛的先锋版块！今天借论坛5周岁华诞，向你们表示诚挚的问候和由衷的敬意！

论坛的每一点进步和发展，都离不开大家的智慧，大家能通过网络走到一起来，相识，相知，共同分享知识与观点。这就是我们大家今生今世难得的缘，在今后的岁月，希望我们继续共同携手创建我们论坛，祝愿论坛人气会越来越旺，越来越好！

庆电视节目开播周年贺词

范文一：栏目总编在××新闻栏目开播10周年的贺词

【致词人】栏目总编

【致词背景】××新闻栏目开播10周年

尊敬的同事们、朋友们，大家好：

10年来，所经历的风风雨雨，10年来，所收获的峥嵘岁月，已使××这棵小苗长成了参天大树，由一档普通的小栏目成长为广受民众喜爱的负责任的主流栏目。在××新闻栏目迎来开播10周年的喜庆日子之际，我代表电视台的所有员工向××致以热烈的祝贺！

良心和责任是一个媒体的安身立命之本，尤其是新闻要反映民生大事，更要怀着一份担当，用良心和责任去报道社会。这份良心和责任是我们××“办最能反映民众心声栏目”这个远大目标的基石。

××新闻栏目之所以成功，得益于它拥有一支满怀正义、用事实说话、锐意改革创新的新闻团队，得益于它所依靠的全国观众作强大后盾，得益于我们这个正在走向伟大复兴和法制逐渐健全的国家，也得益于正处于改革开放的新时期。××新闻栏目的名声能够迅速被人所熟知，能够在相关栏目中独领风骚，是历史的必然。

回首过去的10年，××新闻栏目肩负使命，不畏强权和打压，每个工作者都用良心做好每一期的报道，报道最贴近民生的事件。一路走来，披荆斩棘，豪情壮歌，用一腔热血谱写了一首赞歌。我很欣慰地看到，××栏目的一天天壮大，报道一天天的犀利，直指最敏感的地方，一天天显现出了自己对国家、对民族、对社会应有的责任感。

过去10年，××新闻栏目用真诚的声音，真实的报道，在民众中赢得良好的口碑，受到新闻广播局的嘉奖，锻造出了一张“金字招牌”，提到××，就想到了正义与法制。10年算一个轮回，站在新的起点，有许许多多宝贵的经验值得发扬光大，值得传承下去。而面对已有的成就，依然年轻的××人不能骄傲自满，不能盲目自大，艰苦创业的传统不能丢，为民众说话的精神更要坚持。只有这样，××这个栏目才会越来越被大家认可，公信度才会越来越高。

世界日新月异，新兴媒体蓬勃兴起，挑战与机遇并存，我希望××新闻栏目始终以“办最能反映民众心声栏目”为宗旨，继续用事实说话，反映民生。电台各级领导对我们××新闻栏目也寄予了很高的期望，我们××一定不会辜负领导的厚爱，争取再创辉煌！

范文二：省广电总局局长在×××开播20周年贺词

【致词人】省广电总局局长

【致词背景】×××开播20周年

尊敬的各位观众、朋友们，大家好：

戏曲小舞台，人生大智慧。在×××这个舞台上，每周六晚都会演绎出许多悲欢离合的故事来，这些戏曲故事看似平常，但实际上蕴涵了许多大道理。×××在弘扬戏曲文化的同时，也用这些故事起到教化人心的作用。不知不觉，×××已经走过了20个春秋，今天，在这个欢乐的时刻，我代表省广电总局党委向×××表示由衷的祝贺！

1991年，经过电视台工作人员的策划，一个以地方戏为主的电视晚会栏目——×××开播了，这20年来，×××致力于弘扬戏曲文化，并取得了不错的成绩。“不经历风雨怎能见彩虹”，在×××初创时期，荧屏上日益繁多的节目层出不穷，戏曲类栏目普遍处于低潮，×××也是如此。但经过不断论证和实践，终于摸索出一条适合传统戏曲发展的道路。进入新世纪，全面改版后，×××焕发出新的活力，充分调动起戏迷观众参与节目的积极性，也使栏目收视率不断攀升。×××受到领导、专家和观众的普遍好评，成为××卫视的一个名牌栏目。

×××在取得已有成绩之时，并未停下创新的步伐，在日益繁多的栏目中，如果故步自封，那就会被淘汰。2007年×××不断创新，专注于主题性大型晚会，如《春节“戏”乐会》等。每一场特别节目的推出，都为×××赢得了较高的收视率。从2009年开始，×××以全新的视角映入观众的眼帘。从开播之始，就创造了戏曲类栏目有史以来的四个之最：参与人数最多、参与范围最广、参与剧种最丰富、赛事历时最长。这将近20年来，×××架起了戏曲与观众沟通、互动的桥梁，培养出大批喜欢戏曲的观众，更加得到观众的喜爱，也为戏曲事业常青作出了巨大的贡献，使得戏曲事业多了后继之人。

×××走过了20年的风雨历程，现已成为全国同类节目中的优秀品牌栏目。一分耕耘，一分收获，在全台的共同努力下，×××赢得了很多的荣誉.

我相信：×××作为××的品牌栏目，一直在努力。希望×××能够担负起弘扬戏曲文化、繁荣电视荧屏的重任，为树××的新形象、为民族传统文化的伟大复兴贡献自己的力量。

最后，祝愿×××的明天更辉煌！也谢谢20年来，观众对×××的大力支持，你们是×××走向明天的坚强支柱，是戏曲艺术常青的坚强后盾。

庆学校成立周年贺词

范文一：校友在庆祝母校80周年华诞的贺词

【致词人】校友

【致词背景】母校建校80周年

尊敬的各位领导、老师、校友们：

大家好，金风送爽，丹桂飘香，时值母校××建校80周年之际，我谨代表我们所有的校友向母校表示由衷的祝福和真诚的感谢！向参加校庆的教职工和校友们致以亲切的问候。

作为××的学生，我真心的感谢母校对我的四年栽培，在这里，我们深切地感受了老师们严谨的治学精神和同学们高昂的学习劲头；在这里，老师们为我们树立正确的世界观、价值观和人生观，教会了我们知识的同时，也让我们懂得了做人的道理；在这里，我们感受了母校无私无尽的关爱，我们衷心感谢对我们倾注了许多心血的学校教职工。俗话说“饮水思源”，我们虽然远离母校，但我们时刻关心着母校的动态，看到母校一年一年取得的好成绩，看到母校的建设与发展，我们真感到欣慰。

回首母校的80年光辉历程，母校从中专、大专，一直升到本科；教学楼从土房子到瓦房，再到今天的现代化的高楼；学校从建校初的100多人到现在的几万人；教师从一般的老师到现在的博士；名望从当初的不为人所知到现在的名声显赫。想到这些，我就为自己作为××的人感到自豪。阔别多年，重回母校，我的心情和所有的校友一样激动不已，面对蒸蒸日上的母校，看着一张张亲切、友爱、慈祥的面孔，我们无法抑制内心的激动，我真切地感受到了母校生生不息的活力和蓬勃向上的朝气，母校多年来所取得的优异的教育教学成绩，令我们欢欣、鼓舞！正是有了母校的培育，我们才会有资本、有能力在社会上站住脚跟，得到社会的认可，才能在各行各业中干出一番成绩，所以，再次感谢母校！

作为你们的学长，我以过来人的身份想对广大的学弟和学妹们说些肺腑之言：希望同学们珍惜美好的时光，树立起远大的理想，“博学而笃意，切问而近思”，在学习中加强修养，在求索中锻炼品格，在实践中提高能力，实现服务家乡，报效祖国、回报社会的理想。

同时，希望社会各界进一步重视教育，希望有能力的校友们尽大家最大的努力，继续关心和支持我们的母校、关心母校、捐助母校，为母校的发展创造更好的发展环境。

最后，祝愿母校的明天更加辉煌，为我们的90年、100年校庆时的再聚首表示期待，期待看到更加灿烂的××！

范文二：园长在幼儿园成立20周年的贺词

【致词人】幼儿园园长

【致词背景】幼儿园成立20周年

亲爱的老师、家长们，大家好：

年年岁岁喜看春蕾初长成，岁岁年年又迎园内结硕果。

20年的风风雨雨，20年的坎坷历程，20年的相濡以沫，20年的不断进取。今天，在这花的海洋里，我们欢聚一堂，共同庆贺幼儿园的20岁生日。让我们以最热烈的掌声送上对幼儿园最真诚的祝福。

回顾过往岁月，我们幼儿园走过了风风雨雨整整20年，并始终发扬自己的特色教育，走在幼儿教育的前列。在各级领导的亲切关怀指导和全体员工的积极努力下，取得了一个又一个阶段性成果，获得了多项荣誉称号。我们的学生还在市举办的幼儿绘画大赛和舞蹈大赛中，多次取得很好的成绩，因此学校也被誉为"培养艺术家的摇篮"的称号。因此也得到了家长的认可和社会的公信。

幼儿园的始祖福履贝尔认为："幼儿犹如花园中的花草，需要爱及自然的灌溉，才能培养成美丽的花草。"的确，幼儿的可塑性最大，你让他接受什么教育，都会潜移默化地影响他的终身。研究结果也表明，出生至6岁这期间是人类一生中发展最快的时期，就像是建桥梁一样，地基打得越牢固，建成的大桥就会越坚固。由此可见，幼儿教育对幼儿影响很大。我们幼儿园充分认识到了这一点，以孩子的全方面发展为基准，针对孩子的特点，培养他们的兴趣爱好，使其从小素质方面就得到奠定。

幼儿园是一片沃土，老师是辛勤的园丁。建校20年了，一届又一届的孩子们在这里长大，这里承载了一片又一片孩子们的欢声笑语，在这里记录了他们成长的点点滴滴，留下他们最美好的童年回忆。

希望我们的辛勤努力，能够吸引更多的小朋友来到这里，欢快地度过他们的童年，我们会做得更好，绝不会让家长失望。让我们共同祝愿家长和孩子们、老师们，在以后的日子里，身体健康，心想事成，也预祝我们的学校再创新佳绩！

庆诞辰周年贺词

范文一：学生代表在建党90周年庆典上的贺词

【致词人】学生代表

【致词背景】建党90周年庆典

尊敬的各位老师、同学们，大家好：

今天，神州大地一片欢腾，火红的旗帜迎风飘扬，阵阵的锣鼓声与噼里啪啦的鞭炮声响彻天际，在这个欢庆的日子里，我们迎来了伟大的中国共产党90周岁生日，让我们以热烈的掌声祝贺我们的党生日快乐！

我们这一代是出生在新时期，沐浴着改革开放的春风成长起来的幸运儿。因为不断受到马列主义、毛泽东思想、邓小平理论、“三个代表”重要思想和科学社会主义的熏陶，以及从小受父母及身边长辈的影响，我从小就立志要加入中国共产党，成为这个优秀集体的一分子，现在我的目标还没有实现，今后我要加倍努力，争取早日加入这个光荣的集体！

中国共产党是中国工人阶级的先锋队，同时是中国人民和中华民族的先锋队，是中国特色社会主义事业的领导核心。中国共产党以实现共产主义为最终目标，以马克思列宁主义、毛泽东思想、邓小平理论、“三个代表”重要思想和科学社会主义为行动指南，是用先进理论武装起来的党，是全心全意为人民服务的党，是有能力领导全国人民进一步走向繁荣富强的党。中国共产党始终代表中国先进生产力的发展要求，代表中国先进文化的前进方向，代表中国最广大人民的根本利益。

90年前，在动乱的年代中，一批有志之士被迫聚集在嘉兴南湖的游船上共商大事，这看似一次平凡的聚会却产生了惊天地泣鬼神的影响——伟大的中国共产党诞生了，从此中国的命运被改写。90年来，中国共产党已从建党之初的五十几名党员，逐步发展成为在全国执政六十多年，拥有七千八百余万党员的大党。这九十年的风风雨雨，中国共产党领导我们相继完成了新民主主义革命任务、实现了民族独立和人民解放、建立了中华人民共和国，中国人民从此站了起来，中华民族终于以崭新的姿态屹立于世界民族之林。这90年，中国共产党领导我们建立了人民民主专政的国家政权，建立了独立的和完整的国民经济体系，开创了建设有中国特色社会主义事业的新局面。这90年的风风雨雨，中国共产党领导我们建立了社会主义制度，实现了中国历史上最广泛最深刻的社会变革；领导我们创造性地实现了由新民主主义到社会主义的发展，实现了中国社会变革和历史进步的巨大飞跃。这90年，我国的政治、经济、文化等飞速发展，综合国力和国际影响力也日益显著。

回顾党发展的90年历程，我更加深深地体会到中国共产党不愧为领导中国人民不断开创社会主义事业的核心力量，不愧为光荣、伟大、正确的马克思主义政党。近几年，在党的带领下，绘就了我国改革开放的宏伟蓝图。中国共产党正带领着全国各族人民站在一个新的历史起点，为中华民族伟大复兴做出了巨大的努力；从此中国的历史和面貌将翻开新篇章，中华民族的繁荣强大指日可待！

范文二：学者在孔子诞辰2550周年研讨会上的贺词

【致词人】某学者代表

【致词背景】孔子诞辰2550周年研讨会

各位学者、同志们：

今天是进入新世纪以来，我国学术界的又一件盛事，是中国古代伟大的思想家、哲学家、教育家孔子诞辰2550周年，我们以此相聚一起，共同缅怀这位对中国政治、文化、教育、思想等方面影响了2000多年的伟人！如今他的思想、他的学问已经漂洋过海，传播到了世界各地，也成为了全世界受人敬仰的伟人。

“滚滚长江东逝水，浪花淘尽英雄”“江山代有才人出，各领风骚数百年”，各个时期都有自己的英雄人物，但许多经过岁月的冲刷，已经淹没在滚滚红尘中。在历史的长河中能够永站浪头，千百年来被世人传颂、敬仰的只是沧海一粟，而孔子就是其中一位。他的思想、学问、人格魅力至今大放异彩，不仅在我国，现在世界各地都在办孔子学院，学习儒家思想。

司马迁曾感叹，许多显赫的人物很快就被人们忘记了，而“孔子布衣传十余世，学者宗之。”

司马迁在《史记·孔子世家》写道：“孔子以诗书礼乐教，弟子盖三千焉，深通六艺者，七十有二人。”孔子开创了“儒家”学派，成就了影响中国2000多年的儒家思想，位于《四书》之一的《论语》影响了中国思想文化发展，对中国古代读书人的命运产生了重大影响。“仁学”是孔子思想的核心，他的思想理论经过后世儒家的传承与发展，衍生出一整套道德法则和社会政治伦理规范。这些法则和规范影响到后世社会的各个角落，而且在历史的发展中，通过名言警句、启蒙读物、书院教育和官方文献等途径广为传布，已经成为百姓思想的一部分，成为民族精神的重要因素。其中的许多内容，今天仍然在社会生活的各个方面发挥着广泛的作用。

中华民族是一个具有悠久历史传统的民族，中华文明也是人类社会发展中唯一没有中断的古老文明，“以古为镜，可以知兴替”。历史证明，文化与国家的命运息息相关，只有文化上的独立与繁荣，才有国家民族的兴旺与昌盛；只有文化的继承，才有文化的创新与发展。应当说以孔子和儒家学说为主要代表的文化传统所起的积极的作用。才使我们民族在经历了那么多的内忧外患时，能够自强不息，不断地探索稳定与发展的新途径，并始终表现出很强的凝聚力，

随着改革开放，我国学术界有关孔子、儒学、传统文化的研究有了很大进展，包括在座的各位都取得了许多重要的成果。但人们对孔子及其儒家思想还存在着不同的见解与争论。学术上一定要坚持百家争鸣，容许不同的声音，才能够推陈出新。

各位学者、同志们，在新世纪到来之际，我们面对着五千年的文明，丰厚的

文化遗产，同时还要面临着外来文化的冲击，鉴于历史上中华民族曾经以博大的胸襟吸收和成功地消化了外来的文化，滋养了中华民族的发展。同时，此时的中华民族正以昂扬的姿态走向世界，我们应该接受外来的优秀文化成果。我们相信：一个既善于继承自己优秀的文化传统，而又善于吸收全人类文明成果的民族，才是最有前途、最有希望的。

在建设中国特色社会主义的伟大进程中，创建社会主义的民族的、科学的、大众的新文化，是历史赋予我们的神圣使命。让我们满怀庄严而崇高的历史责任感，迎接中华民族振兴与发展的新世纪！

庆市经济开发区成立周年

范文一：省领导×××在××经济区成立5周年庆典上的贺词

【致词人】省领导×××

【致词背景】××经济区成立5周年

各位来宾，大家好：

今天，神州大地彩旗飘飘，全市上下万众欢腾。在××经济区成立5周年之际，我们省委代表团带着省委书记×××的深切关怀，带着全省人民的美好祝愿来到这里，共同庆祝这个喜庆的时刻。首先，我代表省委、省人民政府向所有为××经济区发展进步作出贡献的各界人士，表示衷心的敬意和感谢！

5年前，征得中央和省委的批准，××市政府决定在××区建立××经济区，这是××走向“工业强市”的重要一步，具有里程碑的意义。经过5年的艰苦奋斗，全市人民的大力支持，尤其是原××经济区居民的无私奉献，××经济区终于在××的东部开花结果，××园区的面貌、居民的生活面貌，以及当地的经济状况都得到了翻天覆地的变化。今天的××园区焕发着勃勃生机，是一片怀有希望和憧憬的热土！

过去的5年，省委和市委领导对××经济区的发展给予了重点关注，政策上的支持、资金上的保证以及有组织、有条理的监督管理，使得经济园区得到了迅速的发展，这里凝聚了领导干部的深切关怀，鼓舞了××园区的居民更好地建设自己的家园。

过去的5年，是经济区人民携手奋进、相互理解和支持的5年。5年前，为了经济区的建设和发展，当地居民舍弃了自己的家园，离家背井，放弃了祖辈守了多年的土地。今天的成就和他们的贡献是分不开的。

过去的5年，是××园区基础设施建设和经济快速发展的时期，是人民生活水平迅速提高的时期。现代化设施建设、招商引资、花园式绿化和人文气氛的烘托，实现了从基层农村向现代化都市的大步跨越。厂房和企业的进驻，解决了当地人民的就业问题，人民收入不断增加，生活水平明显改善。

过去的5年，××园区的文化建设结出了丰硕的果实。文物古迹和历史文化得到了重点的保护和弘扬，烘托了当地浓厚的文化底蕴。小区增添了各项娱乐健身设施，报纸书刊丰富了人民的精神生活。九年义务教育基本普及，高等教育得到了大力的扶持，学校的各项软件和硬件设施更加全面，师资队伍也在不断地提高和壮大。医疗事业得到长足发展，人民的健康水平得到了保证。

经济区发展的5年表明：只有党的领导，只有社会主义才能使人民步入小康水平，因此，我们大家必须坚持党的领导，坚持社会主义，这是社会发展进步的根本政治保证和唯一选择。

各位来宾们，放眼今天的××经济区，生机勃勃的美好前景令人鼓舞，让我们继续围绕在党的领导下，为经济区的明天、小康社会的新跨越、谱写人民生活的新乐章而奋斗！

最后，祝愿××经济区的发展更上新台阶！人民生活幸福安康！

庆毕业周年贺词

范文：同学在毕业20周年时的贺词

【致词人】同学

【致词背景】庆祝毕业20周年

亲爱的同学们，大家好：

斗转星移，日月如梭，转眼之间我们从中学毕业已经20多年了。20多年的离别和挂念，是我们这次聚首的理由。

相识是一种缘分，而成为一起学习的同学则是一种福分，同学们，人生是短暂的，三年的同窗时光是我们友谊的基石。今天这短暂的相聚，同学们尽情地叙说当年的友情，回顾那些激情燃烧的岁月；分享20多年来的人生经历，诉尽人世间的风风雨雨；尽情畅谈美好的未来，许我们灿烂的明天。通过这些，加深和拓展同学之间的友谊，促进大家之间的相互交流与沟通。人生能有多少个20年啊！我们真的该在碌碌奔忙之中找点闲暇，去往事里走走，去听听久违的声音看看久违的面孔。

看到这一张张熟悉但似乎快要淡忘的面容，曾经一起的岁月历历在目：一起学习、一起玩乐打闹、一起拼搏过，难忘恩师教诲、难忘同学情谊、难忘学校的一草一木、难忘20年前的点点滴滴。如今，我们已步入中年，同学们在各自的行业取得了不错的成绩，这是很欣慰的。今天感谢同学们能来参加聚会，让我们珍惜这次相聚，好好在一起聊一聊，说说工作、事业和家庭，愿我们的聚会能更加增进同学之间的情意，在今后的人生征程中互相帮助与互相鼓励，人生道路会

走得越来越坦荡！让我们共同感受这激动人心的时刻！共同回忆曾经的时光！

衷心祝愿这次聚会能让我们的心更加紧密地联系在一起，最后，祝愿全体同学工作顺利，身体健康，家庭幸福！万事如意！

谢谢大家！

庆节日周年贺词

范文一：校长在五四青年节60周年庆典上的贺词

【致词人】校长

【致词背景】五四青年节60周年

各位同学们，大家好：

从1949年12月，中国中央人民政府政务院正式宣布五月四日为中国青年节以来，伴随着新中国的成长，五四青年节也走过了60年的日日月月。五四青年节是大家的节日，今天大家欢聚一起，让我们以热烈的掌声迎接青年节60年庆典的到来。

五四青年节是为纪念1919年5月4日中国学生爱国运动而设立的节日。在巴黎和会上，中国外交的失败是导致这次运动的主要原因。作为战胜国的中国，不仅权益得不到伸张，而且主权遭到侵犯，消息传来，举国震怒，群情激愤。以学生为先导的五四爱国运动就如火山爆发一般地开始了。他们打着“誓死力争，还我青岛”的口号，不畏强权和压迫，殊死抵抗卖国求荣的北洋军阀，用爱国激情和热血谱写了一曲惊天地泣鬼神的赞歌，很快学生运动得到了全国人民的响应，学生罢课、工人罢工、商人罢市，一时群起激动。面对强大社会舆论压力，曹、陆、章相继被免职，总统徐世昌提出词职，6月28日，中国代表没有在和约上签字，五四运动取得了历史性的胜利。

五四运动具有重要的意义：五四运动是一次彻底的不妥协的反帝反封建的爱国运动。五四运动揭开了中国新民主主义革命的序幕，这场爱国运动推动了中国历史进程，促进了马克思主义在中国的广泛传播，促进了马克思主义与中国工人运动的结合，造就了一批具有初步共产主义思想的知识分子，为中国共产党的建立作了思想上、干部上的准备。学生在五四运动中起到了先锋的作用，彰显了青年人的作用。

梁启超在其《少年中国说》中重点指出：“故今日之责任，不在他人，而全在我少年。少年智则国智，少年富则国富，少年强则国强，少年独立则国独立，少年自由则国自由，少年进步则国进步，少年胜于欧洲，则国胜于欧洲，少年雄于地球，则国雄于地球。红日初升，其道大光；河出伏流，一泻汪洋；潜龙腾渊，鳞爪飞扬；乳虎啸谷，百兽震惶；鹰隼试翼，风尘翕张；奇花初胎，郁郁皇皇；干将发硎，有作其芒；天戴其苍，地履其黄；纵有千古，横有八荒；前途似海，来日方长。美哉，我少年中国，与天不老！壮哉，我中国少年，与国无疆！”毛主席也说过：“世界是你们的，也是我们的，但是归根结底是你们的。你们青年人朝气蓬勃，正在兴旺时期，好像早晨八九点钟的太阳。希望寄托在你们身上。”可见，国家的希望和未来都寄托在你们青年一代的身上。

五四精神的核心内容为“爱国、进步、民主、科学”，今天大家欢聚一堂纪念五四青年节60周年，目的在于号召广大学生发扬五四精神，为振兴中华民族而努力奋斗。

最后希望大家记住今天的讲话，继承先辈的优良传统，担负起振兴中华的民族使命，为国家的富强而努力！

范文二：香港市民在庆香港回归15周年时的贺词

【致词人】香港市民

【致词背景】香港回归15周年

各位朋友，大家好：

雪尽百年耻辱，游子终归母怀，回归十载又五，再创明日辉煌。

漂泊了百年，也是耻辱的百年，我们如俘虏般任西方国家宰割了百年，没有名分地寄人篱下了百年。时刻盼望着早日重返母亲的怀抱，在祖国母亲的极力争取下，我们终于于1997年7月1日恢复了自己的身份。时至今日，已经走过了15个春秋，我代表全香港人对祖国母亲表示由衷的感谢和问候。

香港自古以来就是中国神圣不可分割的一部分，犹如孩子是母亲身上的一块肉一样，具有无法改变的血缘关系。然而在国家积贫积弱的时候，英国发动两次鸦片战争打败清政府，通过三个不平等条约，强行租借香港，致使香港与祖国分离了100多年。这100多年的日日夜夜，我们都在盼望着重归母亲的怀抱，这是我们几代香港人的心声。

香港是中国的领土，为了完成祖国统一的大业，中国人民收回香港的主权是不可非议的。以邓小平为首的党中央发挥集体智慧，经过深思熟虑终于提出来，以和平方式实现国家统一的伟大战略构想，这就是享誉中外的“一国两制”。“一国两制”是根据我们香港的具体情况提出来的，这样既不妨碍我们原有的生活，又让我们顺利回到了母亲的怀抱。今天在这个喜庆的日子里，就让我们缅怀可敬的邓小平同志，他是香港回归的功臣，遗憾的是他没能亲眼看到今日我们香港的新面貌，不过，我们香港人一定会更加努力建设香港，这也是对邓小平同志最好的回报。

今日香江艳阳高照，彩旗飘飘，维多利亚港两岸沉浸在欢乐的节日气氛中，香港特区政府和社会各界举行多项活动，热烈庆祝香港回归15周年。此时此刻，包括特首在内的所有香港人都屏息凝视着五星红旗，看着五星红旗伴随着庄严的国歌冉冉升起，内心都汹涌澎湃，激动不已。15 年前，英国国旗从香港大地上撤走，五星红旗迎风飘扬的情景历历在目，如此激动人心的时刻，我们不会忘记，我们会永远记住当家做主的这一天。

最后，提醒大家，我们的其他庆典活动马上开始，在欢乐的海洋中，我祝愿我们的香港在祖国的呵护下会更加辉煌，祖国母亲越来越富强！

范文三：学生代表在第 30 个教师节来临之际的贺词

【致词人】学生代表

【致词背景】庆祝第 30 个教师节

尊敬的各位老师们、亲爱的同学们，大家好：

一日为师终身父，毕生难以报师恩。十年树木百年人，老师恩情比海深。

在这个收获的季节里，我们迎来了第 30 个教师节的到来，请同学们把最热烈的掌声送给我们最敬爱的老师们。

最早提出“弟子事师，敬同于父”的尊师之语，是在公元前 5 世纪的春秋时期，古代大教育家孔子更是留下了“有教无类”“温故而知新”“学而时习之”等一系列至理名言，可见，尊师重教是中国的优良传统。因此，1985 年 1 月 21 日，第六届全国人大常委会第九次会议作出决议，将每年的 9 月 10 日定为我国的教师节，时至今日，已经过了 30 年。

加里宁说：“很多教师常常忘记他们应该是教育家，而教育家也就是人类灵魂工程师。”从幼儿园开始到现在，我们已经在学校度过了将近 20 年的时光，在建构知识体系和人生观的重要时期，是每一位老师陪我们走过，给予我们充足的知识，让我们明白人世间的真善美。很难想象，假如天下没有教师这个职业，我们的人生会是什么样子？

回想我学习的各个阶段，都会有老师给我留下深刻的印象，对我的人生产生重要的影响。他们为了教育事业可以舍弃和家人相伴的时光；为了学生成绩的提高，费心尽力地备课、研究；为了更多的孩子接受教育，不成为文盲，他们心甘情愿地站在三尺讲台上，守在清贫的工作岗位上。老师，是美的耕耘者，美的播种者，是你们用美的阳光普照，用美的雨露滋润，我们的心田才绿草如茵，繁花似锦！

有人说，师恩如山，因为高山巍巍，使人崇敬。我还要说，师恩似海，因为大海浩瀚，无法估量。最后，让我们再把热烈的掌声送给我们辛勤的老师们，祝福他们：身体健康、工作顺利、合家欢乐！

范文四：妇女代表在国际劳动妇女节 100 周年时的贺词

【致词人】妇女代表

【致词背景】国际劳动妇女节 100 周年

女同胞们、姐妹们，大家好：

春回大地，万物复苏。今天，我们迎来了“三八”国际劳动妇女节100周年，我们在此隆重集会，共同庆祝这个具有特殊意义的节日。借此机会，向在座的各位女同胞们，并通过你们向广大女性致以节日的问候！向所有关心、支持女性事业发展的各位朋友和为女性事业作出贡献的工作者致以最诚挚的谢意！

国际妇女节在每年的3月8日，为庆祝妇女在经济、政治和社会等领域作出的重要贡献和取得的巨大成就而设立的节日。国际妇女节是全世界妇女的节日，不仅得到了联合国的承认，而且也被许多国家定为法定节日。虽然是不同国界、语言、种族、经济、文化和政治，但在这一天却能够同时庆祝属于自己的节日。

100年来，世界妇女解放运动波澜壮阔，我国妇女解放运动也取得了辉煌的成就。妇女不再是男人的附庸，而是能在各项工作中起着“半边天”的作用。对于我们女性来说，我们是家里的“主心骨”，承担着照顾家庭的责任。不仅要照顾老人和教育子女，也要做好丈夫的后盾，努力营造家庭的幸福和美满。同时我们广大女性也具有强烈的主人翁意识，我们不甘心围着锅碗瓢勺转，我们要像男性一样，积极参与到社会工作中，在工作中兢兢业业，丝毫不输于男性。我们将个人利益和集体发展紧密联系在一起，为社会的发展作出了重要贡献，以饱满的热情、执著的追求，为我们女性的独立和解放奏出时代最强音。

在近几年来，涌现出了许多杰出的女同胞，例如全国五一劳动奖章获得者、全国公安战线一级英雄模范、被誉为警界女神警的任长霞，她多次深入虎穴，化装侦察。她调任登封市公安局局长，解决了10多年来的控申积案，抓获犯罪嫌疑人3200余人，有力地维护了登封社会治安和稳定的政治大局。这种“巾帼不让须眉”的女同胞比比皆是，为我们女性树立了好榜样，也让社会对我们女性另眼相看，谁说女子不如儿男？

女同胞们，新的一年里，希望大家再接再厉、振奋精神，在家庭和工作中，充分发挥“半边天”的作用，为树立女性崇高的地位添砖加瓦。

最后，祝姐妹们节日快乐，工作顺利，身体健康，合家幸福！

谢谢大家！

第四章　庆功贺词

成功包括的元素很多，企业的某项产品获奖、某股票成功上市，业绩突出，考上高中或大学等等，这些都可以说得上是成功。经历了千辛万苦的磨难，挥洒了无数的汗水和泪水，终于，所做的努力得到了回报，这是最令人欣喜和激动万分的事情。不仅仅自己的内心里十分的愉悦，父母、同事、亲朋、好友、长辈都一样的为你高兴。于是，这样的喜事就会得到庆祝，庆祝就少不了表彰大会或者是酒宴。当你被邀前去的时候，只带一份贺礼当然是不够的，你还得准备着一份贺词来表达你对成功人士的祝贺。

庆典之道

庆典上的礼仪

参加庆典时，不论是主办方还是应邀人员，都要注意自己的临场举止表现，要遵守相应的礼仪。特别是主办方人员的表现尤为重要，在庆祝仪式上，真正吸引人注意的是主办方的出席人员。按照庆典仪式礼仪的规范，作为主办方的商界人士在出席庆典时，要严格注意七点：

一、服装要规范

如果单位有统一制服，那就应该以制服为庆典着装；如果单位没有统一的制服，那么就要求穿着礼仪性服装，男士穿深蓝色中山装，或者是深色西装套装，配白衬衫、素色领带、黑色皮鞋；女士穿深色西装套装，配长筒肉色袜、黑色高跟鞋，或者是穿深色套裤，或者是穿花色素雅的连衣裙。最忌讳在服装方面随意搭配、自由放任。

二、仪态要整洁

所有出席庆典的人员，事先都要洗澡、理发，男士还要刮光胡须。不允许参会人员蓬头垢面、浑身汗臭、胡子拉碴。

三、行为要自律

参加本单位的庆典，就要确保它的顺利与成功。在行为举止上要注意的问题有：不要在庆典期间乱走乱转；不要想来就来，想走就走；不要做出对庆典毫无兴趣的姿态；不要让人觉得自己心不在焉；不要向自己的领导或者是主席台上的人挤眉弄眼；不要随意开玩笑；不要为了显示自己的不同而玩世不恭。

四、态度要友好

主要是指对待来宾的态度一定要友好，遇到来宾要主动问好；对于来宾的问题要及时回以友好的答复；当来宾在庆典上发表贺词时要主动鼓掌表示欢迎和感谢；不要围观或者是指点来宾；不要对来宾持有敌对的态度，即便是个别来宾在庆典中表现的不是很友善；不论来宾在台上还是台下说了什么，都应该保持克制，不能出现吹口哨、乱起哄的行为；不要打断来宾的讲话。

五、表情要庄重

在庆典期间，不允许出现嬉皮笑脸或者是唉声叹气的行为，否则会给来宾留下不好的印象。在举行庆典的整个过程中，表情都要庄重、全神贯注，若庆典中有奏国歌或者是单位歌的程序，一定要按照礼仪行事，要起立、脱帽、立正。在起立或者是坐下时，一定要轻轻的，不要把座椅弄得乱响，也不要一边脱帽一边梳头，更不要随意走动或是与人交头接耳。这都会产生不好的影响。

六、出席须准时

遵守时间，是最基本的商务礼仪之一。不管是单位的最高层，还是单位里的最低员工，都不得姗姗来迟、无故缺席或中途退场。若庆典有时间上的规定，则要按时开始，按时结束。要证明本单位是言而有信、守时的单位。

七、发言要简洁

如果要在庆典上发言，一定要谨记四个重要的问题：一是上下场要沉着冷静。走向讲台要不慌不忙、开口讲话要心平气和、走下讲台要不紧不慢。二是要讲究礼貌。开口发言第一句不要忘记说声“大家好”，在提及要感谢或者是祝贺的对象时一定要目视对方，在表示感谢时要欠身施礼，在面对大家的掌声时要以自己的掌声作为回礼，在讲话末了要说一声“谢谢大家”。三是发言内容一定要言简意赅，在规定的时间里结束，不要过于冗长杂乱。四是少做手势，对于含义不明的手势或者是只是当下流行的不正规的手势，在发言时一定不要用。

庆典上的安排

庆典的筹备往往要具备两点：一是要体现出庆典的特色，二是要安排好庆典的具体内容。其实，庆典作为一种庆祝活动，就应该以庆祝为中心，把每项活动组织得尽可能的欢快、热烈和隆重，而这就要在具体内容的安排上得以全面的体现。作为组织者至少要考虑几个方面的内容：

一、出席人员的确定

庆典的出席者不应当滥竽充数，应当是精心确定好的。在确定人员名单时，一定要以庆典的宗旨为指导思想。

一般来讲，庆典的出席人员包括六类。一是上级领导。地方党政领导和上级主管部门的领导，大都给予过单位关心和帮助。邀请他们主要是为了表示感激之情；二是社会名流。社会的各界名人对公众很有吸引力，邀请他们将有助于提高本单位的知名度；三是大众媒体。媒介是社会上的第四权力，仅次于立法、行政和司法。邀请他们将有助于他们公正地介绍本单位，加深社会对本单位的了解和认同；四是合作伙伴。商务活动中总是少不了一些同呼吸、共命运的合作伙伴，邀请他们来分享自己的喜悦是应该的，而且是必须的；五是社区关系。他们和本单位处于同一区域，对本单位有种种制约，邀请他们会使对方更好地了解自己或者是给予自己更多的方便；六是单位员工。员工是单位的主体，单位的成功离不开他们，邀请他们参加庆典是毋庸置疑的事情。

二、来宾的接待

与一般的商务交往中的来宾接待相比，出席庆祝仪式的来宾接待，更加要突出礼仪性的特点。不但要热心细致地照顾好全体来宾，还要让对方通过接待感受到尊重和敬意，同时还要让来宾心情愉悦舒畅。这就需要设立专门的庆典筹备组，筹备组下设专项小组，像公关、礼仪、财务、接待等。在接待小组的选择上要由年轻、形象好、口才好、应变能力强的人来担任，可以细分为来宾的接送、来宾的引导、来宾的陪同、来宾的招待。让来宾们感到舒适和愉快。

三、环境的布置

庆典仪式的现场是庆典活动的中心地点，它的安排和布置是否恰当，往往会直接关系到庆典给全体出席者留下的印象的好坏。在庆典环境的布置上一般要考虑四点：一是地点的选择。在选择地点时一定要结合庆典的规模、影响力和本单位的实际情况。本单位的礼堂、会议厅、广场都可选择。若是在室外举行庆典，则要考虑交通、治安等问题。二是环境的美化。为了烘托热烈、喜庆、隆重的气氛，可以张灯结彩、张贴一些宣传语，并挂上庆典具体内容的大型条幅。如果有条件还可以请乐队演奏，但是要注意不要热闹过了头。三是场地的大小。现场的大小要和出席人数成正比，并非越大越好。四是音响的准备。在音响的准备上，特别是麦克风和传声设备，一定要确保无误。在庆典期间还可以放一些喜庆、欢快的音乐，只要不喧宾夺主就行。

四、庆典的程序

庆典的程序应当精心拟定，并反复演练。一次庆典的成功与否，关键在具体的程序上。

在拟定庆典程序时，要遵循两条原则：一是时间不宜过长。一般来讲一个小时为最佳。这既是保证效果，也是为了尊重出席者。二是程序宜少不宜多。

庆典上的忌讳

在庆典上有些行为是我们不注意间就会经常犯的，如果你认为是小缺点或者不加以改正的话，那你在庆典上就会受到很大的影响，比如你会因这些小细节而让人对你这个人的智慧和能力产生怀疑。让我们远离这些缺点，从小细节上培养自己的个人魅力吧。

1. 忌仪态不雅、服装不整。
2. 忌打断别人的讲话。
3. 忌傲慢的态度或者是不友善的语气。
4. 忌自吹自擂、嘲笑别人。
5. 忌在不适当的场合和时间接打电话。
6. 忌首次见面就态度暧昧。
7. 忌在语言上攻击他人。
8. 忌用友谊来索求别人的帮助。
9. 忌为人表现小肚鸡肠。
10. 忌公然质问他人意见的可靠性。
11. 忌不管自己是否了解，就任意地发表意见。
12. 忌以傲慢无礼的态度拒绝他人合理的要求。
13. 忌指责和用语言攻击和自己意见不合的人。
14. 忌请求被拒后心生抱怨。
15. 忌反复地讲论别人不感兴趣的话题。
16. 忌不请自来。
17. 忌在一个人的面前说另一个人的坏话。
18. 忌讽刺别人能力低下。
19. 忌嬉皮笑脸，表情不庄重。
20. 忌出现一些不必要的小动作，像抠鼻、吐痰、摇头晃脑等。

庆典上的客人

客人，在庆典上也不是无足轻重的人。所以一定要注意自己在场上的表现。如果你过于随心所欲或者是另类，这样不光会为你自己带来不好的影响，就连邀请你来的朋友也会跟着丢面子。不要因为你一个人而坏了整个庆功会，作为来宾，要做到以下几点：

一、遵守礼仪

你可以不创新，但要有遵守精神。遵守精神虽然很抽象，但是做起来却很容易，作为客人，尽量不要添不必要的麻烦，因为你不是唯一的来宾，不可能所有的人都围着你转悠。庆典上都有接待小组，若你有什么需要可以直接和接待小组讲，有什么不懂的，你可以照着别人的行为去做。

二、遵守秩序

庆典上既然邀请你，也就有你被邀请的原因，不要做出不符合自己身份的行为，更不要做出对庆典活动有不好影响的行为。像那些有伤风化的行为比如胡搅蛮缠、胡乱走动、不遵守秩序等一定不要出现。另外一定要仪态整洁。

三、送上祝福

既然是来参加别人的庆功会的，就一定不能忘了祝福。这是你参加庆典最根本的目的，也是别人邀请你的根本原因。他们想让别人知晓他们的成就，他们想和你一起分享他们的喜悦，想让你也为他们高兴和祝贺。

四、遵守时间

来的时候一定要遵守时间，庆典进行当中一定要遵守秩序，离开时，要记得和同桌的人告别，和主人打声招呼，不能一声不吭地就走掉了，而且也忌讳中途无端退场。要记住你是被邀请来参加庆典的，不是来玩耍的。

妙语共赏

经典好词

成功是人生中比较重大的一件事，在庆典上的语言是会很讲究的，如果能在致词中添加一些古往今来的经典好词的话，不仅能彰显致词人的文采和身份，还能为庆功会提高一个档次，活跃庆功会的气氛。

对成功表示庆祝的词：

马到成功、旗开得胜、功成名就、一分耕耘一分收获、成竹在胸、先苦后甜、苦尽甘来、勇者无畏、开疆扩土、百举百捷、事半功倍、乘风破浪、一举成名，等等。

关于成功的励志词语：

奋发图强、精益求精、精诚所至，金石为开、悬梁刺股、有志竟成、力争上游、天道酬勤、厚德载物、业精于勤、自强不息、坚持不懈、行胜于言、脚踏实地、自力更生、宁静致远，等等。

在庆功会上适合用的词：

心坚石穿、行成于思、一蹴而就、一蹴而得、水滴石穿、水到渠成、来之不易、累足成步、满怀喜悦、马到成功、旗开得胜、功成名就、成竹在胸、指日成功、功成名遂、九转功成、瓜熟蒂落、凡事预则立，不预则废、破鳖千里、百举百捷、不入虎穴，焉得虎子、白手起家、卷土重来、暮鼓晨钟、闻鸡起舞、事半功倍、人定胜天、永不言弃、骄者必败、躬行己说、身体力行、先苦后甜、勇者无畏、不进则退、一分耕耘一分收获、乘风破浪、勇往直前，等等。

经典好对

自古以来我国就有很多关于成功和励志的经典对联，如果致词人能在讲话中加上一些这样的对联，不仅可以显示文采，还会收到意想不到的效果，同时对于庆典还有推波助澜的作用，激励更多的人奋进。在祝词中我们可以引用以下这些经典好对：

名利淡如水，事业重如山。

人无信不立，天有日方明。

三思方举步，百折不回头。

滴水顽延不息矢至石穿，吾志一往无前毕竟功成。

泰山无词累土方成其大，黄河未弃细流乃见斯长。

山峦总因险峻方显壮美，音乐长以忧伤沁人心扉。

一帆风顺年年好，万事如意步步高。

满腹文采笔下走，怀纳韬略手中挥。

花承朝露千枝发，莺感春风百啭鸣。

新春共庆日阖家同欢，飞黄腾达时阖府全邀。

胸有成竹，君望折桂枝；信手拈来，汝期占鳌头。

七尺伟然，戴天履地，贺同学喜行冠礼；九洲大地，兰馨桂馥，愿大家都是栋梁。

金榜题名时，高朋满座；飞黄腾达日，恩师难忘。

壮志凌云，大鹏展翅日，高朋满座，金榜题名时。

黑发不知勤学早，白首方悔读书迟。

若有恒，何必三更眠五更起；最无益，莫过一日曝十日寒。

有事者，事竟成，破釜沉舟，百二秦关终归楚；苦心人，天不负，卧薪尝胆，三千越甲可吞吴。

与其临渊羡鱼，不如退而结网。

失意休气馁，得势莫猖狂。

事业由凡始，道德在躬行。

骄傲来自浅薄，狂妄出于无知。

节比真金砾石，心如秋月春云。

戒骄风清日朗，除躁海阔天空。

静坐自然有得，虚怀初若无能。

平平淡淡生活，从从容容做人。

凡事皆须苦后得，一心从来恒而成。

成功者傲视古今中外风华正茂，失败者悲叹世态炎凉人生多艰。

滴水穿石战事业如歌岁月应无悔，乘风破浪展雄才折桂蟾宫当有时。

庆功、励志好句集锦

◆祝你百尺竿头更进一步。

◆各位来宾，各位朋友，让我们向××的成功表示热烈的祝贺！

◆××的成功是他努力的结果，我们为他感到骄傲和自豪。

◆让我们向××公司的成功表示衷心的祝贺！他之所以成功，是因为他与别人同处逆境时，别人失去了信心，而他却坚持了下来。

◆女士们、先生们，让我们为××集团的成就表示衷心的祝贺！即使爬到最高的山上，一次也只能脚踏实地地迈一步。你们的成功是靠着自己一步步的努力走出来的。

◆你们的成功让我明白：即使是不成熟的尝试，也胜于胎死腹中的策略。祝贺你们！

◆我代表公司向奋战在一线的工作人员表示最诚挚的谢意！

◆在这金秋飒爽的季节里，我们迎来了××公司×岁的生日。在这特殊的日子里，请允许我代表××公司对在座的各位表示热烈的欢迎！

◆同志们，是你们的努力让我见识到世上没有绝望的处境，只有对处境绝望的人。今天你们有这样的成就，我衷心地祝贺你们！

◆让我们为这次的成功尽情欢呼吧，我希望在以后的工作中你们能再接再厉，再创辉煌！

◆今晚就让我们为昨天的辉煌而畅饮大笑吧，明天让我们继续扬帆前行。

◆同志们，你们要明白伟人所达到并保持着的高处，并不是一飞就到的，而是他们在同伴们都睡着的时候，一步步艰辛地向上攀爬的。成功就是需要加倍付出和努力的。

◆让我们携手并进，为我国的事业发展做出更多的贡献。

◆乘风破浪会有时，直挂云帆济沧海，让我们勇敢地站在风浪的尖头上，勇往直前，向着更高的目标迈进吧！

◆他们用十倍、百倍的汗水换来了今天的成就，在我们祝贺他们的同时，以他们为榜样而奋发向上吧。

◆虽然你们获得今天的成绩，但是要谨记“谦受益，满招损”。

◆请允许我代表××学子向我们的老师致以最诚挚的谢意！年年今日，岁岁今朝，无论我们身处何地，我们都会牢记你们的教诲。

◆今天是我们××集团第×届运动会的表彰大会，首先，我要向这些获奖的运动健儿们表示热烈的祝贺！

◆希望你们继续发扬胜不骄、败不馁的精神，在今后的工作中再创辉煌。

◆我代表全校向这次运动会的辛勤工作者们表示崇高的敬意和衷心的谢意！

◆一分耕耘一分收获，是你们一步步的脚印走出了今天的辉煌，祝贺你们！

◆我代表市委、市政府和全市人民向你们致以亲切的问候和衷心的感谢！

◆让我们同心同德、团结奋进、共同努力，为建设我市的电视事业作出更大的贡献。

◆靠山山会倒，靠水水会流，靠自己永远不倒。

◆我代表全体工作人员向荣获“优秀文学家”称号的文艺工作者们表示热烈的祝贺！

◆今天我们欢聚一堂，共同为获得“优秀艺术工作者”称号的人们祝贺。

◆视名利淡如水，看事业重如山。

◆我们是骄傲还是谦卑，全取决于事业的成就。

◆壮志与毅力是事业的双翼。只有不断地奋发向上才能获得成功。

◆立志是事业的大门，工作是登门入室的旅程。

◆具有不寻常的胆识，才可建立不寻常的事业。

◆只有不断的努力，敢于面对挫折和失败，始终保持一颗激情饱满的心，你才能获得成功。

实用贺词赏析

企事业单位庆功会贺词

范例一：领导在企业产品获“创新设计银奖”庆功大会上致贺词

【致词人】总经理

【致词背景】企业产品获奖庆功大会

尊敬的各位领导，各位来宾，女士们、先生们：

大家晚上好！

今天，我带着激动的心情站在这里，因为我们××公司历时×年，历尽千辛万苦所创作的××产品荣获了“创新设计银奖”。十分感谢今天前来参加此次庆祝活动的各位领导、各位来宾。在此，我谨代表我们××公司的全体员工向关心、支持和帮助我们的各界友人和领导表示衷心的感谢！向今天在座的各位来宾、朋友们表示热烈的欢迎。

××产品的研究，经历了×个寒暑，在这长达×年的岁月里，我们××公司的全体工作人员，特别是科研部的工作人员，夜以继日地收集、整理、钻研资料，争分夺秒，不断地尝试，不断地失败，而后再尝试。在整个过程中，我们付出了超人的毅力和努力，同时也受到了社会各界的大力支持。如今，我们的××产品终于问世了，而且获奖了，这是我们××公司发展历程中的一件盛事、喜事。

自我国加入 WTO 后，中国企业面临着更加激烈的国际竞争。如何提高产品的表现力，这就使得企业面临着创新能力的考验，面临着市场化的问题。如何通过产品的创新设计使得企业再现活力，成为了国家关注的焦点。由此国家设立了“产品创新设计奖”。该奖项借以表彰和确认企业在创新设计方面的努力成果，来推动中国企业的创新发展，推动经济增长方式的转变和经济的快速发展。我公司的产品能够在这样的一个奖项中荣获银奖，不仅是对我们工作的肯定，更是对我们的一个极大鼓舞，为我们以后的创新和发展提供了一个很好的契机。

希望我们的××产品能够得到更多人的关注和认可，让它作为一个代表去激励更多的企业去创新，去发展。最后，让我们共同庆祝××产品获此殊荣，并祝愿我国所有企业的工作取得更好的成绩，也祝在座所有来宾和朋友们身体健康，工作顺利！

范例二：市领导在××企业产品获“××行业知名诚信产品”庆功会上致贺词

【致词人】应邀出席的市领导

【致词背景】××企业产品获奖庆功会

尊敬的各位领导，各位来宾，女士们、先生们：

大家好！

今天，非常荣幸地出席××企业荣获“××行业知名诚信产品”奖项的庆功会。首先，我谨代表××市党委、市政府向××企业获此奖项表示衷心的祝贺！向出席今天宴会活动的各位领导、各位来宾表示热烈的欢迎！

诚信，是一个道德规范，它不仅是一个公民的第二个身份证，更是一个企业在市场上的身份证和通行证。诚信是我们中华民族的传统美德之一，无论是在过去、现在还是将来，诚信对于建设人类社会文明都是十分重要的。人们常说“人无信不立”，其实一个公司，一个企业也是这样，不论是企业的形象还企业的质量上都要讲求诚信。诚信能够为企业带来经济效益，它在一定程度上比物质资源和人力资源更为重要。塑造和坚持企业诚信作为一个企业的文化核心价值观，对形成支撑企业健康发展的独特文化特征，推动企业从优秀迈向卓越具有巨大的促进作用。诚信是推动企业生产力提高的精神动力，是促进企业内外有效沟通的桥梁，是企业生存和发展的基石，是企业获得最大利润的基础。

××公司的产品能够获得“××行业知名诚信产品”，不是一朝一夕就可以做到的，在×年的风风雨雨中，××公司始终坚持诚信为主，诚信为魂，诚信为基，在经济危机之时不扔诚信二字，在危难之时不丢诚信二字，在辉煌之时仍坚持诚信二字。这是很多人和单位做不到的，喜欢一样东西很容易，改变一样东西也很容易，难就难在一个坚持上。坚持需要不折不挠的毅力，坚持需要勇往直前的勇气，坚持需要不怕世俗的诋毁。××公司就做到了这样的坚持，××产品的获奖就是最好的佐证。它为我市的经济发展起了带头作用，它为我市的道德文明发展树立了一个里程碑，在此，让我们借此机会向××公司的全体员工表示衷心的感谢，也祝我们的明天更加美好！

范例三：××总经理在××集团股票成功上市庆功会上致贺词

【致词人】××总经理

【致词背景】××建筑公司股票成功上市庆功会

尊敬的来宾，女士们、先生们：

大家好！

今天，是我们××建筑公司股票上市的日子。在此，我代表公司向在座的各位嘉宾表示热烈的欢迎，向为公司发展奋斗在一线的工作人员表示最诚挚的谢意！

众所周知，当今社会是一个竞争比较激烈的社会，融资和提高知名度已是最近市场上比较流行的趋势，我××集团作为一个正在发展中的大型企业，如果没有足够的资金运转和良好的社会知名度，无异于闭门造车，很难在激烈的市场竞争中站稳脚跟。因此，各单位、各部门充分认识到了股票上市融资的重要意义和紧迫性，切实地把该目标放到企业管理的重要议事日程上来，股票成功上市，扩大融资范围，打响企业知名度，对于加强企业的竞争力，提高企业经济效益必将发挥巨大的促进作用。

同时，这也就要求我们××集团员工们彻底转变以往的陈旧观念和落后思想，使我们的公司尽快步入上市公司的正确轨道上来，让我们××集团成为广大投资者的投资对象，吸收更多的储备资金，扩大筹资的来源。我们也会慢慢地发展，开展境外上市，促进我们公司的国际化，向全球市场进军，这对于我们来说是一次挑战，但同时也是一个机遇，促进企业内部发展的同时，不断地引进战略合作伙伴，引进先进的世界金融管理技术，迎接我国金融全面开放带来的挑战。

企业股票上市标志着××集团向市场化、国际化迈进了一大步，为树立良好的企业形象夯实了基础。展望未来，我们任重而道远，让我们发扬不怕苦不怕累，努力奋进的精神，坚持公司的企业发展战略，进一步解放思想，抓住机遇，高起点低定位，把××集团建设成独具特色的现代化、国际化企业。

现在，让我们共同举杯，为××集团美好的明天，干杯！

范例四：××市长在××集团股票成功上市典礼上致贺词

【致词人】××市长

【致词背景】××建筑公司股票成功上市典礼

各位来宾，各位朋友，女士们、先生们：

今天，我们欢聚一堂，隆重举行“××集团股票上市典礼”，我谨代表××市委、市政府，对××集团表示热烈的祝贺！刚刚××总裁在讲话中说道，集团成立不到×年就成功将股票上市，这是一件很了不起的事情。这标志着我国的融资市场发展又迈出了一大步，这对于发育和完善我国社会主义市场体系有着重要而深远的意义。

在当今竞争激烈，局势复杂的经济形势下，××集团股票成功上市，说明我国的市场经济正在不断地快速发展，股票是融资的一种，是金融衍生品，具有稳定性、风险性、流通性和股权性的特点。股票投资是一种没有期限的长期投资，只要股票发行公司存在，人和股票持有者都不得退股，这在一定程度上极大地促进了资金的运转和流通。股票可以在股票市场上随时转让，进行买卖，是一种流通性很强的流动资产，正是由于股票的这种强流通性，才使得股票成为一种重要的融资工具而不断地发展。

作为一种金融衍生品，股票就像是一把“双刃剑”，既是管理风险的工具，同时又会因为使用不当而带来风险，我们始终坚持把防范风险放在首位，在充分借鉴国际成熟做法的同时还充分联系我国市场的实际情况，不断地反复论证，提出符合我国实际国情的解决方案。通过完善法制环境，强化监管，加强投资者教育，提高投资者的风险意识和承受能力，确保股票市场的平稳发展。股票市场虽经历了风风雨雨，但是总体上来说还是不断前进发展的，这就显示出我国股票市场的强大生机和活力。

但是，我国的股票市场发展还很稚嫩，尤其是和发达国家相比，存在着较大的差距，我们还有很长的道路要走，××集团的成功上市就是一个契机，我们要全面地科学地认识股票市场，坚持市场配置资源的基础性作用不动摇，处理好创新与监管的关系，我坚信，随着经济的持续快速发展，金融改革的不断推进，我国的市场会有更加美好的未来。

谢谢大家！

范例五：获奖代表在企业年度营销先进颁奖典礼上致贺词

【致词人】获奖者代表

【致词背景】××集团年度营销先进颁奖典礼

尊敬的各位领导、各位销售精英、亲爱的女士们、先生们：

大家晚上好！

今天，我十分荣幸地站在这个领奖台上，我们迎来了翘首以待的年度营销盛典——××集团××××年度营销颁奖典礼。请允许我代表××集团向在座的各位表示最热烈的欢迎和最诚挚的感谢！向用辛勤的汗水获得各项大奖的销售精英们表示最衷心的祝贺！

营销是一个充满挑战的职业，但同时也是每个现代企业不可或缺的职业，每个企业的营销理念都代表着它的最终目的和战略目标，我们可以从中看出一个企业的发展潜力和竞争力。作为一名营销人员首先你要明确自己的目标，要在这条艰辛的道路上挥汗如雨，努力拼搏，有时就算是历经千辛万苦，仍旧会一无所获。我今天站在这个领奖台上，也许有人会说："我的成功是因为很多高人的失利，让我得以暂占上风。"也有人会说："就算是历尽千难万险，但是仍旧收获甚少。"其实，在市场销售这个战场上，没有那么多的"也许"。我们的成功是努力耕耘的结果。

曾经也有很多人问我销售的经验，其实，我想告诉各位的是营销没有捷径，只有不断的辛勤努力，敢于面对挫折和失败，始终保持一颗激情饱满的心，你才能有所收获。今天站在领奖台上的都是××集团的销售精英，尽管大多数人没有站在这里，但是你们在台下同样精彩，因为你们无畏挫折，敢于挑战，你们热爱××集团，忠诚××集团。其实，在我们的心灵深处，我们和××集团血脉相连。

路漫漫其修远兮，吾将上下而求索。在这里，让我们以此共勉，努力奋进，创造更加美好的明天。

谢谢大家！

范例六：公司领导在企业被评为“最佳创新企业”庆功会上致贺词

【致词人】公司领导

【致词背景】企业庆功会

尊敬的各位来宾，女士们、先生们：

大家晚上好！

今天，在这金秋飒爽的十月，在这收获的季节里，我们迎来了我们的收获成果——“最佳创新企业”。在这个特殊的日子里，在这个值得庆祝的时刻，请允许我代表××公司的全体员工对在座的各位表示热烈的欢迎！

随着全球经济的不断发展，竞争环境正在恶化，全球化挑战日益频繁。要想在这样的时代背景下求生存，求发展，就必须进行创新。纵观当代企业，只有不断创新，才能在竞争中处于主动，立于不败之地。江泽民同志曾提出：现在我们更应十分重视创新。要树立全民族的创新意识，建立国家的创新体系，增强企业的创新能力，把科技进步和创新放在更加重要的战略位置。

在美国，技术创新系统直接成为增强综合国力的核心部分；在日本，实施跨世纪的“科技创新立国”战略已被提到日程上来；在韩国，“引进、模仿”战略早已演变成为“创造性、自主性”的创新战略。在这样一个以创新为主的时代，我们也要不断地创新，不断地发展自己。我们公司从全局入手进行了机制创新、管理创新、技术创新、营销创新、服务创新等一系列的创新，最终企业发展到了今天这样的规模，取得了今天这样的成绩。

五条创新说起来很简单，只需几秒的时间，但是做起来确实十分的艰难，需要几年甚至几十年的时间。在公司创立之初，我们也不太重视创新，只是模仿，在人家屁股后面跑，只是追随，而非领先。渐渐的我们公司出现了一系列的问题，为了解决和改善这些问题，我们意识到了两个字：创新。我们意识到一个企业仅仅靠一个人或一个产品的发明或者是只局限于外在、技术的创新，是没有希望的，是不会长久发展下去的。创新是一个系统，是需要产品、技术、市场、管理、服务等各个方面的协同的，为此，公司的全体员工在积极地努力着，夜以继日地工作、研究，不断地充实、完善自己，经常参加交流会，发现公司的不足，进一步地改善和创新。这中间的辛酸和汗水是旁人所无法想象和做到的。在此，我向你们致以最崇高的敬意和最衷心的感谢！

一分耕耘一分收获，我们的辛勤付出换来了丰硕的成果，这是每个人都值得骄傲的事情。但是，我希望你们要牢记“胜不骄”的教训，在以后的工作中，再接再厉，再创辉煌！

谢谢！

范例七：领导在企业新年活动宴会上致贺词

【致词人】董事长

【致词背景】企业新年活动

同志们、朋友们：

大家好！

忙碌而丰富的××××年过去了，在此词旧迎新之际，我谨代表公司向广大员工、离退休老同志和关心、支持公司改革与发展的各位领导致以最诚挚的祝福，恭祝大家新年快乐！合家欢乐！

××××年是不容易的一年，领导和员工本着创新领先的发展思路和完善提高的总体要求，恪尽职守、齐心协力，努力去完成公司年初确定的各项任务。××××年也是不平凡的一年，取得的成绩是令人激动的，公司利用一年时间创造了销售额高达××万的惊人业绩，刷新了历史最高纪录，走向新的里程碑。这与公司正确的领导和决策以及广大员工的团结奋进、顽强拼搏是分不开的。在此，我代表公司再次向全体员工表示最诚挚的慰问和最衷心的感谢！

新的一年的钟声即将敲响，我们又要站在一个新的高度，开始一段新的征程。激烈的市场竞争注定我们要面对更大的挑战，要求我们必须在持续中求稳定，稳定中求发展，我们要牢牢把握抓市场、促稳定、强管理的发展战略思路，与广大员工同心协力，以百倍的信心和决心携手共进。

在新的一年里，我们必须强化市场，提高竞争能力。广大职工干部首先要有竞争意识，并带动全体员工共同努力奋进，再创佳绩。

让我们为新的一年举杯！

范例八：企业领导在生产部门庆功宴上致贺词

【致词人】企业领导

【致词背景】生产部门庆功宴

尊敬的各位领导，同志们：

大家晚上好！

今天，是我们××公司生产部门的庆功会，我们怀着十分激动的心情欢聚一堂，首先请允许我代表公司向生产部门的主管和员工表示热烈的祝贺！同时并致以我最诚挚的感谢！

生产部门是我们××公司最基本的部门，是必不可少的一个部门，它严把我们的生产质量关，负责公司的生产技术决策和生产管理；技术监督，组织落实设备的安装和生产过程中的技术监督；分析设备数据和检修数据，提出改进措施，为机组安全运行提供保障。虽然做着最琐碎、最基础的工作，却是最重要的工作，一个公司，一个企业离了最基本的存在依据何以发展？就好比你要去买东西但是没有钱一样，公司要面对市场，但是却没有要销售的东西，这样怎么可能会创造效益，怎么能发展呢！

这次我们的产品能够得到顾客这样高的满意度，生产部门是功不可没，当然这些都离不开生产主管和全体生产一线员工的共同努力和认真工作。生产主管作为生产管理部门的负责人，管理着企业生产的一切生产活动。他的管理是企业一切活动的基础，他要结合企业的经营目标和生产实际，为决策者提供生产规划方面的信息、建议和方案；为实现企业经营目标提供生产方面的保障，制定本部门的生产目标和操作方案，然后再在此基础上将总目标细分为各个业务部门的小目标，保证生产绩效管理目标能够顺利有序地完成。生产主管一身兼多职，不仅要对企业的各个生产环节进行计划、组织，同时还要对生产线中的人员、进度、质量进行控制，此外还要接受上级的任务和具体执行本部门的业务，以及代表本部门与其他部门沟通协调，搞好同事之间的关系。处于生产一线的员工也是贡献很大的，他们每天坚守自己的岗位，日以继夜地工作着，为公司的产品质量和生产把关，为公司的效益作出努力和贡献，他们是默默无闻的，他们更是高尚的。

借着这杯酒，我要再次向他们表示最衷心的感谢！让我们今晚尽情地欢呼吧，我希望在今后的工作中你们能再接再厉，再创佳绩，同时其他部门也要以他们为榜样，严格要求自己，为了公司的明天而奋斗，也让我们为了公司的明天，干杯！

范例九：员工代表在销售部门庆功宴上致贺词

【致词人】员工代表

【致词背景】销售部门的庆功宴

尊敬的领导，各位销售部的同仁们：

大家晚上好！

站在这里，我十分的激动，不仅仅是因为我作为代表在这里发言，更是因为我们销售部在年终取得了十分优异的成绩，被评为“××市十佳销售部门”，这是在公司领导的正确领导和全体员工的共同努力下取得的成绩。在这里，请允许我代表个人向各位的大驾光临表示最热烈的欢迎和最诚挚的感谢！向用辛勤的汗水换来今天这样成绩的销售部的同仁们表示最衷心的祝贺！

大家都知道，销售是很累人的，这个累不仅仅是指身累，更主要的是指心累。在销售过程中你会遇到各种各样的挫折和打击，或许别人会根本就不甩你，或许别人会直接拒绝你，或许别人会嘲笑你，或许别人会鄙视你，或许也有人会认为你比他们低一等。无论你面临的是怎样的情景，你都不可能一甩胳膊就走人，或者是甩脸色给顾客，因为那样你不会有任何的业绩，更不要说成功和为公司带来效益。你能做的只能是微笑着继续你的工作。俗话说得好，做销售要明白两点：一是要坚持；二是要坚忍。不论你遇到怎样的困难和挫折，你要坚持把你的工作做下去；无论你碰到怎样难缠或恶劣的客户，你都要厚着脸皮把你的工作坚持下去。

大家心里或许都想问销售有没有捷径或是模式和规律可循，说实话，没有。

每个人有每个人的销售特点，这不仅根据你个人的性格和特点而确定，同时还根据你所面对的客户而确定。你所能做的就是最大限度地了解产品的属性和功能，然后了解你的客户的性格和喜好，再根据你个人的优势去发挥，或许你一次就能成功了，或许你多次尝试都没有成功，不要气馁，你可能是方式不对，或者是你的客户真的不需要。刚参加销售行业的时候是最打击人自信的时候，因为那时是你什么都不熟悉的时候，当你经过了那段时期，你的业绩就会慢慢地有所突出，这时你就要在稳中求发展。

销售工作是充满汗水和泪水的工作，销售工作是要历尽千难万险的工作，销售工作是要冲锋陷阵的工作，今天的成功只能说是对过去一段时间工作的肯定，在今后的工作中，我们必须拿出十二万分的精力投入到工作中去，今晚就让我们为昨天的辉煌而畅饮大笑吧，明天还要继续扬帆前行。

谢谢大家！

范例十：公司领导在 IT 公司精英大会上致贺词

【致词人】公司领导

【致词背景】IT 公司精英大会

尊敬的来宾，女士们、先生们：

大家好！

欢迎各位嘉宾莅临我公司的精英大会。这次大会有全国多位名流学者莅临赐教，全省各市的 IT 公司领导相聚我们××公司，还有百余名 IT 行业的精英欢聚一堂，共同庆祝我们××公司在过去五年里取得的业绩。这是我们××公司的荣幸，在此，我谨代表公司全体员工向参加会议的各位领导，各位专家，那些创造过辉煌业绩、为 IT 行业的发展立下功劳的精英们表示热烈的欢迎。向为本公司作出杰出贡献的精英们表示最衷心的感谢！

IT 行业是一个充满竞争的行业，是一个需要充满热情和激情的行业，更是一个吸引人眼球的行业。目前，市场竞争日益激烈，尤其是现在市场主体日趋多元化，如果想要在这一行业做出成就，那就需要不断的付出和努力，需要用汗水和智慧来奋力拼搏。我们公司的全体员工就是凭借着这样的热情和执著，无数个夜以继日的努力和拼搏，无数的汗水和泪水，才实现了当年许下的承诺和誓言，完成了跨越。

在此新春之际，我们××公司召开精英大会，欢聚一堂，探讨经验，总结教训，研究对策。让我们本着与时俱进的精神，来抓紧工作，抓住机遇，迈大步子。相信通过这次的精英大会，我们××公司一定会有一个新的提高，一份新的收获。

在此，预祝明年各位 IT 行业的领导和在座的各位朋友们，身体健康，工作顺利，大展宏图。

谢谢大家！

教育机构庆功会贺词

范例一：校长在升学庆功会上

【致词人】校长

【致词背景】庆祝升学仪式

老师们、同学们、

上午好！这酷热的时节更彰显着我们一颗沸腾炽热的心。今天是我们××届升学庆祝大会，在此，我谨代表学校领导和奋战在毕业班的辛勤的老师们向××届的学生们在今年的高考中所创造的佳绩表示热烈的祝贺和真诚的祝福。

虽然高考已经落下帷幕，但是你们入校时的那股热血沸腾的拼搏劲仍旧停留在我的脑海中。记得新生入学第一天，学生代表××就在此表明了学生们的明确目标，在这三年的时间里，你们围绕着目标，不断地夯实自己的基础，充实自己，拓展视野，尤其是进入高三后，你们更加地废寝忘食，虽不是“头悬梁、锥刺股”，但是你们用你们自己的方式来奋发图强，努力学习。期间有欢乐，有辛酸，有泪水，有汗水，更有成长。终于，皇天不负有心人，你们用耕耘获得了丰富的收获，你们用汗水换来了今天的欢笑。你们的成功离不开父母的关怀，离不开老师的帮助，更加离不开你们自己的辛勤付出。

同学们，孩子们，你们的佳绩，我们有目共睹，事实再次证明，我们的××届不愧是一支勇敢奋进的队伍，你们实现了当时的诺言，更加实现了你们人生中的又一个梦想，你们把我校的胜利之旗带向了全市，你们再创了我校的高考历史辉煌。你们向老师交了一份满意的答卷，向你们的父母交了一份满意的答卷，更向你们自己交了一份满意的答卷。

孩子们，尽情地欢呼吧，这是属于你们的时刻，把你们的热情挥洒出来吧。在这之后，用你们饱满的激情去领略人生中的另一段风景，去迎接人生中的另一个挑战。带着你们的梦想和希望再次去“乘风破浪，勇往直前”。

范例二：学生代表在升学庆功会上致贺词

【致词人】学生代表

【致词背景】庆祝升学仪式

尊敬的校领导、敬爱的老师和亲爱的同学们：

大家上午好！

这是一个丰收的季节，更是我们收获的季节。站在这个讲台上，此时此刻我的心情仍旧是万分的激动，人生四喜中的金榜题名时，讲的就是我们现在这个时刻。作为众多考上大学学生的一个代表，我不得不说我们成功地迈出了人生中的一大步。感谢学校给了我们这样一个舞台，让我有机会表达自己的谢意。

首先，我要感谢学校领导和老师，你们用双手为我们创造了一个学习的乐园；你们用汗水为我们打造了一片知识的海洋；你们用肩膀为我们撑起了一片蔚蓝的天。你们为我们提供了良好的学习环境，你们毫无保留地传授我们知识，耐心地辅导我们。人们都说严师出高徒，是你们的严厉教诲，是你们的谆谆教导，让我有了今天这样的成绩，让我在以后的人生道路上拥有宝贵的财富。在此，我要向你们致以最真挚的感谢！

其次，我要感谢我的父母，是你们的不词辛劳为我换来了学习的机会；是你们的汗水让我拥有前进的动力；是你们的悉心照料和呵护让我能够健康成长。天下的父母都是爱自己的孩子的，不管爱的方式是不张扬还是溢于言表；天下的父母都是希望自己的孩子幸福的，所以才会尽一切的努力让孩子出人头地。在此，我要说一句：爸妈，谢谢你们！

最后，我要感激我的同窗好友们，是你们的不断鼓励让我有了努力下去的勇气；是你们的关心让我感受到了友谊的温暖；是你们陪我走过了这三年的酸甜苦辣。这是我们之间割不断的情谊，剪不断的缘分。朋友，谢谢你们！

让我们欢呼快乐之后，开始我们新的人生征程吧。

谢谢大家！

范例三：校长在期中考试表彰会上致贺词

【致词人】校长

【致词背景】学习成绩上升表彰会

各位领导，各位同仁，同学们：

大家好！

今天我校隆重地举行学校期中考试表彰会，在此，我代表学校向为学生付出了辛勤汗水和爱心的领导、老师们致以诚挚的谢意！向取得优异成绩的学生们表示衷心的祝贺！

回首近一年的工作历程，我感慨颇多。它就像是一本书，现在翻来细看，里面充满了酸甜苦辣，里面有苦涩，有清甜，有辛酸，有欢笑。在这艰辛的一年里，很多的领导和老师们开始了一次次的征程，披星戴月，不见周末。他们不计功利，在平凡中铸就伟大，在短暂中孕育永恒。他们有一种破釜沉舟的勇气，有一种愚公移山的毅力。他们用语言播种，用汗水浇灌，用心血滋润，肚子饿的时候顾不上吃饭，孩子哭闹的时候顾不上照料，一心一意全扑在教育上。在这里，我要感谢所有老师对我们学校的付出，对伟大的教育事业的付出！

这次能够取得优异的成绩，除了教师们的辛勤付出外，还有莘莘学子们的不懈努力，俗话说“师傅领进门，修行在个人”，如果只是老师们教导得好，学生们不去刻苦地学习，也是不行的。走在校园里，我时常会见到很多学生是边走路边背着单词，有的是边吃饭边讨论课堂上的知识，每每放学后还是有很多的学生仍在教室里奋战，学校大门刚开就涌进了很多的学生，看着他们如此的用心，如此的勤奋，我不仅以校长的身份而高兴，还以一个长辈的身份而打心眼里高兴，这是我们学校的一群孩子们，他们在这个年龄就已经懂得了什么是勤奋，什么是责任，什么是坚持，如此难能可贵，怎能让我不欣慰？在此，我要对所有的同学们说一句大家辛苦了！

最后，我希望在今后的日子里，所有的教师们和同学们能够继续努力，取得更加优异的成绩！

谢谢大家！

范例四：校长在“十佳优秀教师”表彰会上致贺词

【致词人】校长

【致词背景】“十佳优秀教师”表彰会

尊敬的各位来宾，各位老师：

大家好！

在这金秋的季节，在这硕果累累的时节，我们迎来了第××个教师节，更加令人高兴的是，我们学校的×名老师在这次的教师节评比上荣获“十佳优秀教师”称号。今天，我们在此欢聚共同庆祝这个节日。在此，我谨代表学校领导，向获此殊荣的老师们表示衷心的祝贺！向在教育第一线上辛勤奉献的老师们致以节日的问候和诚挚的祝福！

百年大计，教育为本。21世纪最缺的是什么？是人才。我们教育事业肩负着的责任重大，发展职业教育的号角已经吹响，我们面对的是新的高度和挑战，我们要发扬艰苦奋斗的精神，发扬为人奉献的精神，发扬默默耕耘的精神。当然，这些你们都做到了，而且做得很好，你是我们的骄傲，我们学校以你们为荣。

做教师不容易，做一个优秀的教师更是不容易，做一个优秀而且被认可的教师更加的不容易，尽管有这么多的不容易，但是你们依然用你们的坚持，用你们的拼搏，用你们的付出，做到了最好。或许，在夜深人静时，你们仍旧在批改学生们的作业；在天刚破晓时，你们已经进入了备课时间；在月上枝头时，你们还在回顾讲堂上的课程。“衣带渐宽终不悔，为伊消得人憔悴。”这不仅是恋人之间的对白，更可以用在你们身上。你们的一切付出都是为了学生，你们的辛勤不要求回报，你们在默默耕耘，你们在昂首阔步，你们在体验着人生最大的幸福。孩子永远是天真的、无邪的、快乐的，和孩子相处，同样的，你们也会拥有一颗真诚、高雅的心。

再过几年，当你们的学生有了成就时，你们可以自豪地说那是你的学生，因为你们为他们付出了辛勤的汗水，引领他们，教导他们，当然，到那时，孩子们也会回到母校，向亲爱的老师奉上最美、最新的祝福篇章。“乘风破浪会有时，直挂云帆济沧海”，让我们以敢于站在风浪尖头上的勇气来面对一切的困难，勇往直前，向着更高的目标迈进。

最后，我祝愿在座的各位来宾和老师们身体健康，万事如意！

范例五：教师代表在“十佳优秀教师”表彰会上致贺词

【致词人】教师代表

【致词背景】“十佳优秀教师”表彰会

尊敬的各位领导、老师：

你们好！

又是一年欢乐日，又是一个桃李飘香的季节。今天是教师节，同时也是“十佳优秀教师”表彰的日子。首先，让我用最诚挚的祝福，向获此荣誉的老师们表示祝贺，同时祝愿普天之下为人师表的老师们节日快乐！

有一种舞台最为神圣，那就是讲台；有一种魔棒最为神奇，那就是粉笔，有一种人最为美丽，那就是教师。教师是一个培养孩子将来写出豪情壮语的职业，教师是一个为社会提供人才的职业，教师是一个默默奉献的职业。我们常常会听到“为人师表”这四个字，其实我们应该感到骄傲，为我们的职业感到自豪。我们虽然只有三尺讲台，但是我们可以变成绵延万里的沃野，虽然我们只有三寸粉笔，但是我们可以绘制出人生不同的风景，虽然我们只有一块黑板，但是我们可以把它变成尽情挥洒的画板。

不要再去想什么老板经理这样的职业更能挣钱，因为我们已经选择了教师，我们就要一如既往地走下去，我们应该勇敢地锻炼自己，默默地奉献自己，我们就应该做一块砖，哪里需要就往哪里搬。我们为人师表，我们无上光荣！其实我们每个人都应该在心里默默发誓，我们不为利，不为名，只是为了这群可爱的孩子们，为了祖国的教育事业，为了祖国的繁荣昌盛。我们不求轰轰烈烈，但求踏踏实实，我们不求滴水之恩涌泉相报，我们只求无愧于天无愧于地。

能够获得“十佳优秀教师”的称号，是老师们辛勤付出得来的，是他们应得的，当别人都还在酣睡之时，他们就已经开始了一天的工作，当别人都在玩耍之时，他们还在辛苦地工作着，当别人都在大吃大喝之时，他们或许仅用一袋泡面充饥。别人的一分欢愉相对的是他们的一分付出，他们用十倍、百倍的汗水换来了今天的成就。我希望我们都能够以他们为榜样，奋发向上。我也希望他们能继续坚持，再接再厉。让我们为了我国的教育大计，共同努力。

谢谢大家！

范例六：校长在少儿发明创造全市获奖表彰会上致贺词

【致词人】校长

【致词背景】少儿发明创造全市获奖表彰会

老师们，同学们：

大家好！

在这金秋十月，硕果飘香的季节里，我们学校的“××”少儿发明创造小组获得了“××”杯少儿发明奖。这是我们参赛小组的辅导老师和同学们认真备战、顽强拼搏、共同努力的结果。我们的少儿发明小组用他们的智慧和坚强的毅力攻克了一个又一个的难关，为我校的发明团队取得了又一次胜利，为我校取得了荣誉，我向他们表示衷心的祝贺！

我校的发明创造小组已经连续多次获得奖项，他们的队员中最大才不过12岁，但是他们人小志气大，他们小小的肩膀上凝聚着很多人所不具备的不畏艰险、永争第一、团结奋进的精神，他们敢为人先，敢为他人之不为，小小的双手本应是稚嫩的，但却拿着试验管在做着常人所不敢想象的事情，他们本应是在父母的怀抱着撒娇的年龄，却早已满脸坚毅，独立自主。他们本应是在玩耍的一群孩童，却早早的为自已树立目标，然后向着目标迈进。作为一校之长，我为我们能有这样的一群学生而骄傲，为能有这样的一群孩子而自豪。当然，我们能够取得这样的佳绩，也离不了辅导老师的辛勤汗水和付出，他们也是在日日夜夜地帮助、关怀、指导着学生们，他们也是在用不怕苦、不怕累的精神面对工作，他们以先进为动力，以名师为榜样，钻研业务，苦练本领，努力创新，不仅在教学上指导学生，也在生活上关心学生。

我希望全体老师们能够以这支发明创造队伍为标准、为目标、为榜样，时刻牢记使命，不断创新进取，把我们的实践活动和素质教育相结合，推向一个新的高层，不断地去迎接挑战，克服困难。向着一个又一个的目标攀登。我们这支队伍中的小队员们，要牢记“谦受益、满招损”，不能忘记努力创新，积极进取，再接再厉，再创佳绩。

今年花红胜去年，料得明年花更红。让我们共同努力吧！我相信我们一定可以芝麻开花节节高，我更加相信我们可以取得更大的成绩，让我们为我们的教育事业和我们的发明创造事业贡献出更多的努力吧！

谢谢大家！

运动、救灾庆功大会贺词

范例一：领导在亚运会庆功宴上致贺词

【致词人】领导

【致词背景】亚运会庆功宴

尊敬的各位领导、运动员：

你们好！

在刚刚胜利闭幕的第××届亚洲运动会上，我们中国体育代表团发扬“更

快、更高、更强”的奥林匹克精神，以十分出色的成绩完成了祖国和人民的重托，党中央、国务院向你们致以热烈的祝贺和亲切的慰问！

在这次规模空前的亚洲体育盛会上，你们以顽强的意志和精湛的技艺，力争上游，奋勇拼搏，刷新了一大批亚洲纪录，甚至在一些项目中创造了世界纪录和今年世界上最好的成绩，你们为伟大的祖国赢得了荣誉，为亚洲体育的发展作出了杰出的贡献。你们的成绩是赛场上表现出来的不甘落后、锐意进取的精神，对奋战在改革开放和社会主义现代化建设各条战线上的全国人民，是一次巨大的鼓舞。

体育战线肩负着增强人民体质、提高运动技术水平、建设社会主义精神文明的光荣使命，党中央、国务院希望我国体育健儿把这届亚运会作为新的起点，戒骄戒躁，再接再厉，力争取得更好的成绩，努力攀登世界体育的高峰。

体育战线的同志们在取得巨大成绩的同时要看到我们尚存在的差距，要进一步振奋精神，深化改革，大力开展群众体育事业，把我国体育运动推向新的广度和高度，为建设四化、振兴中华作出贡献。

谢谢大家！

范例二：体育局领导在亚运会表彰庆功宴上致贺词

【致词人】体育局领导

【致词背景】亚运会表彰庆功宴

尊敬的各位领导，各位教练，各位运动员：

大家晚上好！

所谓“人逢喜事精神爽”，今天是个喜庆丰收的日子，我们欢聚一堂共度良宵。今夜，彩灯高挂，今夜，月色迷人，今夜，我们共饮美酒成功干杯，为未来助威。

今天召开的这次大会，是一次庆功会，更是一次再动员、再鼓励、再奋进的总结表彰会议。为了能在本次亚运会上取得傲人的成绩，各级领导高度重视，全力支持，倍加关心，各个单位也给予了大力支持、主动配合和有力保障，广大运动员在带队和教练员的精心组织下，团结协作、刻苦训练、顽强拼搏，取得了令人瞩目的成绩，充分反映和展示了全局一盘棋、全团一条心、全员一股劲的团队作风和进取精神。在此，我代表体育局向参加本次亚运会的所有领队、运动员和工作人员表示亲切的问候！向取得优异成绩的运动员表示热烈的祝贺！向给予本次活动大力支持的单位和领导表示衷心的感谢！

作家可以将自己的感情寄托于写作，画家可以将自己的感情倾注于绘画，演员可以将自己的感情融汇于表演，可是，在这个宴会上，我只能用美酒表达自己内心的激动。看着手中的酒杯，那里面装有香醇的红酒，摇一摇，色泽红瑞，闻一闻，香气袭人，尝一尝，酸甜可口。酒是陈的香，我们运动员要取得优异的成绩，也离不开长期的锻炼、坚强的毅力和不懈的努力。过程虽然是苦涩的，但是结果是香甜的。

“征途上战鼓擂，条条战线捷报飞。待到理想化宏图，重摆美酒再相会。”期待大家取得更大的胜利，希望不久的将来，我们能再次相聚共享美酒。

谢谢大家！

范例三：总经理在公司运动会表彰宴会上致贺词

【致词人】总经理

【致词背景】公司运动会表彰宴会

运动健儿们，女士们、先生们：

大家晚上好！

今天是我们××集团第×届运动会的表彰宴会，首先请允许我代表公司向获得荣誉的运动健儿和教练员们表示热烈的祝贺，向关心、支持我公司运动会举办的各单位和部门表示最衷心的感谢！

公司每年都会举办这样的一个运动会。作为企业文化的一部分，运动会所传扬的是顽强拼搏、永不言弃、团结奋进的精神。充分展示的是我公司自强不息，奋发有为的精神风貌，同时加强了和公司同事之间、上下级之间的沟通、交流和协作。运动会设立有一二三等奖和优秀奖，这个奖项的设立不仅激励员工们前进，更能号召全体员工们共同参与体育事业，因为体育不仅是经济社会发展和人类文明进步的一个重要标志，更是一个地区综合实力和社会文明程度的重要表现。

我们公司以运动会为契机，充分发扬刻苦学习、不断创新的开拓精神；充分体现凝聚人心，团结合作的团队意识；充分传承以身作则，勇挑重任的奉献精神。同志们，体育运动不仅能增强我们的体制，让我们以最好的状态来面对工作，而且还可以增加我们的生活情趣，促进我公司企业文化建设。在我向这次获得奖项的运动员们表示祝贺的同时，希望全公司的广大职工都能积极踊跃地参加体育运动，也希望此次运动会的运动员们能够继续发扬胜不骄、败不馁的精神，在今后的工作中再接再厉，再创辉煌！

谢谢大家！

范例四：学生代表在秋季运动会闭幕式上致贺词

【致词人】学生代表

【致词背景】秋季运动会闭幕式

尊敬的各位领导、老师，亲爱的同学们：

大家上午好！

在学校领导的正确领导下，在广大师生的参与下，在运动会组委会的筹备下，××大学××××年秋季运动会圆满结束，取得了优异的成绩，现在就要闭幕了。

本次的运动会是以“阳光体育”为主题的，在三天的比赛时间里，我们的运动健儿充分地展示了他们的热情和活力。在××名运动员参加的比赛中，有××人再创新高，有××人荣获第一二三名次，涌现了××个体育道德风尚先进班集体，××个优胜班集体。在此，让我们以热烈的掌声向他们表示最诚挚的祝贺！向默默奉献的工作人员表示最衷心的感谢！

本次的运动会上，运动员们的杰出表现和成绩，裁判员的公平公正作风，让我们看到了我校学子的成功之处，也让我们看到了我校体育事业的希望。运动健儿们坚持发扬奥林匹克精神，奋力拼搏。本次的运动会上还涌现出了一大批的志愿者，他们在恪尽职守地做好服务工作的同时，还努力做好其他工作。像×年×班主动打扫公共区域卫生，×年×班的宣传工作突出，组织得力。

同学们，这次的运动会教育我们要懂得坚持、拼搏。不论遇到什么困难、挫折，我们都要以一颗积极进取的心去坚持，去努力拼搏，人们常说坚持就是胜利，笑到最后才是胜利。我们要做那个笑到最后的人，不管中间经历怎样的荆棘和磨难。在以后的学习和工作中，让我们也时刻谨记此次运动会的宗旨和奥林匹克精神。

最后，我代表全体学生向运动员和老师们，向这次运动会的辛勤工作者表示崇高的敬意和衷心的感谢！

谢谢大家！

范例五：校长在春季田径运动会闭幕式上致贺词

【致词人】校长

【致词背景】春季田径运动会闭幕式

各位老师、各位同学：

你们好！

经过两天的奋战，在今天，我校××××年春季田径运动会圆满结束。这是一个团结胜利的大会，展示了我校团结、奋进、进步、祥和这一主题。在这里，我向取得优异成绩的老师、班集体、学生个人表示最诚挚的祝贺！并向全体大会工作人员和参加本次运动会的老师、同学表示衷心的感谢！

这次运动大会是对我校师生的一次考验，而这次考验，也让我们得到了满意的答卷。这次田径运动会充分展示了全校师生积极进取、奋发向上、顽强拼搏的精神。田径场上有老师和学生们的飒爽英姿，但更多的是他们辛勤的汗水，为了迎接这次的运动会，在课余时间，他们在田径场上挥汗如雨地训练着。他们的辛苦我们或许无人可知，但是现在他们的成就显示在我们每个人的面前。正所谓“一分耕耘，一分收获”，他们一步步的脚印换来了今天的辉煌。

在这里，我还要感谢在筹办和开展这次田径运动会中付出辛勤劳动的后勤工作人员们和全体体育教师！他们认真地筹划体育场地，默默地付出；还有体育老师们的不懈努力，认真地组织教导学生，为了使全校师生有个难忘的运动会而废寝忘食。正是因为有了他们的付出，才能够让本次运动会顺利举行、圆满结束。

通过本次运动会，不仅锻炼了我校学生，而且团结了教师队伍，增进了师生间的感情。在运动会结束后，学校还会从中挑选出一批优秀的运动员进行重点培训，争取让他们充分发挥自己的长处，为我校的运动事业增光添彩！

最后，希望我们××学校的全体师生，在今后的工作和学习中能够继续发挥本次运动会的拼搏精神，携手同行，为我校各项工作创造辉煌！

谢谢大家！

范例六：××市市长在汶川救灾胜利庆功会上致贺词

【致词人】××市市长

【致词背景】汶川救灾胜利庆功会

同志们，朋友们：

今天，我们在这里举行救灾胜利庆祝活动，首先我代表市委、市政府向全体抗震救灾第一线的队员们致以最诚挚的感谢！

我们永远不会忘记那个悲痛的日子，5月12日，汶川发生了8.0级大地震，给人民的生命财产造成了极大损失，在那里灾情就是命令，时间就是生命。迫切需要广大人民和战士投身到抗震救灾中去，在这时，你们义无反顾地投身到救灾工作中。你们发扬了“奉献、互助、有爱”的志愿者精神，急灾区人民之所急，解灾区人民之所难，不顾个人安危，不怕艰难困苦，哪里有灾情，哪里就有你们的身影，哪里灾情重，你们就把救灾的旗帜插在哪里，你们充分展示了中国人民的传统美德，展示了志愿者的高尚情怀。

在你们离开××市奔赴汶川救灾的时候，我们的心也随着你们一起飞到了那里。每当我们在电视上看到余震频繁发生、山石大量滚动时，我们的心也随之紧缩、惶恐；每当电视上传来救灾工作正在顺利进行时，我们也由衷地欣慰和高兴，这是因为你们在那里！你们在那里奋战，在那里拼搏，在那里时刻面临着危险，也时刻拯救着生命。你们是我们的兄弟姐妹，你们是我们勇敢的战士，你们是我们的骄傲，是我们的牵挂。

情浓于血，更融于血，汶川地震，需要我们广大中华儿女伸出援助之手，给他们以救助，以关怀，以勇气。让我们去帮助他们战胜灾害，重建家园。汶川的人们正承受着前所未有的痛苦，而你们帮助他们缓解了这种痛苦，在地震危害仍旧存在的时候，你们毫不退缩，不为别的，只是为了能够再多救一个人，减少灾区人民的一份痛苦。你们是伟大的，是我们的骄傲，是我们的自豪，我以我们××市能有你们这样的市民和战士而欣慰、自豪。

我再次代表市委、市政府和全市人民向你们致以亲切的问候和衷心的感谢！

艺术工作庆功会贺词

范例一：领导在电影工作者表彰大会上致贺词

【致词人】领导

【致词背景】电影工作者表彰大会

尊敬的各位领导、各位来宾，女士们、先生们：

今天是我国电影诞生100周年的日子，也是我们“××影视公司从影×年电影工作者表彰大会”隆重举行的日子。广大电影工作者为我国电影事业的发展作出了巨大的贡献。在此，我代表我们××影视公司向获得“先进工作个人”的员工表示热烈的祝贺！向支持和帮助我们的各界友人表示诚挚的感谢！

获奖的各位其实是我们的元老级人物，他们和公司一同承担风雨×年，他们呕心沥血，在公司的历史上留下了不可磨灭的印记。风风雨雨这么多年，他们无怨无悔地付出着，在公司一穷二白的时候，他们没有舍弃公司，在公司有所成就的时候，他们没有懈怠工作，在公司发展到今天这个规模的时候，他们没有倚老卖老。我还清楚地记得我要对他们颁发“先进工作个人”奖项的时候，他们的回答。他们说：“颁奖？为什么要给我们颁奖啊？××公司就像是我的孩子，我照顾她、关心她，都是理所当然的。看着她在我的照料下健康地成长，我很欣慰，这说明我没有做错。”或许很多人都无法理解这种情结，但是当时我却觉得眼角湿润，他们为公司奉献着，却认为这种奉献是理所当然的，现在很多人都做不到这点了。很多人都会认为我付出就应该有回报，要不然我为什么付出啊！其实，通俗点讲，当你做了父母，有了孩子的时候你就会明白这些老员工们的心情了。

今年，我们公司在电影上取得了一些成就，《××》获得××奖、《××》获得××奖，这些影片在社会上也引起了强烈的反响。这些影片全来源于老同志们的心血，在此，我要谢谢你们。同时我也希望我们的新员工们能够以他们为榜样，向他们学习，我不说什么你们要不计回报的付出，我只是希望你能够把公司的事确确实实当成是自己的事业来做，用心去做，我相信这样你们也能做得很好。希望公司以后在我们的共同努力下能够百尺竿头更进一步！

谢谢大家！

范例二：××市长在第×届电视节优秀工作者表彰大会上致贺词

【致词人】××市长

【致词背景】第×届电视节优秀工作者表彰大会

同志们：

今天，我怀着十分喜悦的心情，参加在这里举行的第×届电视节优秀工作者表彰大会。我们××市共有电视工作者×名，在这么多名电视工作者中，有×名获得“优秀工作者”称号。他们为我们的电视事业作出了杰出的贡献，为我们××市民赢得了荣誉。在此，我谨代表我们××市向获得奖项的电视工作者们表示热烈的祝贺！向一直以来重视电视事业的各界人士表示衷心的谢意！向一直工作在一线的电视工作者们致以崇高的敬意！

××市电视事业取得今天这样优异的成绩，确实是来之不易，这是领导们正确领导和重视的结果，是广大电视工作者长期以来坚持不懈、努力奋进、积极进取、无私奉献的结果。在面对经费不足等困难时，广大的电视工作人员们艰苦奋斗，勤俭办事，把有限的经费无限地用到工作上来，充分结合地方实际，利用自身优势，积极完善和发展各项工作的布局。在这次的第×届电视节上我们××市能有这么多人获得奖项，充分说明了我市的电视工作是务实的。我市电视工作能够取得这样的成绩，也是各界人士及全市人民大力支持、关心电视工作的结果。

我希望我市电视工作能够以在第×届电视节上取得的成绩为新的起点，继续创造性地开展工作，以他们为目标、为动力，不断地完善自己，发展自身，同时，这些获奖的工作人员也要继续保持你们的工作态度和作风，再接再厉。让我们共同采取有力措施，团结奋进，不骄不躁，同心同德，为建设我市的电视事业作出更大的贡献！

谢谢大家！

范例三：文学协会会长在优秀文学家表彰大会上致贺词

【致词人】文学协会会长

【致词背景】优秀文学家表彰大会

同志们：

大家好！

今天，是一个喜庆的日子，我们文学协会隆重地举行优秀文学家表彰大会。在这里，我代表协会的全体工作人员向获得“优秀文学家”称号的文学工作者们表示热烈的祝贺！向一直以来支持我们文学工作的各界人士表示衷心的感谢！

××××年，是不平凡的一年，是中国成立×周年，是我国的文学界比较活跃的一年，文学事业发展繁荣。我们高兴地看到：文学创作成绩斐然，优秀作品大量问世，少数民族文学事业阔步前进，网络文学也蓬勃发展，中国文学的国际影响有所增强。我们作家协会也有了更多的优秀人士的加入，像这次“优秀文学家”拥有这么多的获得者，就是我们中国的文学事业良好发展的表现。当然，我们现在看到的只是他们光鲜的一面，他们背后付出的辛酸汗水是我们大众所不知的。但也正是他们的这种无畏的付出和努力，让我们看到了成功的喜悦，正所谓“一分耕耘一分收获”，他们在辛勤的耕种之后，得到了丰硕的成果。

新的一年，我们又将站在新的历史起点上，我们继续用科学的、发展的观念

来指导文学发展工作，把写出更多的优秀作品作为工作的中心环节，提高作品的价值和可读性，认真做好文学的评奖工作，提高评奖的社会参与度，让更多的读者了解、关注我们的作品和文学创作。同时也要深入了解作家的实际生活状况，加大对贫困作家的扶持力度和一些青年作家的协作力度。广泛地团结文学自由撰稿人和网络作家，积极宣传推荐优秀作家及其作品，同时，还要拓展对外文学的交流渠道，多方联系国内外文学翻译人士，让更多的人了解我们中国文学，了解中国。让我们在新的一年里，为我国文学事业的发展共同努力吧。

谢谢大家！

范例四：艺术工作者代表在优秀艺术工作者表彰大会上致贺词

【致词人】艺术工作者代表

【致词背景】优秀艺术工作者表彰大会

尊敬的各位领导，各位来宾，女士们、先生们：

大家好！

今天，我们各民族的艺术工作者再次欢聚一堂，共同总结我们艺术工作的基本经验，发扬成绩，克服缺点，商讨在新的一年里如何更好地发展艺术事业，这是一件很令人激动的事情。在此，请允许我向这次获得“优秀艺术工作者”荣誉称号的工作者们表示热烈的祝贺！向来参加这次表彰大会的各位来宾表示诚挚的欢迎！向支持、关心艺术的各位领导和各界的友人表示衷心的感谢！

有人说拥有财富是人最高的享受，但有人却把财富用于慈善事业，赢得更多人的尊重；有人说至高无上的权力是最高的享受，但是古往今来却有不少演绎千古的亡国耻训；有人说荣誉是最高的享受，但却又很多的明星艺人选择了自杀的道路。那么到底什么才是最高的享受呢？纵观古今中外，那些能为他人创造幸福的人，能为他人作出贡献的人，在赢得他人尊重的同时，可以从中领略到人的最高享受。我们的广大艺术工作者们也正是以坚持不懈的专业追求精神，用他们忠心耿耿的艺术创造，发现真善美，全心全意为人民服务，最终赢得广大民众的喜爱和尊重，他们也在艺术的创作生涯中体会到人生的最高享受。

随着人们生活水平的不断提高，艺术已经是我们生活中不可或缺的重要一部分。而广大的艺术工作者们也正在用全新的理念、形式和思潮，为满足人们的艺术追求而不断地努力着，我们感谢他们的同时，应该给予他们更多的尊重。也希望能有更多的艺术工作者们加入我们的行列，用自己的坚持为人们谱写出一段段美妙的音乐、绘制出一幅幅美丽的画面、演绎出一段段动人的故事。

谢谢大家！

第五章　庆新婚贺词

结婚是人生中的一件大事，在这个宾客共欢、举家同庆的日子里，自然是少不了置办酒宴。在中国的传统习俗中，这叫做“吃喜酒”，酒就在这里扮演了不可或缺的角色，而庆婚酒宴上的贺词就成了把酒引入正题的引子。它可以调动大家的积极性和互动性，把酒宴的气氛推向高潮。

庆典之道

婚礼上的致词人

在新婚典礼上，致词人虽不像司仪那样重要和贯穿全场，但是他的言行举止，还是会给别人留下深刻的印象。因为他代表的不仅仅是个人，更是关系到整场的气氛。他的仪态和讲话内容，有时甚至会影响到来宾对新人的判断。所以，无论致词人是什么身份，都要讲好贺词。

新婚典礼上的贺词，一般有这些特点：

一、必须讲一些祝愿、祝福类的话

不管是什么场合的庆典贺词，都是要讲一些表达人们美好愿望和祝福的话，新婚庆典贺词尤其需要。因为结婚是人生中的一件大喜事，新婚典礼是一个热闹而喜庆的场合，每个到场的嘉宾都应该切身地去感受这份喜庆，为新人喝彩。因此，致词人要事先准备好一些表示祝贺的好句子，譬如：祝你们新婚快乐、永结同心、永浴爱河！或者是：祝你们恩爱一生，执子之手，与子偕老！等等。

二、语言要简明扼要

新婚典礼上的贺词，一般以简明扼要为宜，最好不要超过两分钟。因为新婚典礼上礼仪较多，致贺词的不是只你一人，

而且大家也不是冲着你的贺词去的，你只要表达了自己的祝愿就可以了。当然，你也可以偶尔穿插几句符合你身份的小俏皮的语言，活跃一下现场气氛。

三、根据自己的身份选择贺词内容

致词内容也是有讲究的，你是什么人就应该说什么话。如果致词人是主婚、证婚、介绍人的话，一般都是从自己的角度出发，表示自己很荣幸和高兴以这样的身份参加婚礼致词，然后就是说一些祝福新人的话。如果致词人是新人的领导、亲友、长辈等，一般表示对新人的祝福，殷切希望，传授一些经验。同时还会站在长辈的角度上讲述新人的工作情况、新人的成长、新人父母的付出，最后嘱托新人孝敬父母。如果致词人是新人的朋友，一般会大致地讲一下新人的恋爱经历，讲述一下新人以前的生活状况，让嘉宾更好地了解新人。

婚礼上新人敬酒

新人敬酒在中国婚礼上历来是重头戏。因为通过敬酒，新人不仅能表达自己的感激之情，还能借机认识对方的亲朋好友。当然，敬酒也是要掌握以下一些礼仪的。

一、把握好敬酒的顺序

新婚典礼上酒桌一般比较多，新人在主桌吃完冷盘和头道菜后，就要开始逐桌地敬酒。正确的顺序应该是：先主桌，主桌上先敬女方父母和男方父母，然后是其他长辈敬酒；接着是次桌，分别向亲戚、双方父母的朋友、同事等敬酒；最后是向新人的同辈人敬酒，像各自的朋友、同学、同事等。

二、注意敬酒礼仪

敬酒时也是有很多的礼仪要求的，正确的做法是：首先新人要亲手为客人倒好酒，双手为客人端起，自己的酒杯要稳稳地端在胸前的位置；其次等客人放下酒杯后，新人要面带微笑地对客人说“谢谢”，最后要为客人添满酒，再向下一位客人敬酒。

三、掌握一些技巧

遇到不停劝酒的同辈客人时，可以喝一些事先准备好的饮料，如果没有饮料可以在敬长辈时少喝点，要是真有喝醉的危险，那就坚持不喝，不管他们怎么劝酒；如果酒桌较多的话，敬酒时就要“先紧后松”，每桌敬酒的时间短一些，不超过三分钟；另外，在敬酒过程中，要始终保持酒杯端在胸前的位置，不要拿着空杯子乱晃，这是对客人的尊重，也是彰显新人的修养。

婚礼上的伴郎伴娘

每场婚礼都需要伴郎和伴娘，因为他们的角色很特别、很重要，要执行很特别的任务。

一、充当致词人角色

当伴郎和伴娘充当这个角色时，致词的内容主要是称赞新人，可以穿插一些回忆故事，让来宾对新人的过去有更多的认识。当然，为了活跃气氛，还可以讲一些无伤大雅的关于新人的坏事和糗事。致词最后，要以真诚的语言和态度称赞新人的结合并祝福他们。

二、充当贴身管家角色

伴郎伴娘要像贴身管家一样时刻跟随在新人左右，如果是在舞台上，伴郎伴娘要在舞台的一侧候场，如果是在敬酒，伴郎伴娘要一人端着放酒杯的盘子，一人端着放几瓶酒的盘子跟着敬酒，同时还要时刻维护新人形象，替他们挡酒。

婚礼上的客人

婚礼的主角是新人，新人要遵守婚礼上的诸多礼仪，婚礼上的很多来宾是客人，但是客人也要遵守他们的礼仪。不要认为你只是一个诸多客人中的一个无足轻重的小角色，不要认为你可以随心所欲地活动，你的一件随心所欲的事情可能会牵连到新人的荣誉受损。所以，你一定要扮演好客人的角色，遵守以下几点：

一、祝福新人

给予新人祝福是每个参加婚礼的来宾必做的事情，你参加婚礼的根本目的也是作为新人的亲朋好友向新人传达你们的祝福。另外，祝福的时候不要忘了送上你的红包。

二、遵守规矩

作为客人要尽量不去为他人添乱，特别是不要给新人添麻烦，因为婚礼上的嘉宾不是只你一个人。其实每场婚礼都有司仪，如果你有什么不明白的，可以按照司仪说的去做，司仪怎么说，客人就怎么做。

三、注意礼仪

新人敬酒时，你可以喝，也可以不喝，你只需坐在座位上微笑着面对新人，此时，可以根据各地的风俗，说一些祝福的话，或者是把红包交给伴郎或伴娘。

四、礼貌告别

离开时要记得告别一声，跟同桌的人打声招呼，跟新人打声招呼，或者是和新人的父母打声招呼。不要径自离开或是中途退场。

妙语共赏

经典好词

新婚典礼是人生中的一件大喜事，在这样的场合用语是很讲究的，在致词时若能把整体的文采提升上去是最好不过的。古往今来的许多经典好词的引用，不仅可以彰显你的文采，更是可以提升庆典的品位，增强婚礼的喜庆性。

新婚常用词及使用场合如下：

对新人表示祝贺的词：

新婚快乐、永结同心、永浴爱河、珠联璧合、琴瑟和鸣、佳偶天成、新婚大喜、恭贺新婚、幸福美满、白头偕老、心心相印、天长地久、龙凤呈祥、才子佳人、相敬如宾、互敬互爱、情投意合、相亲相爱、花开并蒂、喜结良缘、恩爱一生、比翼双飞、天作之合、爱情永固、郎才女貌、幸福美满，等等。

对新人父母表示祝贺的词：

喜结秦晋、联婚嘉庆、贺子纳嬉、恭贺女嫁、令郎婚禧、令爱婚禧、早生贵子、于归之喜，等等。

婚礼上的万能祝贺词：

心心相印、百年好合、新婚燕尔、莺歌燕舞、喜气生辉、龙腾凤翔、喜结连理、鸾凤和鸣、百年佳偶、玉树琼枝、珠联璧合、幸福美满、花好月圆、永结同心、五世其昌、两情相悦、花开富贵、天作之合、同心同德、美满姻缘、郎才女貌、交颈鸳鸯、爱情永固、永浴爱河、宜室宜家、相亲相爱、情投意合、合家欢乐、双燕齐飞、莲开并蒂、喜结良缘、恩恩爱爱、意笃情深、爱情永恒、白头偕老、新婚快乐、共谐连理、琴瑟和鸣、赤绳系足、海燕双栖、闺房和乐、鱼水相谐、神仙眷侣、诗咏关雎、和乐鱼水、百年琴瑟、鸿案相庄，等等。

经典好对

在新婚典礼上致贺词，最好是要饱含着浓浓的情意。同时，如果致词人在文采上有所突出那是最好不过的。饱含深情的致词上偶尔穿插几句经典好对的话，不仅能令致词增色，而且能使得整个典礼更上一个层次。古往今来描述新婚、祝贺新婚的好对联有很多，在致词时可以参考、借鉴以下这些对联：

红莲开并蒂，彩凤乐双飞。

兰芝茂千载，琴瑟乐百年。

红莺鸣绿树，对燕舞繁花。
笙箫奏凤凰，鼓乐迎佳宾。
莫道桑榆晚，微霞尚满天。
夕阳无限好，萱草晚来香。
红杏枝头春意闹，玉栏桥上伊人来。
海枯石烂同心永结，地阔天高比翼齐飞。
下玉镜台笑谈佳话，种蓝田玉喜缔良缘。
白首齐眉鸳鸯比翼，青阳启瑞桃李同心。
成双鸾凤海阔天空双比翼，一对鸳鸯花好月圆两知心。
红妆带绾同心结，碧沼花开并蒂莲。
台隍枕夷夏之交，宾主尽东南之美。
良理由夙缔，佳偶自天成。
鱼跃鸢飞滚滚春潮催四化，月圆花好溶溶喜气入人家。
一尺竹笛箫，奏尽古今多少天下事；三尺红袖舞，引出天地无尽女儿愁。
凤落梧桐梧落凤，珠联璧合璧连珠。
伉俪并鸿光竞美，生活与岁序更新。
晚年玉成美事，夫妻缔结良缘。
锦堂双璧合，玉树万枝荣。
芙蓉出水花正好，新岁新婚新起点。
学做鲲鹏飞万里，不当燕雀恋子巢；好鸟双栖时时好，红花并蒂日日红。
不愿学鸳鸯卿卿我我浅戏水，有志学鸿雁朝朝夕夕搏长风。
鹤舞楼中玉笛琴弦迎淑女，凤翔台上金箫鼓瑟贺新郎。
吉人吉时传吉语，新人新岁结新婚。
绿柳含笑永结同心，地阔天高比翼齐飞。
十年修得同船渡，百年修得共枕眠。
风雨征途磨去青春岁月，灿烂晚霞涂上幸福光晖。
且看淑女成佳妇，从此奇男已丈夫。
百年恩爱双心结，千里姻缘一线牵。

新婚贺词好句集锦

◆各位来宾，朋友们，让我们共同祝愿这对新人新婚快乐、永浴爱河、白头到老！

◆恭祝你们新婚愉快、百年好合！

◆女士们、先生们，今天我们欢聚一堂，恭祝 × × 先生和 × × 小姐新婚大喜。

◆今天是个特殊的日子，是××先生和××小姐喜结良缘的大喜日子，让我们祝他们百年好合，恩恩爱爱！

◆十年修得同船渡，百年修得共枕眠。愿这对新人此生爱情永恒，爱心与日月同辉！

◆希望你们婚后互敬互爱，互谦互让，生活上相濡以沫，事业上齐头并进，共建幸福美满的家庭。

◆祝你们新婚快乐，早生贵子！

◆今天是××先生和××小姐喜结秦晋之好的日子，我代表所有来宾祝你们幸福美满，恩爱永远！

◆××先生英俊潇洒，温文尔雅；××小姐美丽大方，温柔贤惠。两人真可谓是天生的一对，地设的一双。

◆佛说前世的五百次回眸才换来今生的擦肩而过。你们于茫茫人海中相遇，相知，相恋，这是你们前世注定的缘分。希望你们婚后彼此珍惜、爱护，共筑爱巢。

◆今天是××先生和××小姐大喜的日子，作为伴娘，此时此刻我的脑海中只有一个词：天作之合。愿你们年年今日，岁岁今朝，执子之手，与子偕老！

◆夕阳无限好，萱草晚来香。×××先生辛劳了大半辈子，如今儿女成行，您也该有情人终成眷属了。愿新婚生活让您的晚年更加丰富多彩，相信你们定会相敬如宾，互助互爱，互相照顾，追求更加幸福的明天。

◆希望他们从今往后能互敬互爱，互谦互让，在生活上做连理枝，在事业上做比翼鸟。希望你们能够饮水思源，尊敬双亲，善待高堂，让老人们也笑口常开。也希望你们早生贵子，为人类的繁衍作出贡献。

◆借此机会，我祝福这对新人生活幸福、互谦互让、互敬互爱，同时也衷心地祝福各位来宾身体健康，合家欢乐！

◆祥云绕星宇，喜气盈门庭。今天是××先生和他的恋人××小姐新婚大喜的日子，作为新郎的公司领导，我代表公司全体员工祝福这对新人新婚幸福、同心同结、百年好合！

◆××先生和××小姐这对新人携手步入婚姻的殿堂。我代表新娘单位——××公司的领导和员工为新人送上最诚挚、美好的祝福：祝你们永结同心、恩爱一生、同甘共苦、相濡以沫。

◆名花已然袖中藏，满城春光无颜色。结婚是幸福，是责任，希望你们婚后互敬互爱，相濡以沫，同甘共苦！

◆今天我们一同站在新郎××和新娘××的婚礼上，感受这一段美好的姻缘。祝他们新婚愉快，早生贵子！

◆百年恩爱双心结，千里姻缘一线牵。今天是××先生和××小姐新婚的日子，祝他们永浴爱河、一生相伴！

◆在这欢声笑语、天地之合的喜庆日子里，我们相聚在这里，隆重庆祝××先生和××小姐喜结良缘、快乐新婚。

◆今天是一个值得庆祝的日子，是我同事××女士的儿子大喜的日子。我受她的委托，来向新郎××先生和新娘××小姐祝贺。

◆在这云淡风轻、秋高气爽的收获季节，各位亲朋好友欢聚一堂，共同见证新郎××先生和新娘××小姐喜结良缘的时刻。祝愿他们新婚快乐、恩爱一生、白头偕老！

◆且看淑女成佳妇，从此奇男已丈夫；君子攸宁于此日，佳人作合自天缘。祝愿他们恩恩爱爱、天长地久、永结同心！

◆今天是一个普天同庆的日子，是一个盛大喜庆的日子！我们欢聚一堂，为×对新人举行集体婚礼。让我们向×对新人表示热烈的祝贺，同时向到场的各位来宾表示最热烈的欢迎和最衷心的感谢！

◆瑞雪翠柏沐喜气，玉树银枝迎新人。今天我们参加的是一个特别的婚礼，更是一个美满的婚礼。恭祝××先生和××小姐喜结良缘。

◆祝你们这对新人百年好合、恩爱一生！

◆祝愿这两位新人白发同偕百岁，红心共映千秋；琴瑟和鸣；和谐美满！也祝在座的各位家庭幸福，生活美满！谢谢大家！

实用贺词赏析

主婚、证婚、介绍人贺词

范例一：长辈主婚人在新郎××和新娘××婚礼上致贺词

【致词人】长辈

【致词背景】婚庆喜宴开席

各位来宾，各位朋友，女士们、先生们：

今天是××××年×月×日，是××先生和××小姐并接秦晋之好的日子，是一个值得庆祝的大喜之日。久热恋，迎来良辰美景，长相思，共赏花好月圆。这对新人从此就要开始了婚姻一族的历程。

在这大喜的日子里，我还是要唠叨两句，希望××先生和××小姐能够有肩负起家庭和社会双重责任的意识，在家孝敬双方父母和长辈，在工作中互帮互助，共同进取，发展事业。在未来的生活中还要有肩负起为人父、为人母的责任和义务，和睦相处，相亲相爱，用自己的双手去缔造幸福美满的生活。要相信"下玉镜台笑谈佳话，种蓝田玉喜缔良缘"；要谨记"山无棱，江水为竭，冬雷震震，夏雨雪，天地合，乃敢与君绝"；要坚持"蒲草韧如丝，磐石无转移"；要做到"伉俪并鸿光竞美，生活与岁序更新"，连理接枝，海枯石烂。

最后，祝你们新婚幸福，好运常伴，早生贵子，幸福美满，也祝天下有情人都能够终成眷属，永浴爱河。

同时祝大家身体健康，万事如意。

谢谢大家！

范例二：单位领导主婚人在××和××的婚礼上致贺词

【致词人】新郎领导

【致词背景】婚庆喜宴

各位来宾，各位亲友，女士们、先生们：

红杏枝头春意闹，玉栏桥上伊人来。今天，我很荣幸成为××先生和××小姐的主婚人。在此，我首先向两位新人致以诚挚的祝福，向前来参加婚礼的各位来宾表示热烈的欢迎和衷心的感谢！

新郎××，是我们××公司里最年轻、最优秀的××长，他博学多识、聪明睿智、认真负责、阳光帅气，是打着灯笼也难找的好新郎。他以自己的能力加努力终于赢得了一位小姐的芳心，这位美丽的小姐就是新娘××。××小姐温柔贤惠，聪明可人，大方美丽，秀外慧中，是典型的东方女性代表。两人真可谓是天造地设的一对，珠联璧合。

婚姻是爱情的结果，但不是爱情的坟墓，它是生活的新开始，因为成家立业是人生旅途中一个重要的历程。婚姻不是一个枷锁，而是相伴一生的约定，是勇于承担责任的表现，××先生和××小姐情深意重，终成眷属。希望他们从今往后能互敬互爱，互谦互让，在生活上做连理枝，在事业上做比翼鸟。希望你们能够饮水思源，尊敬双亲，善待高堂，让老人们也笑口常开。也希望你们早生贵子，为人类的繁衍作出贡献。

最后祝愿二位新人新婚愉快，也祝愿在座的各位来宾工作顺利，身体健康，爱情甜蜜。

范例三：亲友主婚人在××和××的婚礼上致贺词

【致词人】新郎亲友

【致词背景】婚庆喜宴

各位女士们、先生们：

大家晚上好！

爱像什么？爱就像是春天的雨，被爱情滋润过的人总是生机勃勃，朝阳似火。今天是我朋友××先生和××小姐喜结百年之好的日子。首先请让我们共同为二位新人以及他们的父母和亲人献上最美好的祝福，同时，请允许我代表新人向在座的各位来宾致以最热烈的欢迎和最亲切的问候。

凤落梧桐梧落凤，珠联璧合璧连珠。两位新人玉成美事，缔结良缘，作为新郎××的朋友，我很为他高兴。××小姐是位美丽而有内涵的姑娘，当时我们××先生追求她时可谓是跋山涉水，历尽考验才终于抱得美人归。××先生是一位警察，勤勤恳恳，忠于职守。而我们的××小姐是一位人民教师，默默奉献，心地善良。这样一对璧人组建家庭，我相信，一定是一个非常美满的结局。新郎倌会用坚实的臂膀支撑起整个家庭，新娘子会用美好的心灵帮衬着他，相夫教子。两人同甘共苦，同舟共济，共同把家营造成一个温暖的港湾。

作为你们的主婚人，我在此为你们献上最衷心的祝福，祝你们一年365天，天天开心；一天24小时，时时快乐；一小时60分钟，分分精彩；一分钟60秒，秒秒幸福。让我们共同举杯，为两位新人的同心谱写幸福之歌，为他们的良缘绘制精彩画卷，也为在座各位的身体健康，幸福安康，干杯！

范例四：长辈证婚人在新郎××和新娘××的婚礼上致贺词

【致词人】长辈

【致词背景】新婚宴会

各位来宾，朋友们：

大家上午好！

今天是我外甥××先生和××小姐新婚的好日子，我受双方家长的委托担任证婚人，感到十分的高兴和荣幸。刚刚我已经看过这对新人的结婚证了，绝无虚假。现在我宣布：×× 先生和××小姐已经是合法夫妻了，等会儿，大家就可以尽情放心地喝喜酒了。

俗话说得好，有缘千里来相会。是缘分使这对新人相遇、相识、相知、相恋的。他们也曾经历过初恋时的“月上柳梢头，人约黄昏后”的欣喜与激动，体验过热恋时“冷落清秋伤别离”的难舍难分，品尝过分别时“一日不见，如三月兮”的思念滋味，也期盼着“相知不渝，金兰永结”的温馨浪漫。古来都说心有灵犀一点通，是情是缘还是爱，在冥冥之中自有安排。今天他们终于迎来了携手共赴红地毯的幸福时刻，同时也让我们在座的各位嘉宾见识到了凡间自有真情在，到底人间喜事多啊，真所谓应了那句：只羡鸳鸯不羡仙。

作为他们的证婚人，此时此刻，我的心中充满了浓浓的喜悦，愿这些喜悦化作最美好的祝福，为这一对新人添光增彩，在这美好的时刻，我衷心地祝愿这对新人成双鸾凤海阔天空双比翼，一对鸳鸯花好月圆两知心。恩恩爱爱，白头到老，心若比翼，永结同好！在人生的旅途上，互帮互助，互勉互励，孝敬父母，尊老爱幼。

让我们举杯为两位新人祝贺，也祝愿在座各位嘉宾家庭幸福、身体健康！

范例五：名人证婚人在新郎××和新娘××的婚礼上致贺词

【致词人】有名望的人

【致词背景】新婚宴会

尊敬的各位领导，各位来宾，女士们、先生们：

大家好！

新婚曲下，红地毯上，一对璧人接受亲朋好友的祝福。我受新郎××和新娘××的重托，担任他们的证婚人。在这神圣而又庄严的婚礼仪式上，能为这对佳偶天成的新人证婚，我感到十分的荣幸。现在我宣布，××先生和××小姐的婚姻合法有效，大家掌声支持投票啊！

新郎××先生现年×岁，现在××单位，从事××工作，担任××职位，英俊潇洒，才华出众，是位难得的好丈夫。在座的单身女性不要叹气，等会咱们可以私底下问问新郎还没有兄弟或表兄弟的。新娘××小姐今年×岁，在××单位工作，担任××职务，新娘美丽大方，温柔贤惠，是位难得的好妻子。在座的单身男性等会也可以私底下问问新娘有没有姐妹或者是表姐妹。

不愿学鸳鸯卿卿我我浅戏水，有志学鸿雁朝朝夕夕搏长风。这对新人的婚姻是令人羡慕的，是天造的一对，地设的一双。作为你们的证婚人，我今天不仅要证明你们的婚姻合法，我还想向你们和在座各位刚刚结婚或即将结婚或者是仍然单身的人们传授一下婚姻之道，希望对你们有所帮助。一般来说美满婚姻有三境界：第一境界是和自己相爱的人结婚，此境界会呈现出婚姻的狂热和满足，第二境界是和对方的生活习惯结婚，此境界呈现出婚姻的宽容和互补，第三境界是和对方的社会关系、亲情、友情结婚，此境界呈现出婚姻的智慧和领悟。希望今后你们能够做到平淡是真，情真是福。

最后，祝愿新人心心相印，荣辱与共，早生贵子，合家欢乐。

范例六：新娘领导证婚人在新郎××和新娘××的婚礼上致贺词

【致词人】新娘领导

【致词背景】新婚宴会

各位来宾，朋友们：

大家好！

我是新娘××的领导兼同事，今天我又多了一重身份——证婚人。能够担任他们的证婚人，我感到十分的高兴和荣幸。他们经过相识、相知和相爱，最终走在了一起，共同缔造了婚姻。该婚姻符合《中华人民共和国婚姻法》的规定。本证婚人特此证明他们的婚姻真实、合法、有效。

作为新娘××的同事，我见证了他们这段爱情的经历。新郎××是一位坚持不懈的人，因为新娘的性格，这位新郎不得不一路奔跑、坚持追求，用恒心、毅力、真诚最终赢得了新娘的芳心。而新娘也在她设置的考验中寻到了可以相伴一生的如意郎君。这两人同风共雨、患难与共，最终走向了神圣的婚姻殿堂。

人们都说爱情是童话，婚姻是现实，一旦结婚，童话破碎，残酷的现实到来，其实这只是危言耸听。婚姻中是包含了太多的现实，柴米油盐酱醋茶你样样都要考虑周全，或许你之前是十指不沾阳春水的大家小姐，或许你曾经是衣来伸手饭来张口的富家少爷，但是这只是你人生中的一段，不会是人生中的全部，你的梦迟早要醒，你迟早要面对这些。婚后的你耕田我织布的生活就是要让我们互帮互助，互谦互让，风雨与共，荣辱与共。只有经历过共患难的感情才是真心的，才是牢靠的。在婚姻中你收获了关怀、爱护、甜蜜，这些不都是我们向往的么！

婚姻，是快乐还是痛苦，这要看你们是怎么去经营的。我祝愿这一对新人，在今后的生活中和和美美、甜甜蜜蜜，也愿你们的爱情生活早日缔结出幸福的果实。

范例七：介绍人在新郎××和新娘××的婚礼上致贺词

【致词人】介绍人

【致词背景】新婚宴会

新郎、新娘、证婚人、主婚人、各位来宾：

大家好！

春风拂面，气息宜人，今天是××先生和××小姐新婚大喜的日子，作为他们的介绍人，看到他们终于走在一起，我在感叹自己的工作记录上又多了一对的同时，也由衷地为他们感到高兴。新郎××先生温文尔雅，风度翩翩，新娘××小姐知书达理，温柔贤惠。他们的结合就是金童玉女的再现。

今天，大家欢聚一堂，共同见证这对新人的幸福时刻，天生人间最幸福的一对即将在这良辰吉日共结连理。今天，高朋满座，欢声笑语。在这美好的时光里，天上人间共同响起了美妙的音乐，舞起了轻盈的舞蹈，多情的夜晚上再添两颗耀眼的星星，这一切只是为了祝福我们这对新人的喜结连理。新郎新娘，情牵一线，在音乐的陪奏下，在火红的地毯上，在幸福的殿堂里，他们相偎相依，徜徉在爱情的海洋里。这真是：红妆带绾同心结，碧沼花开并蒂莲。××先生和××小姐作为我介绍人工作中的一对，他们的美满结局让我深感得意，同时我还想叮嘱两位新人，希望你们结婚后，在生活上互相照顾，互谦互让；在工作上相互鼓励，相互扶持；事业上齐头并进，有所成就；遇到困难时要相濡以沫，出现矛盾时要冷静对待，多从自己身上找原因；新娘要孝敬父母，相夫教子，新郎要做家庭的顶梁柱，撑起一片天。

最后祝愿两位新人白首齐眉，永浴爱河。

范例八：新娘同学介绍人在新郎××和新娘××的婚礼上致贺词

【致词人】新娘同学

【致词背景】新婚宴会上

各位来宾，各位朋友：

大家好！

天公作美，月老玉成，今天是××先生和××小姐喜结连理的好日子，作为新娘××的同学，新郎××的老乡，同时也是二位的介绍人，看到他们今天的美满结局，我感到由衷的高兴，更加感到无比的自豪。

俗话说得好：千里姻缘一线牵。我最初介绍两位新人认识，而后他们能够步入神圣而又庄严的婚姻殿堂，我觉得这是上天的安排。××小姐是我高中三年的同学，她活泼可爱，性格开朗，大方得体，是一个不可多得的妻子人选；××先生是我的老乡，他英俊儒雅，好学上进，性格温和，和××小姐是天造的一对，地设的一双。今天他们手牵着手、心贴着心、肩并着肩地走上了幸福的红地毯。从此相偎相依，红妆同心结，花开并蒂莲，情牵一线，执子之手，与子偕老，在爱的海洋里恣意地徜徉，在爱的画卷里挥洒美丽的篇章。他们的结合是天作之合，佳偶天成。

作为你们的介绍人兼好友，在见证你们幸福时刻的同时，我还希望你们婚后的生活上更加甜蜜，更加美满。在工作上要相互支持，齐头并进，新郎新娘要孝敬双方父母，要做到尊老爱幼。新娘在家的时候要温柔，让新郎感觉到家庭的温暖，新郎在外时要拼搏，让新娘感觉到生活的美好。最后特别提一句，新郎可不要让新娘受委屈哦，否则，大家可是不会轻饶你的哦！

最后，祝你们白头偕老、一生幸福！

谢谢大家！

范例九：介绍人在新郎××和新娘××的婚礼上致贺词

【致词人】介绍人

【致词背景】新婚宴会

各位来宾，女士们、先生们：

大家好！

今天是××先生和××小姐大喜的日子。凉风习习，天公作美。作为两位新人的介绍人，参加这个新婚典礼，我感到由衷的高兴，同时也有点愧疚，因为我这个介绍人只是做了那么一丁点微薄的介绍工作，后续的通讯、约会、甜甜蜜蜜等等都是他们自己私下里完成的，没我什么事儿。直到前不久他们向我送来喜帖，我才知道两位已经是白首相约，共结连理，要相伴终生了。我感到自己太不尽责了，同时更多的是为他们感到高兴。

这也难怪，新郎××英俊潇洒、忠厚诚实、为人善良，在工作上认真负责、任劳任怨，在家庭上孝敬父母、尊老爱幼。新娘××漂亮可爱、温柔体贴、善解人意，在工作上团结友爱、踏实肯干，而且善于当家理财，心灵手巧，是一位不可多得的好姑娘。这真是郎才女貌，佳偶天成。在此我向他们表达我最衷心的祝愿。

值此盛事，“台隍枕夷夏之交，宾主尽东南之美”。我由衷地祝愿二位从今往后互敬互爱，携手并进，白头偕老，悉心经营爱情的同时，也努力打拼好各自的事业，齐心协力为家庭的幸福美满作贡献。

新人父母、长辈、领导贺词

范例一：新郎父亲在新郎××和新娘××的婚礼上致贺词

【致词人】新郎父亲

【致词背景】新婚宴会

尊敬的各位领导、各位来宾：

大家好！

今天是小儿××新婚的日子，我和我的家人此时此刻心情非常激动，作为孩子的家长，我衷心地感谢各位领导和嘉宾的到来。

在这激动的时刻，我有很多的话想要对我的儿子和儿媳说：首先，我要祝贺你们的新婚！孩子们，你们长大了，你们有了自己的家和自己的责任，希望你们在今后漫长的人生道路上，勇敢地承担起责任，同心同德，同甘共苦，互敬互爱，互谦互让。家庭事业都要顾，用自己的聪明才智和勤劳的双手去创造出属于自己的美好未来。

恋爱是自由的，但是婚姻就是要有责任的，你们已经过了可以玩耍的年龄，既然你们自己选择了婚姻，就要有承担随之而来的责任的意识。儿子，以后你就是你们家里的顶梁柱，你一定要承担起顶梁柱的责任，为妻子和以后的孩子努力地打拼，你可以吃苦受累，但是决不能让妻儿也跟着你吃苦受累。孩子们，你们要记住，不管以后你们的生活是贫穷还是富裕，你们都要一生一世、一心一意地去爱护对方，在困难时相濡以沫，在成功时不骄不躁，要做到不以物喜，不以己悲，要受得住外界的诱惑和干扰，无论顺境逆境都要保持你们的本色，爸爸妈妈永远是你们生活和事业上的坚实后盾，永远是你们的依靠，同时还要记得，你们长大了，我们就不再年轻了，我们不说要你们时刻照顾我们，只是希望你们能常回家看看，毕竟人上了年纪特别需要孩子的关心，不求物质上，只求精神上。

在这个大喜的日子里，我要感谢在××成长过程中给予关心和帮助的单位领导和亲朋好友，正是你们的培养，才使得他从一个不懂事的懵懂孩子蜕变成一个有责任、有担当的人。我代表我们全家向各位亲朋好友表示衷心的感谢！同时呢，今天还要向亲家表示衷心的感谢，谢谢你们把这么好的一个女儿嫁给我儿子，我们一定不会让她受委屈的。

最后，让我再次感谢各位来宾的光临，请大家吃好、喝好、玩好。谢谢！

范例二：新郎母亲在新郎××和新娘××的婚礼上致贺词

【致词人】新郎母亲

【致词背景】新婚宴会

尊敬的各位来宾，朋友们：

大家好！

今天，小儿××和儿媳××喜结丝萝、荣携伉俪，承蒙各位嘉宾莅临，在此，我代表我们全家表示热烈的欢迎和衷心的感谢！

良理由夙缔，佳偶自天成。小儿与儿媳的圆满联结，不但意味着新的幸福家庭的组合，更意味着一份新的义务和责任，意味着一份相濡以沫的相守，意味着一腔互敬互爱的热恋，意味着一段荣辱与共的开端，意味着一个开枝散叶的任务。让我们祝福这对新人，祝福他们情比金坚、生活美满、永远快乐，今日赤绳系足，将来必定白首齐心。

作为父母，我们都期望孩子能够幸幸福福地生活，希望你们两人能够同甘共苦。全心全意创事业，一心一意创家业，生活中无论是灿烂辉煌，还是波涛暗涌，你们都能够患难与共，同舟共济，永结百年之好。这不仅是你们对自己的负责，也是对双方父母养育之恩的报答，更是将来对孩子不可磨灭的影响。

都说养儿能防老，我们做父母的，也不祈求能从你们那里得到什么，只要看到你们快乐地生活，我们就满足了。只是我们老了，不再年轻了，在你们空闲的时候能够经常回来看看我们，不管是我们还是亲家，你们都应该当做是自己的亲生父母去孝敬，晚年我们也不图什么，只是希望能尽享天伦之乐，含饴弄孙。

最后，祝各位嘉宾身体健康，合家欢乐。

谢谢大家！

范例三：新娘父亲在新郎××和新娘××的婚礼上致贺词

【致词人】新娘父亲

【致词背景】新婚宴会

尊敬的各位来宾，各位亲朋好友：

大家好！

今天是我女儿××和女婿××喜结良缘的日子，请允许我代表我们一家，向百忙之中前来祝贺的各位嘉宾表示热烈的欢迎和衷心的感谢！谢谢大家前来参加我女儿和女婿的婚礼，共同见证他们的幸福时刻。

在这个值得庆祝的好日子里，作为孩子的父亲，我是百感交集。还记得去年的这个时候，女儿对我说："爸爸，我想要有个自己的家。"我才突然意识到，女儿已经长大了，对婚姻、家庭和自己的终身伴侣已经有了自己的认识和态度。回想起女儿在我身边生活的二十多年，我和妻子一直把她当做孩子看待，虽不说十分溺爱，但也是掌上明珠，他是我们全家的快乐之源和希望。所以，当时我有着太多的不舍和小小的失落。但是，看着女儿有了自己的人生态度和归宿，我还是很激动、很高兴的。我很高兴她为自己的人生做出了选择，我们都会尊重她的这个选择。

在这里，我要向我的女儿和女婿表示深深的祝福！我们给了你们生命，给了你们成长的环境和空间，但是不会一直给你未来，所以，在以后的人生道路上就需要你们去打拼、去奋斗，我希望你们时刻牢记你们两个人是一体的，你们要互敬互爱、互谦互让、相濡以沫、同甘共苦、同舟共济。当然，在你们事业有成、家庭美满的时候，不要忘记了成就你们的一双父母，不要忘记了父母当时的养育之恩，在你们空闲时要记得常回家看看，父母到了晚年也不求什么，只求能够尽享天伦之乐。同时，你们也要时刻谨记怀着一颗感恩的心，对于帮助你们的亲朋好友们要心怀感恩，这样你们才能从平常的生活中体会到真正的幸福和快乐。

今天，我把自己最心爱的女儿交给××，我们很放心，希望××能够多体谅她、包容她。我在这里祝你们白头偕老，举案齐眉，恩爱一生。

最后，让我们共同为这对新人祝福。

范例四：新娘母亲在新郎××和新娘××的婚礼上致贺词

【致词人】新娘母亲

【致词背景】新婚宴会

各位来宾，两位亲家：

大家好！

今天是爱女××和爱婿百年好合的大喜日子，在此，我代表我全家感谢各位亲朋好友的到来，同时，借此机会叮嘱我的女儿和女婿，期望他们婚后互敬互爱，孝敬父母。

我×岁有了这个女儿，在艰辛和忙碌的日子里，我盼望着她长大，在我眼皮底下一直晃悠的她总是让我觉得她是个孩子，如今突然发现，她长大了，有了自己的观点，自己的事业，而今也有了自己的家庭。一直以来，她是我的淘气宝宝，是我的贴心棉袄。作为父母，总是希望能给孩子最好的一切，我是从困境中走出来的，所以我不希望我的女儿和我一样经历那些坎坷和困境，但是这需要她自己的努力。在孩子的成长过程中，或许我扮演的是比较严厉的角色，我疼爱她但不溺爱她，自古慈母多败儿，她现在经历的困境会是她以后人生道路上的一笔宝贵的财富。无疑，我的女儿做到了，她在自强不息的同时，也坚持了善良和宽容的品格。作为母亲我很欣慰，也觉得自己做得很成功。

男大当婚，女大当嫁。女儿最终还是要离开我们的，看着女儿越来越大，我

和丈夫的感情也越来越复杂，一方面不希望和她分开，另一方面又希望她能找到好的归宿，获得她应有的幸福。终于，她找到了，她把一个很好的女婿带到我们面前。他们是很相似的两个孩子，都没有染上浮华的习气，在这样的一个社会中，依然保持着自己的本色，那份纯真和善良，对于这个女婿，我们感到很满意。

在这庄严而热闹的婚礼上，作为父母，我要向两个孩子说三句话：第一句是一等人忠臣孝子，两件事读书耕田。要做对社会、对家庭有用的人，读书能使人受用一生，认真工作就一辈子有饭吃。第二句是浴不必江海，要之去垢；马不必骐骥，要之善走。做普通人，干正经事，可以爱小零钱，但必须要胸怀大志。第三句是心系一处。在往后的岁月里，要维护、完善你们的婚姻。

我衷心地希望你们相亲相爱，和和美美。

最后，再一次衷心地感谢各位来宾的到来，谢谢！

范例五：新娘母亲在新郎××和新娘××的婚礼上致贺词

【致词人】新娘母亲

【致词背景】新婚宴会

各位来宾：

大家好！

喜溢重门迎风侣，光增陋室迓宾车。今天是我女儿××和女婿××百年好合、永结同心的大喜日子。各位亲朋好友在百忙之中前来祝贺，我代表全家向各位亲友的到来，表示热烈的欢迎和由衷的感谢！

婚姻是爱情的升华，是彼此双方对生活的一种确认，婚姻是一种契约，也是一种责任。它需要的不仅仅是温馨、浪漫，更多的是谦让，理解。婚姻就像事业，是需要经营的，里面有付出、有回报，有相濡以沫的相守，有患难之时的扶持，有成功快乐的共享。婚姻就像是一个空盒子，你必须往里面放东西，才可能取回你想要的东西，也只有你放的越多，得到的也就越多。

作为家长，看着女儿从小小的婴孩成长为懂事、乖巧的大女生，如今更是为人妻，即将展开新的人生旅途，此时此刻，我既有欣喜也有感伤。欣喜的是她终于找到了自己的归宿，找到了她心中的白马王子。感伤的是她今后将不再与我们一起生活，朝夕相见。此时此刻我有好多的话要对我的女儿和女婿讲：首先，希望你们把领导的关心、亲友的祝福变成工作上的动力，在各自的工作岗位上携手并进；其次，愿你们夫妻恩爱，从今以后，不论是贫困，还是富有，你们都要一生一世、一心一意、忠贞不渝地爱护对方，在人生的道路上永远心心相印，白头偕老，美满幸福。最后，希望你们早生贵子，让我们这些老人也有机会含饴弄孙，共享天伦之乐。

此外，我还想对女婿说：从今以后，我们就把最心爱的女儿交到你的手中了，希望你可以悉心地照顾她，呵护她。在以后的生活中恩恩爱爱、相濡以沫、互敬互爱、互谦互让、举案齐眉，共同度过人生中的风风雨雨，共同努力，营造一个幸福美满的家庭。

最后，祝大家身体健康、合家欢乐、万事如意、工作顺利！

谢谢大家！

范例六：新娘阿姨在新郎××和新娘××的婚礼上致贺词

【致词人】新娘阿姨

【致词背景】新婚宴会

尊敬的各位来宾，各位亲朋好友：

大家好！

在这鸟语花香的季节里，迎来了一个醉人的时刻——我的外甥女××小姐和外甥女婿××先生的结婚庆典。在这神圣庄严的婚礼仪式上，作为新娘的阿姨，我代表在座的各位亲朋好友向新郎、新娘表示衷心的祝福，同时也受新郎、新娘的委托，向各位来宾表示热烈的欢迎和由衷的感谢。

前世的五百次回眸才能换来今生的擦肩而过，前世的一千次回眸才换来今生的一次有缘相见，由此可见两人的缘分是多么的不容易啊。今天，两位新人能够喜结良缘，可见他们之间的缘分是前世早已注定的。有缘千里来相会，相逢本身就是一种缘，能够彼此相恋相守更是一种莫大的缘分。你们的相识、相恋直到携手走进婚姻的殿堂，都是天意注定。

××，还记得我每次给你讲的童话故事吗？每次的童话故事都是以王子和公主的甜美婚姻结尾。但是我现在要告诉你的是婚姻不是最后的结局，因为生活还是要继续下去的，生活也不是童话，可以定格在婚礼上。现实的婚姻生活中你们会遇到各种各样的问题。我希望你们有勇气去面对并解决这些难题。婚姻不是只有花前月下的浪漫就可以的，婚姻是一种承诺，是一种责任，这中间需要你们相互体谅和关怀，需要你们相濡以沫，荣辱与共，需要你们同甘共苦，有分享，有分担。你们要用自己的努力去营造你们的小家，然后把它过得像童话一样美丽，令人向往。孩子，你们还要记住，你们的幸福是你们的父母给的，你们的幸福也是你们的父母和长辈们最大的心愿，你们一定要用感恩的心去面对他们，要多关爱父母，毕竟他们为你们操劳一生，已经不再年轻，要孝敬父母，其实父母才是最无私的，他们总是在你背后无言地支持着你，要常回家看看，人到了晚年总是希望能够共享天伦之乐。

最后，我提议，让我们共同祝愿两位新人生活幸福，双方父母身体健康，在座各位嘉宾合家欢乐！

谢谢大家！

范例八：新郎伯父在新郎××和新娘××的婚礼上致贺词

【致词人】新郎伯父

【致词背景】新婚宴会

尊敬的各位来宾，各位朋友：

大家好！

鱼跃鸢飞滚滚春潮催四化，月圆花好溶溶喜气入人家。在这个美丽而又喜庆的日子里，××先生和××小姐在歌声中踏入了神圣的婚姻殿堂。作为新郎的大伯，在这里我代表他所有的长辈首先祝他们小夫妻生活美满幸福，白头携手到老。同时，我也代表两位新人和他们的家人，向在座的各位亲朋好友表示热烈的欢迎和深深的谢意。

在这盛大的、隆重的喜庆场合，我本应多为你们祝福，多讲一些你们喜欢听的话，让你们轻松度过，但是作为你们的长辈，你们还小，有些话我这个过来人还是想对你们讲讲，也算是对你们以后生活的一个忠告和传授吧。

婚姻生活对你们来讲是全然陌生的领域，就像是你们在大海上航行，但你们没有一点航海的经验，这里会有风浪、暗礁、甚至是暴风雨的到来，如果你们仍然在做着只恋爱、只讲求花前月下的美好的梦，那么你们的船是如何迷失方向的、是如何碰触到暗礁的、是如何被卷入漩涡的，你们将毫无所知。最关键的是你们也无从找到解决的方法，婚姻和行船一样，一旦出现问题，将会有船翻人亡的危险，而你们的婚姻就会有破灭的危险。我的侄子，你要知道，婚姻不会是完全沐浴在蜜汁中的甜美，如果你觉得你还年轻，还有很多时间去年少轻狂，那你就大错特错了，男人就应该是个有担当的人，不能让自己的妻子受一点的委屈，要做家庭的顶梁柱。我的侄女，或许婚后你会认为你的丈夫缺点放大了，优点全没了，其实，是你看待他的眼光变化了，你要温柔贤惠，要懂得谦让。你们都是彼此要珍爱一生的珍宝，要互敬互爱，互谦互让，努力去发现、去创造生活中的美。永远相亲相爱，幸福美满。

好了，我也不浪费你们的宝贵时间了，最后再送上一句长辈祝愿的话：希望你们相互扶持，相濡以沫，共同走完完美的人生之路。

谢谢大家！

范例八：新郎舅舅在新郎××和新娘××的婚礼上致贺词

【致词人】新郎舅舅

【致词背景】新婚宴会

尊敬的各位来宾，各位朋友，女士们、先生们：

大家好！

今天是我外甥××先生和××小姐的大喜之日。首先，我代表他所有的长辈向这对新人献上祝福。其次，也要感谢在座各位的到来。

婚姻是爱情的延续，是幸福的殿堂，同时也是对人生最大的考验。有人把婚姻形容成奔腾的河流，把婚姻中的男女双方比喻成河底的石头，在经历过河水的冲刷后，慢慢地磨去自己尖锐的棱角。的确，在婚姻中，男女双方都需要去不断的适应、去改变，去适应对方的生活和习惯，去改变自己的一些缺点和习惯，然后再用心去包容、去体会。婚姻中有着最真实的生活，最朴实的情谊和最真挚的感动。柴米油盐酱醋茶的日常生活中，一个十指不沾阳春水的女孩新嫁娘会逐渐变成一个会精打细算的妇人，一个小鸟依人的女生会变成丈夫身后的坚强后盾。在这个转变的过程中，你们童话般的恋爱梦想会变成泡影，但是你们在这个过程中体会到的却是最为真切而感人的瞬间。

轻装简从喜迎娶，难诉爱意千重！同举杯，与天地共，幸福甜蜜长无终。齐寄语，贺恩爱永驻、幸福安康！爱情总是让人痴迷向往的，婚姻也总是被人津津乐道的，但是真正的婚姻生活又有几个新人会明白的？婚姻要求人改变，但是一切的改变最后都是为了生活的美满，两个人的家庭毕竟不如一个人那么恣意，会有摩擦，需要磨合。但是当你真正地静下心去体会时，又会发现很多的真谛。

作为男方的家长代表，我要嘱托我的外甥××，我希望你能做一个有担当的男人，好好地爱惜和呵护自己的妻子，不要让她受委屈，要包容她偶尔的小脾气。而我的外甥女××，我希望你能够扶持和照顾你的丈夫，早日成为一名贤妻良母。

在这里，我祝福你们新婚快乐，也祝你们长久地葆有这一份幸福的感觉，同时祝愿在座的各位身体健康，家庭幸福。

谢谢大家！

范例九：新郎单位领导在新郎××和新娘××的婚礼上致贺词

【致词人】新郎单位领导

【致词背景】新婚宴会

各位朋友，各位来宾：

大家好！

十月是一个秋高气爽的季节，而十月的今天是一个吉祥喜庆的日子，此时是一个醉人的时刻。因为，××先生和××小姐在这里隆重地举行结婚典礼。从此，这对新人拥有一个温馨怡人的家庭，开始一段人生幸福美满的旅程。在这神圣而又庄严的仪式上，我代表新郎单位的全体同事向这对喜结良缘、珠联璧合的新人表示热烈的祝贺。祝这对新人百年好合、白头偕老、早生贵子！

十年修得同船渡，百年修得共枕眠。相识本身就是一种缘，能够相守更是把这种能够缘分续了下去。你们从相识、相知、相恋到喜结良缘，经历了人生中最美好的时光，你们已经深深体会到了爱情的甜美，接下来就要去承当婚姻的责任和承诺。这也是你们以后的人生道路上的一个考验。在这个喜庆的日子里，我想对你们说，希望你们这两位年轻人，在将来的生活和工作中，用你们勤劳的双手去营造属于你们自己的温馨和幸福的港湾，用你们坚定而又执著的信念，去维护你们甜蜜而美好的爱情。在工作上互帮互助、相互扶持、齐头并进。在生活上互谦互让、互敬互爱、相濡以沫。无论贫困还是富裕，无论健康还是疾病，都要一心一意、一生一世、坚贞不渝地去爱护对方，守护对方。

展望新的生活，踏上新的征途，一个家庭就是一叶扁舟，在社会这个大海洋里，总会有激流、浅滩和暗礁。只有你们携手并进共同奋斗，才能一帆风顺，用忠诚和信念，用勇敢和坚强，用毅力和谦让，共同经营婚姻事业。在此，我送两位新人四句祝福：相亲相爱好伴侣，同德同心美姻缘。花烛笑迎比翼鸟，洞房喜开并头梅。

最后，让我们共同为这对新人祝贺，祝愿他们钟爱一生，白头偕老，早生贵子！

谢谢大家！

范例十：新郎单位领导在新郎××和新娘××的婚礼上致贺词

【致词人】新郎单位领导

【致词背景】新婚宴会

尊敬的女士们、先生们：

大家好！

祥云绕星宇，喜气盈门庭。今天是××先生和她的恋人××小姐新婚大喜的日子，作为新郎的公司领导，我代表公司全体员工祝福这对新人新婚幸福、同心同结、百年好合！

天上的鸟儿成双对，地上的人儿成婚配，从今天开始，你们俩就要开始新的生活了，在这喜庆的时刻，在高兴之余，不要忘记了是你们父母的养育和教诲才使得你们今天能够幸福地站在这里，体会这人生中最美好的时候，吃水不忘挖井人，你们要时刻牢记是他们的养育之恩、关爱之情，不忘报答他们。其实，天下间最无私的就是父母，他们总是为你们默默付出着，晚年也不求回报，只是希望能够享受天伦之乐，一家人和和美美地生活。

此外，我还想对新娘××说两句。××小姐，你的眼光真的不错，××先生是我们公司的骨干人物，兢兢业业，脚踏实地。每次都是很认真出色地完成上级领导分配的任务，是我们眼中的好苗子。他和同事相处都很愉快，乐于助人。人们常说认真工作的男人是最帅的，相信在以后的日子里你会每天都觉得你的老公是最帅的。在生活中相信你比我更了解他，他是个稳重、体贴、细心的好小伙。绝对是丈夫的最佳人选。对于你，我虽然不是很了解，但是不用多说，通过他也可以知道你一定是位不可多得的好妻子人选。我相信你们的结合是天作之合，在以后的人生道路上会因为有彼此的陪伴而更加幸福、快乐。

鸳鸯对舞，鸾凤和鸣。相信你们的未来会风雨里甘苦与共，笑对人生；相信你们的爱情会如莲子般坚贞，可逾千年万载而不变；相信你们婚后的生活会互敬互爱，岁月愈久，感情愈深。祝你们永结同心，白头偕老，早生贵子！

范例十一：新郎单位主管在新郎××和新娘××的婚礼上致贺词

【致词人】新郎单位主管

【致词背景】新婚宴会

尊敬的各位来宾，各位朋友：

大家好！

今天高朋满座，喜气洋洋，大家欢聚一堂，只为见证和祝贺××先生和××小姐这对新人走向婚姻殿堂的美好时刻。作为新郎的主管领导，我代表我们全体同事祝福他们永结同心、执子之手、与子偕老、早生贵子。

新郎××在我们单位工作，是一个很不错的年轻人，聪明伶俐，好学上进，踏实肯干，没有现代社会一些年轻人的浮华和恶习，是一位有事业心、有责任感的大好青年。作为领导，能有这样的员工是我们的福分，作为女孩能有这样的丈夫，更是莫大的福气。我们今天的女主角——××小姐就是这样幸运的人儿，当然，她有足够的资本拥有这份福气。××小姐在××大学工作，是一位年轻的大学教师，这位姑娘美丽善良，热情大方，勤奋好学。在新郎××的不懈努力下，终于赢得美人心。两位青年从相识到如今走入婚姻的殿堂，真可谓是郎才女貌，珠联璧合，正应了那句“天生的一对，地造的一双”。

在这里，我要送给两位新人两句对联。第一句是“心心相印心系一处，经营爱情经营婚姻”，婚后的生活还很漫长，这里不单单只有花前月下的浪漫情怀，更有柴米油盐的生活责任和摩擦，所以你们在以后的生活中要互谦互让、互敬互爱，困难时要相濡以沫，同甘共苦。幸福时要相互分享，产生摩擦时要相互谅解。所谓经营爱情经营婚姻，就是要用心去呵护你们的爱情，去呵护你们的婚姻，去呵护你们的家庭，双方共同努力使得你们的爱情之花常开，婚姻之树常绿。第二句是“一等人忠臣孝子，两件事读书耕田”。你们两位年轻人一定不要忘记父母的养育之恩，教育之情，要孝敬父母，尊敬长辈；要好学上进，积极向上，堂堂正正做人，踏踏实实做事。

最后，再次祝福这对新人生活甜蜜、爱情永恒、白头到老、事业辉煌、早生贵子！

范例十二：新娘领导在新郎××和新娘××的婚礼上致贺词

【致词人】新娘领导

【致词背景】新婚宴会

各位来宾，各位朋友，女士们、先生们：

你们好！

在这美好的日子里，在这大好的时光里，在这喜庆的时刻里，我代表新娘公司在此讲几句话。

据了解新郎××是位才华横溢、温文尔雅、勤奋好学、坦率真诚的有为青年，当然，英俊儒雅是大家有目共睹的。就是这位优秀的小伙子，用他的实力、毅力、真诚，赢得了一位漂亮美丽的姑娘的芳心。这位美丽的姑娘就是今天 的女主角——我们单位的××小姐。××小姐为人善良、美丽大方、亲切和蔼、乐于助人、博学多才，是一位不可多得的具有典型东方美的女孩。他们两位的结合可谓是天造的一对，地设的一双。我在这里代表公司的全体员工衷心地祝福你们：百年好合，比翼双飞、永结同心、相亲相爱！

××小姐是一个温柔贤惠的人，当她告诉我们她要结婚的消息时，整个办公室都沸腾了，在为她感到高兴的同时，都在讨论谁是那个幸运的人。说起来，××在我们公司已经工作了×年，作为她的领导，我对于她的为人处世也是非常理解的。在公司里，她对待工作是一丝不苟、兢兢业业，总是能够非常出色地完成上级交给她的任务，对待同事更是体贴照顾，同事有什么困难了，她总是尽其所能地去帮助他们，有着很好的人缘。总体来说是个懂事、大方、美丽、善良的好姑娘。××先生，在我们眼里也是个不错的小伙儿，不仅英俊潇洒，而且才华横溢，心地善良。在公司总是能见到新郎护送新娘的身影，在路上也偶尔能看到两人幸福的背影，是我们单位里典型的模范情侣，更是单位里很多人羡慕的对象。今天，两位终于结束了爱情长跑，修成正果，步入婚姻的殿堂。

俗话说：十年修得同船渡，百年修得共枕眠。无数人的结合怎么能不是三生石上精心雕刻的结果！用心去呵护这段缘分吧。在这喜庆的日子里，祝愿你们两位百年恩爱双心结，千里姻缘一线牵，海枯石烂心不变，地阔天高比翼飞。

谢谢大家！

范例十三：新娘单位主管在新郎××和新娘××的婚礼上致贺词

【致词人】新娘单位主管

【致词背景】新婚宴会上

各位嘉宾，各位领导，各位朋友：

大家好！

春回大地，万象更新，在这样一个喜庆的日子里，××先生和××小姐这对新人携手步入婚姻的殿堂。我代表新娘单位——××公司的领导和员工为新人送上最诚挚、美好的祝福：祝你们永结同心、恩爱一生、同甘共苦、相濡以沫。

××小姐是我们公司的一名业务骨干，工作上任劳任怨、兢兢业业，深得客户们的好评；活动中才华横溢、出类拔萃，特别是联欢会上的优美舞姿更是吸引了众人的眼球；待人接物上落落大方、热情诚恳，深得领导信任和同事的喜爱。公司的员工还都在讨论是哪位青年才俊有幸能娶得这样一位可人的娇妻。今天，我看到了这位英俊潇洒、温文尔雅的青年才俊——新郎××先生。新郎和新娘是非常般配的一对，作为新娘的娘家人我感到非常的欣慰和高兴。

婚姻，一直是人们争辩的话题，也是人们生活中不可缺少的永恒话题。其实男人和女人就好比是天空和大地，青山和绿水，是相互依存，不可分割的。在现实中，婚姻是一种实实在在的生活，一点一滴地存在着，和人们的心境、情绪以及一些生活当中不可避免的琐事纠缠在一起，如果你只是把你的经历放在这些鸡毛蒜皮的小事上，那么你忽略的、丢失的将是内在的意境和情调。有人把婚姻比作是爱情的坟墓，牢牢地束缚着你、制约着你。其实，问题不是出在婚姻上，而是出在你对待婚姻的态度上。如果在婚姻中你只想着如何去支配对方、去纠正对方的错误、因为对方的一些事情而抱怨，那么你的婚姻、你的生活怎么可能会幸福，不是婚姻给你套上了枷锁束缚着你，而是你自己在婚姻上添加了镣铐。婚姻中的生活其实更多的是谦让、是尊重、是理解。人不可能不犯错，也不可能总是以自己为中心，两个人的生活总是会有摩擦，当你们完美地处理了这些摩擦之后，你们会发现两个人的生活是多么的惬意和美好。这是别人所无法体会和想象的。

希望你们尽快投入到婚姻的状态中去，幸福美满的生活，甜蜜快乐的微笑，平平淡淡的享受。同时也希望你们早生贵子，合家欢乐。

谢谢大家！

范例十四：新娘领导在新郎××和新娘××的婚礼上致贺词

【致词人】新娘领导

【致词背景】新婚宴会上

各位领导，各位嘉宾，女士们、先生们：

大家好！

今天，这里杯盏交错，欢声笑语一片，在这喜庆热闹的时刻，很高兴能和大家相聚在一起来共同庆祝××先生和××小姐喜结良缘。作为新娘的单位领导，我在此说几句：新娘××是位温柔乐观的人，在我们公司也是很出色的一名员工，爱岗敬业，成绩斐然，温柔贤惠，开朗大方。新郎虽然了解的不多，但是通过新娘也可以知道是一位阳光帅气、英俊儒雅、好学上进的人。你们的结合是珠联璧合、佳偶天成。在这里我代表公司全体员工祝福这两位新人新婚快乐、生活甜美、永远幸福。

阳光明媚，欢声笑语，歌声飞扬，天降吉祥。在这美好的日子里，今天，天上人间共同舞起了美丽的霓裳，只因现在有这对幸福的新郎和新娘；今夜，星空上又多了两颗耀眼的新星，只为见证这两位新人的婚姻。新郎新娘，情牵一线，在音乐的伴奏下，在鲜红的地毯上，他们幸福地走向了婚姻的殿堂，此时此刻，值得欢呼，值得庆祝。

我希望你们工作上相互鼓励，相互扶持；学习上互相帮助，共同进步；事业上相互支持，齐头并进；生活上相互关心，互敬互爱。遇到困难要同甘共苦，共渡难关；遇到矛盾要相互理解，多从自己身上找原因；遇到摩擦要多冷静少猜疑。新郎要努力打拼，为妻儿撑起一片天，新娘要相夫教子，孝敬父母。

最后再次祝愿新郎和新娘，在面对婚姻和生活的现实时，仍然保持那份恋爱时的浪漫和激情，工作婚姻两兼顾。祝愿你们永远快乐、永结同心、白头到老！

谢谢大家！

新人朋友贺词

范例一：伴郎兼发小在新郎××和新娘××的婚礼上致贺词

【致词人】新郎发小

【致词背景】婚庆宴会上，领导及长辈发言后

尊敬的各位领导，各位来宾，女士们、先生们：

大家好！

今天是××的好日子，能够成为××的伴郎来参加婚礼，我感到十分的高兴和荣幸。

说起来，××和我有着很深的缘分，我们的关系可以用“发小”来形容，在我们都还穿着开裆裤的时候，我们就经常一起玩泥巴、上树下河、打架，视彼此为自己的小伙伴。后来我们一起上幼儿园、小学、初中、高中，在对方的陪伴下寒窗苦读十年。在上学期间在老师眼皮底下“飞鸽传书”，讨论我们吃什么、去哪里吃；曾一起逃课去泡网吧，而后在老师的怒斥下相视一笑；曾在不高兴时一起喝得酩酊大醉；也曾谈论自己的理想和志向，曾经一起开怀大笑。虽然我们做过不少的“坏事”和“不努力”，但是这小子就是招人喜欢，还记得有过女生向他表白，而且他的成绩总是蹭蹭地往上蹿，稳居前三名，虽然吧，我比他就靠后那么一名。

每次和他聊天或同学聚会时，他总是会义正词严地说会是最后一个结婚，但是没想到啊，他动作还挺快，竟然是第一个踏入婚姻礼堂的人。还记得前段时间，他把他未婚妻介绍给我认识时，当时我就觉得他们俩是天造的一对，地设的一双。后来我们一起去看电影，他们俩的那个甜蜜劲啊，直接把我这个“电灯泡”给忽视了。不过，我仍然替他高兴，他找到了人生中的另一半，他有了自己的幸福生活和家庭。我和我们全班的同学都为他感到由衷的高兴和自豪，我也代表我们班的同学在这里为他送上我们的祝福，希望你们能够在婚后延续这段难得的幸福，带着我们这群朋友的祝愿，将爱和责任都背负在肩上，携手并肩地往前途迈进。

情切切，意绵绵，鸾歌凤舞纵情欢，夜以继日抓生产，早生贵子香火传。

天苍苍，地煌煌，海枯石烂天地荒，富贵贫贱不两样，风雨同舟万年长。

最后祝福两位幸福美满、健康快乐！还有一声：恭喜恭喜！

范例二：伴郎兼同学在新郎××和新娘××的婚礼上致贺词

【致词人】新郎同学

【致词背景】婚庆宴会上，领导及长辈发言后

尊敬的各位领导，各位来宾，朋友们：

大家好！

今天是个特别的日子，是我们的好兄弟××先生人生中最重要的时刻，在这庄严而神圣的时刻，××先生和××小姐携手并肩进入两人圣洁的婚姻殿堂。值此新婚之际，我代表××届××班同学向两位新人表示祝贺，祝愿二位百年好合、恩恩爱爱、相伴永远。同时请允许我代表两位新人和他们的家人，向在座各位来宾的亲切光临，表示热烈的欢迎和诚挚的谢意。

作为新郎的同学和好友，担任伴郎一职，我感到十分荣幸，十载同窗，岁月的年轮记载着我们很多美好的回忆，曾经的学生时代我们以纸为介，相互传递，讨论着我们感兴趣的话题；曾经在宿舍关上门窗，把酒问天，诉说着心中的不愉快；曾经逃课外出，只为送送离别的朋友；虽然我们有着这么多的小打小闹，但是我们的成绩一直名列前茅，我还记得当时××说什么“原来咱们也是天才”。第一次和××聊关于爱情的话题时，他就说如果要谈恋爱就一定要去追求××。如今，他成功了，动作还真够快啊！他如愿地娶到美丽温柔的××。其实，在他的感情经历里，我们做朋友的都在见证，他的执著和忠诚感染着我们每个人。

“名花已然袖中藏，满城春光无颜色”。结婚是幸福，是责任，也是更深的爱的开始，希望你们能将这份幸福和爱好好地延伸下去，直到海枯石烂、磐石庄毅、白发苍苍、牙齿掉光。面包会有的，牛奶也会有的，希望你们在未来的日子里，阳光洒满你们温馨的小屋，快乐充斥你们的心房，小两口的日子越过越红火，永远快快乐乐。

最后，祝你们白头偕老、永结同心！

谢谢！

范例三：伴郎兼同事在新郎××和新娘××的婚礼上致贺词

【致词人】新郎同事

【致词背景】婚庆宴会上，领导及长辈发言后

尊敬的各位领导，各位来宾，亲爱的女士们、先生们：

大家好！

在这喜气洋洋、孕育希望的美好时节，今天，我作为新郎的伴郎，和大家一起站在这里，共同见证新郎××和新娘××的美好姻缘。作为新郎的朋友，我在这里衷心地祝福××先生和××小姐新婚快乐，愿你们恩恩爱爱，永结同心！

大地飘香，蜂忙蝶戏相为伴；人间春到，莺歌燕舞总成双。在这春暖花开的时刻，这对新人在浓浓香气中接受我们大家的祝福，这是一个特别的时刻，这是会在人们的脑海中酿成永恒的时刻。

我是新郎的同事，和新郎成为同事这是近几年的事情。在这段时间里，我有幸见证了新郎和新娘之间的爱情成长过程。他们的爱情普通却又特别，说普通是因为他们的爱情也都经历了最初的青涩、热恋时的甜蜜、争吵时的冰冷、不见时的思念，不过他们的爱情经受住了上天的考验，坚强地成长了起来。说它特别是因为爱情没有固定的模式可循，每个人的每段爱情都是独一无二的，不管最终两人有没有在一起，这段感情都是不能被抹杀的。新郎和新娘之间有过开心的笑容，也有过令人心碎的泪水；有过情谊绵绵的互诉衷肠，也有过冰冷如霜的争吵相斗；有过因对方而感动的时候，也有过因矛盾而闹僵的时候。现在他们走向了婚姻的殿堂，爱情之花开出了胜利的果实，之前的诸多不快不也就这样随风而逝了吗！

恋爱总是会出现矛盾的，人都有不如意的时候。但只要双方共同努力，希望就会一直存在，爱情之花就会结出丰硕的果实。最后，希望用一颗博爱的心去享受爱情，享受生活，用一颗感恩的心去关爱父母，孝敬父母。也祝愿你们永远年轻美丽、永远恩恩爱爱！

范例四：伴娘兼好友在新郎××和新娘××的婚礼上致贺词

【致词人】新娘好友

【致词背景】婚庆宴会上，领导及长辈发言后

亲爱的女士们、先生们、朋友们：

大家好！

今天我们一同站在新郎××和新娘××的婚礼上，感受这一段美好的姻缘。

作为新娘××小姐的好友兼同学，在这几年的时间里，我有幸作为一个旁观者了解了他们这对恋人从相识到喜结姻缘的整个过程，对此我的总结就是坎坷的历程，甜美的结局。还记得那时候他俩初尝爱情的甜蜜，天天浑然忘我地陷入思念对方的空间里，把我们这些好友直接忽略，更别说有机会做电灯泡了。但是后来两人分隔两地，那时的他们怎一个苦字了得，一个个的长途电话也不怕浪费电话费了，一次次的长途奔波也不怕坐车的艰辛了，一回回的诉说衷肠也不怕甜言蜜语会腻歪别人了。在经历了欢乐、悲伤、戏言、争吵、哈哈一笑、泪流满面后，他们终于走在一起了，他们的爱情之花结出了胜利的果实。作为旁观者，我一直在想，是什么让他们在异地相恋的苦涩中坚持了下来？我想，是爱，是信任，是彼此相互之间的信心和默契使得他们笑到了最后。

各位朋友们，听了他们的爱情经历，我们是不是应该从他们身上学到点什么？也许你们当中也有很多人是恋人分隔两地，也许你们两人正处于矛盾当中，

也许你们正是甜蜜相处的阶段。不管你们是处于爱情的哪个阶段，请你们一定要互相珍惜，在茫茫的人海中两个人能够相遇是一件不容易的事情，但是在相遇后接着是相知、相恋，那更是得来不易。佛说：前世五百次的回眸才换来今生的擦肩而过，你们现在是相恋的两个人，前世得回多少次眸啊！所以，你们要相互珍惜。当然，除了珍惜之外，你们还要相互理解、相互体谅，遇到困难要同甘共苦，有了快乐要相互分享；对于双方父母要深深地去爱，对于未来的孩子要好好地教导。

最后，祝你们共享爱情、共擎风雨、白头偕老；祝你们青春美丽、人生得意、生命无憾！

谢谢大家！

范例五：伴娘兼高中同学在新郎××和新娘××的婚礼上致贺词

【致词人】新娘高中同学

【致词背景】婚庆宴会上，领导及长辈发言后

女士们、先生们：

大家好！

今天是我同学兼好友××小姐大喜的日子，在这清风阵阵、喜气盈天的时刻，作为她的伴娘，我感到十分的高兴和荣幸。在此，我代表我们全体同学向他们表示温馨的祝贺和美好的祝愿，向养育他们长大成人的父母表示深深的感谢，向前来祝贺的各位来宾表示热烈的欢迎！

同窗多年，时间的年轮抹不去我们之间的美好回忆。我和××是同学，但是×年的同窗生涯使得我们不仅仅局限于同学这一重身份，我们更是无话不说、亲密无间的好友。还记得我们当时相互谈论自己的梦想和志向、相互调侃对方的缺点和习惯、一起看言情小说、一起欣赏美男、一起探讨心中的白马王子，曾经的过往还历历在目，今天我见到了××的白马王子，的确是英俊潇洒、温文尔雅、才华出众的一位才子。而我们的新娘也是温柔贤惠、博学多才、美丽大方的一个佳人。正所谓才子佳人，指的就是他们。

当我知道今天要做××的伴娘时，心中的喜悦之情溢于言表，同时更是为她感到由衷的高兴，××找到了和自己相伴一生的良人，有了好的归宿，这不正是我们这些做同学、做朋友的所希望的么！人海茫茫，我们也只是沧海一粟，你们有陌路相逢之人最终成为携手并进婚姻殿堂的伴侣，这是你们的缘分，是缘定三生的结果。路漫漫，岁悠悠，世上没有什么比这更让人向往和珍惜的了。我希望新郎能够用你百分之一百的真心去呵护新娘，无论贫穷、富裕、健康和疾病，让她永远是你心中的宝贝，同舟共济、相濡以沫、相爱永久、相伴终生！

××，今天我作为你幸福的见证者，我由衷地为你高兴，为你祝福。我祝愿你们白头偕老、百年好合！

谢谢！

范例六：大学同学兼伴娘在新郎××和新娘××的婚礼上致贺词

【致词人】新娘大学同学

【致词背景】婚庆宴会上，领导及长辈发言后

亲爱的女士们、先生们、朋友们：

各位好！

百年恩爱双心结，千里姻缘一线牵。伴随着习习凉风，我们感受到了秋天的气息。在这美好的时刻，我们共同见证了××先生和××小姐这对新人的神圣婚约。作为新娘××小姐的大学同学和室友，此时此刻，我感到由衷的高兴和激动。首先，我祝愿新郎和新娘新婚快乐、天长地久、永结同心。其次，请允许我代表两位新人，向他们的父母表示衷心的感谢，向在座的各位表示热烈的欢迎！

今天，我很荣幸地成为了新娘××的伴娘。我和××也算是闺中密友了，她现在虽然是到了结婚的年龄，但是她的心却一直保持着童真，她就像是个小孩子，永远是充满激情的，永远是活泼的、开朗的、乐观的，在她的眼里和世界里没有复杂困扰，只有简单的快乐。但同时她又是很和善的、善解人意的。记得有一次，我伤心难过时她比我还难过，但同时还靠着我的背说："乖，不哭了，待会给你买冰淇淋吃。"结果让我哭也不是笑也不是，多大的人了，还要你用冰淇淋哄着，不过这也正是她吸引人的地方，永远那么的单纯和快乐。还要向大家爆料一下，××特别爱看日本的动漫，那叫一个爱不释手。这也算是我向新郎教的一个招，当你老婆不高兴时你就用动漫哄她，绝对见效。

说到新郎，我不得不夸我朋友的眼光好，第一次见到新郎时，我的评价就是：谦谦君子，温润如玉。这样一位英俊儒雅的人一定会好好疼爱××小姐的。他们的结合是天造的一对，地设的一双。

最后，我祝愿你们相亲相爱、永结同心、情投意合、夫唱妇随、琴瑟和鸣、鸳鸯璧合、恩恩爱爱、同德同心、花开并蒂、缘定三生、举案齐眉、白头偕老。

范例七：新郎、新娘高中同学在新郎××和新娘××的婚礼上致贺词

【致词人】新郎、新娘高中好友

【致词背景】新婚宴会

各位亲朋好友，各位来宾，女士们、先生们：

大家好！

在这欢声笑语、天地之合的喜庆日子里，我们相聚在这里，隆重庆祝××先生和××小姐喜结良缘、快乐新婚。

今天，我十分荣幸地接受新郎和新娘的委托，在这神圣而庄严的婚礼殿堂上为他们致新婚贺词。首先请允许我代表两位新人和他们的家人向各位来宾的光临表示热烈的欢迎和衷心的感谢，同时，让我们衷心地为这对新人祝贺，为他们欢呼，为他们喝彩。为了他们的完美结合，让我们用最热烈的掌声，祝福新郎新娘

感情像钻石般永恒，生活像蜜糖般甜美，事业像黄金般灿烂。

各位来宾，我和新郎新娘是高中同学，更是好友，说起来他们的这段姻缘还是多亏了我呢，当时新郎可能是脸皮薄，也可能是在心爱的人面前紧张，迟迟不敢向今天的女主角表白，当时我看着就着急，就挠心的慌。后来我就模仿咱们今天男主角的笔迹向今天的女主角写了一封告白信加邀请函，然后告诉男主角说他喜欢的那个女生邀请他去××咖啡馆喝咖啡。最后我又跑到××咖啡馆事先预定了座位，在我的这般撮合下，他们俩终于走在一起啦。当时我就想他们要是敢不在一起，我找他们说事去，可怜我那预定咖啡的钱啊！

红杏枝头春意闹，玉栏桥上伊人来。你们今天终于步入婚姻的殿堂，虽不说你们的感情历程是八年抗战那么艰辛吧，但是也有六年了。作为你们的好友，你们“管事婆”的我也可以把心放下了。以后的婚姻生活就要完全靠你们自己了，我对它可是没一点经验啊。但是仍然希望你们婚后能够继续保持当初的情意绵绵，同时也要让事业更加顺心，家庭更加和谐温馨。

各位来宾，各位朋友们，让我们在这欢快的时刻为这对新人祝福和歌唱吧，愿他们的人生之路充满阳光，愿他们的事业之路顺顺畅畅，愿他们的家庭之路温馨辉煌。然后我还有句对联想送给在座的各位：吃，吃尽天下美味不要浪费；喝，喝尽人间美酒不要喝醉。大家今天要吃好喝好啊。我也衷心地祝愿所有来宾生活美满、家庭幸福、身体健康！

谢谢！

范例八：新郎、新娘本科同学在新郎××和新娘××的婚礼上致贺词

【致词人】同窗好友

【致词背景】新婚宴会

尊敬的各位领导，各位来宾，各位亲朋好友：

大家好！

洞房花烛交颈鸳鸯双得意，夫妻恩爱和鸣凤鸾两多情！在这春意盎然充满希望的美好时节，××先生和××小姐，这对经历了×年相恋的金童玉女，今天终于花开并蒂，喜结良缘。在这大吉大利的日子里，我们欢聚一堂，喜酒相逢，共同庆祝。此时此刻，首先请允许我代表各位来宾向两位新人表达最美好的祝福：祝你们夫妻恩爱如胶漆，美满幸福享吉祥。同时，也受两位新人的委托，向各位来宾的到来表示衷心的感谢！

作为新郎新娘的大学同窗好友，今天我见证了当时新郎在大学时立下的誓言：一定要追求××，让她成为我的妻子。于茫茫人海中，你们由相知而相爱，由相爱而更加的相知。所谓的只羡鸳鸯不羡仙，就是指你们。十年修得同船渡，百年修得共枕眠。××先生和××小姐是同窗结合，犹如珠联璧合、鸾凤和鸣。希望你们在今后的生活中用爱去缠住对方，彼此相互体谅和关怀，共同分享今后

的苦与乐，做到两情相悦的最高境界——相看两不厌。

人们常说美丽的新娘好比玫瑰红酒，新郎就是那酒杯，二者慢慢品，酒与杯就会形影不离，就会恩恩爱爱，就会融合在一起。看新郎，英俊潇洒，风流倜傥，落落大方，不仅是仪表堂堂，更是才华出众，满腹经纶。再看新娘身姿苗条、风采翩翩、温柔漂亮，不仅是秀外慧中，更是博学多才，智慧聪颖。他们本就是天生一对，地设一双，而今共结连理，更是锦上添花，今后更加要彼此宽容，互相照顾。

托清风捎去衷心的祝福，让流云奉上真挚的情意。伸出你们的双手，接住我们盈盈的祝福，让幸福绽放灿烂的花朵。今夕何夕，空气中充满了醉人的甜蜜，我祝福我亲爱的朋友，从今以后，永浴爱河、白头偕老，带着我们所有的祝福迎向你们的未来。最后祝你们早日生个可爱的宝宝。

谢谢大家！

新人父母的同事、朋友贺词

范例一：新郎父亲同事在新郎××和新娘××的婚礼上致贺词

【致词人】新郎父母同事

【致词背景】新婚宴会

尊敬的各位来宾，朋友们：

大家晚上好！

灯下一对幸福侣，洞房两朵爱情花。金屋笙歌偕彩凤，洞房花烛喜乘龙。

今天，我受新郎××父母的委托，来为××先生和××小姐致贺词。对此，我感到十分的欣喜和荣幸。××先生是我同事××的儿子，他和××小姐一路走来，真的是不容易。如今终于步入了婚姻的殿堂，我们都感到十分的欣慰和喜悦。首先，我要祝贺他们新婚快乐，同时，请允许我代表两位新人和他们的家人，向在座各位来宾深情厚谊前来道贺，表示热烈的欢迎和衷心的感谢！

和××同事这么多年，也经常见到他的儿子。所谓“有其父必有其子”大概就是指的他们父子俩吧。××在工作上一直是兢兢业业、勤勤恳恳，在生活上一直都是呵护妻子、疼爱儿子，是一个好同事、一个好丈夫、一个好父亲。而他的儿子更是遗传和集合他所有的优点，同时还遗传了他母亲的优点。新郎××现在在××公司从事××工作，不仅是仪表堂堂、英俊潇洒、才华横溢，而且温文尔雅、和气善良。在工作上兢兢业业，在业务上，刻苦勤勉、勇于钻研，他的努力得到了大家的肯定，他的成绩也是大家有目共睹的。他为自己的一生找了一个好的伴侣——××小姐。新娘××，她不仅美丽优雅，落落大方，而且聪明好学，善解人意。是一位秀外慧中，惹人喜爱的姑娘。两位新人可谓是天造的一对，地设的一双，是一对神仙眷侣，是天作之合。

经过了诸多的磨难，这对新人共同走进了婚姻的殿堂，在声声炮竹下，在对对喜字中，他们缔结了美好的婚姻，建立了幸福的家庭。作为你们的长辈我想对你们说两句：一是要相亲相爱，共同营造你们的小家；二是常回家看看，回报父母的养育之恩。

最后祝你们新婚快乐、和和美美、永结同心、早生贵子！

谢谢大家！

范例二：新郎母亲同事在新郎××和新娘××的婚礼上致贺词

【致词人】新郎母亲同事

【致词背景】新婚宴会

各位来宾，女士们、先生们：

大家好！

今天是一个值得庆祝的日子，是我同事××女士的儿子大喜的日子。我受她的委托，来向新郎××先生和新娘××小姐祝贺。首先我要祝贺他们新婚愉快，同时请允许我代表这对新人和他们的家人向在座的各位表示热烈的欢迎。

作为你们父母的同事，我也算是你们的长辈了。在爱情方面我们可不比你们年轻人，但是在婚姻上，我作为过来人还是可以向你们讲述一些经验之谈。

成婚是人生中的大事，也是每个家庭的大事。在这里，我要嘱咐你们三点：第一就是婚后要互谦互让。恋爱时是甜蜜的，是什么都可以不去考虑，只在乎花前月下的浪漫的，但是婚姻就意味着责任和承诺。柴米油盐酱醋茶，生活中的琐事会不断地出现，你们由一个人的生活突然变成两个人的共同生活，期间肯定会有很多的摩擦，你们不仅要了解对方的生活、习惯、社会关系，而且还要去适应。这就需要你们相互理解、相互谦让，在有矛盾时要冷静对待。第二就是事业要齐头并进。在谈恋爱时，你们可以只讲求爱情，不讲求面包，因为那时你们有各自的父母支撑着。但是现在你们长大了，你们独立了，你们有了自己的家了。如果你们想要“爱情会有的，面包也会有的”，那你们就应该靠自己的智慧和勤劳的双手去争取，去创造。父母不可能一直支撑着你们，他们也有衰老的时候，他们也有力不从心的时候。这接下来就是第三点要孝敬父母了。你们的父母含辛茹苦地把你们养大成人，不但给了你们生命，给了你们舒适的环境，还教育你们，让你们成才。他们的付出，你们或许现在还是无法理解和体会，但是当你们有了自己的孩子时就会明白做父母的心了。当然，你们要是到那时再去孝敬他们或许已经为时已晚了，不要在“子欲孝而亲不待”的时候才想要孝敬自己的父母，尽孝要趁早。

唠叨了这么多，希望对你们有帮助。最后，祝你们琴瑟和鸣、永结同心、百年好合、恩爱一生。

谢谢大家！

范例三：新郎父母同事在新郎××和新娘××的婚礼上致贺词

【致词人】新郎父母同事

【致词背景】新婚宴会

各位来宾，各位领导，女士们、先生们：

大家好！

今天是个好日子，是我的同事××先生和××女士的儿子结婚的日子。在这神圣而庄严的时刻，请允许我代表两位家长祝贺新郎××先生和新娘××小姐新婚快乐，同时，向在座的各位表示热烈的欢迎和诚挚的谢意！

今天我除了讲一个贺词外，我还要向你们这对新人提出两个要求，下达三个任务。

首先第一点是：新郎××在其父母的熏陶下，是一个接近完美的人，不仅英俊潇洒、仪表堂堂、还温文尔雅、待人和善，更难得的是勤奋好学、有理想、有抱负。每次去他们家做客时，都觉得这小子是越看越顺眼，真真是一个出类拔萃的才俊。后来听他父母讲，他凭借着自己的实力、毅力和诚心，终于打动了一位美丽的姑娘，她就是今天的女主角——新娘××小姐。一看××小姐就是一位美丽大方、温柔可爱的姑娘。他们的结合可谓是天生的一对，地设的一双。在这美好的日子里，两位新人情牵一线，幸福地走进婚姻的殿堂，我们这些做长辈的感到十分的欣慰和高兴，同时衷心地祝愿你们生活上相濡以沫、工作上相互鼓励、事业上齐头并进、学习上相互帮助、困难上同舟共济。

其次两个要求是：一是喝杯交杯酒，从此两交心。交杯酒是我们中国的传统习俗，喝了交杯酒就是要求你们以后要相互交心，夫妻俩共度一生，不论是贫穷、富裕、健康和疾病。二是早生贵子。你们已经为国家的晚婚晚育政策作出了贡献，现在应该是积极响应优生政策，为国家培养未来的栋梁。

再次三个任务是：一是要互敬互爱。家庭就是在磨合中愈加温馨的地方，那里是你的港湾，是你的避难所。所以要和港湾里的人和睦相处。二是孝敬父母。百敬孝为先，父母养育你们不容易，你们长大了就意味着父母不再年轻了，这时他们就需要你们的关爱和照顾了。三是大展宏图。你们不能只要爱情不要面包，在爱情辉煌的时候，事业上也要有所作为，不要求你们穷得只剩下钱了，但是要努力为你们的父母和未来的孩子营造一个好的生活环境。

最后，祝你们白头偕老、永结同心！

范例四：新郎父亲的朋友在新郎××和新娘××的婚礼上致贺词

【致词人】新郎父亲的朋友

【致词背景】新婚宴会

尊敬的各位来宾，朋友们：

大家下午好！

学做鲲鹏万里飞，不当燕雀恋子巢；好鸟双栖时时好，红花并蒂日日红。

今天是个激动人心的好日子，是我朋友的爱子××先生和××小姐大婚的日子。在这美好的时刻，首先请允许我代表各位来宾，向新郎和新娘致以最衷心的祝福。同时，我也代表两位新人和双方父母，向百忙之中前来喜宴祝贺的各位亲朋好友，表示热烈的欢迎和诚挚的感谢！

××是一位很尽心尽责的父亲，作为这么多年的朋友，他是我最佩服的一个人。为了养育和教育他的儿子，他每天辛勤地工作，用他那勤劳的、粗糙的双手和宽广的肩膀，为孩子撑起一片天，为孩子创造一方乐土。他总是以身作则地教育孩子做人要诚信、做事要踏实。是他几十年如一日的操持和教育，让他的孩子成长为今天的有为青年，不仅英俊儒雅，而且还诚实守信、为人和善。再看他的新娘××小姐温柔大方、美丽善良。两人就是天造的一对，地设的一双。

鹤舞楼中玉笛琴弦迎淑女，凤翔台上金箫鼓瑟贺新郎。爱情和婚姻是人生的永恒话题，这对郎才女貌的才子佳人在今天携手在一起，共同见证了人间最美的幸福时刻。××先生和××小姐是郎有情妾有意，经历过“月上柳梢头，人约黄昏后”，最终“欢联二姓，缘定三生”，组建了属于他们的小家庭。家庭是社会的基本组成单位，家庭的和谐美满将会带来社会的稳定安康。我们祝愿这一对新人在家庭生活上“百年好合新夫妻，五世其昌美家庭”，在事业上“红莲并蒂相映美，矫燕双飞试比高”。

最后祝愿你们这对新人天长地久、永远恩爱、百年好合、白头偕老，也祝愿在座各位来宾身体健康、工作顺利、合家欢乐！

谢谢大家！

范例五：新郎母亲的朋友在新郎××和新娘××的婚礼上致贺词

【致词人】新郎母亲的朋友

【致词背景】新婚宴会

尊敬的各位来宾，女士们、先生们：

大家早上好！

在这云淡风轻、秋高气爽的收获季节，各位亲朋好友欢聚一堂，共同见证新郎××先生和新娘××小姐喜结良缘的时刻，同时也见证了一个幸福家庭的组合。作为新郎××的母亲的朋友，首先让我代表各位来宾祝福他们新婚快乐，同时，谨让我代表两位新人及其家人，向在座各位来宾的亲切光临表示热烈的欢迎和诚挚的谢意。

作为家长最大的愿望就是希望孩子能够幸福，因为孩子不仅是父母生命的延续，更是父母的希望。为了孩子而付出是每个家长的心情，××家更是如此，作为××女士的好友，这么多年我一直见证着她的付出。自从她的儿子出生，她就和她的丈夫开始了操劳的生活，本来细长莹白的双手现如今已经是粗糙不堪、本

来的三千青丝早已两鬓斑白、原本细腻的一张脸现在也爬上了皱纹，这一切都是为了孩子，为了孩子她甘愿吃尽所有的苦。如今，她的孩子长大成人了，长成了一个温文尔雅、英俊潇洒的有为青年，而这位有为青年今天又娶了一位漂亮贤惠、温柔大方的姑娘做新娘，××的责任总算是完成了，她的担子总算是可以放一放了。

××先生和××小姐，今天是××××年××月××日，希望你们你们能够永远记住这个美好的日子，这个美好的时刻，更加要牢记是你们的父母让你们能够拥有这么美好的时刻。结婚是人生旅途中一个重要的里程碑，它意味着你们从此肩负起新的家庭和责任，肩负起为人夫、为人妻、为人父、为人母的责任。作为你们的长辈，我希望你们婚后互敬互爱，孝敬双方父母，尊敬对方亲友，生活上相互关心，事业上相互扶持，创造属于你们的美好家庭。

凤落梧桐梧落凤，珠联璧合璧连珠。祝愿你们两位新人新婚愉快、永结同心、白头偕老。同时也祝愿在座的各位来宾身体健康、生活美满、合家欢乐！

谢谢大家！

范例六：新郎父母的朋友在新郎××和新娘××的婚礼上致贺词

【致词人】新郎父母的朋友

【致词背景】新婚宴会

尊敬的各位来宾，朋友们，亲爱的女士们、先生们：

大家好！

今天是××先生和××小姐新婚的大喜之日，作为××先生父母的朋友，很高兴能够见证这对新人的这一美好时刻。在此，我先祝愿两位新人新婚快乐，同时也代表两位新人和双方父母，对在座各位的光临表示热烈的欢迎和衷心的感谢！

下玉镜台笑谈佳话，种蓝田玉喜缔良缘。结婚，是大喜的日子，是每个人生命中最重要的一个历程，也是人生中一次重要的选择。通过这个神圣的典礼，我们将自己一生的伴侣牢牢地绑在自己的身边，通过这个庄严的典礼，我们把自己的一生托付给了对方。婚姻，不仅仅是爱的结合，更是爱的责任，从此就要开始互敬互爱、相偎相依、相濡以沫、同舟共济的生活。

婚姻的责任，也算是整个家庭的责任，除了夫妻两人之间，还有双方父母，将来还会有自己的孩子。父母含辛茹苦地把你们养大成人，教给你们知识，教会你们做人，为了你们无怨无悔地付出着。别的家庭的具体情况我说不上来，但是××家的情况我还是了解的，作为××先生父母的朋友，我也是一路看着××出生，成长的。严寒时父母为他灯下做衣，酷暑时父母为他摇扇纳凉。在生活上把他照顾得是无微不至，在学习上更是大力支持，如今孩子终于长大成人了，不仅英俊潇洒、仪表堂堂，更是温文尔雅，为人和善。新郎××，如今是你要回报父母的时候了，新娘××，虽然他们不是你的亲生父母，但是为人子女的，你应该能明白做父母的艰辛和心情，你是一个温柔贤惠、美丽大方的姑娘，我相信你一定能做个好妻子、好儿媳。

婚姻就像是陈藏在地下的美酒，时间越长越是香醇可口，这需要夫妻双方一起慢慢地品尝；婚姻就像是一道菜，酸甜苦辣咸各种滋味混杂在里面，这就需要夫妻双方用心地去料理；婚姻就像是一幕幕的电影过场，里面充满了喜怒哀乐，这就需要夫妻两人用心去演绎；婚姻就像是前行中的船不会一直一帆风顺，这就需要夫妻一起掌舵，扬帆起航。既然选择了爱，选择了婚姻，就要同时选择付出，选择奉献。婚姻是一门无止境的学问，需要你们用一生去学习，但只要你们时刻保有着对彼此的眷念、关怀，你们的成绩会一直是斐然的。

最后祝你们相偎相依、相爱永远！

特殊婚礼贺词

范例一：新郎同事在新郎××和新娘××的再婚婚礼上致贺词

【致词人】新郎同事

【致词背景】再婚宴会

尊敬的各位来宾朋友们，亲爱的女士们、先生们：

大家晚上好！

今天是××先生和××小姐喜结良缘的日子，作为新郎的同事，首先，要向他们致以最衷心的祝福，此外，谨让我代表两位新人，向在座的各位远道而来的朋友们表示热烈的欢迎和深深的谢意！

在这春色融融、花团锦簇的季节里，××先生和××小姐乘着和煦的春阳和柔和的春风，跟随着春天的脚步，带着来自亲朋好友的美好祝福，满心欢喜地步入了婚姻的殿堂。他们像所有的新人一样沉浸在新婚的幸福中，向往着婚姻生活的美好。同时，他们又比其他的新人们多了一份珍惜和感悟。

××先生曾有过一段不幸的婚史，曾经，他也一度消沉，排斥爱情和婚姻，如今，他终于收起了离婚后的失落心情，幸福地迎来了人生中的第二春，看到他今天的幸福，我们都为他感到高兴。××小姐是一位性情温和、知书达理、美丽贤惠的人，以前不曾谈过恋爱。如今遇到了成熟稳重、脾气、性情都十分温和的××先生，终于找到了幸福的归宿。

梅开二度的婚姻，或许有人认为它已经不完美了，但是它所具有的独特魅力和优势是他们想象不到的。两个经历过沧桑的人会更加懂得如何去珍惜，更加明白该如何好好地去经营自己的婚姻和爱情。人们都说失去以后才会更加珍惜，但是为时已晚，××先生是经历后更加懂得珍惜，但是不是为时已晚。再婚的男士沉稳，知道怎样去照顾妻子和家人，遇到矛盾时知道如何去化解，他们的婚姻观里更加注重的是责任。××先生就是一个典型的例子，他现在不仅事业有成，还具有成熟男人沉稳的魅力。性情温和的××小姐遇到他，不仅受到了无微不至的关怀，还从他的身上明白了什么是真正的爱。他们这样的结合，难道不是天生的一对，地造的一双吗！

让我们“且看淑女成佳妇，从此奇男已丈夫；君子攸宁于此日，佳人作合自天缘。”祝愿他们恩恩爱爱、天长地久、永结同心！

谢谢！

范例二：新娘朋友在新郎××和新娘××的再婚婚礼上致贺词

【致词人】新娘的朋友

【致词背景】再婚宴会

尊敬的各位来宾，亲爱的朋友们：

大家好！

今天是一个特殊的日子，因为两个有过不幸婚史的人将结合成幸福的伴侣。作为新娘的朋友，我和大家一同见证了他们幸福生活的开始。首先请允许我代表在座的各位来宾向这对新人致以最诚挚的祝福。同时，代表两位新人向在座各位嘉宾的到来表示热烈的欢迎和衷心的感谢！

拥有甜蜜的爱情和美满的婚姻是每个人的愿望。但很不幸的，××先生和××小姐都曾有过一段令人不愉快的婚姻，作为××小姐的朋友，我知道她婚姻的辛酸以及离婚后的压抑生活。在中国人的传统观念里，离婚的女人肯定是个不好的女人，而离婚后又二婚的更不是一个好女人，说什么好女不嫁二夫。所以，在我鼓励××小姐寻找她第二次春天的时候，她有些犹豫，一是对婚姻的不信任和失望，二是受外界言论的影响。不过，当她遇到××先生的时候，她的第二春就来了。××先生也曾经历过一段不成功的婚姻，但他是个成熟稳重、责任心强的男士，在和××小姐相处时，他处处体现出他无微不至的关怀，还有他的谦让和理解。这就是再婚的魅力之处，因为他们曾经经历过，知道再拥有时要好好地珍惜和爱护，知道在有矛盾和不愉快时如何尽快地解决。××小姐也是温柔贤惠、知书达理，两人这样的结合是珠联璧合、佳偶天成。

人人都有追求爱的权利，也有获得幸福婚姻的能力。不论你是第一次的婚礼，还是梅开二度的婚姻，只要你们用心地去经营，都可以得到爱情的滋润，得到一个温馨和睦的家庭。××先生和××小姐已经懂得如何去更好地经营你们的婚姻，希望你们可以一直保持这份美好的感觉和感情。当你们年迈的时候，你们可以大声地说：我们没有亵渎当初的婚礼，我们没有亵渎当初的誓言，我们的选择是正确的，我们如今的生活是幸福快乐的。

最后，祝你们恩爱一生、白头偕老、永远幸福！

谢谢大家！

范例三：介绍人在新郎××和新娘××的再婚婚礼上致贺词

【致词人】介绍人

【致词背景】再婚宴会

尊敬的各位来宾，女士们、先生们：

大家好！

瑞雪翠柏沐喜气，玉树银枝迎新人。今天我们参加的是一个特别的婚礼，更是一个美满的婚礼。恭祝××先生和××小姐喜结良缘，虽然他们都是再婚，但是严寒的冰雪挡不住他们炙热的爱恋，漫天的冷风吹不散他们火热的情意。作为他们的介绍人，看到他们幸福地在一起，我感到无比的高兴和自豪。我代表全体来宾祝你们新婚快乐、幸福美满！

人们常说冬天到了，春天还会远吗？这不正是对这对新人说的么！你们都曾经历过婚姻上的冬天，你们在前一次的婚姻上感受到的不是温暖，而是冰冷，但是如今你们的冬天走完了，你们迎来了人生中的春天。你们选择在冬天步入婚姻的殿堂，不正是表明你们已经彻底地放下了以往的不愉快，全心全意地投入到新的感情中去么？你们将寒冬作为新生活的开始，是因为你们更加懂得相互珍惜、相互体恤、相互温暖，你们才能更加紧密地相拥，更加坚定地手牵手，向着欣欣向荣的春天迈进。

××先生是个很好的男士，不仅成熟稳重、事业有成，而且责任心强、谦逊有礼。××小姐温柔贤惠、知书达理，上得了厅堂、下得了厨房，是一个好太太人选。翠黛画眉才子笔，红梅点额美人妆。相信××先生一定会给××小姐带来幸福，带来无微不至的关怀和爱护，让她在新的婚姻中体会到爱情的美好。××小姐一定会是贤妻良母，在家相夫教子，给××先生带来家的温暖，两人共同努力营造一个幸福和谐的家庭。

最后，祝愿两位新人双飞却似关雎鸟，并蒂常开连理枝；携手并肩，永结同心！

谢谢大家！

范例四：主持人在新郎××和新娘××的老年婚礼上致贺词

【致词人】主持人

【致词背景】老年婚礼

尊敬的各位来宾，女士们、先生们：

大家好！

在这百花争艳、阳光明媚的大好日子里，××先生和××女士喜结连理。在这激动人心的美好时刻，请让我们共同祝愿这对银发伴侣新婚快乐。老人喜结新连理，秋日姻缘春日情，祝愿他们白发朱颜登上寿，长相厮守好姻缘。同时，我也代表两位新人向在座的各位来宾表示热烈的欢迎和诚挚的谢意！

晚年玉成美事，夫妻缔结良缘。××先生和××女士的相遇为他们的晚年生活无疑是又增添一道亮丽的风景。他们曾经走过生命的风风雨雨，他们走过生命的春华秋实，他们走过人生的严寒酷暑。他们的头发上沾染了岁月的颜色，他们的额头上爬满了时光的痕迹，他们的脸庞上充满了风霜的洗礼。但是他们经历了五彩的人生，体验了丰富的生命，感受了最深的快乐和忧伤，他们对人生和爱情有着最深刻的体会，他们更加懂得如何葆有幸福的生活。如今，他们在白发苍苍的晚年结成了幸福的伴侣，可以一同分享彼此的人生经历，一同回忆过去，一同吹奏岁月的管弦，奏出美妙的乐章。他们将是一对最懂得如何珍惜对方的新人。

爱情不是年轻人的专属，老人也是充满了爱情。或许他们的爱情不像年轻人难么炽热和浓烈，但是他们的爱情有着洗尽铅华之后的朴素和温馨，有着踏实和沉稳。他们步入了人生的晚年，但是他们的美好生活却又重新开始，美丽的相遇相知和相恋谱写了他们人生的第二春。

最后，祝愿这两位新人白发同偕百岁，红心共映千秋；琴瑟和鸣；和谐美满！也祝在座的各位家庭幸福，生活美满！

谢谢大家！

范例五：新娘同事在新郎××和新娘××的老年婚礼上致贺词

【致词人】新娘同事

【致词背景】老年婚礼

尊敬的各位来宾，女士们、先生们：

大家好！

今天是瑞雪纷飞的日子，也是××先生和××女士两位老人新婚的日子。作为新娘的同事，我在这里，代表各位来宾向这两位新人表示衷心的祝贺。同时，也代表两位新人向各位嘉宾的到来表示热烈的欢迎和衷心的感谢！

梅开二度，佳期似锦，百年佳偶，一世姻缘。新郎和新娘都已年过半百，在人生的旅途中经历过不幸和坎坷。特别是新娘××女士，作为她的同事，我了解她的情况，她原本有个温馨和睦的家庭，丈夫疼爱她，孩子孝敬她，但是一场无情的车祸夺去了她人生中最重要的两个人的生命，她的幸福也像泡沫一样瞬间消失了。最开始她一直在自责为什么没有随他们而去，一直在怀念她的丈夫和儿子，一个人独守着冰冷的房子，怀念着以往的幸福生活。后来遇到了××先生，××先生也曾有过不愉快的过往，两人在慢慢的接触中惺惺相惜，互相安慰。终于都打开了自己的心结，两人走在了一起。人们都说老来得子是一件幸福的事情，但是你在暮年的时候，在一个人孤独的时候，突然找到了知你、懂你、疼你、惜你的一个人，不也是一件幸福的事，一件值得庆幸的事吗！

在经历过人生的诸多坎坷之后，两人的结合，我相信会更加珍惜这份难得缘分。锦堂双璧合，玉树万枝荣。我相信这两位新人一定能够更加幸福美满地生活，相知相惜，相亲相爱。

最后祝他们白头偕老、永远幸福！

谢谢大家！

范例六：主办方在集体婚礼上致贺词

【致词人】主办方

【致词背景】集体婚礼

尊敬的各位来宾，女士们、先生们：

大家好！

今天是一个普天同庆的日子，是一个盛大喜庆的日子！我们欢聚一堂，为×对新人举行集体婚礼。在此，谨代表县委、县政府向本次所有活动的参加者表示崇高的敬意，向×对新人表示热烈的祝贺，同时向到场的各位来宾表示最热烈的欢迎和最衷心的感谢！

佳人佳期结佳偶，新人新事新风尚。今天，你们敢于冲破世俗，倡导文明新风以昂扬的斗志，蓬勃的朝气，步入婚礼的殿堂，为我县增添了勃勃生机。常言道十年修得同船渡，百年修得共枕眠。你们于茫茫人海中相遇，在天定的缘分中相恋，终于，你们今天好梦成真，踏上幸福的红地毯，走进神圣的婚姻殿堂。希望你们今后的人生路上执手同心、相濡以沫、永浴爱河。

时代召唤新生活，生活造就新观念。你们敢为天下先，你们是我县青年的楷模与榜样。在这样的时代下，我们更加需要你们这样的青年，我们更是对你们寄予了无限的希望。希望你们胸怀大志，树立远大理想；希望你们互敬互爱，勤俭持家；希望你们奋发努力，有所作为；希望你们尊老爱幼，孝敬父母。因为社会需要和谐美满的家庭作贡献，而美满的家庭需要你们作贡献。你们要做好模范带头作用，维护好自己的小家，共同建设我们的大家。

最后，让我们共同祝愿这×对新人家庭幸福、和谐美满、白头偕老、永浴爱河！

谢谢大家！

范例七：领导在集体婚礼上致贺词

【致词人】某领导

【致词背景】集体婚礼

尊敬的各位来宾，女士们、先生们：

大家好！

在这阳光明媚、欢声笑语的美好日子里。由××市委、、××市政府共同举办的“××市青年大型集体婚礼”在此隆重地举行。在此，我代表市委、市政府向×对新人致以最诚挚的的祝贺，向所有到场的来宾表示热烈的欢迎和衷心的感谢！

新世纪、新时代，呼唤着新的观念。举行集体婚礼，旨在推进婚俗改革、倡导婚事简办、弘扬文明新风，这次的集体婚礼活动得到了各级党政领导、社会各界的广泛关注和大力支持，同时也得到了广大适龄青年的积极响应和踊跃参加。他们为全县的青年开创了一个婚史上的先河，走在了时代的前列，也为自己的人生写下了精彩的一笔。

婚姻是爱情的一个中转站，标志着爱情和生活的同时开始；婚姻既是相伴一生的约定，更是一种永恒的责任。希望你们在今后的人生旅途中互谦互让；在事业上齐头并进；在生活上互敬互爱，事业家庭双丰收。同时希望你们饮水思源，以一颗赤子之心，报效父母的养育之恩。

白首齐眉鸳鸯比翼，青阳启瑞桃李同心，希望各位新人永浴爱河、白头偕老。同时，也衷心地祝愿各位嘉宾生活美满、家庭幸福。

谢谢大家！

范例八：部队领导在新郎××和新娘××的军人婚礼上致贺词

【致词人】部队领导

【致词背景】部队婚礼

尊敬的各位领导，同志们：

大家晚上好！

今天，我们绿色的军营披上了红色的盛装，因为这有一对新人要在我们共同的见证下完成他们人生中一个最重要的仪式。在此，谨让我代表各位战友向两位新人致以最真诚的祝福：祝你们新婚快乐、白头偕老。

新郎××是我们部队的一名优秀战士，在训练上他争当标兵，在学习上他处处领先，不仅是我们的好战士、好同志，更是我们的好朋友、好伙伴。新娘××是一名文艺兵，她才华横溢、温柔贤惠，在工作上兢兢业业，在生活上勤劳和善，得到了周围人的好评。

作为一名军人，就意味着牺牲，就意味着你的肩膀上不仅仅只是你们两人的责任，还要肩负起祖国和广大人民的责任。作为一名军人的妻子就意味着你要奉献，你的丈夫不仅是属于你一个人的，更是属于千千万万的广大中国人民的。作为新郎的团长和战友，就让我以过来人的身份对你们提出几点希望吧。

首先，希望你们在今后的生活中恩恩爱爱、和睦相处。因为婚姻是一门很大的学问，需要你们夫妻俩一起用心地去摸索、去学习。其次，希望你们在享受婚姻甜蜜的同时不要忘了事业的责任。真正的婚姻是两人相互鼓励、相互学习，让婚姻成为事业的支柱，而非阻碍。最后，是希望你们遵守计划生育的政策，争当人们的楷模，早生贵子。

最后，祝你们这对新人百年好合、恩爱一生！

谢谢大家！

范例九：战友在新郎××和新娘××的军人婚礼上致贺词

【致词人】战友

【致词背景】部队婚礼

尊敬的各位来宾，首长们，亲爱的女士们、先生们：

大家晚上好！

今天，我们欢聚一堂，为祖国绿色军营中的××先生和××小姐举行婚礼，共同见证他们步入神圣的婚姻殿堂的美好时刻。在此，我对各位首长、战士们的到来表示热烈的欢迎和衷心的感谢，对这对新人致以诚挚的祝福！

成家当思立业苦，举步莫恋蜜月甜。作为一名军人，我们就要时刻牢记婚姻只是事业的开端，而非终点。我们要时刻牢记自己肩上背负的责任。此外，我想对新娘××说几句：身为军嫂，你是伟大的，因为今后的生活你们会经历很多聚少离多的日子，可能要经常独自品尝离别和思念之苦。在家中，要独自挑起生活的重担，承担家庭、侍候双亲、养育孩子。但是你们的这些付出和牺牲，换来的是千家万户的安宁与世界的和平，你们是牺牲小我，成就大我。“两情若是久长时，又岂在朝朝暮暮”。身为军人，我时常这样安慰自己。一想到自己肩上的责任和重担，一看到祖国各地的一片祥和，我们就会觉得这一切都是值得的，我们军人这样的婚姻是伟大的，是崇高的。

鹤舞楼中玉笛琴弦迎淑女，凤翔台上金箫鼓瑟贺新郎。愿你们婚后相互支持、相互勉励。成为生活上、学习上和事业的伴侣。祝愿你们白头偕老、恩爱一生！

谢谢大家！

第六章　庆生日贺词

生日庆典，是我国的一个古老传统，生日庆典形成了多种风格形式，也有一套自己的规范礼仪，成为了中华民族文化中的重要部分！生日庆典有很多含义，多数是为了图个喜庆，也是人们对健康、长寿的美好祝愿！如果你前去参加生日庆典，无论自己是主角还是宾客，一些祝福的话是必不可少的，甚至还要准备一篇贺词作为庆生的贺礼之一，这是生日庆典的礼仪，也是主人或者宾客素质的体现！

庆典之道

举行生日庆典的意义

生日举行庆典的这项习俗，在我们国家可以追溯到3000多年前的周朝，在南北朝时已经有了一整套庆典礼仪。在唐宋繁荣时期，生日庆典已经蓬勃发展起来了。到了明清，过传统的生日礼仪文化已经非常普及了，生日庆典已经成为了日常礼仪的一种。到了现代，生日庆典更是十分常见，在过生日的那天，大家都会热热闹闹欢聚在一起为寿星举行生日庆典，不过人们在保留传统生日习俗的同时，也加入了一些西方的生日礼仪，比如吃蛋糕、吹蜡烛等。生日庆典可以邀请很多人，也可以自己在家庭小聚，可大可小，但是，无论什么样的生日庆典都是以祝福为主，充满了快乐的气氛。

既然，生日庆典如此普遍，那么，举行生日庆典到底有什么意义呢？

首先，举行生日庆典，最主要的是为了庆祝一个人的诞生纪念，还有生命生生不息的含义在其中。生日，顾名思义就是一个人出生的日子，在生日的时候举行庆典，就是为了庆祝一个人的到来，对每一个人来说生日就是一个重要的纪念日，具有很特殊的意义。庆祝孩子的生日，一般来说都以庆祝其茁壮成长为主；老人的生日则是以庆祝其延年益寿为主，成年人则主要是给予鼓励或者祝福家庭美满、事业顺利等。虽然不同年龄举行生日庆典的祝福侧重点不同，但是，总体来说都是以祝福为中心！

其次，举行生日庆典，是对母亲的一种感激方式。我们都知道生日其实就是母难日，我们出生的那天是母亲承受了巨大的痛苦将我们带到人间的，我们的生命是母亲赐予的，因此，举行生日庆典也是对母亲的感恩，因此，很多生日庆典上都会有感谢母亲的环节。这样的做法，不仅让人学会去爱，学会去感恩，也让人体会到母亲的伟大，对传递母慈子孝的好风尚有一定促进作用。

最后，举行生日庆典是对未来生活美好的祝福！一般在生日庆典上，我们都会对寿星说一些祝福话，这就是我们对他的美好愿望，我们希望寿星可以在今后的日子里幸福、快乐，因此，举行生日是希望我们可以忘掉以前的烦恼，展望未来，给予美好的祝愿。

总之，举行生日庆典最主要的就是给予祝福，给予美好的祝愿，生日庆典是我们美好生活的一部分，也是美好生活的象征！

中国祝寿礼仪

在中国，举行生日庆典也称做“过生日”，最早是起源于南朝孩子生日宴客的习俗，后来就渐渐成了习俗。一般情况下，逢十的生日过得隆重一点，一般年岁过得简单一些。不同的年生日庆贺的方式也不同，20 岁之前是父母给孩子庆贺，会送礼物表示纪念等，成年到 50 岁基本都是自己给庆贺，也有父母或孩子给庆贺的，不过，民间将 50 岁之前的生日都称作“小生日”。50 岁之后，都是晚辈给长辈过生日，称为“做寿”，民间称之为“大生日”。

给 50 岁以上的长辈做生日，一般都是小辈组织，给长辈设宴、送礼物等，这是孝心的一种表现，也是遵循了中国传统的尊老爱老的道德观念，而且做生日也是对老人长寿的一种祝愿，因此，庆贺生日被称为“祝寿”。中国的祝寿有很多礼仪，因为祝寿对象一般是家中德高望重的老人，因此，从各方面都十分讲究。

祝寿的年龄。祝寿的年龄通常都在 50 岁以上，整年会大操大办，60 岁为花甲，70 岁为古稀，80、90 称为耄耋之年，百岁称为期颐之年。另一种说法为 50 岁为暖寿、半百添寿；60 岁为小寿；70 岁为中寿；80 岁为上寿、大寿；90 岁为绛老添寿；百岁为期颐。各个地方的祝寿的年龄也会略有差异，有的地方除了整岁外，像 73、84 等也都是要举行庆典的。

祝寿的礼品。一般来说，前去给老人祝寿，都要赠送一些礼物，称为“寿礼”，在寿礼的选择上，最好选择有吉祥、长寿、平安等寓意的物件。比如传统的有寿幛、寿联、寿面、寿桃、寿烛、寿饼、瓷寿星等，有些地方还会在寿礼外面写上一些福禄寿等大红字。如今，寿礼并不仅仅局限在这几个方面，晚辈可以根据长辈的需求或者喜好来送寿礼，比如送玉器、字画、工艺品、衣服、鞋帽、按摩仪、保健品等，只要符合老人的心意即可。

祝寿的准备。祝寿的前期准备一般都由老人的子女操办，如果要办的隆重一点，那么，会准备鼓乐，门前要张灯结彩，厅堂上要点红蜡烛、摆香案、铺红毯，准备客人吃的宴席等，还有一些地方会在祝寿开始的时候跪拜祖先。宴席根据各地的风俗会略有不同，一般来说寿桃、寿糕、寿面是必不可少的，宴席菜品一般为双数，很多地方为了取十全十美的寓意，也会准备十大碗荤菜。

拜寿的礼仪。拜寿的时候，宾客要依次向老寿星一一道贺，平辈的话就拱手祝贺，晚辈的话要鞠躬或者跪拜致贺词，如果是年幼完备，还要行跪拜大礼，以示对长辈的尊敬。客人在拜礼的时候，一般老寿星或者家人会在一边致谢。

总之，在祝寿的时候要一切以老寿星为中心，突出“福禄寿”的寓意，让老人可以过一个热闹而有意义的生日。

“吃蛋糕吹蜡烛”的由来

现在人们过生日，尤其是年轻人，都要买上一个蛋糕，并在蛋糕上插上蜡烛，点燃，然后吹灭许愿。这虽然是西方的过生日习俗，但是，在中国却已经深入人心，几乎成为了过生日的一个必需程序！那么，对于这个舶来品的洋习俗大家了解多少呢？下面就给大家说一下生日蛋糕和吹蜡烛的由来。

吃蛋糕吹蜡烛的生日发源于古希腊。当时的古希腊信奉的是月亮女神阿蒂梅斯，因此，在每年月亮女神阿蒂梅斯生日的时候，大家都要举行盛大的庆典来庆祝。人们为了表示对月亮女神的尊敬和崇拜，在庆典的那天，会在祭坛上供奉很多的蜂蜜饼以及在周围点上亮亮的蜡烛营造出一种神圣的氛围。

后来，人们在为孩子过生日的时候，就模仿月亮女神生日时的做法，为孩子们准备糕点和蜡烛。他们这样做是对孩子美好的祝福，希望孩子可以健康成长。刚开始，这个庆祝方式只是为孩子准备，后来，逐渐扩大范围发展到成年人中间。再后来，人们将这种方式完善，增加了吹蜡烛的环节，认为如果能够一口气将蜡烛全部吹灭，心中的愿望就会实现！在古希腊人眼中，蜡烛是具有神秘力量的，因此，吹蜡烛也是一项比较重要神圣的庆祝方式。这项庆典后来流传了整个欧洲，成为了人们庆祝生日的主要方式。

后来，随着中西方文化的融合，我国也接受了古希腊的这个古老生日习俗，在过生日的时候也会吃蛋糕、吹蜡烛。现在，人们对吃蛋糕、吹蜡烛也有了一个新的解释，蛋糕代表甜蜜、代表庆祝，其实，和中国的寿桃、寿面有异曲同工之妙。蜡烛会根据人们年龄来决定数量，吹则表示会将厄运吹走！

总之，无论是中国的还是西方的生日庆祝方式，都是对生日美好的祝福！

妙句共赏

经典佳词

前去参加生日庆典，祝寿词是必不可少的，中国是一个具有5000年文明的古老国家，祝寿也有了3年多年的历史，因此，祝寿的经典词也是博大精深，很多佳词都已经被人们传颂了几千年。下面为大家介绍一些经典的庆贺生日的佳词，为你的生日贺词增色添彩！

一、老人祝寿佳词

延年益寿，万寿无疆。松乔之寿，耆英望重。

人寿年丰，期颐之寿。寿满天年，天赐遐龄。

寿比松龄，福寿康宁。王母长生，璇阁长春。

长命百岁，日月长明。福如东海，寿比南山。

松柏长青，河山同寿。蓬岛春风，鹤寿添寿。

如日之升，天赐遐龄。海屋添筹，延年益寿。

寿人寿世，寿并河山。鹤算龟龄，天保九如。

鹤寿千岁，天赐稀龄。如松柏茂，如南山寿。

至德延年，洪福齐天。畴陈五福，筹添海屋。

寿山福海，日丽中天。万寿无疆，齿德俱尊。

老当益壮，福禄寿全。白发齐眉，寿与天齐。

二、常用生日佳词

生日快乐，天天开心。锦绣前程，鹏程万里。

事事顺利，合家欢乐。春风得意，前程似锦。

大展鹏图，马到功成。工作顺利，事业有成。

身体健康，永远快乐。万事如意，心想事成。

幸福美满，大吉大利。一帆风顺，二龙戏珠。

三羊开泰，四季发财。五福临门，六六大顺。

七星高照，八面春风。九运当头，十全十美。

梦想成真，幸福永随。快快乐乐，健康幸福。

岁岁平安，前程似锦。青春常在，真情永伴。

庆贺妙对

在给他人祝寿的时候，如果能够呈上一副对联，那么，不仅可以显示出你的诚意，也可以增加祝福的氛围。生日对联在书写的时候，可以根据生日人的年龄、性别、工作等方面来书写，不同的人可以给予不同的对联。

泰山不老年年茂，福海无穷岁岁坚。

耳聪目明无烦恼，笑对人生意从容。

合欢花常艳，伉俪寿无疆；交柯树并茂，合卺筵同开。

双星共献齐眉寿，二老欢承益寿杯。

今日又添一岁，风华正茂；来年更上一层，斗志昂扬。

七尺伟然，戴天履地，贺同学喜行冠礼；九州大地，兰馨桂馥，愿大家都是栋梁。

芳年就傅庆生辰，绮岁授书夸慧质。

五十华诞开北海，三千朱履庆南山。

半百光阴人不老，一世风雨志更坚。

博爱人长寿，钟情月久圆。

乐享遐龄福如东海长流水，生逢盛世寿比南山不老松。

松姿柏态古稀年，童颜鹤发寿星体。

庆祝三多琼筵晋爵，祥开七秩玉杖扶鸠。

青霜不老千年鹤，锦鲤高腾太液波。

阳春正献瑶池瑞，耋老频添海屋筹。

春光九十诗倾南山，桃熟三千樽开北海。

羡高年精神矍铄花甲重添二十载，居上寿齿德俱尊松年永享八千秋。

三千美景添筹算，九十风光乐有余。

蓬莱盘进长生果，玳瑁筵开百岁觞。

天边已满一轮月，世上同钟百岁人。

风雨十八载，我儿终成才；欢喜四面来，亲友共庆欢。

今朝喜娇女勤奋苦读书，明日望巾帼花蕊胜须眉。

梅竹平安春意满，椿萱昌茂寿源长。

荷莲香送清和月，棠棣祥开吉庆花。

贺词好句

◆今天，是亲爱的妈妈 50 岁华诞，在此我要感谢我的妈妈，是你培养我长大成人，是你指引了我的人生，你是我生命中最重要的人。妈妈，祝你生日快乐，永远年轻！

◆孩子，今天是你的一周岁生日，爸爸在这里祝你生日快乐！回想一年以前的今天，我在产房外面焦急而担心地等待着你的降临，你的一声啼哭，向我展示了你的到来，从此，我和你妈妈的生命又多了一份快乐和责任！你就是我们甜蜜的负担，在这一年里让我们获得了无尽的快乐。希望你以后可以健康快乐地成长！

◆爷爷，今天是你的 70 大寿，作为您的孙子，我向您拜寿了，希望您年年有今日，岁岁有今朝，福如东海寿比南山！

◆亲爱的×××同学，今天是你的 18 岁生日，18 岁以后你就是成年人了，也就有了自己的责任和义务，希望今后的你可以成为一个有担当、有责任心的人，祝你生日快乐！

◆爸爸，今天是你的生日，女儿在这里对你说一声最真诚的生日快乐，感谢您这么多年对我的培养和爱护，谢谢你给我的爱。我祝您身体健康、工作顺利！

◆亲爱的姥姥，今天是您的80岁生日。在您的生命中，一直都在为他人付出，很少为自己考虑，感谢您对我的呵护，感谢您教导我做人的道理，您就是我生命中最爱的人，希望您健康长寿、天天快乐！

◆路遥知马力，日久见人心。亲爱的老朋友，我们已经有了二十多年的友谊，在这漫长的时光中，我们相互帮助，相互关心，有过快乐，有过误解，但是，我们的友谊经受住了考验，直到现在我们依旧是彼此的最亲密的朋友！今天是你的生日，在这个特殊的日子里，我要感谢你的母亲，是她将您带到这个世界上，才让我拥有了这份珍贵的友谊！祝老朋友生日快乐、合家幸福！

◆时光如梭，光阴似水。儿子，今天是你18岁生日，你终于成年了！那个在襁褓里哭泣的你一转眼就成了一个羽翼丰满的雄鹰，孩子，以后你要学会承担，懂得珍惜时光。妈妈祝你生日快乐、学业有成！

◆年年岁岁花相似，岁岁年年人不同。今天是你的生日，希望你能够快乐每一天！

◆想念的话永远说不完，关怀的心永远不会改变，愿我的祝福能够给你带来更多的快乐，祝你生日快乐，天天开心！

◆亲爱的，今天是你的生日，祝你生日快乐！你是我们家的功臣，每天在家里操劳，为家人付出了自己的劳动和时间。你给予了我们太多的爱，那爱是如此的满，让我们每日每刻都感受到幸福，感谢您，我最亲爱的妻子，希望你能永远开心、永远年轻！

◆亲爱的宝贝，你终于完成了你生命中的第一个春夏秋冬，你迎来了你的一周岁生日！看着你健康成长，妈妈很欣慰！希望我的宝贝以后能够健健康康、开开心心度过每一天！

实用贺词赏析

1 周岁生日贺词

范文一：庆×××小朋友1周岁生日贺词

【致词人】×××小朋友的爸爸

【致词背景】×××小朋友1周岁生日庆典

我最亲爱的儿子：

今天是你的生日，爸爸在这里祝你生日快乐！

孩子，一转眼你已经1周岁了，可是，爸爸的脑海中还是时刻浮现出你刚刚出生的模样！记得一年前你出生的那天，和今天一样，也是一个艳阳高照的炎炎夏日，此时，你伟大的妈妈已经在医院里待了两天了，可是，你依旧没有要出来和大家见面的意思。我和你妈妈在外面心急如焚，你却在妈妈的肚子里优哉游哉地睡着觉，时不时还要踢你妈妈两脚，似乎在说我就不出来，让你们着急吧！我当时真是又着急又无奈，只能和你妈妈在一起焦急地等待着。当时，我们还不知道你是男孩还是女孩，可是，看到你如此顽皮，妈妈在猜想你肯定是一个男孩子！

下午两点的时候，你终于玩够了，准备出来和我们见面，你妈妈被推进产房，我和你的爷爷奶奶、姥姥姥爷在外面等待着。孩子，你知道我在等待的时候想的什么吗？我并没有想你到底是男孩子还是女孩子。我一直在祈祷，我祈祷你和你妈妈都能平平安安走出产房，我祈祷你是一个四肢健全的孩子，我祈祷你是一个健康的孩子。就在我不住祈祷的时候，一声响亮的啼哭将我的思绪拉回了现实，我立刻走入产房，我看到了一个健康的孩子以及一个虚弱的产妇！你们母子平安，我的心终于落了下来！

你终于来到这个世界了，我和你妈妈的二人世界变为了三口之家，我们家从此多了婴儿的啼哭，获得了更多的欢声笑语！我和你妈妈丝毫没有被你的到来而打乱生活，生活中反而多了更多的乐趣，我们看着你哭，看着你笑，看着你嘴里咿咿呀呀说着不知道什么的语言，你的一举一动，一哭一笑都深深地让我感到幸福！这是一个爸爸的幸福！今天，你1周岁了，你健健康康、快快乐乐地度过了人生的第一个念头！在这里我代表你向你的妈妈道一声辛苦，因为，平时她照看你最多，也是她将你带到这个世界上的，我也要感谢我亲爱的老婆，感谢你对儿子的付出！

儿子，今后你还有很长的道路要走，你的人生之路才刚刚开始，希望你以后能够平安健康快乐的成长，长成一个勇敢自信的男子汉！

范文二：庆×××小朋友1周岁生日贺词

【致词人】×××小朋友的奶奶

【致词背景】×××小朋友1周岁生日庆典

亲爱的孙女：

瑞雪兆丰年，玉兔迎新春。在这个岁末温馨的日子中，我们迎来了×月×日值得庆祝的日子——我最亲爱的孙女×××1周岁生日。奶奶祝你生日快乐、健康平安！

回想你还没有出生的日子，我们全家都怀着激动的心情等待着你的到来。经

过长达十个月的期盼，你终于带着稚嫩的小脸来到我们身边。你的第一声啼哭，让奶奶是如此的幸福！在我的晚年能够一个你这样的小天使陪伴在身边，奶奶感到非常的幸运，你就是我们全家的宝贝！奶奶记忆中，还保留着你第一次睁眼看世界的模样，你第一次的笑声，你第一次坐起来，你第一次满地爬，你的很多第一次都被奶奶深深印在了脑海中。今后，你还将会有更多的第一次出现，或许以后奶奶不能时刻陪在你身边，但是，奶奶希望你永远快乐、永远健康！

×××，你已经1周岁了，你成功地度过了你人生的起步点，今后，你将面临更多的挑战，走路、说话都将是你人生中的必经阶段，但是孩子你不要畏惧，奶奶相信你是个聪明孩子，会战胜一切困难！你现在就好比是一棵稚嫩的小树苗，接受着雨露和阳光的滋养，或许在成长过程中你会遇到困难，但是，在爷爷奶奶的关心下，在姥姥姥爷的呵护下，在爸爸妈妈的培养下，你一定会茁壮成长，最后长成一棵参天大树！

孩子，你就是上天赐予我们的小天使，你是你那么的天真、活泼、聪明、可爱，你给我们带来更多的幸福，奶奶要感谢你，是你延续了我们的生命，是你使得我们在这个世界上多了一份牵挂，爱你疼你将是我们毕生的责任，你成长的点点滴滴将成为我们生活的全部。你在啼哭中降生，在欢笑中成长，我们要让爱一直伴随在你的身边，让你的生活充满幸福和快乐！

范文三：庆×××小朋友1周岁生日贺词

【致词人】×××小朋友的姥爷

【致词背景】×××小朋友1周岁生日庆典

亲爱的×××：

今天是你人生的第一个生日，作为你的姥爷，我在这里祝你生日快乐、永远幸福！你知道姥爷现在的心情非常是多么的激动，一年以来，你给姥爷带来了无限的幸福感，姥爷只要想到你那纯洁闪亮的大眼睛，就会忍不住笑出声来，你就像是一个小天使，悄然坠落人间，从此将幸福和快乐散播到了我们家。我们的生活因为有了你而感到阳光明媚、无限幸福，是你给我们带来了新的希望！

时光如梭，眨眼间的工夫，一个还在襁褓中嘤嘤啼哭的小婴儿，已经1周岁了，虽然你还不会自己走路，只会到处乱爬；虽然你还不会说话，只会咿咿呀呀。但是你已经不再是那个只会吃喝拉撒睡的小婴儿了，你已经学会感知，学会睁眼看这个世界，学会用手去感知物体，你也已经有了感情的认知，当你犯错或者挨训的时候，会沉默不语或者撒娇！啊，我的乖孙女，你是如此的聪慧，在那个小小的身体里蕴藏了无限的智慧，你那小小的脑袋里已经对是非黑白有了初步的判断！

孩子，你能够拥有今天的聪慧和能力，还需要感谢一个人，那就是我的女儿，也就是你的妈妈，是她在一年的时间里精心照顾和培养你，你不要辜负你妈妈对你的爱，一定要健康快乐地成长！

借着你1周岁生日之际，姥爷想对你说一些成长箴言。孩子，这个世界是在不断变化的，人也会不断变化，但是，无论怎么变化，姥爷都希望你可以保留一些东西，比如好奇心，对这个世界无限的探索，是你人生不断进步的基础；比如乐观，孩子你是如此乐观，在这一年里你及时碰到了磕到了，哭过就能哈哈大笑，希望你以后的人生也能如此；比如信任，每一个孩子都是纯真的，信任这个世界，希望你能将这份信任保留一生；最后还有重要的一点，那就是爱，我们都是需要爱的人，充满爱的世界才能够拥有灿烂的阳光。孩子，希望你的世界永远充满爱！

范文四：庆×××小朋友1周岁生日贺词

【致词人】×××小朋友的妈妈

【致词背景】×××小朋友1周岁生日庆典

亲爱的小宝贝：

今天是你1周岁的生日，妈妈祝你生日快乐！

宝贝，今天你已经1周岁了，妈妈很开心，你已经有了大姑娘的模样。妈妈很清楚地记得，一年前的今天，你在折磨妈妈6个多小时后，来到了人间。当时妈妈很累了，可是，当我听到你响亮的哭声后，我立刻就感到很欣慰，欣慰我的孩子，我的宝贝平安地来到了这个世界！当从护士阿姨的口中得知你是个女孩子时，妈妈很开心，不过这也在妈妈的意料之中！当你还在妈妈肚子里的时候，妈妈就猜到了你肯定是个女孩子，你的一举一动，都透露着女孩子的迹象，少了一份调皮，多了一份温婉！妈妈一直想要一个女孩子，都说，女儿是妈妈的小棉袄，希望，你以后能成为妈妈最贴心的人！

宝贝，你已经度过了一整个春夏秋冬，见识了四季的更替，或许你还不太明白四季更替意味着什么，但是这并不妨碍你的成长！如今，你已经从出生时的6.5斤，长到了现在的21斤；你从身高50厘米也长到了75厘米；从满口光光长到了8颗牙齿。看到你如此健康的成长，我感到很高兴，也算是没有辜负我对你的悉心照顾！

宝贝，你已经1岁了，虽然在我们眼中你还是一个小孩子，可是，你已经逐渐摆脱了初生儿的稚嫩，你变得很聪明，并且学会了很多本领。到现在，你已经学会吃一些简单的辅食；你已经会熟练地到处爬；你在有需求的不再一味地哭泣，会咿咿呀呀跟我对话；当妈妈忙碌的时候，你也会自己玩；当听音乐的时候，你会安静地欣赏。宝贝，你就像是一个上天赐予我的小天使，看着你一点一滴的变化，我从中找到了做母亲的自豪的安慰！妈妈会一直陪伴在你的成长路上，直到你会展翅飞翔！

宝贝，你已经1岁了，今后，你要学更多的知识，掌握更多的本领，妈妈希望你以后无论遇到什么困难，都可以勇敢面对，跌倒了也要学会自己爬起来！

宝贝，妈妈祝你生日快乐、健康成长！

18 岁生日贺词

范文一：庆×××18 岁生日贺词

【致词人】妈妈

【致词背景】×××18 岁生日庆典

亲爱的儿子：

今天是你 18 岁生日！今天将成为为你生命具有重要意义的一天，因为今天你就要从少年走向成人的行列了，这是你人生的第一个过渡，今天是你人生少年的最后一天，成年的第一天。在你走向成年这一刻，我代表我和你的父亲，通过这个贺词将我们为人父母对儿子的爱充分表达出来，希望你能够在今后的日子里走好人生每一步！

儿子，你已经在走过了 18 个春夏秋冬，也即将要完成高中学业，走向大学生涯！从你嗷嗷待哺到蹒跚学步、从你咿呀学语到你伶牙俐齿、从小学升到了初中，又从初中升到了高中，不一步步成长着。看着你现在站立在妈妈面前，比我都要高一头，俨然一个大小伙了！儿子，我希望你成为一个勇敢的人，因此从小我就培养你坚强、独立、自主的性格，对你要求严格，当然，你也没有让妈妈失望，从小就比同龄人坚强许多。我还记得当你犯错误的时候，你会自己主动要求惩罚，看到你小小的却如此懂事，妈妈很欣慰，但是，妈妈对此也很愧疚，总觉得对你要求过于严格了，希望你能够理解妈妈对你的苦心！如今，你已经 18 岁了，成为了一个学习优异、多才多艺的人，希望以前的生活经历能够给你启发，让你顺利从少年过渡到成年！

儿子，妈妈知道你高兴，每一个 18 岁的成年人都会为自己的成长而高兴，但是，在高兴之余，你要明白 18 岁真正的含义，明白成年所代表的义务和责任！成年并不仅仅是一个概念上的改变，应当从生活中慢慢改变。

作为一个成年人的男人，首先你要知道自己的责任，一个有修养、有内涵、成功的男人，必须是一个拥有责任心的人，再过几年，你就要走向社会了，实现真正的独立自主，同时也要负担起社会责任，或许再过几年，你就要独立承担起一个家庭，你或许还要养育孩子、赡养老人。你要明白，从此后，你将成为社会、家庭的中流砥柱！其实，孩子你要明白，每个人的生命之路都不是平坦的，18 岁以前你的生活虽然有失落和痛苦，但是，和成年后的坎坷比起来，那是微不足道的。以后你的人生路会遇到很多坎坷、困难，也会有很多你认为不公平的事情出现，儿子，你要知道这就是社会，这就是人生，我们必须面对！你需要更加坚强，你需要学会乐观面对挫折。不要怕，人生虽然坎坷，但是，正是因为有了坎坷，你才会懂得人生的真谛，更加珍惜幸福！

儿子，你已经 18 岁了，你长大了，你要展翅高飞了，以后或许不能待在爸爸妈妈身边了，但是，你要记住，家永远是你温馨的港湾，我和你爸爸永远是你的坚强后盾！儿子，生日快乐！永远幸福！

范文二：庆×××中学高三成人仪式贺词

【致词人】老师代表

【致词背景】×××中学高三成人仪式

各位领导、各位家长、老师们、同学们：

大家好！今天是我们×××中学举行高三学生成人仪式的日子，我代表学校的全体老师向你们表示衷心的祝贺！

同学们，现在你们已经进入到了人生的第 18 年头，你们已经度过了 18 个春夏秋冬，你们在不断地学习和成长过程中，已经悄然成人！在老师的眼里，你们依旧同孩子一般，阳光灿烂，或许连你们自己都还没有成人的意识，但是，我们不能否认，今天，你们已经 18 岁了！18 岁不仅仅是一个概念，更重要的是 18 岁的含义！18 岁，是人生另一段旅程的开始；18 岁是人生最灿烂、最美好的时候；18 岁，是那么地富有活力！

你们 18 岁了，这是人生的一个重大转折，你们需要用更加独立自主的姿态去迎接人生。虽然你们还没有踏上社会，可是，你们必须要明白自己的责任！你们现在和所有的成年人一样，享受着你们的权利，同时也要履行自己的义务，你们需要负担国家、社会和家庭的赋予你们的责任！你们已经不再是那个莽撞的孩童，以后，你们要学着稳重，凡事三思而后行，不能冲动，你们要知道你们已经结束了那个被呵护的时代，你们即将踏上新的征程，或许你们以后将成为他人有力的后盾，担负起照顾他人的使命！你们 18 岁了，应当是一个会认真思考人生的年龄了，你们已经有了明辨是非的能力了！在今后的人生路上，老师希望你们能够树立正确的世界观、人生观、价值观，用积极向上的态度面对生命中的收获和付出、成功和失败，无论遇到什么样的困难，希望你们都能够坦然面对，慎重思考！

18 岁，人生如此关键的一个时刻，同学们有没有想要对自己说些什么，对父母说些什么呢？18 年了，你的父母为了抚养你们，含辛茹苦，付出了多少心血和汗水，没有他们哪里会有你们的今天呢？这个世界上最爱你、最疼你、最包容你的人就是你的父母。因此，同学们，我们要学会感恩父母，感谢父母对我们的抚养的培育，你们要做一个孝顺的好孩子，用自己的实际行动来回报父母的养育之恩！

同学们，未来的路还有很长，18 岁只是人生的第一步，希望你们以后能够成为一个踏实勤奋、勇敢自信的人，成为社会的栋梁之才！在此，老师祝你们学业有成、永远幸福！

谢谢大家！

范文三：庆×××18 岁生日贺词

【致词人】哥哥

【致词背景】18 岁生日庆典

亲爱的妹妹：

今天是你的 18 岁生日，哥哥在这里祝你生日快乐、永远幸福！

妹妹，你已经 18 岁了，哥哥真心祝福你，同时也为你感到高兴，你是我们家最小的孩子，一直以来，我们都对你百般呵护，总认为你是小孩子。还记得在你小的时候，总是跟着我的屁股后面玩，我去那里你都要跟着去，后来我也养成习惯，只要和朋友出去玩，总是会带上你，我还戏称你是“跟屁虫”，你还不乐意呢！那个时候的你，非常可爱，总是会睁着你天真的眼睛，问我们一帮大孩子一些傻傻的问题，我们也都非常喜欢你，乐意为你解答。随着时间的流逝，你逐渐长大了，你上了小学，上了初中，又上了高中，哥哥也走向了社会，我们为了工作学习忙碌着，相处的时间越来越少了，你也不会像小时候那样黏着我了。但是，我们之间的感情依旧没有变，我们依旧是好兄妹，依旧会相互关心，有时候看到你爽朗的大笑，就会有种恍然的感觉，仿佛看到了你小时候天真无邪的模样。妹妹，希望你可以永远保持着一份纯真，永远是阳光的！

妹妹，你 18 岁了，俨然一个亭亭玉立的大姑娘了，以后，你就是一个成年人了，过不了几年你就要走向社会了，到时候，你将不再受我们的保护，你将独自一人到社会上闯荡，你要独自面对自己的人生路。希望你能明白，人生或许会遇到很多坎坷，其实并不可怕，只要我们勇敢面对就能够顺利度过！很多时候，我们或许帮不了你，希望你能够自己学会承担，学会负责，这是一个成人必须面对的！当然，无论到什么时候，家人永远是不会抛弃你的，还记得那句话吗？“不抛弃、不放弃”，这是你有段时间最喜欢说的话，你说你喜欢那样的精神，那样的人生追求！妹妹记得，我们永远是你的坚强后盾，不抛弃、不放弃，将是我们一家人永远的宗旨！

说了这么多，你可能又要觉得哥哥在讲大道理了！那么，哥哥就长话短说了！再有半年的时间，你就要面临自己人生的第一道坎——高考，这是你人生的第一个考验，希望你可以一举夺魁，考上自己理想的大学！

范文四：×××18 岁生日贺词

【致词人】本人

【致词背景】18 岁生日庆典

爸爸妈妈、爷爷奶奶、姥姥姥爷、所有的长辈们、同学们：

你们好！很高兴你们能够为我举办了这个18岁生日庆典，在此我谢谢你们对我的关心和爱护，我想对你们说：我的生命中因为有了你们而更加温暖、更加精彩！

今天，我已经18岁了，说实话，我一直在期待这个时刻的到来。一年前的今天，我过完17岁的生日，就开始盼望今天的到来，盼望我成人的第一个生日，因为我渴望成长，渴望长大！现在，我终于18岁了，以后我就是成年人了，以后我将拥有一切成人公民所拥有的权利，但是，我也知道，18岁的我以后应当承担的义务，权利和义务是同在的！现在，我非常激动，心中也是感慨万千，我为我的长大而高兴，同时也为未来的人生路感到压力巨大，但是，无论如何我已经成人了，今后也一定会有一个大人的样子！

在这里，我首先要感谢一下我的父母，感谢你们给予了我生命，抚养我长大，儿子从小就很淘气，没有少给你们闯祸，你们为了我也是操碎了心，请原谅儿子以前的不懂事。今天，儿子已经18岁了，我长大了，再也不是以前那个不懂事的小孩子了，所以，从今以后我再也不会那么顽皮，不会给你们增添麻烦，不会惹你们生气。今天以后，我还要学会照顾你们，承担起我的责任，同时，儿子也会好好学习，工作后好好孝顺你们！爸爸妈妈，你们放心吧，无论到什么时候，儿子都会陪在你们身边！

其次，我要感谢我的爷爷奶奶、姥姥姥爷。我小时候，你们没有少照顾我，当我爸妈忙碌的时候，你们总是轮流照顾着我，呵护着我，我在你们的精心照顾中今天终于长大成人了！你们操劳了一辈子，年轻时养育我父母，年老时照顾我，现在，轮到你们享清福的时候了。现在你们的孙子已经长大了，从今以后，我会尽自己最大的努力来照顾你们，让你们拥有一个幸福的晚年！同时，还要感谢所有的长辈们，叔叔、阿姨们，在我成长过程中对我的照顾和关心，有了你们，我的生活才变得多姿多彩，有了你们才有了今天的我！

最后，我还要感谢我们的同学们。感谢你们出现在我的生命中，成为我的好朋友，陪我走过童年、少年，直到我成人，因为你们的存在，让我的生命多了一个叫做友谊的东西，我的生活也变得更加多姿多彩！希望我们能够做一辈子的朋友，相互关心、相互帮助！

再次感谢大家给我庆祝生日，我祝所有的长辈们身体健康、万事如意，也祝我的同学们学习进步、天天开心！谢谢大家！

30岁生日贺词

范文一：庆×××30岁生日贺词

【致词人】丈夫

【致词背景】给老婆×××30岁生日的信

亲爱的老婆：

今天是你的生日，你即将跨入30岁的人生行列！30年的今天，你为了我而来到这个世界，冥冥之中我们的生活已经被上天安排好了。那个时候的你是如此的稚嫩，或许在你的脑海里还没有我的踪影了，可是，随着你越长越大，你开始寻觅你人生中的另一半。但是，上天似乎在和我们开玩笑，让我们兜圈圈，我们为寻找对方而心急火燎，可是，命运却迟迟不让我们相见。直到你23岁的某一天，你终于发现了我！确切地说是我终于找到了你！那个时候，你23岁，我25岁，青春年华，你才刚刚大学毕业，我不过才工作两年。那时候的你依旧保持着少女的青涩，还没有出现职场女性的干练，那时候的我还是个愣头青，一心想要对你好！

老婆，我知道，遇见你是我的幸运，当然，你肯定也是感到幸运的。我们相识相恋之后，我们的生活都开始有了起色，我们开始了努力奋斗的日子，我一心想要给你一个美好的家，你则一心为我的将来考虑。终于，在我们甜蜜恋爱两年之后，我们携手走进了婚姻的殿堂！都说：婚姻是爱情的坟墓。你对结婚有点恐惧，你害怕婚后生活的复杂，刚开始，我们确实因为身份的转变而稍有不适应，可是，很快我们就适应了幸福的婚姻生活，我们并没有走向坟墓，而是走向了一片阳关灿烂的圣地！虽然生活中也会有点小风小雨，可是，我们还是走过来，那点小风小雨丝毫不能动摇我们坚固的爱情！老婆，谢谢你给了一个温馨的家，让我感受到了婚姻的幸福！

三年后，我们迎来我们家的第三个成员——我们可爱的女儿，从此我们的二人世界被打破，成了一个幸福的三口之家。你的角色有了新的转变，成为了一名神圣的母亲，对于一个突然到来的小家伙，你有点措手不及，由于没有任何的育儿经验，你常常被孩子弄得手忙脚乱，还好，我们在双方父母的帮助下，顺利过渡成为了一个好妈妈、好爸爸。现在，我们的女儿已经两岁了，活泼健康，这都要归功于你。老婆，再次谢谢你，让我荣升了爸爸这个神圣的职位，是你给我们家带来了一个小天使！

老婆，我们都到了而立之年，但是，你的丈夫还没有多大的成就，可是，供你吃饱穿暖还是没有问题的。我这辈子估计不能让你大富大贵了，可是，我明白小富即安，平安健康才是最大的财富！希望你能明白老公爱你、爱家的一颗心！

老婆，你总说我不懂浪漫，总是不愿意说我爱你，今天，是你的生日，我也要浪漫一把，大声对你说一句：我爱你！老婆，我昨天爱你，今天爱你，明天依旧爱你！老婆，30岁生日快乐！

范文二：庆×××30岁生日贺词

【致词人】本人

【致词背景】×××30 岁生日庆典

亲爱的朋友们：

大家好！非常感谢大家能够前来参加我 30 岁的生日庆典，在此，我对大家的到来表示深深的感谢！

今天，我 30 岁了，我正式加入了 30 岁的人生行列，仔细想想，我已经在这个世界上度过了一万多个日夜，人生能够有多少个 30 年呢？今后的 30 年我该如何去把握呢？30 岁就是人生的一道分水岭，30 岁的我们已经踏入社会多年，30 岁的我们已经担负起了家庭的责任，30 岁的我们必须要承担起自己的责任，虽然上有老下有小，但是，我们是快乐、幸福的！

30 年前，我出生在一个小城市的职工家庭中，父母收入虽然不高，但是却捧着当时的“铁饭碗”。我很幸运地赶上了计划生育，我的父母响应国家号召，只生了我一个，确实是幸运的，家里就我一个孩子，没有任何人和我争抢玩具、和我争抢父母的爱！可是，作为计划生育的第一代，当我看到其他小朋友有哥哥姐姐时，我还是不免有些失落。特别是当我放假的时候，邻居的孩子可以在哥哥姐姐的带领下外出玩耍，我却被反锁在家中！那个时候无人照看我，我的每个假期都是独自一人在屋中度过的。不过正是因为这样的背景，书成了我最好的伙伴，那个时候读的书一直影响着我。

时代在不断变化，我也在不断长大，我在父母的教导下，在和朋友的嬉闹下，在经历了托儿所、小学、初中、高中后，我总算长大成人了，接着我进入了大学。这是我第一次远离父母、独自生活，很清楚地记得当时的我满怀激情、心情激动，一方面是对新生活的憧憬，另一方面也是因为离开了父母，我将更加自由了！就这样我像被释放的小鸟一样，度过我愉快的四年大学生活。

四年后，我被大学无情地丢到社会上，但是我不怕。我认为，我年轻，我应当出去闯荡，于是，我告别父母和亲友，独自到南方去找工作闯荡。可是，生活的不易立刻就显现在了我的面前，我被生活打败了，生活并没有我想的如此简单。在南方的那段日子里，是我人生里最艰苦的日子，也经历了生活中种种磨砺，打工被骗、身无分文流浪街头。后来在我放弃了南方，回到了家乡。

命运或许真的是被安排的，在南方如此潦倒的境遇，回到家乡后却立刻好转了，不久我就找到一份喜欢的工作，工作不久后，就和妻子确定了恋爱关系。爱情事业双丰收，我欢喜过度，认为是老天对我前段时间磨难的补偿。因为有过痛苦的经历，因此我十分珍惜眼前的幸福，我工作努力，积极向上，果然，付出是有回报的。到今天，虽然不能说我是成功的，但是至少我没有遗憾，工作稳定，收入尚可，父慈子孝，妻子贤惠，孩子可爱，有的时候我总觉得上天太过于眷顾我了，让我能够拥有这么多的幸福！

俗话说：30 而立！今后，我将继续努力，珍惜拥有的，给家人更多的幸福！

最后，我祝所有的家人和朋友天天开心、生活幸福！

范文三：庆×××30岁生日贺词

【致词人】朋友

【致词背景】×××30岁生日庆典

我亲爱的×××：

今天是你30岁的生日，欢迎你加入我们30岁女人的行列！作为你最亲近的闺蜜，我在这里祝你生日快乐、越活越年轻、越来越漂亮！

×××，今生能够认识你，成为最好的朋友，我感到非常开心。还记得，我们刚刚上大学的时候，由于性格的原因，我们两个并亲密，虽然我们在同一个宿舍，却互相看不顺眼，有很多矛盾。可是，这就是所谓的不打不相识吧，后来我们竟然成为了最宿舍中最亲密的朋友，直到现在，10年时间过去了，我们依旧保持着最好的友谊！不得不说，缘分就是这么地奇妙！

当时，我们刚刚上大学，还不到20岁，如花一般的年纪，用放肆的青春形容我们再恰当不过了！我们有很多共同的回忆，爬山、宿营、逛街！在大学的时光里，我们似乎总是那么精力旺盛，永远不知道累，我们寝室中一群女孩子，能够一逛一天，我们可以彻夜不眠看小说，第二天依旧神采奕奕去上课。但是，如今我们已经不行了，我们30岁了，皮肤可不能和20岁的小姑娘比了！还记得那时候我们的旅游吗？那个时候我们都是穷学生，没有收入，但是却有无限的精力，我们在旅游的时候，总是花最少的钱走最多的路。还记得大二暑假的那次旅游吗？我们一行三人，每个人仅用了800块钱就来了一次长达10天的自助游，现在想起来，我都觉得那次自助游又快乐又有意义！

毕业后，我们为了自己的梦想，留在了这所城市，相互扶持、相互鼓励，虽然有过困难，也有过迷惘，但是，我们都坚持下来了。后来，我们都找到了自己的如意郎君，有了自己的家庭。虽然我们生活的重心已经转移到家庭上了，但是，我们的友谊依旧没有消失，并且更加灿烂，因为我们的孩子会将我们的友谊持续下去！

我们都已经30岁了，不得不感慨时间的飞逝。不过，我们不能沮丧。虽然，青春已经剩下了尾巴，我们依旧要牢牢抓住，女人无论到什么时候都要保有自己的姿态，无论到什么时候都要展示出自己的魅力。20岁有20岁的可爱，可是，30岁有30岁的韵味，虽然我们不青春了，可是，我们拥有内涵，那是年轻人所不能比的。×××，我们一定要善待自己，让自己活得年轻，活得漂亮，活得潇洒，我们要让老公以我们为骄傲！青春可以逝去，但是，爱自己的心永远不能消失！希望你以后的生活能够更加幸福，更加快乐！

40 岁生日贺词

范文一：庆×××40 岁生日贺词

【致词人】女儿

【致词背景】×××40 岁生日聚会

亲爱的妈妈：

今天是你 40 岁的生日，我和爸爸精心为你准备了一个生日 PARTY 来为你庆祝，希望你能喜欢！

妈妈，你每年都会为我过生日，可是，在我的印象里，你好像从来没有给自己过过生日，虽然我知道你的生日是哪天，但是，我总是忘记，而您自己也从来没有提起过！请原谅女儿的粗心！开学的时候，班主任为我们举行了一次以“感恩”为主题的班会，在班会上，她问我们爸爸妈妈是不是每年给我们庆祝生日，全班都举手了！她又问我们是否给自己的爸爸妈妈庆祝过生日，我们班总共有 43 个人，可是，才只有 8 个人举手。看到这里，我心里十分惭愧，我多想自己就是那八个人的其中之一，可惜我不是，我感觉自己不是一个孝顺的女儿，我不懂得感恩！但是，你对我说过，犯错了懊悔是没用的，及时补救、改正自己的错误才是重要的。因此，我决定以后每年都要给你庆祝生日！

妈妈，今年是我第一次为你庆祝生日，恰巧是你的 40 岁生日，本来我想和爸爸单独为你庆祝，但是爸爸说 40 岁生日是人生重要的生日，于是，我们就决定将所有的亲戚和朋友都请过来，为您开一个生日 PARTY，大肆庆祝一番！请原谅，我们没有事先告诉你，那是因为我们想给你一个惊喜！

妈妈，在这里我要感谢你，感谢你将我带到了这个世界上，是你和爸爸给我了一个家，让我享受到了温暖和幸福！妈妈，今后，我会努力做一个好女儿，让你为我骄傲和自豪！妈妈，我以后也会努力工作，孝顺你和爸爸！

妈妈，我和爸爸为了让你的生日过得更加有意义，我们还精心制作了一个视频。刚刚我看见你在看视频的时候哭了，我知道您是感动得哭了。但是，我也不希望你哭，我希望你每天都能开怀大笑！我希望我们家永远都充满了欢声笑语！妈妈，记住，以后不准哭，只能开心的笑哦！

妈妈，我知道，你是一个追求时尚、爱美的人，在这里我祝您越活越年轻，青春永驻！妈妈，我爱你！

范文二：庆×××40 岁生日贺词

【致词人】本人

【致词背景】×××40 岁生日庆典

尊敬的各位领导、亲朋好友们：

大家好！欢迎大家前来参加我的40岁生日庆典，你们的到来让我和我的家人都感到十分荣幸！

古语说：四十不惑。到了40岁的年龄，人生已经到达另一个分水岭，已经达到一定的高度，也是压力最大的时候，但是，这个时候，我们也经历了很多人生的大起大落，对人生的感悟也多了一层。在这个不惑的年龄，我希望对我的亲朋好友说一些肺腑之言。

首先，我要感谢我的家人。我的父母、妻子、孩子，是你们给了我一个温暖的家，是你们一直在背后默默地支持着我，是你们让我有了打拼的动力，是你们让我的在疲劳的时候能够得到安慰。家人，是这个世界上最亲密的人，也是我生命中最重要的人，我这一生都将用自己最大的能力来守护你们。爸妈，感谢你们将我抚养长大，给我良好的教育，指引我的人生；老婆，感谢你给予了我甜蜜的爱情，并且和我组成了一个温暖的家庭，成为了我坚强的后盾，解决了我的后顾之忧；女儿，感谢你的到来，让我明白了一个父亲的责任，让我体会到了为人父的感动，也让我知道了为人父母的艰辛，体会到了你爷爷奶奶的良苦用心！

其次，我要感谢我的朋友们。我亲爱的朋友们，是你们让我的生活更加充实，是你们让我的生活增辉添彩。没有朋友的人生是灰暗的，一点不错，每个人都需要朋友，友谊是人生不可或缺的情感。我感谢你们给予了我深厚的友谊，感谢你们在生活中对我的关心和爱护，感谢你们在我失落的时候给予我安慰，感谢你们在我困难的时候伸出一把手，感谢你们在我迷茫的时候给我开导。朋友们，正是因为有了你们的关心和帮助，才有了我今天的事业和家庭。在此，我祝我所有的朋友们家庭幸福、身体健康、工作顺利！

再次，我还要感谢我的领导和同事们。感谢领导这么多年对我的栽培和指导，感谢同事们这么多年相互的扶持和协作。我能够进入这样一个团结、友好的集体工作，我感到十分荣幸，我能够遇见你们这样的领导和同事，我感到十分幸运。今后我会继续在这个我热爱的集体中发挥自己的余热，为企业创造更大的效益！在此，我祝我的领导和同事们幸福美满、万事如意！

最后，我再次向大家的到来表示衷心的感谢，希望大家能够度过一个愉快的夜晚，也希望大家的生活每天都是阳光灿烂的！谢谢大家！

范文三：庆×××40岁生日贺词

【致词人】老朋友

【致词背景】×××40岁生日庆典

各位领导、各位嘉宾、朋友们：

大家好！今天晚上，我们欢聚一堂，共同为×××庆祝40岁生日！能够被邀请我感到十分高兴，在此，我以一个老朋友的身份祝我们的寿星生日快乐、工作顺利！

老朋友，一转眼，我们都已经进入不惑之年了，马上我们就要奔五了，人生也已经开始渐行渐远了！但是，恍然中，似乎我们还是那个在学校路上踢石子、放学后到小河边摸鱼捉虾、课堂上捉弄同学的顽皮小子，童年的时光是多么的快乐，也是多么的短暂。感谢你能够陪我度过整个童年，让我的童年增添了许多欢声笑语！如今，时光如梭，斗转星移，我们已经步入了中年的行列，已经没有童年的天真，少年的莽撞，我们变得沉稳，变得内敛，变得更加有责任心！这是人生必经的阶段，我们无须感慨，我们应当坦然接受，因为生活还在继续着，我们应当继续享受这个年纪给你带来的快乐！

40岁，虽然青春年华逝去了，可是，我们拥有了美好的家庭，有妻子孩子，我们拥有了事业，不再是以前的穷小子。因此，我们应当感谢生命，在拿走一些的时候，总会送给我们其他做补偿！

老朋友，40岁是一个收获的季节，就好比是一年中的夏末秋初。我们经过了整个春天和夏天的辛苦耕耘，现在终于到了收获的时候了！不要一提到秋天，眼前就是一副萧瑟的景象，你难道没有看到那累累硕果是多么讨人欢喜吗？不要以为秋天只有满地的落叶，其实我们已经满载而归，在享受那收获的喜悦了！老朋友，你的40岁也是硕果颇丰啊！首先你的家庭和睦，生活美满，父母安康、妻子贤惠、孩子可爱！其次，你的事业如日中天，生意红红火火，在忙碌的同时也不缺乏休闲。最后，你的朋友多，交际广，生活多姿多彩。这样幸福的生活真是令人羡慕啊！老朋友，希望你珍惜眼前的幸福，拥有更加美好的未来！

最后，让我们一同祝福今天的主角生日快乐、永远幸福！

50岁生日贺词

范文一：庆×××50岁生日贺词

【致词人】丈夫

【致词背景】×××50岁生日庆典

各位亲朋好友：

大家好！欢迎大家前来参加我老伴的50岁生日庆典，在这里我代表全家向前来的各位表示热烈的欢迎！同时也感谢你们对我老伴的关心和祝福！虽然外面寒风凛烈，但是，却丝毫不影响我们屋中所洋溢的热情！

今天，我在此为老伴举行50生日庆典，一来是为了庆贺老伴人生中的重要时刻，二来也是想要亲朋好友在一起聚一聚，大家难得有这样的机会聚集在一起，今天，就借着这样的机会，把大家集合在一起叙叙旧，希望大家能够在这里度过一个美好的夜晚！

还记得20多年前，我第一次看见你的情景，当时我就认定了你，我就认为

你能够和我共度一生，于是，我们在情投意合的情况下，顺理成章结婚生子。那个时候，我们都是很年轻，可是一眨眼，我们都50多岁了。今天，是你的50岁生日，欢迎你正式迈进50岁老太太的行列！

老伴，我们结婚25年了，孩子也已经24岁了，在这25年的时间里，我们共同携手走过，虽然我们经历有风风雨雨，虽然我们也曾经有过小吵小闹，可是，我们都不计较。这些就是生活中的小插曲，属于生活中的一部分，这样才能给平静的生活调剂。老伴，这些年辛苦你了，虽然我从来没有说过，可是，我知道你的辛苦，我记在心里呢！这些年，我工作忙，在家里我就是一甩手掌柜，事情全都是你一个人操劳，你又要上班，又要顾家，还要照顾孩子，身兼数职。你虽然也曾抱怨过，也曾不满过，可是，你也只是嘴上说说，从来没有和我真正计较过。老伴，在这里，我向你郑重说一声："辛苦了！"

老伴，从今年起，你就要光荣退休了！前两天，听你抱怨说不想退休，怕生活寂寞。我知道你是一个事业上有抱负心的人，从年轻时起你就想要有一番自己的事业，可是，后来你为了照顾家庭，让我好好发展事业，你放弃了，你因为家庭和孩子耽误了自己的事业发展，你甘心做一名普通的职员。老伴，我在此谢谢你的牺牲，你为了我们家操劳一辈子，现在你该歇歇了，工作上虽然有遗憾，可是，当你看到我们那么优秀的儿子，难道那不就是最大的成就吗？老伴，你以后不用再为工作操劳了，你可以悠闲生活，你可以去自己想去的地方，你可以每天学习你热爱的舞蹈和戏曲！老伴，不要怕，退休生活将会更加的丰富精彩，我也会抽出大量时间来陪你到处旅游，我们美好的退休生活就要开始了！

老伴，作为你一生陪伴者，我在这里祝你生日快乐，年年有今日，岁岁有今朝！

范文二：庆×××50岁生日贺词

【致词人】同事

【致词背景】×××50岁生日庆典

各位同事、各位朋友、×××同志以及×××的家人们：

大家好！今天，是一个值得庆祝日子，因为，今天是我们的同事×××的50岁生日，所以，我们欢聚一堂，共同为庆祝这个值得纪念的日子。作为×××的同事，我能够站在这里代表同事们发表生日贺词，我感到非常荣幸！在此，我代表所有的同事们向×××道一声：生日快乐！祝你年年有今日、岁岁有今朝！同时也祝在场的所有人身体健康、家庭幸福！

我和×××是一起进单位的员工，算一下，我们已经做了将近30年的同事了，在这30年的时间里，我们从一个帅气的小伙子变为了一个中年的老头子！我们不得不感慨时间的飞快，那个时候的我们，还是一个快乐的单身汉，刚刚跨出学校的大门，走向社会，走向工作岗位。那个时候的我们不知愁为何滋味，每天能够骑着自行车上下班，中午吃着大食堂，我们就感到很快乐。那个时候的我们工资挣得很少，可是，我们却依旧很幸福，看着我们用辛勤汗水挣来的工资，我们心里乐开了花。那个时候，我们一群小伙子，每天梦想着什么时候娶个漂亮的妻子，生个可爱的孩子！时光穿梭，我们一个个成家立业了，我们不再是快乐的单身汉，生活的责任和重担向我们压了过来。但是，我们不怕，我们是倔犟的一代，也是奋进的一代，我们坦然接受生活给予的责任和义务，承担起生活的重任。就在我们们努力奋斗的间隙，我们不经意间度过了三十而立、四十不惑，终于迎来了知天命的五十岁！

50 岁了，我们的头发开始白了，儿女也长大了，生活也已经没有太大的负担了，这个时候的我们是轻松的。因为我们要开始进入人生的另一阶段了，我们今后的任务就是在继续发挥余热的同时尽情享受生活，我们要将年轻时期的失去统统补偿回来。50 岁了，不能像年轻人那样冲动了，我们应当保持一个平和的心态，我们看了太多的大喜大悲，这个时候，我们需要的是笑看人生，希望你以后可以拥有一个好心态，一个好身体！

×××，在这里，我对你说一句肺腑之言，能够和你做同事是我的荣幸，也是我的幸运，感谢你这些年来对我的帮助和关心，我无以回报，只能对你说一声谢谢！

范文三：庆×××50 岁生日贺词

【致词人】女儿

【致词背景】×××50 岁生日庆典

各位亲朋好友：

大家好！欢迎大家前来参加我父亲的 50 岁生日庆典。在这里我代表我们全家向前来参加庆典的人表示衷心的感谢，感谢你们对我父亲的关心！在此，我祝父亲长命百岁、福寿安康！

在此，我要感谢父亲对我养育之恩，20 多年的时间里，您和母亲无怨无悔地养育着我，现在，我已经长大成人，也已经走向工作岗位，这个功劳应当属于您和妈妈，没有你们的辛勤培养，也就不会有今天的我。在我的心中您是一个标准的严父，从小您对我的要求就非常严格。您要求我好好学习，不能有半点马虎，每当我因为马虎或者不认真而在学习上犯下错误时，你就会非常严厉地批评我，让我记住教训，我也因此哭过，当然，在经历过您几次的“狂风暴雨”之后，我再也不敢懈怠了，因此我的学习成绩一直不错。这点我要感谢您，虽然当时我是有点生你的气，但是，现在想想您完全是为了我好！

您对我的严格不仅在学习上，在业余爱好也是如此，您认为一个女孩子要有气质，要多才多艺，因此，在您的要求下，我学习了绘画、吹长笛、书法、围棋！虽然，这些东西我都不精通，但是，现在却成为了我丰富业余生活的主要活动！爸爸，感谢你，是您让我成为了一个多才多艺的人，虽然学习是辛苦的，可是，我更愿意看到今天的自己！

爸爸，随着我渐渐长大，你不再对我要求什么，您告诉我今后的路要自己走，今后的决定要自己做主，因为每个人都有自己的人生，您和妈妈不会陪我一生！因此，虽然您从小对我管教严格，可是，我并没有成为一个没有主见人，相反同龄人反而更加懂事、更加有决断力！爸爸，我要谢谢你，是您塑造了我今天坚强、独立的性格！

爸爸，时光流逝，您的双鬓也出现了斑斑白发，你的脊背也有点弯曲了，但是，我想说的是，您依旧魅力不减当年，您依旧是我心中最英俊的父亲！爸爸，今天您50岁了，可是，我认为您的新生活才刚刚开始。以前您总是为了家人而忽略了自己，今后，您应当将自己当做主角，多为自己想想，做一些自己想做的事情，弥补一下您前半生的遗憾！父亲，女儿已经长大了，今后，您就不必再为女儿过多操劳了，女儿也会尽全力孝顺你和母亲的！

最后，祝我亲爱的父亲和母亲身体健康、永远幸福！也祝在场所有亲朋好友合家幸福、工作顺利！

60岁生日贺词

范文一：庆×××60岁生日贺词

【致词人】儿子

【致词背景】×××60岁生日庆典

尊敬的各位长辈、亲朋好友：

大家好！春满人间欢歌阵阵，福临门第喜气洋洋。在这个新春佳节之际，我们也迎来了我亲爱的母亲60大寿的日子！今天，我邀请众位长辈、亲戚、好友，共同来庆贺这个大喜事！在此，我代表我们兄弟姐妹三人向大家表示热烈的欢迎和衷心的感谢！

世界上最伟大的人是谁？是母亲！世界上最伟大的爱是什么？是母爱！母亲是这个世界上最伟大、最无私的人，母爱则是这个世界上最伟大的爱，最无私的爱！人生在世能够得到如此伟大的爱，我是幸运的，感谢母亲给了我无私的爱！

母亲是平凡的，她和天下成千上万的母亲一样，淳朴、善良、勤劳、宽容；母亲是与众不同，她是唯一的，在我的眼中她就像是美丽的女神一样；母亲是智慧的，她虽然仅仅初中毕业，可是，她知道学习的重要性，不仅自己在工作中不断学习，还鼓励我们学习，严格要求我们，因此，我们兄妹两人都接受了高等教育；母亲是心灵手巧的，冬天她会给我们织毛衣，夏天她会给我们做衬衫，记忆中我的衣服几乎全都是母亲自己裁剪，那样载满母爱的衣服是现在的孩子所不能体会的；母亲是严厉的，我依稀记得在我犯错误的时候，她对我冷酷的批评，也正是这样的批评让我深刻认识到了犯错误的代价；母亲是优秀的，母亲在工作上从来都是兢兢业业，每年的先进工作者、劳动模范都有她的份，母亲可以在一个平凡岗位上做出不平凡的成绩！母亲，这就是您，您用自身向我们阐述生活的真谛，您是我们的表率，您是我们的楷模，我这一生将以你为典范，严格要求自己，规划自己的人生！

母亲，今天是您的60大寿，我和妹妹在这里举行庆典为你庆祝，就是要回报您的养育之恩，感谢您对我们多年的操劳！“养儿方知父母恩”，自从自己做了父亲自后，我才真正明白了父母的不易。如今，父母老了，我们也为人父母了。作为儿子，我没有任何的理由去推卸我的责任，我没有任何的理由不孝顺父母，以后，我会加倍珍惜和母亲共度的每一天，我希望母亲在今后日子里能够开心快乐，尽享天伦之乐！

最后，再次感受谢各位长辈、亲朋好友的到来，祝你们合家幸福、身体健康！

范文二：庆×××60岁生日贺词

【致词人】女儿

【致词背景】×××60岁生日庆典

各位来宾、各位朋友：

大家好！欢迎各位前来参加我母亲的60岁生日庆典，在此，我代表全家人向你们表示最热烈的欢迎，感谢你们的到来，感谢你们对我母亲的祝福！

今天，我的母亲迎来了她第60个生日，她已经度过了60个春秋！当母亲听到我们要为她办60大寿，她表示不想那么隆重，简单操办一下即可，但是，60岁是第一个大寿，家人想要大操大办一下！我知道，母亲勤俭了一辈子，她最不主张的就是浪费。正是因为如此，我才要坚持为您举办庆典，您勤俭了一辈子，咱们就浪费一回吧！希望您不要责怪女儿，我只是想要向您表达一下我的孝心，希望在您的余生中留下一个美好的回忆，但愿这个庆典可以给您带来快乐和幸福！

60年，甲子的一个轮回；60年，半个多世纪的时间；60年，沧桑变化、岁月峥嵘；60年，多少风霜雨雪……60年，是一段漫长的岁月，也是一段短暂的时光。60年在历史的长河中并不起眼，但是，对于一个短暂的生命来言，60年是那么地漫长，几乎占有了我们大半的人生。

母亲，您经历了60年的风风雨雨！虽然您的脸上已经刻上了皱纹，虽然您的脊背开始佝偻，但是，您的性格依旧没有变，您依然是那个开朗、乐观的母亲，您依然是那个喜欢操劳的母亲，您依旧是那个喜欢唠叨的母亲，无论您有没有变化，我依旧爱您，您永远是我心目中最美的母亲！

母亲，祝您生日快乐！60 岁不过是人生的第二个开始，现在，您拥有丰富的生活阅历，拥有大量属于自己的时间，儿女们都已经成家立业，孙辈茁壮成长，这个时候，您才进入生命的精华时期，这个时候的人生是最美好的，这个时候您已经领悟了生活的真谛。是谁说的 60 岁是夕阳无限好，只是近黄昏，要我说应当是风景这边独好！母亲，希望您以后将所有的烦恼、操劳放下，可以好好享受生活，享受您的天伦之乐，作为儿女，我们则会尽最大的努力来孝顺您，让您有一个美好的晚年！

最后，女儿在这里祝您福如东海、寿比南山！也祝愿大家笑口常开、青春常在、万事如意！

范文三：庆×××60 岁生日贺词

【致词人】老战友

【致词背景】×××60 岁生日庆典

战友们、朋友们：

大家好！今天是×××60 岁大寿的日子，很高兴能够前来参加他的生日庆典，在此，我代表所有的战友们向×××表示最真诚的祝福，希望老战友在今后的日子里能够越活越精神，身体好、心情好、一切都好！

老战友，欢迎你加入我们 60 岁的行列！老战友，我们已经认识有 40 年了，我们虽然不是同一批进入部队的，可是，我们却有幸能够在一个班集体生活，有幸一起作战多年！不得不感慨时间的流逝啊，当年你是我们班年龄最小的一个，如今也已经 60 岁了，我们从当时的热血战士也已经变成了爷爷辈的人物。

很高兴我们能够成为战友，结下一辈子的友谊。都说战友的情谊深厚，其实一点不错，战友，从祖国各地四面八方而来，聚集在一起，一同出生入死，一同保卫国家，在那个异地他乡，我们远离亲人，驻扎边陲，最亲最近的人谁？有困难的时候谁帮忙？还不是战友！因此，战友之间的情谊是任何人无法比拟的，这是生死与共的情谊，是人间最质朴的情谊！

老战友，我们 60 岁了，人生也已经进入暮年，我们的一辈子也即将有个结尾！回首我们的一辈子，虽然没有很大的辉煌，但是，我们完全可以说：这辈子无怨无悔！是不是这样呢？我们从十几岁就开始投身到保卫边疆的伟大事业中，30 岁专业到地方，继续为地方的建设做出贡献。现在，我们退休了，国家要我们退休，我们就要遵从国家的安排！但是，你要记住，退休并不等于是休息，恰恰是我们人生的另一个开始，从此后，我们虽然不在岗位上贡献力量了，可是我们还可以为家庭、为社会贡献余热！我们以后依然要保持良好的精神状态，以后我们的生活依旧是多姿多彩的！老战友，我知道你是一个倔犟的人，一个不服输的人，我希望你也可以将你那不服输的劲头用到和年龄的争斗中，希望你可以将 60 岁的人生活得像 30 岁一样精彩、20 岁一样有活力！

最后，祝×××生日快乐，愿你万事如意，心想事成！也祝各位老战友、朋友们合家幸福、笑口常开！谢谢大家！

70岁生日贺词

范文一：庆×××70岁生日贺词

【致词人】女儿

【致词背景】在×××70岁生日家人聚会

亲爱的妈妈：

今天是你的70大寿，我们兄弟姐妹特地为您举办了生日庆典，为您祝寿！妈妈，在这里我祝您生日快乐，永远健康！

妈妈，我作为您最小的女儿，同时也是陪伴在您身边时间多长的人，在您那里我得到了比其他哥哥姐姐更多的爱和照顾，我因为有您这样的母亲而感到骄傲！这么多年了，我一直有很多话想对您很说，可是，我一直都没有张开口。今天，我趁着为您祝寿的机会，把自己的心里话都说给您听。

妈妈，因为我是家里最小的孩子，所以从小你就教导哥哥姐姐要爱护我，您对我也是百般呵护。从小我就感到很幸福，因为我们家是一个和睦的家庭，到处都充满了温暖和亲情。这一切的功劳都要归功于您，您虽然没有受过太多的教育，可是，您却拥有无限的智慧，拥有一颗爱家的心。您总是教导我们，要相亲相爱，要和睦相处，哥哥姐姐要照顾弟弟妹妹，弟弟妹妹要爱哥哥姐姐，就是在您这样的教导下，虽然我们有兄弟姐妹四个，可是却从来都没有发生过任何纷争，一直都非常亲密，直到现在我们依旧相亲相爱。甚至我们的下一代也在您的教育下，相处也十分融洽，比亲生兄弟姐妹还要好！妈妈，这是您教给我的第一个人生道理，那就是和家人相亲相爱，亲情是永远不可磨灭的！

妈妈，您是一个正直、善良、坚强的人，因此，您也一直教导我们要做一个正直、善良、坚强的人。以前，我太年轻，并没有深刻理解您的意思，但是，当我经历了社会上的风风雨雨之后，我深刻理解了您的教导。妈妈，正直、善良、坚强确实是我们必须具备的品质，只有那样的人才可以经受得住命运的考验，才可以过得快乐。我相信您教给我的这些，将会是我一生的财富！谢谢您，妈妈！

妈妈，您以前总是问我您在我心中是一个什么样的形象，而我总是随口对您说“一个好妈妈呗”。后来，我仔细想了想，我还真的找不出语言来形容您在女儿心中的形象，我想了很多，勤劳、善良、坚强、正直等等，可是，我都认为不够形象，太过于笼统了！后来，我冥思苦想，终于想到了，那就是您那一张慈祥的笑脸，无论到什么时候都笑口常开的模样。是的，微笑的您是最美的，也正是您的笑容陪伴我长大，直到现在只要看见您的笑容，我的所有烦恼就会立刻消失。妈妈，你的笑容，将是我一生最美的画面！我希望您以后依旧笑口常开、开心度过每一天！

范文二：庆×××70 岁生日贺词

【致词人】孙女

【致词背景】×××70 岁生日庆典

各位亲朋好友们：

大家好！欢迎你们前来参加我奶奶的 70 大寿庆典！在这里我代表我们全家向你们致以最热烈的欢迎！感谢大家能够百忙之中抽出时间赏光前来，也感谢大家对我奶奶的关心和爱护！

这是一个金风送爽、秋菊盛开的日子，在这个美好的日子里，我们盼来了×××女士，也就是我奶奶的 70 大寿，在这个高兴的时刻，我们欢聚一堂共同庆祝！在此，我祝我的奶奶生日快乐，并赠送一副对联：增福增寿增富贵，添光添彩添吉祥！希望奶奶今后可以越活越年轻！

俗语说：人生七十古来稀。70 年的沧海桑田、70 年的风雨相伴，奶奶的额头上有了岁月的痕迹，奶奶的头发也已经两鬓斑白，但是，此时的奶奶依旧神采奕奕，依旧精神矍铄，她乐观开朗的性格依然具有强大的感染力，她依旧是我们家的活宝！

奶奶的一生非常不容易，在我爸爸很小的时候，爷爷就不幸去世了！从此，奶奶用她瘦弱的肩膀扛起了整个家，并且含辛茹苦养育了四个孩子！记得爸爸说过，当时奶奶才 30 多岁，很多人都劝她改嫁，可是，奶奶舍不得孩子们，怕孩子们受苦受气，于是她毅然决定独身一人抚养子女。那个年代，一个母亲独自抚养四个孩子是多么地艰难，可是，奶奶用她坚强的意志挺了下来，并且还让叔叔和小姑上了大学。一个如此贫困的家庭，能够培养出大学生，是多么地不容易！我无法想象，奶奶是如何熬过那段艰苦的日子的，在这里我能对奶奶表达一下我对她深深的敬佩！

不过，苦尽甘来，儿女们成人后，奶奶的苦日子也结束了！谁言寸草心，报得三春晖！如今，奶奶的四个孩子不仅都小有成就，而且非常孝顺。不但如此，奶奶儿孙满堂，个个都非常孝顺奶奶，尊敬奶奶！现在，奶奶就是我们全家的福星，我们都以最大的能力来给奶奶一个更加舒适美好的生活！奶奶的辛苦没有白白付出，奶奶无私的爱得到了回报！

在这里，我代表孙子辈的所有人向奶奶拜寿，感谢奶奶对全家的付出，感谢奶奶对我们的悉心照料，感谢奶奶教育我们做人的道理！最后，我祝愿奶奶身体健康、永远幸福！也祝各位长辈、亲朋好友平安健康、合家欢乐！谢谢大家！

范文三：庆×××70 岁生日贺词

【致词人】侄女

【致词背景】×××70岁生日庆典

各位来宾、各位长辈、各位亲友：

大家好！今天，是我叔叔的70大寿，感谢你们能够前来参加庆典，我代表我们全家向你们表示热烈的欢迎！作为侄女，我代表家里人祝您福星高照、寿比南山！

叔叔，在我的心中，您一向都是最受尊敬的长辈，而且也是家族中德高望重的老人！只要有人提起您，都会肃然起敬！因为，您不仅是一个正直、善良的人，也是一个乐于奉献、无私奉献的人！

首先，我要感谢您对这些年来对我的照顾，您在我的心中地位和我父亲一样！从我上学起，我就开始住在叔叔家，这一住就是九年，从小学到初中，直到我高中住校才离开您家。在这九年的时间里，您和婶婶就像是我的父母一般照料我，而且您和婶婶从来没有怨言，而且生怕亏待我，总是给我最好的，有的时候甚至对我比堂弟还要好，你们做的这些我都一一记在心中！对自己的侄女犹如亲生女儿一般，相信没有几个人能够做到，但是，您做到了，因此，您是伟大的，作为侄女，我对您的恩情无以回报，只能够在今后多多孝顺您、照顾您！侄女衷心希望您和婶婶有一个幸福的晚年！

其次，我要感谢你对爷爷奶奶的照顾！作为一个儿子，您是一个孝顺的典范！因为工作的原因，爷爷奶奶的其他子女距离他们比较远，于是，照顾他们的重任就落在了您和婶婶肩上！爷爷奶奶的晚年非常幸福，即使是爷爷最后一年瘫痪在床，您也是精心照料，从来没有让爷爷有过一次褥疮。爷爷奶奶由您这样孝顺的儿子，我替他们感到高兴，同时也谢谢您多年的付出！

最后，我要感谢您对我父母的帮助！叔叔您是一个聪明智慧的人，因此，在改革开放初期您就凭着胆识和勇敢，发家致富了！您是我们家族第一个富裕起来的人，但是，您在富裕过后并没有忘记兄弟姐妹，是您带领全家走向发家致富的道路，如果没有您，也就没有我们现在的生活！我清楚地记得，您对我爸爸说过：一个人过好不算好，只要大家都好才是好！叔叔正是因为您有这样无私的精神，才会有了今天幸福的日子，才会有了我们这个团结、和睦的大家庭，在此，我向您表示深深的感谢！同时，也要向您好好学习，做一个孝顺、无私的人！

在这里，我祝叔叔和婶婶身体健康、永远幸福！也祝在场的各位来宾、长辈、亲友、朋友们万事如意、合家幸福！谢谢大家。

80岁生日贺词

范文一：庆×××80岁生日贺词

【致词人】女儿

【致词背景】×××80岁生日庆典

各位来宾、各位朋友：

大家晚上好！感谢你们能够前来参加我父亲的80岁生日庆典，在此，我代表我们全家人向你们表示衷心的感谢！作为女儿，在这个值得庆贺的日子里，祝父亲生日快乐、身体安康！

父亲已经80岁了，父亲的一生十分不易，从18岁就开始为了生存到处漂泊，他走南闯北、颠沛流离，饱尝了人间的艰苦，不过那些都过去了！新中国成立后，父亲进入了国营大厂工作，后来经人介绍认识了母亲，生下了我们兄弟姐妹五个。当时的生活是困难的，即使父母都在工作，可是要养育我们五个人也是非常吃力的，因此，我们的日子过得十分清贫，可是，清贫的日子并没有影响到我们的幸福！或许是曾经受到很多磨难，父亲拥有非常乐观、积极的心态，即使在食物紧缺、我们只能以稀饭糊口的日子里，他依旧给我们讲故事、说笑话，把我们逗得哈哈大笑，因此，在童年困苦的日子里，我没有留下任何痛苦的回忆，反而充满了快乐的笑声！这一切都要感谢父亲！渐渐地，我们都长大了，陆陆续续离开了父亲身边，父亲也退休了。退休后的父亲，操劳了一辈子却没有停下忙碌的脚步，他义务到街道当起了宣传员，为大家服务，发挥着他的余热。如今，父亲虽然已经80岁了，可是父亲身体硬朗，心态积极，丝毫不比年轻人差，希望父亲能够永远保持一份好心态，拥有一个好身体！

都说父爱如山，其实一点没错，母亲对我们的爱就想涓涓细流一般，从琐碎的事情一点一滴给予了我们，但是父亲不一样，他总是在关键的时刻给予我们指导，指引我们走向正确的人生道路！这种爱是深沉的，是伟大的，感谢父亲给予了我这样的爱，并让我受用一生！父亲，或许您不认为自己多么伟大，您认为您只是做到了一个父亲的责任，可是，在儿女们的心中，您的形象永远是高大！即使您现在的身体已经弯曲，即使您现在已经满头银发，可是，在女儿眼中，您依旧是伟岸的！

父亲，我一直认为我是幸福，你知道为什么吗？因为你和母亲十分开明，非常理解和支持我们，你们从来不会无缘无故训斥我们，我们作任何的决定您都会理解我们、支持我们，正是因为有你们的理解和支持，我们兄弟姐妹五个才能够有今天的成就！父亲您对子女的开明，不仅影响了我们一生，也影响了我们对下一代的教育，我们秉承了您的生活态度，延续了您的开明思想，因此，我们家一直都处于和睦、融洽的状态，没有任何的纷争，有的只是互相帮助和体贴！

父亲，在您80岁生日庆典的今天，女儿只想对你说一句：我永远爱您！

范文二：庆×××80岁生日×××贺词

【致词人】外孙

【致词背景】×××80岁生日庆典

各位长辈、亲戚、朋友们：

大家好！今天是我姥姥的 80 岁的生日，欢迎大家能够前来参加姥姥的生日庆典！自此，我代表全家向各位的到来表示热烈的欢迎！感谢各位对我们全家的支持和关心！今天，是我最爱的姥姥 80 大寿，在此，我祝姥姥健康长寿、笑口常开！

我们的老寿星是一个中国最典型的母亲，她和朱德的母亲一样，具有所有中国劳动女性的优点，她无私、善良、勤劳、质朴、坚强、勇敢。她的一生几乎都是在为他人奉献，她的一生几乎都是在为他人忙碌，因此说，我的姥姥是伟大的，我的姥姥用自己的一生来诠释了一个生活的真理！

姥姥一辈子都闲不住，她年轻的时候，生育了六个子女，其中一个就是我的母亲，在 50 年代，刚刚解放的时候，姥姥不仅要照顾孩子、做家务，还要到田间地头劳作挣工分！在那个艰苦的日子里，人人都为温饱而努力着，可是，姥姥家却因为姥姥持家有道而井井有条，即使是在极度困难的时期，全家人也都熬了过来！直到现在，我还常常听我到我妈妈讲述他们小时候的故事，故事中的情景我是无法切身体会的，但是，我能深深感受到姥姥才是真正的生活智者！

我从小在姥姥的身边长大，是在姥姥的照顾和教育下长大成人，从姥姥的身上我学到了很多东西。比如勤劳，姥姥每天早上总是 6 点起床，接着锻炼身体、做早饭、忙碌家务，在姥姥照顾下，我也养成了早起的习惯，因此，我小时候上学从来没有迟到过，总是早早就赶到学校了！比如乐观，姥姥总是很乐观，我们家常常都能听到姥姥的开怀大笑，姥姥说过：人生在世哪有十全十美呢？只要我们积极面对，就能开开心心了！比如善良，姥姥从来都是一个善良好心的人，看到大街上乞丐，总是会给予帮助，看到电视上演的穷苦人总是会落泪。俗话说：好心有好报！在此希望如此心善的姥姥能够有一个愉快的晚年！

姥姥，在此我感谢您对我的教导和照顾，也感谢您对全家的奉献和付出！我希望今后的日子里您能幸福快乐！在此，我也祝愿在场的各位长辈、亲戚、朋友们身体健康、合家幸福！

范文三：庆×××80 岁生日×××贺词

【致词人】学生

【致词背景】×××80 岁生日庆典

尊敬的各位领导、各位来宾，各位同学：

大家好！今天是我们敬爱的班主任——×××老师的 80 岁生日，在这个值得庆祝的日子里，我能够代表×××学校×××界×××班的全体同学向老师致贺辞，我感到非常荣幸，心情也非常激动！在此，我祝老师生日快乐，福如东海、寿比南山！

老师，世界上一个伟大的称呼，世界上一个受人尊敬的职业，世界上最闪耀的一颗星！老师就好像是我们人生的启明星，指引我们走向人生的道路；老师就好比是一团火焰，照亮未来之路！人的一生能够有一个给予你知识，指导你人生的老师是幸运的，而我们×××班的全体同学也是幸运的，因为我们拥有一个好老师，是这位老师将我们送上了社会之路，是这位老师让我们对人生多了一层理解！老师，我代表全体同学在这里对您深情地说一声：谢谢！

记得二十多年前，我们一群意气风发的同学们刚刚踏入×××学校的大门，我们还是一群孩子，一个个乳臭未干。我们对未来没有多大的规划，只是心中有些许的幻想！我们有幸遇见了你，我们的亲爱的×××老师，在您的教导下，我们顺利度过了三年的师范生涯！在那三年的时间里，您不仅教给了我们科学知识，也教给了我们做人的道理、为人师的责任！当我们走出校园、走向工作岗位的时候，我们没有忘记您的教导，我们秉承了您的师德，以教书育人为己任，努力为社会培养人才！

如今，您的学生们也已经成为了稳重的中年人，再也没有当年的莽撞和冲动了！您的学生们也个个成为了教育界的佼佼者，其中不乏校长、干部、优秀教师等等。我们能够取得今天的成就和您的教育是分不开的，是您的言传身教、谆谆教诲成就了今天的我们。桃李满天下，是对您最好的诠释，您就是这样一位桃李不言，下自成蹊的人，我们从心底里永远感激您！

老师，上学的时候，您总是对我们说：学高为师，身正为范。以此来教育我们为人师表的道理，而您也用自身给我们真实地再现了一个老师的最高德行！您一生淡泊名利，视金钱如粪土，将事业当做自己毕生的追求，在您的60年的教育生涯中，您一直是任劳任怨、兢兢业业工作，从来不计较得失。您用那小小的粉笔诠释了一个老师的一生，您在三尺讲台上为我们树立了一个高大的形象！老师，您不仅是我们的老师，您还是我们的父亲，您教给我们的为人做事道理将是我们一生最宝贵的财富！我们也会继续发扬您的精神，延续您伟大的师德！

最后，在您80诞辰的庆典上，请您接受您的学生对你的忠心祝福，祝您梅竹平安春意满，椿萱昌茂寿源长，岁岁平安、年年安康！同时，也祝愿在场的各位领导、各位来宾、各位同学家庭幸福、工作顺利、万事如意！谢谢大家！

百岁生日贺词

范文一：庆×××百岁诞辰贺词

【致词人】单位领导

【致词背景】×××百岁诞辰庆典

各位来宾、朋友们：

大家好！很荣幸能够前来参加×××老年生的百年诞辰庆典，在此，我代表单位的全体领导班子以及所有员工向您表达最衷心的祝福，祝您寿比松龄，福寿康宁！

×××老先生是我们单位德高望重的员工之一，也是深受我们爱戴和尊敬的老前辈！我们工厂成立于上世纪30年代，老先生就是我们工厂的第一批员工，那个时候，老先生还是一个20岁出头的小伙子。他进厂的时候还是一名学徒工，没有丝毫的技艺，可是，老先生具有很强的钻研精神，三年出徒以后，他就可以独当一面，成为了一个熟练的技术工。但是，他的追求没有仅仅止于此，他还不断自学，有时间还会跑到大学课堂去旁听。当时，我们国家的技术是落后的，不要说技术，甚至连指导书都很少，很多都是从国外拿过来的英文本。老先生为了进一步提高自己的水平，就开始自学英语，在没有任何人指导的情况下，仅凭着一腔热血，他就自学成才了！

解放后，国家为了大力发展工业，培养人才，决定从我们厂选派三人到国外学习，老先生就是其中一个，也是我们新中国成立后第一批派遣的留学生。三年后，老先生学成回国，成为了我厂重要的技术人才！随后的几十年，老先生一直兢兢业业、努力钻研，不仅研究出了新的技术，还为我厂培养出了一大批有用的人才。老先生退休后，不甘寂寞，自主自愿为我厂提供服务，继续发挥自己的余热，直到现在，他还依旧关注着我厂的发展。可以说我们厂能够有今天的成就老先生功不可没，而他也将是我们厂永远的丰碑，永远的模范！

总结×××老先生的一生，他给我们留下了太多的人生财富。老先生拥有刻苦钻研的精神，一辈子为事业奋斗，兢兢业业、无怨无悔！老先生对知识有着执著的追求，他坚信知识就是力量，知识可以改变命运！老先生淡泊名利，从来不会为了任何个人利益而斤斤计较，付出从来不计回报！老先生的这些精神，是我们现在社会中缺少的，也是值得我们学习的，希望，我们单位所有员工能够学习和发扬老先生的精神！

看到老先生百岁高龄还如此健康，我非常高兴，希望老先生能够永远健康、开心，祝您生日快乐，福如东海、寿比南山！

范文二：庆×××百岁生日贺词

【致词人】孙子

【致词背景】×××百岁生日

各位来宾、各位邻居、亲朋好友们：

大家上午好！欢迎大家前来参加我奶奶的百岁生日庆典，在这里我代表我们××家族向大家表示衷心的感谢！在这个大喜的日子，我作为老寿星的孙子，代表××家族向奶奶致贺辞，我感到非常高兴。在这里我祝愿奶奶福如东海、寿比南山！

古人说：人生七十古来稀。当时70岁已经是非常稀罕的了，虽然现在随着

生活水平的提高，70岁的老人虽然不稀罕了，但是，能够活得100岁的依旧不多见。今天，咱们能够有幸见到百岁老寿星，是我们的幸运，也是我们的福气。虽然我们的老寿星百岁了，可是，依旧精神矍铄、手脚灵活、头脑清醒，自理生活没有一点问题，这样健康的百岁老人，是我们家的福气，也是我们整个家族的骄傲，希望奶奶能够再接再厉，打破世界长寿纪录！

很多人都问过奶奶长寿的秘诀，虽然说人人都希望长寿，甚至不惜拿钱去买健康，但是，真正能长寿的人并没有几个人。在这里，我就给大家传授一下奶奶长寿的秘诀。奶奶出生在一个富裕的家庭，从小就接受了良好的教育，后来一直担任着中学的教师直到退休，是个名副其实的知识分子！因此，奶奶非常喜欢读书，直到现在她每天还会读上两个小时的书报，每天都会看新闻，关注国家大事。或许正是因为这样的做法，让奶奶的头脑非常灵活，思维非常清晰！奶奶还是一个乐观的人，奶奶的一生虽然没有经历过太大的灾难，可是，也有过艰难困苦的时候，但是，奶奶无论遇到什么事情都非常乐观，并且在自己有磨难的时候，不忘记开导他人。奶奶就是这样一个乐观的人，因此，我认为一个好的心态才是长寿的最重要因素。最后，老寿星一生都坚持锻炼，虽然现在百岁了，可是，她的手脚依旧灵活，每天都会在院子里散步、活动筋骨。这样一个心态良好、具有良好生活习惯的人，怎么能够不长寿呢？因此，我希望大家都能够想奶奶一样，拥有一个好心态，拥有一个好身体！

最后，我要感谢我的爸爸妈妈、叔叔婶婶、姑姑姑父，感谢他们对老寿星的悉心照顾。百善孝为先，我在他们身上看得真真切切，同时也为我们后辈人树立了良好的典范，使得我们×××家族成为了方圆十里出名的和睦孝顺大家庭。在此，我祝愿所有的长辈们健康长寿、一生平安！也祝各位来宾、各位邻居、亲朋好友们家庭幸福、平安快乐！

范文三：庆×××百岁生日贺词

【致词人】嘉宾代表

【致词背景】×××百岁生日庆典

各位来宾、朋友们：

大家好！新春将至、万象更新，在岁末的季节里，我们迎来了一个重要的日子——×××老先生百岁生日！一个月前，我们就开始给老先生筹备此次的生日庆典，我们心情十分激动，这还是我第一次为一个百岁老人筹备生日。终于在精心的准备中，我们迎来了今天的生日，大家欢聚一堂，共同来为这位百岁老人庆贺！在这里，我代表所有的嘉宾向×××老先生献上一副对联：蓬莱盘进长生果，玳瑁筵开百岁觞。希望×××老先生福如东海、寿比南山！

一百岁，是多少人向往的年龄，是多少人的理想，能够经历百年的风雨沧桑简直就是奢望，但是，我们今天就见证了这个激动人心的历史时刻，一位百岁老人就坐在我们的面前！我为你感到自豪、感到骄傲！

岁月将痕迹留在你的脸上，变成了皱纹，似乎在对我们诉说你一生的经历！可以说你的百年人生就好比是一个传奇，你就是我们后代永远敬仰的对象！您在年轻的时候，曾经参加过抗日战争，为保卫国家奉献了自己的青春，国家成立后，你又立刻投入到新社会的建设中，为国家的强盛贡献自己的一份力量！你的一生都是在奉献中度过的，你从来都不要求得到多少，却只管一味地奉献，但是，你无怨无悔！你这样伟大无私的精神，是我们永远学习的榜样！你这样的精神，不仅塑造了一个高尚的自己，而且影响了几代人，如今，你四世同堂，无论儿子、女儿、媳妇、女婿，还是孙子、孙女、外孙、外孙女，个个都是为人正直的人，甚至你的重孙子、重孙女、重外孙、重外孙女也都个个积极向上，学习优异，家族能够如此兴旺，个个都有高尚的品德，不得不说是因为你教导有方。在你的言传身教之下，相信，×××家族一定会成为一个有名望的家族，香火永续，长盛不衰！

祝老寿星增寿延年、筹添海屋，也希望各位来宾、朋友们身体健康、幸福美满！

第七章　庆升学贺词

中考和高考是人生中的两座独木桥，千军万马在过，然而最终能通过的只是其中的少数人。最令人欣喜的，自然是学子们金榜题名、拿到录取通知书了，这时候不仅自己会喜悦万分，家人也会为子女而感到骄傲。为了庆祝这件喜事，自然免不了置酒设宴，广邀亲友来参与了。当你受邀去赴宴时，可不要以为备上一份精致的礼物就足够应付场面了，你还得准备一段恭贺学子升学的贺词呢。

庆典之道

来宾贺词的特点

庆升学贺词，不同身份的人说话的内容不同，所表达的感情也不同。

普通的来宾或主持人致词，大致有三点：一是表示祝贺，如“×××同学以优异的成绩考入了×××学校，在此我向你表示祝贺”；二是称赞学子及其父母付出的努力，“×××同学在学校刻苦用功，才换来了今日的回报”，“×××的父母是伟大的父母，他们对×××无微不至的关心和教育，他们的孩子才能在一个良好的环境下学习进步”；三是寄语学子，表达自己的祝愿，如“希望你步入新的校园后，能再接再厉，续创辉煌!”。

若是父母的亲友或同事，可能或侧重于说些为人父母育子不易的话，并以长者的身份对学子提出告诫或传授一些经验，比如说“我与×××的父亲共事多年，对他和他的家庭最了解了。他们夫妇为了培育孩子，付出了太多的艰辛血汗，我这位同事每次一下班，他都会赶回家去陪伴儿子，公司里的活动和应酬他是从来不参加的，×××的母亲更是伟大，她全面负责照顾×××的生活，对于×××的衣食起居她时刻在意着，生怕孩子在生活上会出现什么不适的情况”，当然也少不了向学子表示一番祝贺了，“今天×××收到了××大学的录取通知书，×××圆了梦想，他的父母更是熬出了头，在此我要真诚地恭喜你们”。

学校的领导或者师生，则会重点夸赞学子在校勤奋好学，老师会说“×××同学是班里同学中最刻苦的，我们一直对他寄予厚望，他也没有辜负大家的期望”；学生可能说“×××和我是多年的同窗，他对于学习的那股劲儿永远都旺盛，和他在一起读书，他会感染你，让你永远都不想放松懈怠”；轮到学校领导讲话，可能校长会打官腔说“×××学生是学习标兵，我们应该号召全体学子向他学习”等等。

父母在宴会上的礼仪

父母在升学宴上的角色，绝不是只向子女表示祝贺那么简单，父母需要注重礼仪方面的细节，所以，他们在致词时，通常包含了很多内容。

第一会先感谢来赴宴的宾客，常会说“各位来宾能在百忙之中来参加这次宴会，我和我的家人表示深深的感谢”。

第二就是对子女学业有成表示祝贺。中国的大多数父母在教育子女的过程中，总是鞭策得多，鼓励得少，但是在这个苦尽甘来的好日子里，他们也一定不会吝啬赞美之语，因为这个时候，为人子女的学子们，最希望得到的，就是父母的肯定。父母可能有时候会回忆以往养育子女的情形，发出一些感慨，他们会说，“这十几年来，为了子女的学业，×××很辛苦，我们做父母的也很劳累。”

第三是对子女关于将来的路提出告诫或者希望，“孩子，升学只是你万里长征的一步，接下来你还要更长的路要走，你一定要坚持住，若想人上人，需熬苦中苦。”。

第四就是代表学子向他的老师同学以及其余帮助过的人表示感谢，这时候的感谢是非常重要的，人都需要学会感恩，特别是像升学宴这样的重要场合，其实升学宴，既是庆功宴，也是感恩宴，学子一家应当感谢每一个关心和帮助他们的人。

最后少不了对众位来宾再次致谢，并请大家尽情畅饮。如“感谢你们的光临，要是有什么地方招待不周，多多包涵。”

学子如何做好宴会的主角

学子是升学宴的主角，是宴会所有人注目的焦点，学子的任何一点表现，都会被来宾及父母看在眼里，即便学子不够老练成熟，在这个属于自己的时刻，在这个属于自己的场合，都应该学会如何将自己完美地展现给大家。

首先，学子必须注意自己的衣着打扮，切忌不能穿着随便，或者时尚潮流，这样会给人一种流里流气的感觉，也不需要你西装革履、衬衫领带，毕竟你还是个学生，不是社会人，最好也不要穿学生装，会让人觉得你不成熟，也许事实如此，但是在那个时刻，大家都期待你成熟长大。其实学子的着装只需要简单，穿一件平日在学校的生活装、或者生活中的一件正式衣服就行了，是否漂亮不重要，重要的是给人一种干净质朴的感觉。

学子还要在礼节上得体。来参加升学宴的宾客，基本上都是自己的长辈和老师，他们都是你敬重的人，所以在宴会上，学子一定要在礼节上做到位，比如说在客人莅临时，如何欢迎他们，宴会上学子要向客人敬酒，怎么安排顺序，敬酒的时候说些什么，这些都是至关重要的礼节，不可马虎，更不可紧张。

学子的致谢词是宴会的核心和高潮部分，也是学子在宴会上的最佳表现机会，如何说出一篇条理清晰、内容充实的致谢词，这是对学子的最大考验。一般来说，学子的致谢词有三大部分：第一部分是总结，先回顾自己多年来的学习和成长历程，对于其中的对与错、得与失做一次全面的总结；第二部分是感谢，要感谢父母的培养，老师、同学的帮助，以及亲朋好友无私的关心与支持，感恩，是致谢词中最重要的环节；第三部分是希望，学子应表明自己升学后的目标和方向，并表示决心，将为了更高的目标而努力奋斗。

妙句共赏

经典妙词

升学是学子们人生中的大事，当年去参加学子的升学宴时，切记言词上要谨慎，升学宴可是一个文化氛围浓郁的场合，你的贺词可不能太平淡了，最好加上一些绝妙好词，不仅能烘托宴会的气氛，还能展示自己的才华哟。

升学宴常用词及场合如下：

对学子的贺词：祝贺升学、天之骄子、上帝宠儿、学业有成、德才兼备、天道酬勤、一分耕耘一分收获、夙愿得偿、梦想成真、独占鳌头、一举夺魁、三元及第、三载登科等等。

对学子父母的贺词：令郎登科、令爱题名、育子有方、苦尽甘来、教导不倦、艰辛得报、教子成龙、教女成凤、等等。

常用贺词：秋收硕果、平步青云、金榜题名、荣登科第、国家栋梁、前程似锦、功成名就、十年磨一剑、年少有为、十年寒窗、一朝成名、青云直上、勇挑重任、立志报国、有志者事竟成等等。

经典妙对

登科及第是中国古往今来所有人都期盼的一大喜事，每当有人金榜题名，自然少不了吟诗作对来咏唱了，如今的人们很少吟诗了，然而作对还是至今的习俗。在学子的升学宴上，兴致高昂时，怎能不来一副绝妙的对子来卖弄一下自己的文采?

在这里为大家精选了一些经典对联：

书蕴海，桃李芬芳仕途好；学登峰，山河锦绣前程明。

苦经学海不知苦，勤上书山自恪勤。

十年修得金榜名，百年化出人上人。

自古风流归志士，从来事业属良贤

青春有志须勤奋，学业启门报苦辛。

一年之计春为早，千里征程志在先。

持身勿使丹心污，立志但同鹏羽齐。

天下兴亡肩头重任，胸中韬略笔底风云。

入学喜报饱浸学子千滴汗，开宴鹿鸣荡漾恩师万缕情。

书山高峻顽强自有通天路，学海遥深勤奋能寻探宝门。

金榜为梯，智者时时晓征途；题名作镜，仁者处处明幻思。

跬步启风雷，一筹大展登云志；雄风惊日月，十载自能弄海潮。

赤凤冲天，遍洒祥雨润九州桃李香；青鸾相随，一腔热血闯华夏逞英豪。

鲤跃龙门，勿数日日，无数日日皆成晶；金榜题名，如是汗水，入是汗水以为沛。

十载求学纵苦三伏三九无悔无怨，一朝成就再忆全心全力有苦有乐。

乘风踏浪我欲搏击沧海横流，飞鞭催马吾将痛饮黄龙美酒。

卧虎藏龙地豪气干云秣马厉兵锋芒尽露，披星戴月时书香盈耳含英咀华学业必成。

经典妙句

◆天空在召唤着你展翅飞翔，海洋在呼喊着你扬帆远航，高山在激励着你奋勇攀登、平原在等待着你信马由缰。出发吧，愿你前程无量！快乐需要分享，快快行动吧！

◆有这样一句话："每个人都能成为自己的建筑师。"祝愿我们在走向生活的道路上，用自己的一双手，建造我们自己的幸运大厦。

◆在我的印象中，你一直很珍惜光阴、勤奋好学，我想上帝是公平的，你是在学习上奋斗进取的不懈追求，让你在学业上有如此的成就。祝贺你，朋友！

◆我的朋友，你被理想的大学录取了，这是你人生中一个重要的里程碑，我很羡慕你，你就是那上帝的宠儿！

◆那些不分日夜勤苦学习的日子过去了，那几天紧张激动的高考也过去了，听说你被心中属意的大学录取了，这真是改变你命运的一件大喜事啊！

◆在你即将步入大学殿堂时，送你一句祝福，祝你：所有的希望都能实现，所有的追求都能如愿，所有的等候都能出现，都有的付出都能兑现！

◆刻苦的学习，只为考取理想的的大学，有的人顺利跨国，更多的人却望尘莫及，然而，你通过自己的努力，圆了学业之梦，特地向你表示祝贺！

◆恭喜恭喜，祝贺祝贺！真是有志者事竟成，你的努力使你考入了自己理想的大学，这是一件多么值得骄傲的事情，我要向你表示热烈的祝贺！

◆三年同窗，我一直都很佩服你的毅力，在学习上，你总是那么优秀，那么出色，想必只有你才了解你自己的付出，否则也不会有今天学业上的成功，真诚地祝贺你！

◆我为你高兴，为你祝福！你考入全国著名的大学，这不仅是咱们班级的骄傲，更是你父母的骄傲。你完成了一件光宗耀祖的大事，我要再一次向你表示祝贺！

◆恭贺你考入了梦想的大学，过去那段艰苦拼搏、努力奋斗的学习生活终于可以告一段落了，在这个假期里，希望你能做自己想做的事，吃自己想吃的饭，睡个安稳觉，过个好假期！

◆你收到了梦寐以求的大学通知书，真诚地祝贺你！你实现了你的奋斗目标，你是好样的！在今后这段时间，我想你应该彻底地放松一下，将过去的烦恼劳累统统忘掉，开开心心度过每一天！

◆祝贺你升入大学！我要送你一句话：“努力珍惜今天，热情拥抱明天，那么，未来一定属于你！

◆十年寒窗多艰苦，一朝成龙上青天！祝贺你闯过了高考这座独木桥，真诚地祝福你，未来的人生一帆风顺！

实用贺词赏析

庆升学宴父母贺词

范文一：父亲在子女升学宴上的贺词

【致词人】学子父亲

【致词背景】儿子升学宴

各位领导、各位师生、各位朋友：

大家晚上好！

今晚为了庆祝儿子以优异的成绩考入北京××大学，我特意在××酒楼设下升学宴席。众位嘉宾能如约而来，大家相聚于一堂，我代表我们一家三口，向大家表示热烈的欢迎和真诚的感谢。

儿子考上大学，是他人生中一个重要的转折点，以后他将会开始人生新的征程。回忆起孩子的学习及成长历程，有很多人都为之付出心血，此时此刻，我有很多话想说，我想对很多人说一声“谢谢”。

首先是我的妻子。在我们这个家庭里，你最是操劳了。我因为工作忙碌的关系，经常不在家中，是你时时刻刻陪在儿子身边，照料他，将他养育成人。特别是儿子上高三这一年，为了能给儿子提供一个好的学习环境，每日都给儿子送

饭，给他洗衣服，负责了他生活中的一切杂事，儿子才得以有更多的时间投身学习中。如今儿子金榜题名，你真的是劳苦功高。老婆，多谢你了。

其次，我要感谢在学校中帮助儿子进步的师生及领导，是你们的责任心和友爱心，令我的儿子可以不断地进步与成长。我还记得去年的十一月份，儿子因为感冒，不能去学校上学，他的班主任×老师专门在周日那天来看望他的学生，×老师不仅给儿子送来了全班学生的祝福，还给儿子补习了那周落下的课程。正是×老师的那次探望，才使儿子能够在病愈后去上学时，可以赶得上班级的学习进程。

最后，我要感谢所有关心和帮助过我的家庭的朋友们，由于你们的存在，使我们一家人感受到了人间自有真情在，相信了这个世界上还有温暖的地方。我对生活充满了信心，影响了我的儿子也在学习中信心十足，这也是他成绩优异的重要因素。所以，我要说，感谢你们，感谢你们一直以来无私的支持！

对于我的儿子，我也有几句话要说。你考入了理想中的大学，我为你自豪，你是我的骄傲。然而我也要告诫你，“吾生也有涯，而知也无涯”，希望你能不自满，在求知的道路上勇往直前，使你在大学四年得得到磨炼，学有所成，争取以后成为硕士、博士，再创辉煌！

我的话讲完了，最后祝福众位嘉宾身体健康、工作顺达，合家幸福、万事如意！谢谢！

范文二：父亲在子女升学宴上的贺词

【致词人】学子父亲

【致词背景】女儿升入大学庆祝宴会

各位尊敬的来宾，女士们，先生们：

大家好！

首先，请允许我代表全家人，向百忙之中前来参加今晚宴会的众位师生亲友表示衷心的欢迎和感谢。

作为一名父亲，女儿能以优异的成绩考入理想的大学，我感到十分骄傲，我为她高兴，为她自豪，所以我今天特意设下宴席，请诸君一起来与我们分享女儿升学的喜悦。

回想20年前，女儿刚出世时，我的心中就压下了一份沉甸甸的责任，这20年来，为了使女儿健康成长，我和爱人费心劳累，只为让女儿快些长大。20年后，女儿回报给我优异的高考成绩和全国重点高校的录取通知书，那一刻我才感到一丝欣慰和轻松。女儿没有辜负我们对她的期望，她凭着自己的努力圆了她的大学梦。

当然了，培育女儿绝不是我们做父母的功劳，她能考取如此骄人的成绩，与学校老师们对她的谆谆教诲是分不开的，不论是小学老师、还是初高中老师，在对我女儿的教育上，你们都有不可忽视的贡献，还有所有曾经帮助过她的善良之人，在此我一并向你们表示感谢，谢谢你们对我女儿的关心和教育。

女儿马上就要离开我们，去远方的城市就读，她要脱离她的父母，独自走向社会了，在这里我向对女儿说一句，步入大学只是你人生旅途中的第一步，希望你永不自满，在往后的日子中百尺竿头，更进一步。我和你的母亲永远在看着你，支持你。

最后，我想再次向今晚宴会的来宾以及多年来帮助我们的朋友们表示我最真心的感谢，祝福你们合家幸福、万事如意！此时此刻我有些激动，虽有千言万语，但现在只化成一句话：大家吃好喝好！谢谢！

范文三：母亲在子女升学宴上的贺词

【致词人】学子母亲

【致词背景】儿子考入大学庆祝宴

各位远道而来的朋友：

欢迎你们的到来！

今晚我和丈夫在××酒店内摆下这桌宴席，为的是和众位朋友一起来分享我儿子考上大学这件喜事。对于盛情莅临的老师、学生、领导、同事、朋友，我代表全家人表示真诚的感谢和欢迎。

儿子寒窗苦读十年，今年在高考中稳定发挥，取得了优异的成绩，他终于得偿所愿，收到了梦寐以求的大学录取通知书。我为我儿子感到高兴和自豪，这不仅是他的荣耀，也是全家人的骄傲，更是在座每一位来宾的骄傲，因为你们都曾关心和帮助过他。

然而，想到儿子即将升入大学，离家而去时，我又忍不住有些伤感。回想起儿子出生时，他牙牙学语时的可爱情景，仿如昨日。没想到转眼间，他已经长大成人了，就要远离我们去别的城市了，时间过得太快了。作为一个母亲，我真是舍不得儿子的离去。儿子劝过我说，妈妈，我已经长大了，可以一个人去拼搏了，你以后不用再为我操劳了。儿子长大了，他知道体贴父母了，可是他不明白，那逝去的20年光阴，虽然辛苦，但是每天能看到儿子，就觉得十分温馨。

儿子离家求学的事实已无法改变，在这儿我只想对他说一句话，考入大学只是你人生中万里长征的第一步，人生的道路漫长辽阔，你要坚持下去。“一年之计春为早，千里征程志为先”，希望你能保持一个拼搏进取的心，要在人生的阶梯上越走越高。

今晚是儿子的升学宴，也是对大家的致谢宴。感谢老师们对儿子的不倦教诲，感谢各位学生对儿子的真心相助，感谢各位亲朋好友，你们对儿子无私的支持和呵护，使他得以健康的成长。我和丈夫对大家十分感激，谢谢你们。

你们的恩情无以为报，唯有祝福你们健康长寿、生活幸福了。好了，我也不再多说，就请大家今晚在这里痛快畅饮，尽兴吃喝。若有招待不周之处，万请见谅。

范文四：母亲在子女升学宴上的贺词

【致词人】学子母亲

【致词背景】在女儿的升学庆祝宴上致词

各位朋友、各位老师、各位同学：

大家晚上好！

今晚大家相聚在这里，来参加我女儿的升学宴会，我代表我的家人表示深深的感谢和欢迎。我知道有的朋友是忙中抽空，有的朋友不远千里，我能感受到你们的诚意，所以我非常感激。

今日上午，女儿收到了她第一志愿大学的录取通知书，当时是激动万分，我也替她高兴，在这里我要对女儿表示祝贺，她的勤苦耕耘终于收获了回报。

我记得女儿小的时候，那是好像才六岁，当时她看到了电视中关于××大学的介绍，突然说了一句："妈妈，我长大也要上××大学。"我当时只是笑了笑，以为女儿不过是无忌童言，却没想到女儿的这句话竟然成为了现实，十多年后的今日，她真的考上了这所大学。

女儿是我的骄傲，她从小就志向坚定、勤奋好学，在学校的表现一直都很优秀，我为有这样的女儿感到自豪。当然了，我也要感谢××学校的××老师，你是女儿的伯乐，是你对女儿的悉心教导，才让她有了今天的成就。在此我向你表示最真诚的感谢。

再过一个月，女儿就要去远离我们去别的城市读书，虽然我心中十分不舍，可也无可奈何。对于女儿，我要说两句话，第一，就是你要永远保持一颗积极向上的决心，不论是为了学业，还是将来的工作，都要像以往那样，勤学好问，不断进取；第二，就是你要常与家人联系。

我也不再多说什么，再次感谢今晚能来赴宴的众位来宾，希望你们今晚能吃喝畅快。最后祝大家身体康健，工作顺心。谢谢大家。

庆升学宴校长贺词

范文一：学校校长在本校学生升学宴上的贺词

【致词人】学校校长

【致词背景】本校学生×××的升学宴

各位家长、各位师生、各位朋友：

大家下午好！

今天，我们这么多相识或不相识的人聚在一起，都是来参见×××同学的升学庆功宴。×××同学在今年六月份的高考中表现出色，以×××分的优异成绩考入了北京的×××大学，在此，我代表学校的全体师生向你表示最热烈的祝贺。

在这里，我想谈一谈我的三点感受：

第一是感谢。我要感谢的是包括×××同学在内的所有全体学子以及这一年来不词劳苦、辛勤工作的高三老师们，是你们的不懈追求和共同努力，为学校争得了荣誉。在此我要对你们表示深深的感谢。×××同学是我校毕业生中杰出的代表，他在学校的表现大家都是有目共睹的，正所谓天道酬勤，她能取得今日的成就，可以说与他平日的勤苦学习是密切相关的，她是学校的榜样，是学校的骄傲。

第二还是感谢，这次我要感谢的是×××同学的父母。我曾经在校门口多次见到×××女士在校门口顶着火热的太阳，只为给儿子送去可口的饭菜，这是一幅多么温馨而感动的画面。我虽然不了解你们做父母的是如何培养子女的，但是天下父母一般心，我也有我的子女，我能体会到你们为自己的孩子所付出了多少艰辛。我想说，有这样伟大的父母，才能培育出这样优秀的子女，你们是好样的！

第三点的感受是对×××同学说的，但我先不说明，我给大家讲一句最近网络上流传非常广的话，是华中科大校长李培根教授对2011届大学本科毕业生讲的，这句话是："什么是母校？就是那个你一天骂她八遍却不许别人骂的地方。"这句话实在是太漂亮了，它让我认识了母校的含义。×××同学，三年的高中生涯，也许你会留下遗憾、不快，甚至于憎恨，你记住它没关心，我只是想告诉你，这些并不重要，重要的是你在这里曾经拥有过同学间的友情、老师们的关爱和学校对你的教育。等你升入大学后，你的父母会是你的根、你的家，但是当你回想起母校时，你会发现，母校是你另外的一个家，你要记得常回母校看看。

最后我想说的是，你收到了大学录取通知书，仅仅是完成了考大学的任务，但这决不意味着你就是真正的大学生了。等你升入大学后，那里没有了高中时代的清规戒律和老师耐心苦口的教导，父母也不在你的身边，你会有很多自由，但是你也会接触到太多诱惑，比如说虚拟的网络世界、浪漫的校园恋爱等等，这些东西看起来很美好，但都不是大学生活的真谛。大学是什么？它有一半是学校，有一半是社会，真正的大学生活是什么？多读书、用心学习，对，这是你必须做的，还有就是我想告诫你的，多交良师益友，勇敢地去社会上磨砺自己。高中要的是成绩，大学要的是成功，而成功只会光顾那些经受住了磨炼的人。

好了，×××同学，你要记住我的话，等到上了大学，拿出自己的勇气和坚强去闯荡吧，你的父母，你的母校，都会在家乡等着你的好消息。

我的话讲完了，最后祝在座的所有朋友健康美满，财源广进。谢谢大家。

庆升学宴老师代表贺词

范文一：班主任在本班学生升学宴上的贺词

【致词人】学子的班主任

【致词背景】×××同学的升学宴会

各位领导、各位朋友，×××的父母：

你们好！

今晚，我们为了祝贺×××同学顺利考上××大学，在这里相聚一堂，算是一件盛事，请允许我代表×××同学向各位尊敬的来宾表示衷心的感谢。你们能在百忙中抽空莅临，在这个皓月当空的夏夜，这里一定会留下许多难忘的美好回忆。

首先，我要恭喜×××同学能够金榜题名。你是我的好学生，也是班级的好榜样。你喜欢坐在教室的前面，你说坐前排你能听清老师的讲话，看清老师的板书，还能最快地向老师提问。你为了学习付出一切，结果导致你的视力下降很快，你戴上了眼镜，却还笑着说这样更像学生了。你的辛勤努力没有白费，××大学的录取通知书是你最好的回报，我为你骄傲。

我还要感谢×××的父母，他们为了孩子的学业，也是整日劳累。×××同学，你应该知道父母的辛苦，可是他们很多辛苦的时候你是看不见的。我给你讲一件事，去年的12月份，那天学校下午放假，你仍在学校学习，没有回家，后来你父亲来找你，见你在埋头读书，就没有打扰你，一直在教室外面等，等了两个多小时。可是当你跟他回去的时候，他却说刚来，因为他怕你自责。除了这件事，还有很多，你中午不回家，他们经常给你送饭；他们会隔几天就给我打电话，询问你的学习情况，又不让我告诉你。你的父母除了工作外，将所有的时间都花在了你的身上，我作为班主任，看得很清楚。你真的应该好好感谢你的父母。

你马上就要升入大学，大学其实是个小社会，在大学里，你除了学习，还有其他重要的事情要做。在大学里，你要学会多帮助别人，这样你才能有知心的朋友，朋友是一笔宝贵的财富，你有朋友的支持和鼓励，才能取得更高的成就。

未来的路始终要靠自己走下去，希望你能高扬风帆，坚持不懈，只要你坚持住了，终有一日，你会长风破浪济沧海的！

最后，祝各位来宾健康长寿、合家幸福、工作顺心，万事如意！希望你们可以好好享受今晚这么美好的时刻，希望你们尽心！谢谢。

范文二：在本班学生×××升学宴上的贺词

【致词人】学子的高三班主任

【致词背景】本班学生×××被大学录取的庆祝宴会

尊敬的各位领导、各位来宾：

大家晚上好！

8月夏日暖意融融，令人感到舒心。在这个舒心的季节，我们有了一份舒心的收获，那就是大家一直以来都关心的×××同学在今年的高考中以×××分的优秀成绩考入了××大学，从此他将开启人生中的又一个征程。

今晚站在这里，我很荣幸，首先要感谢×××同学的父母的邀请并为大家致词，让我有一个机会说几句知心话。

我的同学×××，你是我的骄傲，你顺利地考入大学，我为你自豪，现在我要向你表示我最真挚的祝贺，在座的所有嘉宾也会向你祝贺的。你对得起这份荣誉，在过去的一年里，我亲眼见证了你为学习付出的艰辛。特别是在高考前的那三个月，你在教室中焚膏继晷、通宵达旦。我记得那时你很少出去吃饭，说怕浪费时间，若是饿了，就吃方便面、啃压缩饼干，渴了就喝几口水，也不敢多喝。当时我看得出来，你是鼓足了劲，要把今年的高考拿下。我也相信你一定会成功的，每一次的模拟考试，你都有进步，而且你也从不自满，总在找自己在学习上的不足之处。如果说今年的高考是一块试金石，那么你就是那最纯质的黄金！

高考成绩出来后，当我告诉你你的分数时，你哭了，不是因为成绩没有达到你的期望，反之，最终分数比你的估分好要多出十几分。你的哭泣是一种成功的喜悦，因为你确定可以考入自己梦想的大学了。其实当时我也忍不住流泪，我知道，你的哭泣还包含着一种对过往艰辛的感伤。

“不经历风雨，怎么见彩虹，不是谁都能够随随便便成功。”老师从来不在学生面前唱歌，可是这一次我要为你唱这首《真心英雄》，不为别的，只为你是我最优秀的学生。

在这里，我还要感谢×××同学的父母，我们老师教导学生只能一时，而你们教导自己的孩子却是一世。这十几年来，正是由于你们悉心严格的教养，你们的孩子才能拥有求知进取、努力拼搏的优秀品质。我相信，你们一定也吃了不少苦，受了不少累。我想跟你们说一句：你们辛苦了。

×××同学，在高中我带了他三年，这一起走过的三年，有辛酸、有痛苦、有曲折，也有坎坷，但在此时此刻，留在我心中的只有那片片值得珍藏一生的美好回忆。如今×××同学马上就要去远方就读大学，他会离开他的父母和家庭，也会离开他的老师和学校。还记得六月份，高考完我和他一起坐公交回学校，他主动过来跟我说：“×老师，前排汽油味重，我和你换座位。”这种温馨的时刻回想起来，仿佛就在昨日，而今我却不得不面临你将远离的现实。

你将步入大学殿堂，这是人生中很美好的事情，在这临别时刻，老师衷心地祝愿你能在步入大学校门的时候，将它作为你人生的新起点，继续勇往直前、拼搏进取，开启人生中另一篇辉煌。我也希望你能时刻怀着一颗感恩的心，时常回来看望你的母校和老师。

我的话就说到这里，最后祝大家心情愉快、一生平安！谢谢大家！

范文三：在本校优秀学生×××升学宴上的贺词

【致词人】学子学校的老师代表

【致词背景】本校优秀学生×××的升学宴会

尊敬的各位领导、各位来宾：

大家晚上好！

今晚×××先生和×××女士在××大酒店为他的爱子×××同学举行升学庆祝宴会，我很荣幸地代表学校的老师站在这里给大家致词，非常感谢×××夫妇的盛情相邀。

此时此刻，我的心情很激动，我要带着最真挚的感情、用最澎湃的声音向×××同学表示最衷心的祝贺："祝贺你顺利地考入××大学。"这是你人生中最美好的事情，你让你的父母为你骄傲，你让你的学校为你而自豪。

犹记得三年前，当你跨入××高中校门的时候，你的脸上还充满着孩童般的稚气，从你坐在教室的那一刻起，你就开始了三年紧张的高中学习生活。三年来，你凭着自己勤奋刻苦的表现为自己在学习上赢得了一个又一个的优异成绩，老师忘不了你在课堂上专注听课的情形，忘不了你利用课余时间来向我请教问题的积极精神，更忘不了在你成绩不理想的时候说"下次我一定要搏回来"的誓言。

你的性格中有一个"拼劲"，这种拼劲可能会让你受伤，但我坚信，你的拼劲终究会给你带来更大的收获。六月的高考，这个千军万马争着过的独木桥，你靠着你的拼劲闯了过去，××大学的录取通知书足以证明：你这三年的"拼"是值得的。我要再次向你表示祝贺：你很棒！

在这里我也要恭喜一下×××同学的父母，你们为了孩子的成长付出了太多的艰辛和劳累，×××考入大学的荣耀不仅是他自己的，也是你们的。我想×××同学在这里，也应该对父母说一声谢谢。

×××同学再过几天就要离开家乡去别的城市就读，我有几句话要对他说，首先要祝福他在将来的大学生活中，在那个新的征程中，继续保持那股拼劲，勇往直前，永不言败，也希望他能怀着一颗真诚善良的心，做一个对国家对社会有用的人。

然后还有一句，泰戈尔有一句名言：无论黄昏把树的影子拉得多长，它总是和根连在一起。在过去的三年中，我批评过你，也许别的老师责罚过你，也许你不满老师的严厉而不认真听他的课，无论过去有什么不愉快，我相信这都代表我们师生间真挚的感情，当你在大学的时候回想起这些事情，你会发现一切都是那么的令人回味和留恋。所以我请你记住，无论你将来在做什么，你的母校都会因你的拼搏而喝彩，为你的成功而骄傲！

最后祝愿×××同学梦想成真、前程似锦，也祝福在座的所有来宾家庭美满，生活幸福。谢谢大家！

庆升学宴学生代表贺词

范文：在同学升学宴上的贺词

【致词人】学生代表

【致词背景】同窗×××的升学宴

尊敬的各位领导、各位老师、远道而来的朋友们：

大家晚上好！

仲夏之夜、天高气清、风微云淡，在这个美丽的夜晚，在这个美丽的酒店，我们怀着相同的心情欢聚一堂，共同祝贺我的同窗兼好友×××以优异的成绩考入××大学。

今晚我站在这里致词，感到十分激动，又很荣幸。我和×××是高中三年的同窗，他学习很努力，在学校一直都是优秀生。作为他的好朋友，说实话，太有压力了，不过也有动力。因为他对于学习的执著态度感动了我，也感染了我，使我不断告诫自己，一定要加倍努力，不要落于人后。三天不学习，赶不上×××，我总是这样想，所以我也能在班级中保持前列的成绩。

今时今日，×××马上就要去××大学就读，而我也将去另一所大学上学。今晚在这个宴会上，×××和我都怀着一颗感恩的心。我们要感谢我们的老师，感谢你们这三年来对我们的悉心教诲，使我们获得了知识，充实了自我。有人说老师是灵魂的工程师，有人说老师是燃烧的蜡烛，有人说老师是春天的雨露，但我要说，老师是我们的第二父母，你们不仅教会了我们知识，还传授给了我们人生的道理，令我们在灰心的时候没有逃避、沮丧的时候没有放弃。感谢你们。

感谢老师，是×××和我共同的心里话，然而在场的各位还有×××自己必须要感谢的，那就是他的父母。×××对我说过，他能取得如此骄人的成绩，离不开父亲多年来无微不至的培育与栽培、离不开母亲贴心的教导与呵护！我想，×××此时此刻肯定是十分激动，他一定想对自己的父母说一声谢谢。

×××，我的好朋友，再过一个月，我们都将各奔前程了，下一次见面还不晓得是什么时候。我有几句话想对你说，其实也是在对我说。老师说过，步入大学只是人生中有一个新起点，真正的磨炼才刚刚开始。我们选择了进取，就意味着我们愿意接受挑战，在竞争中锻炼自己。还是那句话，宝剑锋从磨砺出，梅花香自苦寒来，你我都加油吧。

各位来宾，今晚明月皓洁、星光璀璨，在这个温馨的夜晚，让我们举起酒杯，祝×××在今后的大学生活中学有所成、再创辉煌，也祝我们在座的各位身体健康、家庭幸福。谢谢。

庆升学宴长辈代表贺词

范文一：在外甥升学宴上的贺词

【致词人】学子的小姨

【致词背景】外甥的升学庆祝宴会

各位领导、各位老师，女士们，先生们：

大家晚上好！

今晚微风清凉、新月如钩，真是一个惬意的夜晚啊。我们那么多的嘉宾在这里欢聚一堂，只为共同庆祝我的外甥×××同学金榜题名。

此时此刻，我非常高兴，×××经过十余载的寒窗苦读，终于凭借着自己的努力考入了××大学，成为了天之骄子。这是属于他的荣誉，这也是属于家族的荣耀。

首先，我要对他表示祝贺，他是最优秀的，这十余年的勤苦学习，我们这些亲人都看得到，也都为他心疼，可是他很执著，从不放弃。我作为他的小姨，打心里为他自豪，为他喝彩。

我要代表我们这个大家庭，向所有的师生朋友表示最衷心的感谢。感谢老师们对×××多年来的栽培；感谢他的同学们对他真诚的帮助，也感谢所有的朋友这么多年来对×××一家无私的关心和支持。再次感谢你们。

再过十几天，×××就要去到远方的城市去上大学，这是你长这么大第一次去那么远的地方，小姨真舍不得你，我想你的爸爸妈妈更舍不得。你很快就要向我们词别了，在这之前，小姨有两句话要对你说：

第一就是希望你能保持高中时代勤奋刻苦的精神。步入大学，你需要重新开始，大学是自由的天堂，充满了诸多诱惑，你一定要经得起诱惑，坚持做原来的自己，锐意进取，勇攀高峰。你要记住，只有你的辛勤劳作，才能收获金秋的说过。

第二，学海无涯，学不可以已，所以你千万不能自满。自满是堕落的陷阱，不自满才是前进的车轮。希望你在四年的大学生活中，不断磨炼自己，有所作为。那么将来不论是考研，还是工作，你一定都会成功的。

最后，我想把祝福带给今天在座的每一位来宾，祝愿你们心想事成、幸福快乐，万事如意！

谢谢大家！

范文二：在侄子升学宴上的贺词

【致词人】学子的叔叔

【致词背景】侄子×××荣登科第的庆祝宴会

各位领导、各位师生、各位朋友：

欢迎你们的到来！

今晚是我的侄子×××考入××大学的庆祝宴，我代表我大哥一家，真诚欢迎各位嘉宾的到来。

在中国人的传统观念中，人生有四大喜事：久旱逢甘露，他乡遇故知，洞房花烛夜，金榜题名时。其中又以“金榜题名”最为父母和亲人所荣耀。在这次高考中，我的侄子×××以优异的成绩考入××大学的××专业，我要代表在座的所有人向你表示祝贺，并为我的大哥和大嫂感到自豪。

古人常说十年寒窗苦读，×××今日能取得这份荣誉，确实与他平日的勤苦努力是分不开的。我是他的叔叔，虽然不能经常见到他，可是每当我去大哥家的时候，总是看到他在自己的房间看书，很少理会我这个叔叔，现在我都觉得与他的关系疏远了。

还有我的大哥大搜，一直在背后默默支持着孩子，他们为了侄儿的学习，倾注了太多的辛苦和汗水。十年寒窗无人识，一朝成名天下知，在今天上午，大哥大嫂接到侄子的录取通知书时，我看到他们因欢喜而流泪，因为他们的儿子没有辜负他们的期望。

经过三年的高中生活，××通过他的努力实现了他梦寐以求的夙愿，他即将肩负着时代的重托、带着亲友师生的期盼、怀着对大学生活的憧憬和追求而离开自己的家乡，奔赴远方的大学殿堂求学深造。在这里，叔叔希望您能记住，书山需勤方有径，学海愿苦终遨游，在将来的大学生活中，不仅要勤奋进取，还要能经受苦难，不断磨砺自己，只有如此，你才能朝着你的追求越来越近。你要努力学好自己的专业，早日成为国家栋梁之才。

叔叔祝福你明日鹏程万里、前程似锦，也恭祝各位来宾，家庭幸福美满、事业蒸蒸日上，健康长寿、万事顺意！

谢谢！

庆升学宴主持人贺词

范文：主持人在学子升学宴上的贺词

【致词人】宴会主持人

【致词背景】×××同学的升学庆祝宴会

尊敬的各位来宾、女士们、先生们：

大家晚上好！

八月金风送爽、阳光灿烂，这是一个收获的季节，也是一个喜庆的季节。八月份的暑假，正是广大高中毕业学子收获录取通知书的时候，而×××同学在今天也收到了他梦想中的大学录取通知书，今晚我站在这里担当×××同学升学宴会的主持人，真的是非常高兴，也非常激动。

首先让我来介绍一下在座的三位重要人物，坐在东边正中间戴眼镜的那位男生，就是我们今晚宴会的主角×××同学，坐在他右边的是他的父亲×××先生和×××女士。

今晚前来祝贺的，有×××同学的老师和朋友、学校的校长、×××同学父母的亲属、同事和好友、大家能够在百忙之中抽出时间来参加此次宴会，不论你们是谁，你们的到来都为这次宴会增添了光彩。在此，请允许我代表×××同学及其父母向今天所有到场的来宾表示热烈的欢迎和最诚挚的感谢。

宝剑锋从磨砺出，梅花香自苦寒来。×××同学经过了十余年的苦读勤学，终于在今年的高考中，发挥出色，以优异的成绩考取了××大学的××专业。让我们以热烈的掌声向×××同学表示祝贺！×××，你是好样的，在场的所有人都为你感到骄傲！

×××同学能取得今日的荣誉，除了他自己个人的努力外，还离不开他的父母五年来无微不至的培育。我想每一位父母都望子成龙、望女成凤，现在他们看到自己的儿子马上就要步入神圣的大学殿堂，此时此刻，他们的心中一定是美不胜收。

×××同学马上就要离家远去，追求他的学业了，在这里，让我们祝福他，希望他在一个新的学习环境中能有所成就，取得更加优异的成就。×××同学，你要努力！

最后祝福所有的嘉宾，一家和睦、一年开心、一生快乐、一辈子平安，日日喜气洋洋、年年招财进宝，每个人都健康长寿，每一家都万事顺心！

好了，话不多说，现在我宣布，今晚的宴会正式开始！请大家举起酒杯，让我们把这份美好的祝福都融入这杯美酒中，让我们共同品尝这美好的生活，共同分享×××同学成功的喜悦！干杯！

庆升学宴父母朋友贺词

范文一：在同事孩子升学宴上的贺词

【致词人】学子母亲的公司同事

【致词背景】同事孩子升入大学的庆祝宴

尊敬的各位来宾、各位朋友：

大家中午好！

相信我们这些人都甘愿冒着酷暑，在忙碌的工作中抽身前来，是为了看望一个大家一直都很关心的人，他就是我的同事×××女士的爱子×××同学。

×××同学在今年六月份的高考中取得了出色的成绩，并考入了他最喜欢的一所大学，这是一件喜事，我要代表大家向他表示最诚挚的祝贺！

再过20天，×××同学就要离别父母，离别我们所有人，去到他心目中的大学去学习深造，我想这个时候，最舍不得的就是他们的父母。

为人父母者，哪个不希望他们的孩子能够长时间陪伴在他们身边？或许他们为了教育自己的子女会很辛苦，但是做父母的其实是享受这个过程的。看着自己的孩子一天天健康地成长，他们会感到欣喜，觉得幸福。而一旦子女长大了，终究要离开他们了，他们会觉得伤心。

最初我的同事×××女士跟我谈起他的孩子就要离家求学去时，我以为她会伤心，还劝过她。可是我错了，我这位朋友跟我说，她虽然不舍得孩子离开，但她会一直支持孩子的求学之路。当时我很惊讶，现在想明白了，也许这世界上的爱都希望是相聚团圆，但是父母对子女的爱却是希望子女的成长，即便子女将要离开他们。

在这里，我想对×××提出两点希望：第一就是希望你能在大学中努力奋斗，争取拿出优异的表现来回报你的父母，你的父母没有期望你一定要成为万中无一的高才，但他们肯定都希望你在学校能踏实进步；第二就是虽然父母不在你的身边，但是他们都时刻挂念着你，希望你能常与家人联系，除了寒暑假，其余假期能回家也尽量回家看望父母。

最后送你一句祝福：祝愿你在将来的大学生活中，可以历经磨难，茁壮成才，成为国家和社会的栋梁！

我的话讲完了，祝在座各位工作顺利，家庭幸福，财源广进！谢谢大家！

范文二：在同事孩子升学宴上的贺词

【致词人】学子父亲的同事

【致词背景】同事爱子的升学宴会

尊敬的各位女士、各位先生：

大家晚上好！

欢迎大家来到××大酒店，参加我的同事×××先生为爱子×××同学举办的升学庆宴。今晚这么多亲朋好友会聚一堂，为的就是一起分享这份金榜题名的喜悦。

古语有云“十年寒窗苦读，一朝金榜题名”，对于×××同学来说，数年的艰辛付出，终于有了理想的回报。今年的高考，他以优异的成绩考人××大学，这对于×××同学及其父母来说，真算得是一件可喜可贺的大事。在此，我要对

×××同学表示祝贺，要对他的父母说一声恭喜。

这份成绩来之不易，离不开×××本人的勤苦努力，离不开老师多年来对他的教诲，离不开他的父母对他从小到大的精心呵护，更离不开在座的诸位亲朋好友对×××一直以来的关心和支持。×××这时候心中一定充满了感激，他需要谢谢每一个人。

在这里，我想特别说明的一点，×××的父亲，也就是我的好朋友×××先生，我们现在看到×××在微微笑着，那是他打心底流露出的甜蜜喜悦。可是谁又能想到，换来这份喜悦的是十几年为了孩子的成长而付出的艰辛。

对×××同学来说，可能他的父亲是一个典型的严父，的确，父爱也许不如母爱那般体贴入微，时时显现。有时候，他会打你骂你，但那是恨铁不成钢的怒气。我还记得，去年×××同学对他父亲说需要一本参考资料，可是我这位朋友跑了整个城市也没买到，于是他只能在网上订货，可是需要几天才能到达，他怕影响你的学习，就在下班后专门做大巴到附近的城市去买，第二天早上才回来。结果导致了他工作没有精神，被领导臭骂了一顿。我想说的是，做父亲的，总是将自己对子女的爱埋在心底，但在关键时刻，却会立即迸发出来，表现出巨大的力量。

好了，让我们一起祝福×××同学，希望他在今后的日子里拥有敢上九天揽月的豪情，在大学殿堂里大展宏图，开辟出一片新的天地！

朋友们，再过一个星期×××同学就将离开我们，奔向那令人羡慕的象牙塔了，在那里，他将会开始新的生活，他会鹰击长空，他能龙游深海，让我们举起酒杯，斟满一杯祝福的美酒，为他美好的今天和明天干杯！

谢谢大家！

范文三：在同事孩子升学宴上的贺词

【致词人】学子父亲的公司同事

【致词背景】同事爱子×××的升学宴

各位来宾、各位认识与不认识的朋友：

大家晚上好！

金榜题名，乃人生之乐事也。今晚在××酒店，我的同事×××先生已经摆下了宴席，欢迎大家的到来。这个宴席是为了给×××夫妇的儿子×××同学升入大学而举办的庆祝晚宴，此时此刻，众位朋友欢聚一堂，不仅是为了向×××同学表示祝贺，也是来分享他这一份金榜题名的喜悦。

×××同学对于学习的刻苦劲儿是出了名的，连我这个旁人都有耳闻。我听他爸说，他中午从来都不回家吃饭，原因是来回折返跑，最少得一个半小时，而这一个多小时的时间，他能学到很多知识，所以他中午都是在学校吃饭的。有这么一个勤奋读书的品格，这孩子的学习要是不好，那就太没天理了，所以说，天道酬勤，有志者事竟成，今年的高考冲关，他冲了过去，考入了他一直梦想的学校。

孩子的成功，是他自己的荣耀，也是父母的骄傲。×××的父母为了孩子的成长倾注了很多心血，而今受过了回报。也许你们会觉得×××的父母很辛苦，我要告诉你们，错了！×××的母亲料理孩子的生活，可能会很累，但是他的父亲，也就是我的同事×××先生，他绝对是个活得很轻松的人。他教育自己的孩子，很少像其他父母那样苦口婆心，而是喜欢用激将法，他会带着儿子去一些名牌大学去参观浏览，然后去拜访一些名师教授，×××也是个心高气傲的家伙，被他父亲这么连刺带激，自然就有股冲劲要发奋学习了。所以说，我很佩服我这位同事，他不仅是个成功的男人，也是个成功的父亲。×××先生，我要向你学习。

好了，不多说了。今晚宴会的主角是我们的高才生，你马上就要上大学了，我在这里向你说几句祝福的话，希望你步入大学殿堂后，继续奋发拼搏，要像你父亲那样，做一个优秀的人，一个成功的人。你父亲对你的期望可是很大的，你可千万不要辱没家门哟。

最后祝所有在座的朋友工作顺利，想升职的升职、想涨工资的涨工资，然后家庭幸福，万事如意！谢谢大家！

范文四：在朋友孩子升学宴上的贺词

【致词人】学子父母的朋友

【致词背景】朋友爱子升入高校的庆宴

尊敬的各位来宾、各位朋友：

大家晚上好！

明明如月，就在今朝，在这个美好的夜晚，我们相聚在这里，共同祝贺××先生和×××女士的爱子×××同学荣登科第、金榜题名。

辛勤的汗水注定浇灌出美丽的人生，×××同学以他十余年如一日般的勤奋，终于换来这份来之不易的录取通知书。×××同学是×××夫妇的骄傲，也是在场所有人的骄傲。因为他的这份成就，不仅凝聚着他十年磨一剑的勤苦，凝聚着他的父母无微不至的栽培，也凝聚了所有关心爱护他的亲友的支持！

这其中的种种力量，最辛苦的当是×××的父母。他们为了哺育自己的孩子艰辛劳作了20年，只为孩子能够健康成长。在这里，我要表示一下对你们的敬意，并在此向你们说一声恭喜，恭喜你们的孩子成功了，你们的付出有了最好的回报。

最后，我代表众位来宾向我们的大才子提出几点希望：第一，大学生活是丰富多彩的，在那里你不仅能收获更多知识，还能交很多良师益友，你要珍惜在大学里的机会；第二，希望你能学会独立生活，不断磨炼自己，争取学有所成，将来能够回报父母，为国家建设做出自己的贡献。

最后我祝在座的老人健康长寿、中年人合家幸福、青年人事业有成、各位同学好好学习、天天向上！

谢谢！

第八章　庆升迁贺词

在这个奋发有为的时代，事业，成为了所有人孜孜不倦的追求。大鹏一日同风起，扶摇直上九万里，这是每一个拼搏者的梦想。所以，当一个人的工作得到升迁，昂首迈入事业生涯的新一楼，那可真算是人生中的一大喜事！在这个时候，当然少不了对当事人表示你的祝贺了。不论他是你的下属、你的同事，或者是你的亲人朋友，不论你怀着羡慕嫉妒恨，或者欣喜若狂的心情，你都应该向他表示你最真挚的祝贺。学会分享他人成功的喜悦，不仅能增进彼此的情谊，或许你还能从他身上领会到不少宝贵的经验呢。

庆典之道

升迁贺词须注意的几点

向当事人致贺词，一般来说，有三句话你是必须要说的：

第一句话是表示祝贺，“××同志马上就要升任××部门的××职位了，这是他的喜事，也是大家的喜事，在这里我要代表所有人向你衷心的祝贺！”这话虽然客套，但是最不可或缺的。

第二句话是称赞当事人的工作及他为之付出的努力，往往都是先回顾，“××同志在××岗位上奋斗了×年，在这×年里，他的表现大家是有目共睹的……”，回顾完后对当事人表示肯定，“××同志为工作付出了巨大的努力，也取得了优异的成绩……”。

第三句话是表示祝福，“希望××同志在新的岗位上能再接再厉，创造新的佳绩。”当然了，也会有人当事人提出一些真诚的建议，“到了新的工作环境，希望你能戒骄戒躁，始终如一。”

决定贺词内容的诸般因素

贺词内容并不是千篇一律的只有三句话，由于受到多种因素的影响，在具体的场合下，由具体身份的人说出来的贺词，内容会有很大不同，其中升迁性质、宴会性质以及致词人是决定贺词内容不同的最大三个因素。

首先是升迁性质，升迁分为两种，一种是被升迁，或者是由于年终考核，当事人的绩效出色而被升迁，或者是由于当事人在公司的某一项业务中做出了极高的贡献而被升迁，对于被升迁，致贺词是往往重点夸赞当事人在工作上的优异表现；第二种是成功竞聘，现在很多公司都有岗位竞聘制度。对于这种升迁，致贺词时就不仅仅要称赞当事人的工作了，还有当事人敢于竞争和积极进取的精神，也是值得赞扬的。

庆祝场合的不同，也会影响贺词内容。庆祝场合也分两种：一种是庆功宴；一种是欢送宴。庆功宴是最常见的，这时候你要献上你的祝贺，还可以大肆狂欢一番，这是一个喜庆的宴会，但对于第二种欢送宴，情况就不同了，当事人虽然得到了升迁，但是他可能会调到另一个部门，或者另一个地区，甚至另一个城市，这时候，致贺词，不仅要表达你的祝贺和祝福，还要显示出你的惜别之情，

“×××这么一走，可能咱们就很少见面了，希望你在以后的工作中能万事顺心，记得要常联系。”。

致词人的不同，对于贺词内容的影响最大。

领导致词。领导是最有资格表扬你的了，他的祝贺和赞许，肯定每一个当事人都会觉得十分受用，有些领导喜欢最后讲官话，“在你临走之时，我要向你提出几点希望，第一，希望你……第二，希望你……第三，希望你……”

同事致词。同事是最清楚当事人平日在工作中的表现，同事的贺词，常会谈及当事人工作中的点点滴滴，而这点点滴滴会更让人信服。同事也是最有可能向当事人提建议的，他会将当事人工作中的细小错误在表示祝福的时候委婉表达出来。

朋友或同学致词。朋友或同学是当事人除了家人之外最亲密的人，他们会说：“老哥升职，小弟恭喜啦。其实我早就看出大哥会高升，只是一直没说而已。老哥，你现在升了官，可别忘了我们这些老朋友啊。”贺词可能会很随便，但会让人觉得很亲切。

家人致词。家人是最了解当事人的，他们最明白当事人为了工作付出了多少努力。家人会感慨地说：“×××经常下班后还在熬夜工作，节假日他也不懂得休息，经常在公司加班”，家人会诉说当事人的苦累，但最终都会赞扬当事人，“老公/老婆，你是好样的！”而家人的这份赞扬，对当事人来说，无疑是最具有鼓励性的。

嘉宾的礼仪

当你作为受邀嘉宾去参加当事人的升迁庆宴时，千万不要以为自己就是无关紧要的配角了，不论在宴会上是否需要你发言致词，你的表现对于宴会的氛围都是非常重要的。如果你一直板着脸，或者眼望窗外、想着心事，当宴会的所有人都在欢庆祝贺时，突然发现有一个人不搭调，谁也不睬，那不就太煞风景了？极有可能也影响了当事人和其余嘉宾的心情。一个喜庆的宴会，就因为你的死板表现而失去了气氛，大家尴尬，你也一定会尴尬的。

所以说，在当事人职务晋升的庆祝宴会上，作为嘉宾的你，如何来表现自己的言行，才能不失礼呢？有三点是需要注意的：

第一，时刻带着微笑。当事人，不论他是你的职场对手、还是你的真心朋友，既然你来参加他的升职庆宴，那么，你一定要有一种时时微笑的心态，这不仅是做人的基本礼仪，还能增进你们之间的情谊。

第二，真诚为当事人喝彩。可能会有好事者煽动大家为当事人的升迁而鼓掌，或者由于宴会的礼节需要你向当事人致词，在这个时候，你应该秉着一颗真诚的心，向当事人致以最真挚的祝贺。你的祝贺，是当事人需要的，也会是他继续奋斗的努力，更是你参加这次宴会真正价值的体现！

第三，多向当事人请教。看到别人加官晋爵，每个人都会有一些羡慕嫉妒恨的心态，即便是宴会的嘉宾也会有，这是人之常情，无可厚非。但是若是你只有心态，而没有行动的话，那你可就太不够聪明了。三人行，必有我师，当事人的升迁，肯定有他独特的成功之道，而他的庆祝宴会，正是一个请教的大好机会。在这个喜庆的时刻，当事人一定也不会吝啬传授一些他的经验，所以你要把握时机，真诚地向当事人请教。

妙句共赏

经典妙词

工作升迁，是人生一大喜事，在参加当事人的升迁庆宴时，贺词是你需要说的，如何让自己的贺词显得华美漂亮，其实不是个难题，在你的贺词中加入一些绝妙的词汇，便能让你的贺词增添不少光彩！

升迁常用词以及对象如下：

对同事的贺词：众望所归、深得人心、才高出众、学有专精、任道重远、高瞻远瞩、再创辉煌、功绩卓著、惜时勤业、才德咸款、锐意进取等等。

对亲人的贺词：艰苦卓绝、坚忍不拔、一心为公、爱岗敬业、孜孜不倦等等。

对朋友的贺词：大展宏图、一飞冲天、春风得意、前程似锦、事业有成、英才得展，步步高升、鸿运通天、一跃龙门、鹏程万里、龙腾虎步、事业红火、再攀高峰、一日千里、壮志得酬、芝麻开花节节高等等。

经典妙对

一篇绝妙的升迁贺词，除了点缀一个好词外，若是偶尔再穿插几句精彩的对联，岂不更让你的贺词显得文采飞扬了？

这里精选了一些经典对联：

昔日相处，知遇恩情难报；明朝思念，祝福好运快到。

步步青云、龙翔乾坤、生平如意得自在；节节春华、凤舞天地，发耀智慧满福德。

平步青云思宠辱，常观明月悟盈缺。

志必鸿鹄近日始，德兼松竹往昔行。

官帽飞来心莫老，青春犹在志不衰。

清风吹动乌纱帽，海水浪迎铁索魂。

长风追浪天尽边，厚积薄发人完才。

巨龙浩天节节升，沃虎腾山步步高。

进去展鹏举，创新伴虎鸣。

千人之内，寻出才人更寻德人，德人更比才人好；万山之中，登得此山更登高山，一山更比一山高。

脱颖而出，全凭才高八斗；知难而进，不忘学富五车。

仕途恰似冉冉旭日，扶摇直上；官运犹如滔滔江水，连绵不绝。

升了，仍为夹尾人，还能在上；迁罢，常念源头水，可保长流。

经典妙句

◆人生有四喜："久旱逢甘露，他乡遇故知；洞房花烛夜，金榜题名时。"但我认为应该再添一喜，那就是"升迁晋升时"，祝贺你升职了！

◆祝福是份心意，不是千言万语的表白，一句"恭喜"，祝你升迁事事顺意！

◆芝麻开花节节高，一步一印慢慢走，脚踏实地，方能成就大业！高升之时，切不可骄傲自负，须知道，前面的路还很长，继续加油，笑到最后！

◆一分耕耘，一分收获；一分努力，一分肯定，我的朋友，千万别忘了，在你高升之日，还有我这个朋友，在为你高兴，为你喝彩！

◆恭喜老朋友高升了，我在这里祝愿在新的岗位上再接再厉，续创辉煌！

◆话不在多，一句就行；情不在深，一分就行，恭贺老朋友高升啦！

◆恭喜高升又加薪，健康平安美好临；快乐幸福吉祥品，万事如意结开心！

◆海阔凭鱼跃，天高任鸟飞！祝君：事业成功身体棒，来日再把凯歌奏！

◆福星高照，鸿运通天！否极泰来时展鸿鹄之志，惜时勤业中扬无限精彩！恭贺老哥事业欣欣向荣，步步高升！

◆世间自有公道，付出总有回报，我相信你，你一定可以成功的！

◆恭喜，恭喜，恭喜你高升！恭喜你发财！虽然这是一份"迟来的问候"，但是小弟我仍然为你感到万分高兴，并以饱满的热情等候着请我们撮一顿！

◆恭喜高升，祝你：今天比昨天好，明天会更好！高升之后，再高升！

◆韩天梅花一枝秀，祝君高升心依旧！

◆兄弟高升，真是年轻有为啊。希望你再接再厉，勇攀高峰！老哥我永远支持你！

◆你今天所取得的成就，是你实力的证明、努力的回报，恭贺你取得了又一次高升，我期待着你给我发下一条升迁的短信！

◆祝君鹏程万里，扬帆顺水，才华得施，宏图得展！

◆恭贺老哥升迁了，祝你在今后的日子里，工作顺利，财源广进，身体健康，万事如意！

◆祝你在职场上如鱼得水，祝你在新的岗位上再创辉煌！祝贺老朋友高升，升了官，可别忘了我们这些朋友哟。

◆听到你高升的消息，我非常高兴，兄弟祝你以后薪水多多地拿，职位再快快地升！

◆你能荣升这一职位，我一点也不惊讶，因为你拥有丰富的经验，勤奋的态度，坚韧的执著，我祝愿你的事业一步一个台阶，步步高升！

实用贺词赏析

庆升迁领导贺词

范文一：××公司总经理对于员工升迁的贺词

【致词人】××公司总经理

【致词背景】公司年度绩效考核表彰大会

各位领导、各位同事：

大家好！

今天是本公司的绩效考核表彰大会，在座的各位员工都辛苦了一年，我向大家表示感谢。

首先，我要宣布一个重大的消息，相信大家也都听说了，本公司策划部的×××同志将于年初正式升任为公司的副总经理。这是他的一件喜事，也是公司的一件喜事，因为这个副总经理的择选不容易啊，公司也是考察了×××将近半年才作出这个决定的。在这里，我要恭喜×××了，并代表公司全体员工表示衷心的祝贺。

对于×××升任副总经理，我认为是实至名归的，这里面有三个原因：

第一，×××同志他这个人很注重细节，他所做的文案，无论是哪一方面的内容，都是精微细致，令人一目了然，其实对一个文案策划工作来说，对于细节的要求远胜于对创意的要求。正是因为他对细节的独到把握，使得他在平日的工作中表现优异，业绩十分出色，高效的工作能力是他晋升的首要原因。第二，×

××同志对于工作刻苦勤奋，经常加班加点，可以说是将自己的身心都投入到工作当中，他这种工作态度是值得大家学习的；第三，在六月份公司与××企业的一项业务往来中，由于负责员工疏忽，使得公司销售给××企业的商品全是次产品，给本公司造成了信任危机，幸亏×××向公司提出了一条合理的建议，才使得本公司能在短时间内恢复信誉，这是大功一件，更重要的是，从这件事上，我看到了×××具备处理危机的稳定素质和果断能力，这正是作为公司经理需要的。综上几点，我认为×××确是公司内最适合副总经理一职的。

除了要向×××同志表示祝贺外，我还要针对你今后的工作，提出几点希望：第一，你具备一定的行政能力，但还不够优秀，希望你以后能继续锻炼自己；第二，高处不胜寒，职位越大，责任越大，所以，请你必须具有一个敢于承担责任的决心；第三，副总经理属于行政工作，需要你入世，而你原来的策划工作，却让你与红尘保持了距离，我不想去刻意改变你，但希望你能在出世与入世之间找到平衡点。

我要说的就这么多，最后欢迎你来和我并肩作战，让我们一起努力，为工作更好的明天而拼搏，在这里也祝众位员工能过个好年。

谢谢大家！

范文二：××公司总经理对于员工升迁的贺词

【致词人】××公司总经理

【致词背景】×××升任公司财务部经理的宴会

各位领导、各位同事、同志们：

大家晚上好！值此新春佳节来临之际，我谨代表公司向在座的各位员工拜一个早年，感谢你们在各自的岗位上默默耕耘，为公司做出了巨大的贡献。

不过今晚不是新春喜宴，而是一个庆祝宴会，我们要庆祝的是公司的骨干员工×××从明天起，将正式成为公司财务部的经理了，在这里让我们大家用最热烈的掌声向×××表示祝贺！

回顾×××这几年的工作业绩，可以说是令人佩服的。前年，他刚来的公司，做的是销售专员，就在试用期的第一个月，他就成了销售部的销冠，从此后一直保持着这一头衔，没有人能争得过他；去年，他到了财务部做负责账目管理的会计，他所做的账目，条理分明，计算精确，从来没有出过什么差错；而在刚过去的一年，他已经成为了财务部的首席会计，这相当于二把手，不仅需要账算得好，还得有行政管理的能力，但是仍然做得非常好，具体情况我想财务部的同事比我要清楚。所以，根据他在公司这三年来的优异表现，公司决定提拔他为新一任的财务经理，而且也相信他能胜任这一职位。

在这里，我要对×××说一句话，对于未来的岗位，我相信你一定可以做得很好，但我希望你能够做得更好，财务部的工作很烦琐，不容许出差错，希望你以后能在带领团队时，精诚合作，一心为公，将公司的账算得更清楚！

最后我提议，让我们为了×××同志能在今后的工作中再接再厉，取得更大的成绩，也为了各位员工的身体健康、生活幸福，干杯！

庆升迁同事贺词

范文一：××公司的同事在当事人升迁庆宴上的贺词

【致词人】×××的同事

【致词背景】同事×××升任创意总监的庆祝宴会

尊敬的各位领导、各位同事、各位朋友：

大家好！

今晚是一个庆祝的宴会，也是一个离别的宴会，因为过了今天晚上，我们的好朋友×××同志就要到广告部任创意总监了。在这里，首先请允许我代表所有的同事，向×××升任创意总监表示衷心的祝贺！

此时此刻，我相信大家都为×××的升迁而感到欣喜和激动，又为×××的离开感到不舍。毕竟这数年的朝夕相处，我们已经建立了深厚的友谊，他要走了，从此将和我们聚少离多，我们失去了一位老同事，更失去了一位好朋友。但是对×××而言，这次升迁，是他人生中的一次具有挑战性的机遇，所以我们不应该沮丧，而应该替他高兴，为他祝福。

犹记得×年来前，×××初来公司任职，直到现在，他的工作都是文案策划。但是这×年来，×××在岗位上勤勤恳恳、任劳任怨，一心扑在工作上，从来没有懈怠，咱们中午休息有两个小时，他一直都在公司里待着，吃饭也是叫外卖，可以说从早上上班到晚上下班，他就没有离开过工作岗位，这些大家是有目共睹的，他这种敬业精神叫人佩服。

×××在做文案策划几年，凭着认真和负责的态度，在工作上有着优异的表现，他的文案总是最快做完，也是部门所有员工中做得最好的。而且他富有创新精神，每次部门会议，他总是能积极提出许多极具创意的点子。有一句话说得好，宝剑锋从磨砺出，梅花香自苦寒来，×××并不是一个聪明的人，但是他却在短短几年内磨炼出了高水准的策划能力，这绝对是与他平日的勤苦努力是分不开的。他的这种拼搏精神非常值得我们学习。

×××到了新的岗位后，肯定会发挥出更大的作用，为公司做出更大的贡献。在这里，我希望他能继续提高自己，取得更大的成绩！

最后，让我们举起酒杯，一起为×××祝福，祝他到了广告部后工作顺利，万事顺心！干杯！

范文二：××公司的同事在当事人升迁庆宴上的贺词

【致词人】×××的同事

【致词背景】同事×××升任营销部经理的宴会

各位同事、各位朋友：

大家晚上好！

非常荣幸我能代表大家站在这里致词，今天对咱们来说都是好日子，因为咱们的同事×××即将升任营销部经理，成为咱们的领导了。现在，让我们营销部的全体员工一起向×××表示最衷心的祝贺！

×××在咱们营销部内资格最老的员工了，这次升迁是对他的肯定。当然了，公司任命他为营销部经理，当然绝不是因为他资格老，最重要的还是他的工作能力。我们营销部是做什么的？就是运用策略将产品销售出去？没错，从概念上说是这样。但是我们都错了，做营销，销售的不仅仅是产品，产品是销售的最主要环节，却不是首要的。×××是咱们同事中工作能力最强的，不仅因为他经验丰富，而是他懂得什么才是真正的营销。我们做营销，往往只是策划方案来推销产品，但是×××做营销，却是在推销自己。因为只有将自己推销出去了，才能赢得客户的信任，客户信任你，自然也会信任你所推销的产品。

×××是咱们的老大哥，他的身上真的是有很多东西值得我们学习，他今天升职了，我可以这么说，这是×××对营销自己最成功的一次结果，所以他的升职，既是对他的肯定，也是对咱们的激励，激励着咱们营销部的所有同事，如何做到真正的营销！

在这里，我要不客气地对×××提两个要求：第一，希望你今后的工作中能严格要求我们，让我们能不断提高自己，让我们营销部能不断取得更多更好的业绩；第二就是，希望你能多为咱们营销部谋福利，你是我们的领导，也是我们的好大哥，这可是你不容推卸的责任哟。

当然，我也要祝福你在新的仕途上能大展宏图，再创辉煌！也要祝福在座的各位同事，将×××作为赶超的目标，多多加油，创造属于自己的成就！

谢谢大家！

范文三：××公司的同事在当事人升迁宴会上的贺词

【致词人】×××的同事

【致词背景】同事×××升任人力资源总监的宴会

各位同事、各位朋友：

大家好！

虽然今晚我在这个宴会上第一个发言，但今晚的主角绝对不是我，我是代表在座的各位同事发言，但不包括×××，因为他才是宴会的焦点，在这里，我要代表所有的同事向他表示祝贺。

在今天上午，公司刚刚下发了文件，正式任命×××为公司人事部的人力资源总监，这可是人生的一大喜事，我们都为×××感到高兴，不过我相信他会比咱们所有人更高兴。

记得不错的话，四年前的今天，×××刚进公司开始第一天的工作，从此他就开始为了通过领导的审核而努力，最初的三个月几乎就是一个强制驯化的过程，这个过程令人难以忍受，但是×××最终留了下来，因为他坚持住了。当你学会了坚持，那么你就已经向成功迈出了一步，一转眼，三年时间过去了，这中间没有什么刻骨铭心的回忆，他的工作只有平淡，但是就是在这种平淡中坚持不懈，不断进步，所以才成为了今天这个西装笔挺、精明干练的职场达人。他用了一个最笨的方法，却得到了一个最完美的结果。

×××升职了，他明天就要调到人事部了，其实人事部与咱们部门就隔了两层，但这两层可能就是天壤差别了，因为今后我们大部分时间都可能不再见面，而下一次聚会也不知是什么时候，所以，咱们这些老同事、老朋友，虽然为你的升职感到高兴，但也会因为你的离去而伤心。

不管怎么说，虽然有不舍，但是我们都会祝福你的，你到了人事部后，会有一群新的同事和你一起工作，我们希望你能快速融入团队，你和你的同事能够精诚合作，取得优异的成绩，为公司做出更大的贡献。在这里，我代表所有的老同事祝你能再创辉煌，事业步步高升！

最后，我也祝在座的同事和朋友，祝愿你们也是工作顺利、事业有成，有一个美好的明天！谢谢

庆升迁朋友贺词

范文一：在朋友升迁庆宴上的贺词

【致词人】×××的好友

【致词背景】朋友×××的升迁庆宴

各位远道而来的朋友：

大家晚上好！

今晚咱们这一群久未见面的老朋友会聚在××大酒店，为的是什么？可不是聚餐喝酒这么简单。我们今晚来，只有一个目的，那就是来恭贺老朋友×××升任报社的新闻主编。

还在上个星期，×××还只是个捉笔写稿的小编辑，而在今晚，他已经成了××报社的首席主编了，这是他人生的大喜事，我也为他高兴，先让我用我的掌声向他表示我最热烈的祝贺：恭喜你了！

说句实话，×××是一个非常聪明的人，像新闻编辑或者新闻主编这些工

作，都属于文职，这种工作，不仅是靠勤奋就能使自己得到升华的，它还需要灵活的思维。×××可以说是一个非常善于利用思维工作的人，他不论做什么事，都会先在脑海中形成这个完整而又清晰的思路，然而顺着这个思路来做，那么工作的时候不仅觉得轻松而且有效。我认为，活跃的思维是×××今时今日能够成功的最大原因。

老朋友升职，我还想对你说几句祝福的话：海阔凭鱼跃，天高任鸟飞，你前面的路还很长，你的前途不可限量，我希望你能正确利用自己的优势，一步一个脚印走下去，那么你终可成大业！你要继续加油，争取笑到最后！

最后，祝愿所有从各地赶来的老朋友们：事业有成、财源广进、家庭美满、生活幸福！

谢谢！

范文二：在朋友升迁庆宴上的贺词

【致词人】×××的好友

【致词背景】朋友×××升任××公司广告总监的庆祝宴会

各位朋友、各位来宾：

大家晚上好！

时光是一把磨石，磨砺了我们的精神、岁月是一把刻刀，刻画了我们的容颜，转眼间，咱们有三四年不见了，在这个浮躁急进的时代，三四年显得太过漫长了，足以将我们改变。今天，它已经成功地改变了我们当中的一个人，那就是咱们的好朋友×××。

为什么这么说？因为今天是我们的好朋友×××人生中一个特别重要的日子，就在今天上午，他刚刚被他的老板提拔为公司的广告总监，这是他事业生涯的一次飞跃，可喜可贺，让我们一起向老朋友表示热烈的祝贺！

×××升职，咱们这些朋友也为他高兴，他是我们的榜样。当年咱们几个人一起步入社会打拼，这几年，只有×××的成就最高。不是他真有什么过人之处，大家的基础都是一样的，×××真正拥有的是他的勤奋和好学这两个优点，我们都知道的，可是直到现在我才明白这两点对于人生的重要性。勤奋会让你做好事情，好学会让你不断进步，当你拥有这种品质，你做什么工作都会成功的。

所以，在这里我真的想对在座的朋友说一句，不论你们现在在事业上是失意还是得意，勤奋好学永远是成功者必备的两个素质，×××就是咱们最好的参照物。

×××如今成为了公司的广告总监，他正在追梦的路上，我希望他以后也能一帆风顺，不断取得成就。×××，我们的朋友，将来你发达了，可别忘了我们这群老友啊。

在这里，我祝愿×××前程锦绣，也希望在座的各位以×××为目标，向他学习，终有一日取得和他一样的成功！

来，大家举起酒杯，干杯！

庆升迁同学贺词

范文一：在同学升迁庆宴上的贺词

【致词人】×××的同学

【致词背景】同学×××升任执行导演的庆祝宴会

各位朋友、各位同学：

大家晚上好！

今天是一个重要的日子，因为咱们的老同学×××受到他们剧组总导演的提拔，正式进入导演组，成为一名执行导演。×××圆了自己的一个梦想，在此让我们一起向他表示最真挚的祝贺！

我记得大学刚毕业的时候，×××对咱们说过，他想做一名影视导演，因为他喜欢虚构故事，喜欢将自己写的故事用画面表现出来。可是当导演不是一件容易的事情，不仅需要自身具备卓越非凡的才华，还要有伯乐赏识你。那时×××说，我不怕吃苦，我会为了梦想磨炼自己，总有一日我会成为扬名国际的大导演的。

然而梦想与现实总是有差距的，没有任何一家传媒公司会聘请一个应届大学毕业生当导演的，但是×××为了追梦，先找到了一份小编剧的工作，他会编故事，所以足以胜任这份工作。在一次聚会时，他告诉我，做编剧可以进入剧组，这样他就有机会观摩影视剧的摄制了。他这种想法是否正确，唯有等待时间的检验了。

我不知道这几年他是怎么在剧组努力的，但是每次和他通信的时候，他都会兴奋地给我讲述他在剧组所学到的东西，我也为他高兴。他在不断地进步，我也慢慢相信他终有一日会圆梦。

今天，他终于做到了，他成为了一名导演，虽然只是执行导演，但是他已经迈出了梦想的第一步，这一步至关重要，将会开启他人生中的新篇章。

在这里，我要向×××表示我的祝福，希望你在自己的导演生涯继续努力，争取成为一名总导演，那么你就可以拍一部自己喜欢的故事片。

啥也不说了，最后祝在座各位也能心想事成、梦想成真，大胆地追求你们的梦想，相信自己一定能成功！

谢谢大家！

范文二：在同学升迁庆宴上的贺词

【致词人】×××的同学

【致词背景】老同学×××升任程序研发组组长的庆宴

各位来宾，各位朋友：

大家好！

一日同窗，一世朋友，学校时代所结下的友谊，永远是最纯真的。今天我们这么多同学相聚在这里，真的很不容易，我们应该好好珍惜，一叙阔别情。但是，在我们聚会聊天之前，我们应该先祝贺一个人，那就是我们曾经的班长×××同学。

为什么要向他祝贺呢？因为他刚刚升职了，成为了他们公司程序研发组的新组长，这是喜事一件，我们要想班长表示我们的祝贺，让我们将最热烈的掌声送给班长！

两年前，我们都刚毕业，我们是学软件工程的，但是因为社会上严峻的就业形势，所以咱们大部分同学都转投了别的行业就职，只有班长坚持下来了。他本来也是找不到工作，但是没有放弃，直到毕业后的半年才成为一名正式的软件工程师。

我们都知道，编程序是一件很枯燥乏味的事情，我们虽然是软件专业，但是大学生活是多姿多彩的，我不知道班长是如何去适应程序员那种严肃单调的工作，但是他一定是付出了巨大的努力。他不仅成为了一名职业的软件程序员，还竟然只用了一年半的时间就做到了一家大公司程序研发组的组长，就凭这一点，班长真不愧是我们的班长！

我为班长的升迁而高兴，我也祝愿他在未来担任组长的日子里，像当年带领我们一样，带领你的团队，不断进步，不断取得更大的成就。班长，希望你再创辉煌，我们都会为你自豪的。

最后，我祝福所有的朋友工作顺利生活幸福！让我们一起举起酒杯，为了班长更美好的明天，也为了我们更美好的明天，干杯！

谢谢！

第九章 庆佳节贺词

人逢喜事精神爽，时值佳节面貌新。佳节来临时，每个人都欢欣喜悦，大家会举办各种各样的庆祝活动，有企业举办的，有事业单位举办的；有家庭之间的庆祝，也有朋友之间的庆祝。不管是什么样的庆祝活动，当大家欢聚一堂时，该用什么方式来表达我们心情呢？很简单，将所有的表达方式综合成一篇精妙绝伦的节日贺词！

庆典之道

庆典的主题

庆典主题就是一个庆典活动所包含的主要内容，任何一个庆典都必须有一个明确的主题，特别是节日庆典，基本上都属于盛大联欢性质，所以只有开发一个独具特色、内容鲜明的主题，才能给参与者和公众留下深刻的印象。对于节日庆典来说，不同的节日会有不同的主题，内容没有什么特别规定，只要主题鲜明，并在主题范围内尽量做到内容大而全、精而深就可以了。如何做好一个庆典的主题，大致从三方面入手：

第一是标语口号。一个活动的口号是最能给人留下直观印象的，往往公众看到庆典的标语，大约就知道了庆典的主要内容是什么，所以一个好的标语对于表现庆典的主题是很重要的。如何来制作庆典的标语，关键就在于举办方想要表达什么样的主题了。不论什么内容，只要切好庆典主题，而且雅观就行。

第二是庆典场景布置。场景布置是庆典的外观表现，通俗点说，就是庆典的脸面，脸面是很重要的，中国人是最讲究脸面的了。场景布置包括灯光、音效、舞台等内容，看起来似乎很难与庆典主题扯上联系，实则不然。最细微之处，就是最能体现能力之处，如何通过布置场景来体现庆典主题，可是对举办方能力的一大考验。以国庆节为例，国庆节，主题一般都是“赞美祖国、表达对祖国的热爱”了，可以在会场内挂几个灯笼、贴几副对联，塑造一种传统文化氛围；庆典的客桌换成大八仙桌，来宾喝的饮料不要可口可乐，而是碧螺春、毛尖等茶叶，音乐上也尽量放一些称颂祖国美好的歌曲，如《春天的故事》、《爱我中华》等。用场景来表现主题不难，在一些细节上注意就行了。

第三是活动内容。庆典的活动内容是庆典主题的最主要表现方式，也是最下工夫的地方。每一个庆典的活动内容都不尽相同，但一般都会有两项：一是致词；二是节目演出。致词这项很好表现，不论是举办方领导、还是来宾，他们的贺词都是事先准备好的，肯定都会根据庆典主题来安排致词内容的；节目演出，恐怕得稍费心机，可以依据节日习俗来安排节目内容，仍以国庆节为例，可以有一些诗朗诵，歌颂中国大好形势，也可以有一些舞狮表演或者传统艺术演出等。活动内容看似难安排，但若是能深入了解节日的来源、习俗等内容，那么一切问题都可迎刃而解的。

庆典的注意事项

节日庆典是利用盛大节日而举行的表示欢乐或纪念的庆祝活动，但从另一方面讲，也是社会和公众展示自身的机会和对自身组织能力、社会水平以及文化素养的检验，因此，举办节日庆典时，组织者应做到准备充分、热情接待、头脑冷静、指挥镇定。通常说来，应注意以下事项：

一、事前准备

1. 拟定节日庆典的主题，精心策划，并进行适当的宣传。

2. 确定出席节庆的来宾名单时，必须精挑细选，不能多了谁，更不能漏了谁。

3. 事先确定好致词人名单，并提前与相关人士联系协商，以便对方可以有所准备。

4. 准备一个应急预案。这一点是不可缺少的，谁也无法保证庆典上会出现什么意外，一旦出现紧急情况，如何处理，是一个至关重要的问题。所以，如何准备应急预案，是对组织者组织能力的最大考验。

二、活动安排

1. 认真安排节庆活动的流程，一般是：签到、庆典开始、介绍来宾、上台致词、设宴、祝酒等，次序不能颠倒。

2. 甄选一个好的主持人，并与他进行细致的沟通交流，确保他领会庆典的主题和精神，可以在台上完美表现。一个庆典成功与否，与主持人的表现有莫大的关系。

3. 对于活动各项事宜的安排，务必细致周到，如摄影、扩音等工作人员以及礼仪小姐，最好让他们彩排熟练，以避免在庆典上出差错。

庆典应具备的特征

任何一家单位举办节日庆典活动，都不单单只为庆祝或纪念佳节，在如今这个讲求效益的经济社会，他们更多考虑的是投入产出比，也就是说，他们举办节日庆典，总会考虑这次活动会给他们带来的效益，特别是公司企业。因此，在这个目的的驱使，每一家单位举办节庆时，肯定会绞尽脑汁，精心策划，但是，如何举办一个成功的庆典，获得参与者和公众的好评呢？其中有五种原则，这也是一个完美庆典所应具备的五大特征：

◆与时俱进的文化内涵

文化内涵是推销的一项绝佳武器，任何拥有文化内涵的事物总是具有极大的感染力，更易于使公众印象深刻。如何开发庆典的文化内涵呢？首先，要为庆典确定一个独具特色的文化主题，然后开展与本单位的文化理念相一致的一系列活动，最后，还要设计一些富有文化特征的宣传资料和礼品赠送给来宾，使来宾和记者记忆更深。

◆广泛的公众参与

一个庆典的参与人数越多，那么所得到的宣传效果会越好。在节庆活动中，不妨开展一些群众参与性强的活动，如放烟火、点蜡烛等，一方面，号召和激发本单位的职工参与进来，增强单位职工的凝聚力和荣耀感，另一方面，尽可能将与活动相关联的所有公众都吸引到庆典活动中来。

◆令人称奇的创意

21 世纪是一个创意的时代，没有令人称奇的创意，如何感染和吸引公众？除了在活动主题和场景安排上下工夫外，最好的办法是，结合本单位的事业、服务等特点，别出心裁地设计和开展几个新奇、极具趣味性和娱乐性的活动。

◆单位品牌的宣传效果

举行节庆活动，根本目的不是为了宣传庆典的，而是本单位的品牌，所以，庆典的任何一项活动，都需要考虑能否使单位在所处地区形成一定的口碑效应。品牌宣传的另一个办法是，在庆典活动中，通过新闻媒体，特别是网络媒体，宣传和提高庆典活动和本单位的影响力。

◆优良的投入产出比

庆典活动都是要花钱的，花了钱，庆典却没有达到理想的效果，那花的就是冤枉钱了。在进行活动策划时，先考虑的不是减少庆典活动少花钱或者花大钱办大事的问题，而是如何以较少的钱，办更多更好的事，也就是我们常说的“小本投资，大本回收”。

妙句共赏

经典妙词

佳节来临，在这喜庆的日子里，两人相逢，彼此会道一声“恭喜”，说一句“祝贺”，在一些正式场合下，免不了要来一段贺词，然而若是你拙于言词，那可怎么办？除了事先做好准备外，不妨心中铭记几个绝好词汇，那么在你致词时，绝对会更具感染力！

以下是不同节日常用的一些贺词：

春节贺词：新春快乐、吉祥如意、红包多拿、大吉大利、一马奔腾、一炮而红、一鸣惊人、虎虎生威、牛气冲天、龙腾虎跃、龙马精神、一帆风顺、二龙腾飞、三羊开泰、四季平安、五福临门、六六大顺、七星高照、八方来财、九九同心、十全十美、合家团圆、幸福美满、万事顺意、财源广进、恭喜发财、梦想成真、福星高照、马到功成、一生平安、财运亨通、飞黄腾达、圆满如意、事事顺心、事业有成、招财进宝、生意兴隆、迎春接福、喜气洋洋、红红火火、财旺福旺运气旺等。

元宵节贺词：元宵快乐、团团圆圆、甜甜蜜蜜、顺顺利利、一生平安、两情相悦、缘定三生、四季顺达、五体康健、六和太平、七彩生活、八方来财、九九幸福、十分如意等。

妇女节贺词：节日愉快、青春永驻、美丽依旧、永远年轻、劳苦功高等。

劳动节贺词：五一快乐、劳动光荣、创造世界、身躯伟岸、社会主人翁、财富之源、劳动兴家、劳动兴国、劳动最美等。

五四青年节贺词：朝气蓬勃、青春常驻、激情四射、热情奔放、年轻就是力量、爱情甜蜜、事业有成、家庭幸福、志存高远、勇往直前、拼搏进取、创造未来、与时俱进、开拓创新等。

端午节贺词：端午吉利、甜甜蜜蜜、多吃粽子、驱邪避疾、身体康健等。

母亲节贺词：永远爱你、平安快乐、银发如雪、母爱如海、大爱无疆、含辛茹苦、永葆青春、健康长寿、胸怀博大、育子艰辛、永远幸福、慈祥无比等。

父亲节贺词：天天快乐、坚韧不拔、铁骨铮铮、人生榜样、高大伟岸、风雨奔波、终年劳碌、父爱如山、父爱质朴等。

护士节贺词：佳节快乐、一生太平、身影忙碌、微笑甜美、白衣天使、情操高尚、心灵纯洁、默默奉献、大爱无私、爱岗敬业、大爱无私等。

六一儿童节贺词：学习进步、成绩提高、天天向上、快快乐乐、健健康康、童心永在、永远欢悦、乖乖懂事、认真听话等。

建军节贺词：八一快乐、一生幸福、一世平安、忠诚卫士、祖国护墙、国人骄傲、精忠报国、保家卫国、除暴安良、最可爱的人等。

中秋节贺词：中秋快乐、家人团圆、事事圆满、好梦连连、千里婵娟、牵挂无限、圆满美好、明月寄思等。

重阳节贺词：重阳赏菊、登高赏景、花香人寿、健康长寿、平安幸福、福寿康宁、越活越精神、越活越年轻、人生不朽等。

教师节贺词：岁岁愉快、年年如意、桃李芬芳、桃李满天下、谆谆教导、诲人不倦、师恩似海、智慧阳光、勤劳园丁、人生导师等。

国庆节贺词：国庆快乐、事业辉煌、人生腾达、幸福如意、好运连连、步步高升、一马平川、一飞冲天、心想事成、丰收硕果等。

圣诞节贺词：圣诞快乐、平安如意、祝你幸福、礼物多收、心愿成真等。

元旦贺词：新年快乐、事业有成、年年有余、全家团圆、财源滚滚、工作高升、乘风破浪、驶向彼岸、生活美满、合家欢乐、万事大吉等。

经典妙对

在节日里吟诗作对可是中国的一大习俗，特别是做对子，至今仍是国人过节时的喜好。中国的节日对联历史悠久，内容无以计数。

以下精选了一些经典节日对联：

春节对联：

万事平安幸福年，吉祥如意拜年顺。

人和家顺百事兴，富贵平安福满堂。

新春福旺鸿运开，佳节吉祥如意来。

日子红火喜迎门，天随人意福星照。

迎新春年年如意，接鸿福步步登高。

元宵节对联：

一曲笙歌春似海，千门灯火夜如年。

九华灯炬云中挂，五彩鳌山海上移。

三千世界笙歌里，十二都城锦绣中。

万户管弦歌盛世，满天焰火耀春光。

万家灯火同秋月，大地光明不夜天。

妇女节对联：

志在四化，不愧女中豪杰；胸怀五洲，实为巾帼英雄。

建设祖国，全靠心红手巧；勤俭持家，还要女衬男帮。

发愤图强，为妇女添光争气；同心协力，与男儿并驾齐驱。

昔日巾帼多贡献，当今妇女再登攀。

中华妇女立壮志，当代巾帼谱新篇。

自尊自爱自重自强，挑起时代重任；多才多艺多胆多识，争做巾帼英雄。

劳动节对联：

一代风流怀大志，十亿巨手绘宏图。

同心同德干四化，群策群力攀高峰。

同心兴国谱新篇，合力治邦奏凯歌。

创业精神三山路，光荣传统五月歌。

自学成才才可济世，勤劳致富富能兴家。

五四青年节对联：

发愤图强，成材不负青云志；鞠躬尽瘁，报国常存赤子心。

承前启后，神州河山皆秀丽；继往开来，华夏儿女更风流。

炎黄子孙，德才兼备建伟业；华夏儿女，文武双全展宏图。

风华正茂，大干四化，争当红旗手；飒爽英姿，建设祖国，永做排头兵。

心怀凌云壮志，行一腔誓愿，几许气魄；脚踏实地功夫，洒十分血汗，何等光荣

端午节对联：

包粽子，举国欢宴聚亲友；赛龙舟，把酒吟诗慰圣贤。

念故人，万户千家包粽子；庆佳节，敲锣打鼓赛龙舟。

赛龙夺锦，鼓声催发健儿奋；端日弄波，桨拍浩荡舟队威。

箬叶飘香，一粽尝来千古事；龙舟逐水，百桡划出四时情。

义报祖国，放逐难泯诗人志；魂牵桑梓，情爱唯倾荆楚山。

母亲节对联：

母爱何深，牵肠挂肚系一生，岂只怀胎十月；亲恩难忘，霖雨春晖荣寸草，允当反哺千回。

真情永驻，真愿永期，一样心情谁不是？大爱无私，大慈无语，千秋母爱俱相同！

鲜花献老娘，长怀养育之恩，亲情深似海；至孝酬慈母，难尽反哺之义，母爱大于天。

知路远山高，千万里犹牵子女，添几多白发；论情深意重，数十节首选母亲，洒万缕春晖。

十月怀胎，一朝分娩，辛苦与天伦同来，得意与担忧共存，为人母操劳一生；数年寒窗，今朝题名，孤独和成功俱至，荣华和富贵偕伴，做子女孝顺今世。

父亲节对联：

父爱犹如河流水，恩情难忘永记心；父亲吟扬春风来；温暖四溢寒还在。

父爱滂沛，胼手胝足，力撑一头家；亲恩灏瀚，含辛茹苦，奋创百世荣。

披星戴月，风餐露宿，铺就子女脚下路；筚路蓝缕，呕心沥血，抗尽孩儿肩上苦。

感恩昌龙，几许雪鬓轻抚慈父憨厚颊；养育仕婷，多年教诲疼惜爱女泪粘襟。

六一儿童节对联：

立凌云志，做栋梁材。

千秋折桂手，一代接班人。

寄情德智体美，寓教歌舞游玩。

园内桃李年年秀，校中红花朵朵香。

幼苗逢喜雨，百花吐艳；新树度春风，万木争荣。

建军节对联：

英雄军队，钢铁长城。

江山金汤固，战士铁甲寒。

祖国铁龙阵，人民子弟兵。

人民展示千古美，革命英雄百世芳。

天地有情留正气，江山无恙慰忠魂。

中秋节对联：

满地月如霜，秋似水，天涯人思乡；半樽酒入肠，愁漫天，珍珠泪无语。

千重远山万重水，十分相思百分念；三秋桂子十里荷，一轮明月两地心。

中秋八月中，月月明，赏好月，赏月好；小屋活动时，日日欢，作美文，作文美。

月如水，情如丝，你思我思，一样相思；秋正红，夜正浓，举头低头，愁上眉头。

去年秋别泪暗垂，远渡重洋，满载心酸，独在异乡为异客；今夜月明人尽望，海外游子，心系故土，每逢佳节倍思亲。

重阳节对联：

避恶茱萸囊，延年菊花酒。

劝君一醉重阳酒，邀月同观敬老花。

步步登高开视野，年年重九胜春光。

年高喜赏登高节，秋老还添不老春。

败兴无端，满城风雨；登高何处，插鬓茱萸。

教师节对联：

催笋成竹，润花著果。

心血育桃李，辛勤扶栋梁。

春霖滋沃土，矢志育新苗。

一片丹心随世古，千声赞语颂师恩。

一身许国传科技，两袖清风作人师。

国庆节对联：

国富金瓯固，民安玉镜圆。

花灯万盏贺华夏，美酒千杯祝母亲。

盛世腾飞基昨日，神州崛起看今朝。

四万里表里山河，国犹是也；五大族共同庆贺，众其和乎。

好儿女志在四方，胸怀热土千千结；众干群心筹百策，力振中华五五秋。

圣诞节对联：

人生喜乐感谢主，生活富裕赞美神。

民奉真神获福乐，国崇天道享安宁。

俯首虔诚，敬祝耶稣圣诞；齐心奋力，争取民族光荣。

庆圣诞，乐神恩，普天共乐；报佳音，颂主爱，万民齐欢。

圣子降凡世，西野牧人寻救主；诞辰生庆典，东方博士拜圣婴。

元旦对联：

词旧岁，爆竹声声人添喜；迎新年，红灯闪闪国增辉。

一夜连双岁，岁岁花红果大；九天溢彩，四海共度胜利年。

河山毓秀，古国春色耀青史；岁月更新，中华雄姿震寰宇。

新岁举杯，两岸同胞遥祝福；春风得意，九州赤子话团圆。

年年进财，年年添福年年乐；岁岁丰收，岁岁有余岁岁欢。

经典妙句

春节妙句

◆瑞雪迎新春，祝你好运来！虽然不能和你共度新春佳节，但是我的祝福一直环绕在你的身边。祝你开心度过每一天！

◆新春来，祝福到。我祝你生活幸福，万事如意，在新的一年里心想事成，梦想成真！

◆新春佳节来临，没有鼓鼓的红包，只有我对你的真诚祝福：希望你邻里间和睦相处、朋友间开开心心，生活中简简单单、工作上顺顺利利、天天心情快乐、岁岁喜气洋洋！

◆白云是灿烂的，春雨是透明的，微风是温柔的，明月是深沉的，思念是寂寞的，爱恋是永恒的，而你，是难忘的。衷心祝福你——春节快乐！

◆相遇是首歌，相识是杯酒，歌是回味悠长的，酒令人醇烈芬香的。心境的时候，我在默默地祝福着你，希望幸福与平安永远伴随着你！祝你新年有个好心情！

元宵节妙句

◆正月十五喜庆多，阖家团员幸福多，心情愉悦多，身体康健快乐多，财源广进票子多，年年如意吉祥多，祝愿你，好事多多多！

◆又是一轮圆月亮，又是一年元宵节，又得一次祝愿，又有一次幸福。祝你：团团圆圆，甜甜蜜蜜、生活顺意，大吉大利！

◆月圆，汤圆，梦更圆；灯美，花美，人更美！吃汤圆，乐团圆；赏花灯，合家欢！

◆美酒越久越醇，朋友越久越真；溪水越流越清，沧桑越流越淡。祝元宵节快乐，天天有个好心情！

◆喜迎元宵，送你一轮明月，寄去我的祝福，明月生辉，我们共度佳节！祝愿你，新的一年中，事事顺心，福星高照！但愿人长久，千里共婵娟！

妇女节妙句

◆送你一束玫瑰，传达我的情谊；送你一朵桃花，给你带来好运；送你一支百合，希望我们百年好合！祝你三八节快乐！

◆送你999朵玫瑰，希望你爱惜自己；送你999只纸鹤，希望你不再烦恼；送你999颗幸运星，让好远都围着你转！真诚地对你说一句："节日快乐！"

◆如果美丽是一种罪，那么你实在是罪大恶极；如果智慧是一种错，那么你已经一错再错；如果气质要受惩处，那么你就该千刀万剐了！我已经忍无可忍，不得不狠狠地对你说一句："三八节快乐！"

◆三八妇女节来临，思索很久也没什么送给你的，只好送你四千万了：千万要幸福、千万要快乐，千万要努力，千万要平安！

◆没有阳光，鲜花不会开放；没有情爱，幸福不会来敲门；没有女人，就不会有诗人；没有母亲，就不会有英雄。妇女节快乐！

劳动节妙句

◆苍翠的山岭、碧绿的田野，弥望的丛丛簇簇的桃花和金灿灿的油菜花。伟大的农民啊，你用那宽大的双手为我们换来了食物，你用那辛勤的汗水浇灌了我们的身体。

◆钢花四射、机床轰隆，一座座高楼大厦拔地而起，抹去了原始的印记，带我们步入现代化都市。伟大的工人啊，你用那坚强的臂膀扛起了我们的居所，你用那扎实的工作为我们的生活打开了方便之门。

◆生活一天天更美好，人类一点点在进步，一切的一切，都来自劳动者的艰辛劳动。劳动是那样的默默无语，然后平凡的劳动却创造了伟大的成就。

◆劳动创造了历史，劳动创造了未来，劳动人民是最光荣的，劳动人民是最美的人。在五一国际劳动节到来之际，让我们一起为广大劳动人民唱一支赞歌吧！

◆劳动者是世界上最伟大的人，他们用劳动创造了创造了人类社会，创造了我们的幸福生活。是劳动，建立了今天的摩天大楼；是劳动，铸就了现代化的高速铁路；是劳动，让无际的世界变成了一个村落；是劳动，让广袤的荒原变成了良田沃野。

五四青年节妙句

◆你们青少年有着无与伦比的朝气，努力吧！奋斗吧！为了你们的梦想去拼搏吧！

◆朝气、蓬勃、激情、冲动、好奇、求知、拼搏、奋进，青少年身上有着太多的感性，随时令人惊喜，随时令人惊讶，随时令人惊异。

◆作为国家未来的主人翁和接班人，青少年都需要担负起这样一种责任：国家需要我去哪里，我就去哪里；人民需要我做什么，我就做什么。去哪里都要创出一番事业，做什么都要干出一点名堂。

◆青春是春天的种子，充满希望；青春是夏天的骄阳，热情似火；青春是秋天的落叶，无拘无束；青春是冬天的白雪，浪漫无垠。

◆实现人生价值的方法有很多种，但作为青少年的你们，应该把你们的全部青春和热血，投入倒国家建设的宏业中去！

端午节妙句

◆喜迎端午节，让我借诗人的名义，请你多吃粽子；让我划着一只龙舟，载满了幸福驶向你；让我在你门前挂起一把艾蒿，祝愿你平安；让我为你斟上一杯雄黄酒，期盼你一生平安。

◆总希望快乐将你环绕，总盼望健康将你拥抱，总期望安平与你相随，总奢望幸福伴你一生。祝福你，辛勤的朋友，端午节快乐！

◆送你一阵微风，带来我的问候；送你一缕阳光，映着我的影响；送你一朵白云，浸润着我的祝福；送你一道彩虹，连接你我的友谊。祝你端午节快乐！

◆希望阳光照进你的窗内，希望快乐在你的身边飞翔！我开心地抽一根快乐的线，为你织一件好运的衣裳，将幸福的铁杵磨成如意的针，为你缝上“永远吉祥”的字样。希望你穿上后，能过一个快乐的端午节！

◆五月初五端午节，荷叶清香溢满天。片片芦苇传深情，点点红豆寄关爱。颗颗红枣欢喜乐，杯杯雄黄吉祥意。一年一度端午节，分分秒秒幸福中。

母亲节妙句

◆没有天就没有地，没有你就没有我，妈妈，谢谢你给予我的一切！祝你节日快乐！

◆妈妈，你对我多年来的默默支持，是我拼搏进取的精神动力。妈妈，我永远爱你。

◆妈妈，你给了我生命，从此我成了你永远的牵挂。在我无法陪伴你的日子里，祝愿你每一天都平安快乐。

◆你的儿子一向不善言词，不愿表露情感，但是在今天这个特殊的日子里，我要对你说：亲爱的妈妈，我永远爱你！祝你母亲节快乐！

◆你赐给了我生命，你教会了我做人，不论将让我的人生如何，妈妈，我永远爱你！

父亲节妙句

◆你是家里的顶梁柱，你是子女的保护伞，你为了我的成长终日劳碌，你对我深厚而隐蔽。父亲节到了，希望你快乐健康，平安幸福！

◆亲爱的父亲，你就是一棵参天大树，为我撑起了一片天空；你就是一盏探路明灯，为我照亮我了虔诚。你是我的父亲，你是我永远最爱的人！

◆有一种付出，不计回报，却永恒无边，这就是父爱；有一种牵挂，不计岁月，却伴随一生，这也是父爱。让我们一起祝天下所有的父亲：节日快乐！

◆你是一座高山，为我树立了人生的标杆，教我做人；你是一片草原，为我敞开了广博的胸怀，将我容纳。爸爸，我爱你！

◆你是挺拔的苍松，为子女遮风挡雨；你是巍峨的高山，教子女稳重踏实。我敬爱的父亲，祝你节日快乐，健康长寿！

护士节妙句

◆虽然你不是为我而生，但我却有幸与你陪伴。我愿终此一生，年年为你点燃节日的蜡烛。

◆在你节日这一天，我无法陪伴在你身边，不能给你我的问候，只能送来我的祝福，希望你快乐每一天！

◆带来一声问候、一句祝福，愿你一生顺意、一世平安，一辈子幸福。节日快乐！

◆你们用对生命的热爱，践行南丁格尔的誓言；你们用温柔的话语，激励着患者战胜病魔的决心。你们匆忙的身影，你们甜美的微笑，永远留在每一个人的心中。

◆你们是最平凡而又最伟大的，你们的工作是最细微而又最重要的。白衣天使，祝福你们，节日快乐！

六一儿童节妙句

◆清澈明净的溪水，可曾记得儿时于此嬉戏时的欢笑？穿花飞舞的蝴蝶，还曾想起往日追逐时的快乐？岁月已逝，真情仍在，愿你在儿童节还能保持你的童真。

◆在儿童节到来之际，让我们一起回想那荷尖上的的蜻蜓、那会眨眼的星星、那关着蟋蟀的泥灌，那份独一无二的纯真和快乐。给自己放个假，让疲惫的身心轻松一下。

◆愿天真的微笑常挂你嘴边，愿纯真的心情留在你心田，愿美好的憧憬成为你的未来，愿儿童的节日里，你开心快乐！

◆岁月将风霜刻在脸上，生活将沧桑印在心头，但是童真是一种心态，珍惜它、爱护它，你将青春永驻！今天是六一儿童节，记得保持一份童真哟。

◆儿童节到了，愿你如儿童一般活泼可爱，如儿童一般诚实善良，如儿童一般纯真好奇，如儿童一般天天向上！但是不能淘气哟！

建军节妙句

◆穿上军装，灯红酒绿的都市就不属于你了；融入军营，花前月下的甜蜜也与你绝缘。坚守，是你们对国家和人民最大的责任。

◆你坚守着祖国的海域，见证了潮起潮落；你坚守着祖国的边疆，见证了日出日落。你时刻谨记一名士兵的使命，在祖国需要的时候，你会献出全部的忠烈。

◆八一到了，你们辛苦了，全国人民向你们问好，你们是祖国的铜墙铁壁，你们是母亲的光荣骄傲。

◆我要将最美丽的鲜花献给你，我要用最美丽的诗歌赞美你，因为你是新时代最可爱的人！

◆无私奉献是你们的原则，默默无闻是你们的品质；艰苦磨炼是你们的意志，报效祖国是你们的理想。今天是你们的节日，祝你们节日快乐！

中秋节妙句

◆用浪漫的面粉、温馨的鸡蛋以及甜蜜的白糖做成一个幸福的月饼送给你，希望你能快乐地品尝！

◆朋友，无论你身在何方，中秋佳节，仰望明月，诚心祈愿，你一定会梦想成真！

◆年年中秋明月圆，岁岁你我遥相盼。我将我的思念寄托给明月送给你，愿你中秋快乐，平安幸福！

◆送你一个圆圆的月饼，寄我一份圆圆的祝福，愿你有一个圆圆的梦想。祝你中秋节快乐！

◆今晚有明月陪伴着你和我，今晚有明月为我们传递彼此的心愿和祝福。祝你中秋佳节快乐，月圆事圆人团圆！

重阳节妙句

◆我对你的思念如滔滔江水连绵不绝，我对你的祝福如涓涓细流，伴你一生一世。九九重阳，秋高气爽，何不一起去登山赏菊？

◆红枫吐艳、金菊傲霜。在这丰收的季节里，祝愿你事业有成、身体健康、心情愉快！

◆九月九，难聚首，思乡之人在漂流；九月九、忧更愁，归家之念在心头！

◆夕阳无限好，何方近黄昏！祝愿你度过一个美好、快乐的节日！

◆九九重阳，秋高气爽，整好了栗糕，备好了菊酒，等着与你分享重阳节的习俗之乐！

教师节妙句

◆无论将来我是挺拔的青松，还是卑微的小草，老师，我都将以生命的翠绿祝福你！

◆我的成功，有你的心血；我的努力，有你的辛劳。你对我的恩情，我永远铭记于心，在我每一个成长的日子里，我都会祝福你，我的老师。

◆我虽然不是你最好的学生，但你是我最好的老师。祝你节日快乐，事事顺意，天天都有好心情！

◆我是幼苗，你是春霖，滋润了我干枯的心田；我是小草，你是阳光，给予了我成长的力量！谢谢你，老师！

◆我的思想是你净化的，我的品格是你洗涤的，我的人生，是你的引导和鼓励，才使我走下去的。老师，千言万语只化作一句话：祝你幸福快乐！

国庆节妙句

◆山河壮美人更美，全国人民是一家。今天是祖国母亲的生日，同喜同喜。

◆送走了中秋的思念，迎来了国庆的欢喜！祝愿你在这双重佳节的包围下，永远幸福、永远快乐！

◆举国欢庆，共度佳节！在国庆佳节这一天，我祝愿我们的家庭与祖国日益繁荣相伴！

◆美丽的祖国，美丽的家园，在这美丽的日子里，祝愿所有美丽的人一切都好！

◆我们是龙的传人，龙的子孙！今天是中国这条东方巨龙的生日，让我们这些龙的子孙共同欢庆伟大祖国的节日！

圣诞节妙句

◆我要把所有的喜悦变成奶油，所有的祝福揉成巧克力，所有的快乐做成蛋糕，一切送给你，然后说一声：圣诞快乐！

◆也许岁月会将往事褪色，也许生活会将彼此隔离，但懂得珍惜的，依然是真心的友谊，再次对你说：圣诞快乐！

◆什么是圣诞快乐？不是冬日的阳光，不是小鸟的啁啾，而是幸福的笑容和温馨的问候！

◆在这美好的平安夜，没有华丽的贺词，没有精美的礼品，有的，只是朋友真诚的祝福：圣诞快乐！

◆祝你圣诞快乐，不是在特别的日子我就会想起你，但是圣诞节的时候，我一定会给你送去我的祝福！

元旦妙句

◆祝你在新的一年中，事业步步高，身体壮如牛，钞票不胜数，工作不辛苦，浪漫似乐章，快乐只你属。

◆元旦来临，愿你有个好心情。不管海有多深、山有多高，也不管拉登有多精、美国有多背，总之你最美，快乐永无悔！

◆歌声是我的问候，钟声是我的祝愿，飘雪时我的贺卡，微风是我的拥抱。这些统统送给你，祝你元旦快乐！

◆每一片雪花飘落，每一缕炊烟升起，每一秒时间流逝，每一份思念传递，到代表我想要送给你的每一个元旦祝福！

◆爱是无言的，情是永远的，雪花飘洒的元旦，亲爱的，我们的心是相通的。

实用贺词赏析

庆春节贺词

范文一：在迎新春庆祝活动中总经理的贺词

【致词人】××公司总经理

【致词背景】公司迎新春庆祝宴会

尊敬的各位来宾、各位同事：

“爆竹声声辞旧岁，欢天喜地迎兔年。”在这个中华民族一年一度的新春佳节到来的时刻，我代表公司向在过去的一年辛勤奋斗在自己岗位上的全体员工及家属、长期以来支持我们公司的新老客户及家属、还有多年来一直关注和帮助我公司发展的社会各界友人致以新春的问候和衷心的祝福！祝你们新春快乐！

在过去的一年，公司的员工秉着与时俱进、开拓创新的精神，团结奋斗、艰苦拼搏，取得了令人瞩目的业绩，首先是公司的业务总额翻了一番，大大超出了计划指标，其次是公司的规模也比前年增扩了50%，公司内的各项规章制度正趋于完善，这些都说明，我们公司正在发展壮大，实力在一步步增强。最重要的是，我们不仅争取了老客户的继续支持，更赢得了许多新客户的信任，不论新老客户，你们都将是我们公司持续发展的动力源泉和保证。

在这个团圆美好的佳节时，回顾起过去一年公司取得的巨大成就，此时此刻，我的心情激昂澎湃，感觉自己有千言万语要说，却不知该从何说起。如果真要说我一句心里话，我只能说一声：“谢谢！”

我要感谢所有人，感谢一直都支持我们的社会各界友人，也感谢一直都给予公司信任的众位客户，当然，我最应该感谢的，是一直以来默默坚守着自己的工作、努力拼搏却又无怨无悔的公司全体员工，是你们的心血和付出，才让公司有了今天的规模和成就，你们辛苦了！

新春的钟声已经敲响，新的一年，会是一个充满希望的一年；新的一年，也是我们公司发展道路上重要的一年。在新的一年，我们将进一步推进企业制度改革，以市场为导向，以客户的需求为指南，将提高公司业绩和扩大公司规模作为目标，依靠全体公司员工，以科学发展观为企业准则，大力提高公司产品和服务的科技水平，从而促进公司持续稳定的发展。我相信，公司未来的发展会更美好，将会创造更好的业绩！

让我们举起酒杯，为我们公司新的辉煌干杯！

最后，我要再次祝福大家新春快乐、生活幸福、万事吉祥！

范文二：在迎新春庆祝活动中企业董事会代表的贺词

【致词人】××保险公司董事会代表

【致词背景】公司迎新春晚会

女士们、先生们、朋友们：

大家晚上好！

再过几个小时，新年的钟声就将敲响了，中华民族的传统佳节春节就要来临了。正是："凯歌动地辞旧岁，金鸡长鸣迎新春。"在这个词旧迎新的时刻，我很高兴代表公司董事会的所有股东向全体员工致以新春的问候和节日的祝福！

即将过去的一年，对于我们公司来说，是极不平凡的一年，也是稳步发展的一年。在这一年里，公司的员工尽心尽责、努力工作、开拓创新，各项业务均取得了可惜的业绩。个人保险的业务总额达到5亿元，同比增长了40&，而团体保险的业务总额更是翻了一番，已经超过了30亿元，其他保险项目也都保持了较快的增长，可以说，在过去的一年，本公司的业绩又上了一个新台阶。不仅如此，在去年的9月份，由我们公司倡议和策划，在上海成功举办了"保险业务全国研讨会"，不仅极大提高了本公司的知名度，还为本公司进入上海市场打开了大门。所以，经过我们一年的努力，我们深切地体会到了："只要努力进取、不断开拓创新，那就一切皆有可能！"

在此，我要感谢在过去的一年奋斗在工作第一线的广大员工，是你们的心血和汗水，铸就了公司今天的成功，你们是公司发展的基石，公司离不开你们。

当新年的钟声敲响时，我们将迎来新的一年。2011年，对于我们公司来说，必将又是一个充满机遇和挑战的一年。当前，国内外的保险行业形势复杂多变，我们公司也面临着各种严峻的挑战，所以，我们不仅要面对困难时勇敢地去接受它、击败它，而且我们还要谨慎地处理好公司短期的策略和目标，仔细观察市场形势，一旦发现机遇，就要坚決出击，牢牢抓住不放手，如此才能更好地促进公司的发展。同时，我们还有坚持以科学发展观为指导，进一步树立大局意识，积极推动改革创新，加快战略转型，将科学发展观彻底落实到各项工作中，最终实现我们公司的大发展、大进步！

同志们，一元复始，万象更新，新的一年代表了新的起点，新的起点蕴涵了新的希望，而新的希望赋予了我们新的使命。辉煌的2010年已经过去了，崭新的2011年已呈现在我们面前。让我们以高要求、高标准、脚踏实地、努力奋斗、与时俱进、开拓创新，一起创造公司的新辉煌！

最后，祝愿大家新春快乐，幸福吉祥，万事如意！

范文三：在迎新春庆祝活动中市长的贺词

【致词人】××市市长

【致词背景】××市政府迎新春座谈会

同志们、朋友们：

大家好！

金虎昂首高歌去，玉兔迎春送福来。新年的钟声就要敲响了，值此万家团聚、喜迎新春之际，我代表××市市委、市政府，向全市人民，向辛勤工作在各条战线上的广大干部群众、向关心和支持本市发展的社会各界友人、向节日期间坚守工作岗位的同志们，致以新春的问候和节日的祝福！

2010年是“十一五”最后一年，也是极不平凡的一年。

在过去的一年，面对国内极为复杂的经济环境和本市严峻的就业形势，在市委、市政府的坚强领导下，在全市人民的共同努力下，本市经济依然保持了平稳较快的发展，失业率降到了历史新低，各项经济指标保持了全省前列。

在过去的一年，我市不断推进工业化改革，以市场竞争为导向，坚决撤除了一批中小企业，重点支持有着发展潜力和市场竞争力的大型企业，大力优化本市的产业结构。同时，我们还利用本市铝矿资源丰富这一点，在离矿场不远的南郊建立了铝材工业园区，加工和制造各类铝材。此举得到了省委省政府的支持，可以预见，在不久的将来，铝材加工将成为本市的支柱产业，能极大地推动本市经济的发展。

在过去的一年，我们深入统筹城乡协调发展，不仅拓宽城市规模，在郊区修建了数十条公路和大桥，并修建了商城、农贸市场等众多的公共设施，加速了农村向城市的人口流动，极大提高了本市的城市化水平；同时，我们还完成了上百个新农村建设点，起动了卫生清洁工程，经过一年多的努力，本市农村的面貌可以说是焕然一新。

在过去的一年，我们致力于改善民生问题，将其放在年度政府工作的首要位置。我们重点从医疗服务、社会保险和住房保障三个方面入手，这一年的艰苦努力，各项民生事业都取得了可喜的进展，人民群众的医疗服务和社会保险得到了基本保障，住房问题也得到了极大缓解，生活质量得到显著提高。

在过去的一年，我们不仅完成了十一五规划的各项目标任务，还成功发掘了本市经济发展的有一个增长点，建立了铝材工业园区。这一年的历程虽然充满了艰辛和汗水，但是所取得的成绩是令人振奋的，而这份成绩，是属于全市人民的！

2011年使实施“十二五规划”的第一年，也是本市实现跨越式发展的重要一年。在新的一年里，我们将以科学发展为主题，以转变发展方式为主线，以保障和改善民生为根本，在推进经济快速协调发展的同事，也将着力提高人名群众的生活水平和幸福指数，争当构建和谐社会的最佳标兵。

各位同志、各位朋友，机遇蕴涵精彩，拼搏成就伟业。让我们携起手来，团结一心，众志成城，以更加饱满的热情，更加昂扬的斗志，更加坚实的步伐，去迎接美好灿烂的新一年！

最后，衷心祝愿全市人民新春愉快、合家幸福、万事如意！也祝愿我们市不断发展进步，繁荣昌盛，生机无限！

范文四：在迎新春庆祝活动中长辈的贺词

【致词人】家族长辈

【致词背景】除夕夜团圆饭

在座的诸位亲人：

今晚是除夕夜，大家难得聚在一起，吃一顿团圆饭。此时此刻，我很高兴，因为每一年，我只能在除夕夜的晚上见到你们所有人。新年马上就要到了，在这里，我祝愿大家新年快乐，开开心心度过这个春节。

如今的社会发展越来越快，人们为了各自的前途整年东奔西跑，咱们这个大家庭也被时代的潮流冲击得支离破碎。×××，我的大儿子，他为了家计，几年前跑去广东打工，一年到头也只能在过年的时候回家两天，我那12岁的孙儿都快不记得他爸爸的模样了；×××，我的小儿子，他本来也想随着哥哥去工地，可是他不能，因为他还有那刚出生的女儿××，所以他只能留在家乡，辛苦种地来换取那微薄的收入；我的两个儿媳妇，他们都是坚强的女人，他们不愿在家懒做，便在镇上开了家杂货店，虽然转不了多少钱，但起码能维持生活；还有我那两个儿孙，孙子××已经上了初中，我看得出来，他的学习压力越来越大，每天晚上自习后，他回到家还有多看一个钟头的书，孙女××，她刚满周岁，无时不刻需要人照顾她。

这就是我们现在这个家庭的状况，大儿子整年见不着面，小儿子都被累垮了身子，两个儿媳也是操心劳累，常年得不到休息。我也不知道是因为贫困，还是因为责任，让我们这个家庭遭受了太多的苦难。

不过，这一切在今晚都不存在了，我也相信，它终将都会过去。今晚是团圆之夜，应该是一个喜庆的时刻，我们应该高兴，面带微笑吃完这顿团圆饭，让每一个人都留下一个愉快的记忆。

其实，我再仔细回想一下，我真的不应该忧愁，虽然我们现在生活艰苦，但是我们的日子正在慢慢变好。大儿子在外打工挣到了钱，为家中存了积蓄，而且过不了很久，他就会返回家乡的，小儿子用他的一双手，不仅耕种了家中的十余

亩田地，更是撑起了咱们这个家庭，两个儿媳开的杂货店，生意也渐渐有起色了，赚的钱也越来越多了，两个孙儿也是，孙女××正在一天天长大，她很健康、很可爱，看着她，就像看到了希望，孙子××也很争气，前些天，刚给家里拿回来一张奖状，他的班主任也和我谈过话，他说××学习很努力，只要坚持下去，将来绝对可以考入一所好大学。

在今晚这个团圆饭上，我更多的是欣慰，欣慰的是今天过得比昨天好，而明天会更加美好，这就足够了，以往的艰辛，都会烟消云散，我的心中，现在只有对未来的憧憬。

好了，一切都不多说，我作为长辈，要向你们表述祝福：祝愿你们，打工的早点回家，种地的少些操劳，经商的多把钱赚，孩子考入大学，婴儿快快长大！更重要的是：新春快乐！

庆元宵节贺词

范文一：在庆祝元宵节活动中企业经理的贺词

【致词人】××公司总经理

【致词背景】公司举行的元宵晚会

尊敬的各位领导、各位同事、各位来宾：

大家晚上好！

今天是正月十五元宵节，在这个吉祥喜庆的时刻，我们怀着喜悦的心情欢聚一堂，共度这一中国传统佳节。在此，我谨代表公司的领导班子，向在过去的一年中辛勤工作的全体员工以及所有关心和支持本公司发展的社会各界人士，致以节日的问候和良好的祝愿！

为了迎接元宵节的到来，公司董事长×××先生特意举办了这场元宵晚会，并请来了国内众多知名艺人来登台演出。在这里呢，我要向这些不畏严寒、不远千里，为我们公司带来精彩表演的艺术家们以及这次晚会的所有工作人员，表示热烈的欢迎和衷心的感谢，预祝这次晚会能圆满成功！

回顾刚刚过去的2010年，我们心中满怀激动，我们付出了艰辛的努力，也收获了骄人的成绩。

2010年，我们公司遇到了很大的困难，由于国内皮包行业竞争激烈，各大公司均在产品上求新求变，力争掳获消费者的芳心，使得我们公司在生产经营上出现了退步的迹象，流失了许多客户。然而，面对严峻复杂的市场形势，我们并没有退缩，以董事长×××先生为核心的领导班子从容应对挑战，他们对市场和产品做了全面分析，准确判断，并作出了重大决策：将公司的工作重点放在新产品的研发上，而如何研发新产品，主要从质量和外形上下工夫。公司领导和员工同心同德，众志成城，拼搏奋斗，经过数月的艰辛努力，终于研发出了新品牌×××，×××不论质量还是外形，在国内同类皮包中，都属于佼佼者。所以，当×××投入市场后，立刻引起了消费者的疯狂抢购，而我们公司全体员工由于业务的增多，又开始了昼伏夜出的忙碌了。

这就是公司过去一年的状况，我们遇到过危急，经历了辛苦和磨难，但是我们都挺过来了。所谓有苦就有甜，凭着公司全体员工的不懈努力，公司在业绩方面取得了重大的突破，我们的新皮包品牌×××为公司带来了××亿元的销售额，几乎是上一年的三倍，不仅如此，×××还在消费者心中奠定了品牌形象，成为了他们的最爱。还有一件喜事，那就是市政府鉴于我们公司在过去一年的辉煌成就，特意给我们公司颁发了“××市先进企业”的荣誉称号。

能取得如此巨大的成就，实属不易，这是以公司董事长×××先生为核心的领导班子坚强领导的结果，也是公司全体员工拼搏努力的结果，也是广大客户和社会各界友人关心和支持我们公司的结果。在这里，我要对所有为公司做出贡献的人们说一声：“谢谢！”

展望未来，我们任道重远，新的一年，充满希望，也充满了挑战。我们踌躇满志，信心十足，我们将以更加饱满的热情，更加昂扬的斗志，更加务实的作风，在以董事长×××先生为核心的领导班子的正确领导下，在公司广大员工的共同努力下，团结一心，奋力拼搏，共同开创××公司的美好未来。我们相信，只要我们付出了努力，我们公司一定会越来越辉煌！

最后，衷心祝愿大家，在新的一年里，工作顺心，生活幸福，家庭美满，事业有成！

谢谢大家！

范文二：在庆祝元宵节活动中校长的贺词

【致词人】××高中校长

【致词背景】学校举行的院校庆典

各位老师，各位同学：

大家好！

虎年过去了，历史已经跨入了新的一年。今天是元宵佳节，在这个喜庆的时刻，我谨代表学校领导班子想辛勤耕耘在学校各个岗位上的教师及职工、勤奋学习、勇攀知识高峰的全体同学，致以节日的问候和真挚的祝福！

回国已经过去的一年，学校秉承着“为学生服务”的精神，以培养“进德修业、博学笃行”的人才”为目标，全校师生团结一致，努力进取，取得了骄人的成绩：

在去年的高考中，我校一类本科上线人数55人，这些学子考入了北京大学、复旦大学等多所名校，二类本科上线人数181人，三类本科上线人数94人，本科上线总人数达到了330人，上线率达59.8%，这两项指标均创造了历史新高，其中文科班的×××同学更是以693分的优异成绩勇夺本市的文科高考状元。本校学生在个人才艺方面也都有不俗的成就，高二（三）班的×××同学在××市举行的安全教育知识竞赛中获一等奖，高三二十五班的×××同学在上学期全省的数学竞赛中也拿到了第二名的好成绩。

在过去的一年，学校不仅在教学水平上显著提高，在教学管理以及校园环境方面也取得了很大进展，被市教育局评为“××市文明学校”和“××市素质教育先进学校”。这些都是我校在深化素质教育体质改革、全面推进新课程，践行“以人为本，全面发展”办学目标的具体体现。

累累硕果虽然喜人，但是都属于过去，我们应该以高远的眼光来看待未来。我们已经步入新的一年，在2011年，机遇与挑战并存，希望与困难同在，这一年是学校实现可持续发展的关键一年，也是同学们实现梦想、创造辉煌的关键一年。在这里，我希望各位同学能秉着顽强奋斗的精神，采用“学有章法、效率为先”的原则，争取在学习上不断充实自己的知识储备。特别是毕业班的同学，你们要更加努力，我祝愿你们在今年的高考中金榜题名，一举夺魁，实现你们的大学梦想！我也希望全体教师在新的学期坚持育人为本、德育为先的原则，将教育学生成才作为你们的使命，坚持与团队协作，不懈努力，开拓进取！

各位老师，各位同学，回顾过去，令人感慨，展望未来，信心十足。在这里，我要对你们说，我将和你们一道，扬起希望的风帆，扬起智慧的双桨，一起乘风破浪，共济沧海！我相信，我们学校会有一个更辉煌的明天！

最后，我祝愿大家元宵节快乐，在这新的学期，学习进步，万事如意！

谢谢大家！

庆妇女节贺词

范文一：在庆祝妇女节活动中妇联代表的的贺词

【致词人】妇联主席

【致词背景】妇联庆祝妇女节活动

各位同志、各位姐妹：

大家好！

今天，我们市各界妇女代表欢聚在这里，共同庆祝三八国际妇女节，借此机会，我代表市妇联向在座的各位姐妹们、向全市工作在各条战线上的所有姐妹们，向广大为妇女事业作出贡献的工作人员以及所有关心和支持妇女事业发展的市委、市政府领导和社会各界友人致以节日的问候和衷心的祝福！

三八国际妇女节是全世界劳动妇女的节日，是为纪念广大妇女同胞团结奋斗、争取平等和独立而诞生的光辉节日。至今，妇女节已经走过了百年历程，在这一百多年中，世界妇女争权运动波澜壮阔，取得了举世瞩目的成就，全世界妇女的地位也得到了极大的提高。

在我国，妇女解放运动不仅取得了辉煌的成绩，广大劳动妇女还为国家的经济建设做出了巨大的贡献。在我市经济大发展时期，全市城乡的妇女奋发进取，积极参与社会主义现代化建设，在经济、文化、政治建设等领域均发挥了积极的作用！

在经济建设领域，全市妇女充分发扬“自尊、自信、自强”的精神，与时俱进，开拓创新，在农村大力发展特色农业，在城市积极投身企业发展规划，同时，他们还创办了众多的民营企业，活跃了本市的经济，并在本市在吸引外资方面展示了巾帼风采，为本市拉到了多家国内外知名企业的投资项目。可以说，本市的劳动妇女在推动本市经济发展上作出了不可磨灭的贡献！

在文化建设领域，全市妇女秉着诚实守信的优良传统，弘扬时代，她们以饱满的热情扶危济困、向需要帮助的人奉献自己的爱心，并且在道德和纪律上以身作则，为家庭成员和单位同事以及全社会的人树立了榜样！

在民主政治领域，全市妇女关心国家大事、关注社会改革，积极参与国家事务管理，将“男女平等”的观念深入贯彻下去。本市正在形成一个“尊重妇女、支持妇女”的良好氛围，可以说，本市的妇女解放事业取得了实质性的进展！

在此，我代表市妇联向全市各界妇女、广大妇女干部，以及关心和支持妇女事业的市委、市政府领导和社会各界友人表示衷心的感谢和崇高的敬意！

各位同志、各位姐妹，今年是贯彻国家“十二五”规划的第一年，也是重要的一年，做好今年的工作，对鼓舞全市人民投身建设的斗志、实现国家确定的奋斗目标和人物，具有十分重要的意义。希望本市的妇女同志们能够解放思想、抓住机遇，坚持创新精神和实干态度，团结奋斗，拼搏奉献，进一步推动我市现代化建设的发展！也希望你们能全面提高自身素质，树立正确的价值观和高度的责任感，积极参与国家和社会事务，勇敢地去维护自己的合法权益，做一个社会主义新时代的推动者！

各位同志，各位姐妹，让我们团结在市委、市政府的坚强领导下，高举毛泽东思想、邓小平理论和“三个代表”重要思想的伟大旗帜，振奋谨慎，拼搏进取，为实现党和国家的“十二五规划”目标，为建设社会主义现代化社会而努力奋斗！

最后，我祝愿各位姐妹们节日快乐，生活幸福，万事如意！

谢谢大家！

范文二：在庆祝妇女节活动中妇女代表的贺词

【致词人】妇女代表

【致词背景】庆祝妇女节活动

各位同志、各位朋友：

大家好！

在三八国际妇女节来临之际，我市各界妇女代表欢聚一堂，共同庆祝这个属于全世界妇女的佳节。在此，请允许我代表市委、市政府，向出席本次庆祝活动的全体妇女代表以及全市各界妇女及妇女工作者致以节日的问候和崇高的敬意！

近年来，在市委、市政府的正确领导下，在上级妇联的精心指引下，全市广大妇女以主人翁的姿态，积极投身各项建设事业中，各个领域、各条战线上都勇挑重任、拼搏进取，为本市的社会主义现代化建设作出了巨大的贡献，充分彰显了我是妇女的优良品质和精神风貌！

同时，本市妇女还坚持发展与维权并举，主动提高自己素质，坚决维护广大妇女的法律权益，并做了大量卓有成效的工作，促进城乡妇女共同发展致富，这也进一步推动了本市将经济文化的发展。可以说，过去的纪念，在全市妇女的共同努力下，本市的妇女事业取得了突出的成就，实现了新的跨越！

实践证明，妇女能顶半边天，广大劳动妇女不快时推动我市经济发展和社会进步的支柱力量！我市各级妇联不愧是党和政府联系广大妇女、促进妇女事业发展的桥梁纽带！借此机会，我要代表市委、市政府向全市各级妇联和广大劳动妇女表示衷心的感谢！

今年是建党八十周年，也是国家“十二五规划”实施的第一年，更是我市和谐稳定、文明富足的社会主义小康社会的重要一年。要圆满完成这一目标任务，需要包括广大劳动妇女在内的全市人民的共同努力！

在此，我希望全市妇联组织和全体劳动妇女，要坚持以科学发展观为指导，紧密团结在市委、市政府的领导下，与时俱进，开拓创新，坚持不懈、努力奋斗，不断开创妇女工作的新局面，推动我市经济的发展和社会的进步，争取使我市各项社会事业再上一个新台阶！

我也希望我市各级党委和政府，加强和改善对妇女工作的支持，将妇女工作纳入政府工作日程，及时帮助和解决妇联和广大妇女在生活和工作中遇到的各种困难，确保妇女在政治、经济、文化、社会等领域的法律权益得到保障，大力支持广大劳动妇女依照法律法规，平等独立地开展工作，为我市妇女事业快速健康发展营造良好的环境！

各位同志、各位朋友，做好新时期的妇女工作，使命光荣，然而责任重大，让我们深入贯彻科学发展观，开拓进取，扎实工作，不断开创妇女事业的新局面，为我市经济和社会的新发展作出更大的贡献！

最后，我祝愿在座的妇女代表即所有的劳动妇女节日快乐，家庭美满，工作顺心，天天幸福！

谢谢大家！

庆劳动节贺词

范文一：在庆祝劳动节活动中工会主席的贺词

【致词人】××市工会主席

【致词背景】本市庆祝劳动节活动

各位同志、各位朋友：

大家好！

今天我们欢聚一堂，共同庆祝全世界劳动人民的盛大节日——“五一国际劳动节”。致词佳节喜庆之际，我代表市委、市政府，向全市所有的工人、农民、知识分子以及其他社会阶层的劳动群众致以节日的问候和衷心的祝福！向各行各业的劳动模范和先进工作者表示崇高的敬意！

改革开放以来，我市经济社会发展取得了骄人的成就，特别是在刚刚过去的“十一五”时期，我市经济呈现平稳较快的发展态势，各领域经济效益均有好转，人民生活水平持续提高，各项社会事业不断发展，我市的经济实力得到了极大的提升！

去年，我市的GDP总额达到了××××亿元，其中工业领域增幅最大，达到了×××亿元，共安置就业××万人，人均收入×××××元，同比增长15%……

能取得如此辉煌的成就，是市委、市政府统筹大局、审时度势、正确决策、坚强领导的结果，更是包括广大劳动群众在内的全市各阶层人民团结奋斗、拼搏进取，开拓创新的结果！

在我市经济大发展的战略时期，广大劳动人民始终怀着强烈的历史使命感和主人翁责任感，积极支持和参与经济社会改革，以饱满的热情投身社会主义现代化建设，为此付出了巨大的心血和努力，作出了不可磨灭的贡献！同时，我市的劳动阶级也在不断壮大，他们秉着与时俱进的态度，坚持开拓创新的精神，主动提高自己素质，坚决维护自身权益，充分发挥了劳动阶级的先进性和拼搏精神！

实践已经证明：推动中国社会主义现代化建设、走中国特色社会主义道路是实现国家富强、民族振兴、社会和谐、人民安定幸福的必由之路，而广大劳动群众是推动社会改革、促进经济发展的中坚力量，坚持以劳动阶级为主导，是全面建设小康社会和社会主义现代化建设取得胜利的根本保证！

今天是国家“十二五”规划实施的第一年，我市将面临又一个发展机遇期。我们应该在市委、市政府的领导下，高举邓小平理论和“三个代表”重要思想的伟大旗帜，坚持科学发展观，统筹兼顾、开拓进取，推动经济社会的新发展。我们要不断增强自主创新能力，坚决推进经济结构调整和经济增长方式转变，努

力提高经济增长的质量和效益，全面推进社会主义现代化建设，为实现我市的“十一五”规划而不懈奋斗！

处于当前的新形势下，我市的广大劳动群众责无旁贷，必须勇挑重担！在此，我希望你们能进一步调动自己的劳动热情，以主人公的姿态站在我市经济发展的前列，发挥你们的聪明才智和创造活力，不断创造新业绩、铸就新辉煌！

同志们，我市未来发展的宏伟蓝图已经绘成，让我们紧密团结在市委市政府的领导下，同心同德，艰苦奋斗、开拓创新、扎实工作，努力把我市的“十二五”规划“变成美好现实，让我们用辛勤的劳动来谱写社会主义现代化事业的壮丽篇章！

最后，我祝愿各位劳动代表和全市的劳动人民，节日快乐，生活幸福！

谢谢大家！

范文二：在庆祝劳动节活动中劳动代表的贺词

【致词人】劳动模范

【致词背景】××市庆祝劳动节活动

尊敬的各位领导、各位同志：

大家好！

今天，我们在这里隆重聚会，热烈庆祝全世界工人阶级和劳动群众自己的节日“五一”国际劳动节，在这里，请允许我代表市委、市政府向市区广大工人、农民、知识分子和其他阶层的劳动者致以节日的祝福和亲切的慰问！

回顾我们一起走过的历程，我市的发展建设事业每向前迈出一步，每向上踏出一个台阶，都留下了我们劳动群众的奋斗足迹，都凝聚着我们劳动群众的聪明智慧和辛勤汗水。

近年来，我市的各项事业均取得了重大进展，全市和改革和建设出现了新变化。特别是去年，我市经济蓬勃发展，呈现出少有的好势头，全年本市年生产总值达到××××亿元，同比增长18%，其中农业产值×××亿元，同比增长8.5%；工业产值××××亿元，同比增长37%；第三产业产值为×××亿元，同比增长19%，年度财政收入×××亿元，同比增长35%，家庭人均收入×××××元，同比增长12%。而在今年上半年，我市的经济社会事业也继续保持了良好的发展态势，各项经济中均创历史同期新高，

我们在社会主义现代化建设中取得了辉煌的成就，这是市委、市政府正确领导下的结果，也是全市人民包括我们广大劳动群众努力奋斗的结果。广大劳动群众，不论来自哪一个岗位，哪一条战线，都以艰苦卓绝地劳动、拼搏进取地工作，为我市的发展建设事业作出了贡献，也赢得了政府和社会的赞誉与敬重。

当前我市的改革和发展进入了一个新的阶段，市委提出优化产业结构和提高经济效益的战略方针，努力将我市建设成为一个“经济充满活力、环境优雅、社

会安定团结、人民生活富足”的现代化新城市。要实现这样一个宏伟目标，离不开党和政府的领导，离不开全市各界人民的积极参与，更离不开我们广大劳动群众的努力付出。

我希望我市的劳动人民能够以劳动模范和先进工作者为榜样，大力发扬劳模精神，为全面建设小康社会建功立业！同时我也希望党和政府能加强和改善对工会和劳动群众的领导，在全心全意依靠劳动人民作为经济社会建设的生力军时，努力关心和维护好广大劳动群众的合法权益！

各位领导，各位同志，我们在全面建设小康社会的征程中已经迈出了坚实的一步，还有更为繁重的任务等着我们，让我们紧密团结在以胡锦涛总书记为核心的党中央周围，以主人翁的姿态，树立高度的责任感和历史使命感，坚持求真务实、开拓进取的工作精神，脚踏实地，苦干争先，为我市全面建设小康社会而不懈奋斗！

谢谢大家！

庆五四青年节贺词

范文一：在庆祝五四青年节活动中校长的贺词

【致词人】××中学校长

【致词背景】学校庆祝五四青年节的文艺会演

尊敬的各位老师、各位共青团员，亲爱的同学们：

大家上午好！

激情五月，青春飞扬，中华大地流光溢彩，一派生机。此时春风送暖，花海飘香，在这个灿烂夺目的季节里，我们迎来了五四青年节。值此佳节来临之际，我谨代表学校领导班子和团委向全校的共青团员、同学们以及所有的青年教师致以节日的问候和衷心的祝愿！

“少年富则国富，少年强则国强”，这是中国近代伟大的革命家梁启超先生在《少年中国论》中写的话。我们都希望祖国能够富强，但是祖国如何才能富强？这一历史重任就寄托在我们这一代青少年人身上，所以我们必须更加努力。青少年有了希望，祖国未来的发展就有了希望！

如今，你们正处于学生时代，或许感受不到这种责任，但是，学生时代，尤其是中学时代，将是你们人生中一个重要的里程碑。你们有着热情奔放的青春，它是很美好的，但也是很短暂的，所以你们一定要铭记，即使青春是一颗转瞬即逝的流星，你们一定也要努力将它变成一次辉煌的闪现！大勇无畏，志比青天，才是你们的青春本色！

我希望你们能活得精彩、活得充实，再次我要向你们提出几点建议：

首先，你们要树立正确的人生观和价值观。有些人主张“游戏人生”，他们对待生活和学习态度随意散漫，那他们注定会无所作为；有些人信奉“享乐人生”，他们希望上网打优秀，去KTV狂欢，可是到头来只会虚度人生；还有些人主张“潇洒人生”，他们喜欢去浪漫恋爱，或者去追星观影，其实他们的做法毫无价值，对他们的人生没有任何积极作用。如今的社会绚丽多彩，充满了诱惑，所以你们一定要学会判断，什么是对你们有益的，什么是有害的，要有正确看待事物的能力，你们的人生才能过得充实。

其次，你们要树立坚定的目标和志向。青年时期追求什么、向往什么，往往会影响他的一生。当你们选择自己的人生方向时，不论他有多艰难，一定要坚持下去。在如今这个浮躁的社会，坚持是获得成功最好的途径，当你们努力实践，为自己的梦想奉献人生时，你们会在走过的路上留下闪光的足迹，让人生发出绚丽的色彩，并且最终开启成功的大门！

最后，你们要努力学习知识和技能。知识是成功的基础，技能是实现功能的工具。21世纪是知识经济时代，谁掌握了知识，谁就能把握住未来。在任何时候都保持一个学习者的心态，不断充实自己的知识和技能储备，我相信，你们的努力，你们的付出，一定会换来成功的喜悦！

在这里，我衷心祝愿你们能珍惜青春年华，抓住机遇，从现在开始，用你们的行动，让你们激情四射的青春创造出无愧于这个时代的辉煌成绩吧！

谢谢大家！

庆端午节贺词

范文一：在庆祝端午节活动中学生代表的贺词

【致词人】××中学学生代表

【致词背景】××中学庆祝端午节活动

尊敬的各位校领导、各位老师、同学们：

大家上午好！

今天是农历五月初五，是中国传统节日端午节。在这里，请领导老师和同学们接受我对你们的节日祝福！

提起端午节，不由让我想起了古代的爱国诗人屈原。战国时，楚襄王宠信奸臣，屈原仗义执言，却遭革职流放。秦国趁机进攻楚国，楚国千里疆域落入他人之手。眼见国破家亡、百姓流离失所，屈原有心报国，却无力回天。悲愤之下，他抱着一块巨石投身汨罗江。当地的百姓听说屈原投江了，纷纷前来救助，他们顺流而下，一直追到洞庭湖，始终没有找到屈原的尸体，湖面上大大小小的船只往来穿梭，蔚为壮观，这一天正是农历五月初五。后来，每到这一天，人们都会在江河上赛龙舟，来表示对屈原的怀念，人们还将煮熟的米饭包好，也就是现在的粽子，投入水中，希望能喂饱鱼虫虾蟹，使他们不再咬噬屈原的尸体。

屈原是一位伟大的爱国诗人，虽然他离开我们已经有2300多年，但是他身上所秉持的那种爱国精神至今仍受到人们的尊重和拥护！我们选择了在端午节纪念屈原，就是要学习他那种爱国爱民、不屈服权贵的精神和他那“可与日月争辉”的品格。屈原作为一个改革家，虽然他的政治理念和改革理想，因为当时国家堕落与腐败的残酷现实而失败了，但是作为一个伟大的爱国者、思想家和诗人，他却给世人留下了宝贵的财富！他那“举世皆浊而我独清，举世皆醉而我独醒”的气节，他那“路漫漫其修远兮，吾将上下而求索”的执著，以及他那如菊的淡雅、如莲的圣洁，感染了历朝历代的后人去为争取正义和真理，激励了无数华夏儿女开拓前进的脚步！

屈原是伟大的，不仅是因为他给我留下了众多传唱千古的诗篇，更是因为他那矢志不移的爱国精神以及不趋炎附势、与奸佞小人合污的高风亮节。屈原，是中国文学史上一颗璀璨的明珠，是五千年中华文明一块绚丽的瑰宝！而屈原的爱国精神，不论时光如何变迁，将永远生活在历史的长河中，永远被世人铭记在心中。

各位同学；当我们津津有味地吃着粽子、观看龙舟赛时，千万不要忘记中国两千年前的爱国先驱——屈原。我们应该学习屈原精神，热爱祖国，关心百姓疾苦，为国家、为人民，作出自己应有的贡献！

当然，我们过端午节，并不只是为了纪念屈原，如今的端午节，已经成为了全民的一件盛事，在这个节日里，我们可以去划龙舟锻炼身体，或者与家人团圆，吃着粽子和糖糕，然后相互祝福。

总之，端午节是国人一个喜庆热闹的佳节，所以我希望所有人都能开开心心度过这一天。祝大家端午节快乐！

谢谢！

庆母亲节贺词

范文一：在妇联庆祝母亲节活动中本单位代表的贺词

【致词人】妇联代表

【致词背景】妇联庆祝母亲节活动

各位母亲、各位朋友：

大家好！

今天是母亲的节日，市妇联在这里举行活动庆祝母亲节的到来，我谨代表市妇联向在座的以及天下所有的母亲致以节日的问候，同时我也要向今天来参加我

们这次庆祝活动的各位友人表示热烈的欢迎和衷心的感谢!

众所周知，母亲节起源于美国，由安娜·查维斯夫人等人倡议，经过不懈努力，终于在1914年美国国会通过议案，将每年五月的第二个星期日作为法定的母亲节，此后世界各个国家相继效仿，母亲节也成了国际性的节日。母亲节的最初目的是让人铭记母亲的恩情，而它的最终目的，就是教我们学会关爱母亲，怀着一颗感恩的心，用最真诚的爱回馈母亲。

每个人都有母亲，都是在母亲的关爱和呵护中长大成人的。母亲们十月怀胎，忍受着剧痛，才诞生了我们，又含辛茹苦，将我们抚养长大，这其中的艰辛劳累，真是无以量计。谁言寸草心，报得三春晖，母亲是需要我们用一生来报答，却永远也无法报答得了的人。

对于社会而言，母亲肩负着人类繁衍的重任，而她们正是用自己博爱无私的胸怀，哺育了一代又一代人的成长，为人类的传承培养了力量，人类社会能够不断发展壮大，母亲是最大的功臣。所以，母亲是伟大的，母爱是厚重的，他们值得所有儿女们和整个社会的尊重和感谢!

在这个飞速发展的时代，在我市经济腾飞的时期，全市各阶层都在为城市建设而努力，我认为，在这群队伍中，母亲，也是其中一支重要的力量。因为有了母亲在家操持，他们的儿女才能心无旁骛投身学习中，认真接受教育；因为有了母亲的以身作则和谆谆教导，他们的儿女及其他家庭成员才能注重言行举止，在外更好地表现自己；甚至于，因为有了母亲在工作上的勤奋表现，不仅能为社会作出贡献，更能激励自己的家庭，也能奋发向上。母亲可以将一个家庭变得美好，而家庭美好了，社会也会变得美好。综合来说，母亲对于社会的的影响是巨大的，也是不可或缺的。曾经听过一句话："推动世界的手，就是推摇篮的手。"我认为用这句话来评价母亲的作用，一点也不为过。

今天在这里，我以市妇联的名义向在座的母亲以及全市的母亲提出几点希望：第一，希望你们能自强不息，努力拼搏，勇敢挑起为本市建设作贡献的重担；第二，希望你们对于家庭尽到自己的责任，关爱和教育你们的儿女，争取将他们培养成家庭的支柱和国家的栋梁。

我也希望做儿女的和这个社会能多给予母亲一些关爱，让他们能为自己的伟大付出而得到慰藉和回报!

最后，祝愿天下所有的母亲们节日愉快，生活幸福，万事顺意!

谢谢大家!

范文二：在庆祝母亲节活动中女儿的贺词

【致词人】女儿

【致词背景】母亲节演讲活动

尊敬的各位老师、各位同学、在座的各位母亲大家好！

今天是母亲节，很荣幸我能作为儿女的代表站在这个讲台上，向众学子的母亲致词，我心里非常激动。首先，我要向在座所有的母亲，包括我的母亲说一声“节日快乐”，祝你们能开开心心度过这个属于你们的节日。

在这里，我要先说一下我的母亲。我的母亲是一个传统的中国女性，她聪慧贤淑，温柔美丽，她为了家庭、为了丈夫和女儿，可以奉献一切，她几乎把自己所有的精力都放在家庭的操持上了。

我的母亲很重视我的学习，只要我在学习上有什么要求，她都会满足我，从不犹豫；她为了我能有一个好的学习环境，坚持让我到咱们学校就读；在家中，她还是时时教诲着我，很少让我做家务；她也很少打骂我，即便我犯了错误，她也只是耐心地开导我，我的母亲就是这样，她为了女儿的教育，可以说费心了心血。

但是，我并不是一个传统的子女，母亲给予我那么多关心，只为了我能健康地成长，我却经常拂逆她的意思，惹她生气。我总是希望自己可以独立，将来的路我能自己选，对于父母给我的安排，我大多数很不情愿。我希望她们能尊重我的意愿，所以我经常和母亲闹矛盾。我的母亲也许真的是宽容了，每一次我顶撞她，她都仍微笑着和我交流，而最终总是以她的妥协来消除母女之间的矛盾。

每当母亲对我妥协，我都会有一种负罪感，我觉得对不起母亲。其实我是很爱她的，她是我最敬重的亲人，我总是用一次次优异的成绩让她高兴，我也希冀将来我能成才立业，用事业的成就来回报母亲。

也许是两代人有着无法填平的代沟，从我记事到现在这十几年间，我对于母亲总有着各种抗拒。现在，我已经长大了，也渐渐明白，其实这都是我的错，我希望母亲能够尊重我，我却没有意识到，我并没有能够尊重母亲。

所以，在这里，我想对我的母亲真诚地说一句：“妈妈，对不起。”

妈妈，今天是你的节日，你一定要快乐。从今以后，不管是什么时候，你的女儿都会爱着你，虽然我无法用言语表达，但是我相信，你能感受到我的心声。

妈妈，我希望你能幸福，我也祝福在座的所有母亲都可以幸福！

谢谢大家！

范文三：在庆祝母亲节活动中儿子的贺词

【致词人】异地打工的儿子

【致词背景】母亲节活动

各位朋友、各位兄弟姐妹：

大家晚上好！

今天是母亲的节日，但是我的母亲却在遥远的家乡，她不能见到她的儿子。今晚我能够站在这个讲台上，那么就请允许我以一个普通儿子的名义，向我的母亲以及在场所有的母亲说几句心里话。

亲爱的母亲，今天是你的节日，也是全天下所有母亲的节日，在这样寂静美好的夜晚，我要代表所有离家打工的孩子们向你们大声说一句："妈妈，我爱你!"

亲爱的母亲，是你用辛勤的劳动将我抚养长大，每次看到我的成长，你都会欣慰地笑着，而我却发现你总会添了一层白发和皱纹。我知道，你为了养育我，含辛茹苦地操劳着，以至于岁月的沧桑不断在你身上留下痕迹。

曾记得小时候，我很调皮、喜欢捣蛋，经常惹你生气、令你担心，但是你从来没有打骂过我，爸爸恨铁不成钢，拿着拖鞋教训我时，也每次都被你阻拦了，你说打骂孩子是没有的，所以你会慈爱地教育我，要我懂得是非对错，有时我不愿意听，趁你不注意时逃跑了，你也只是看着我的背后轻声叹气。

我幼时的顽劣使我付出了代价，我没有考上大学，爸爸骂我不争气，你却一句话也不曾责备我，我以为你在伤心，你却反过来安慰我，然而，当我背起行囊，准备去外地打工时，你却流泪了，你是舍不得你的儿子离开。

亲爱的母亲，我是你的孩子，永远都是。谁言寸草心，报得三春晖，你用深沉的母爱将我养育成人，而我现在却落魄潦倒，无法报答你的恩情。不过你放心，你的儿子会努力的，他一定会成就一番事业的，让你为他高兴、自豪。

在场的各位兄弟姐妹们，也许你们和我一样，有很多的话想对自己的母亲说，有很多曾经的愧疚想对母亲悔恨，不论你们心中有多深的感触，都已经不重要了，重要的是，今天是母亲节，你们有没有给父母打一个电话，或者发一条短信，祝她节日快乐，如果没有，那就请赶快行动！而且还要注意一点，在祝福母亲的同时，记得向她报一个平安。

最后，请允许我用一首诗来表达对母亲的思念：

一棵大树，
春天，倚着她幻想；
夏天，倚着她繁茂；
秋天，倚着她成熟
冬天，倚着她沉思。
您那高大宽广的树冠，
使四野永不荒野，
母亲，您给了我生命
您是抚育我成长的土地。

亲爱的母亲，你就是那我终年倚靠的大树，今天是你的节日，我祝你健康平安，生活幸福！

谢谢大家！

庆父亲节贺词

范文一：在庆祝父亲节活动中女儿的贺词

【致词背景】父亲节活动

【人物】公司所有员工及家属

【致词人】女儿

各位同事、各位朋友：

大家好！

今天是一个值得纪念的日子，因为今天是一年一度的父亲节！每年六月份的第三个星期日是全世界父亲的节日，在这里，让我们一起衷心地大声呼喊："爸爸，我爱你！爸爸，父亲节快乐！

母爱深似海，父爱重如山，人们在庆祝母亲节的时候，并没有忘记父亲的恩情。1909 年便有人提议成立父亲节，翌年，也就是 1910 年的 6 月，人们正式庆祝了这一节日，这就是世界上第一个父亲节。为了表示对父亲的敬意，人们在庆祝时要佩戴鲜花，父亲在世的人佩戴红玫瑰，父亲过世的人佩戴白玫瑰，这种习俗一直沿用至今。

因为有了父亲节，一年中总有一个日子会让让我们想起父亲的恩情，怀念父亲对我们的爱。父爱是深沉的，如中流的砥柱；父爱是厚重的，如巍峨的高山，每当我感受父亲，便会觉得安心，就算立于绝壁，也无惧无畏，因为我相信父亲就在背后看着我，他会在我失足的时候拉我一把；然而父爱又是苦涩的，神秘莫测的，父亲就像一棵大树，为我遮挡风雨、为制造荫凉，但是我却不知道大树繁茂的枝叶里蕴藏着什么，是风水日晒的干枯、还是虫鸟侵蚀的烂洞？

父亲，你在女儿的心中，就是一座大山，成为女儿随时的依靠。春夏秋冬，日月更替，岁月像是一把刻刀，随意地在你的脸庞划满了皱纹；风雨像一瓶染剂，无情地将你的头发染成了白色。看着你的皱纹和白发，我突然明白了，这就是父爱的痕迹，我分明从中读出了往昔的记忆：

我还记得，你小时候给我唱儿歌时的情景；

我还记得，你骑着自行车送我上学的情景；

我还记得，我成绩不及格时你不停抽烟的情景；

我还记得，我感冒时你担忧惊慌时的情景

我还记得很多，很多你对女儿的爱……

在这里，我想用一首诗来表达我对父亲的敬意：

是谁，用瘦弱的身躯为我们撑起了一片充满爱的天空？

是谁，用勤劳的双手为我们构建了一个幸福的家园？

是你！我的父亲！

我平凡而又伟大的父亲！

此时此刻，我只想对你说一声："爸爸，我永远爱你！"这是一个女儿对父亲的心声，我希望也是全天下所有的儿女对父亲的心声。

最后，我也祝愿天下所有的父亲身体健康、生活幸福、天天快乐！

谢谢大家！

范文二：在庆祝父亲节活动中儿子的贺词

【人物】儿子

【致词背景】庆祝父亲节活动

各位朋友们、各位兄弟姐妹：

大家好！

每个人都应当学会感恩，学会感恩是一个人成长成熟的标志。当你准备感恩时，首先你的对象应该是你的父母，不要以为父母的爱是理所当然的。今天是父亲节，父亲节是一个感恩的日子，在这一天，让我们一起真诚地向给予我们的那份无私而伟大父爱的父亲表示深深的感谢！

父亲，在孩子的成长过程中，扮演着重要的角色，每一个父亲都会无微不至地关爱着他的孩子，并为孩子的将来付出他们所能做到的一切：父亲会为了孩子的营养，给他订购每日早餐的鲜牛奶，虽然他的家庭并不富裕；父亲也会在儿子取得优异成绩的时候，带着他到公园内疯狂玩乐一天；父亲更会在孩子遭受危险时，奋不顾身，不惜自己的性命，也要搭救孩子。父爱，是一种厚重的力量，时刻陪伴在孩子身边，养育他，保护他。

就如我的父亲，在我成长的 20 年间，他就像是我的导师、或者说是朋友，他教会我了很多生活中的事情。我 6 岁的时候他教会了我如何骑自行车、带我去攀山，我不仅能呼吸到清新的空气，还锻炼了体魄；16 岁的时候他教会了我开汽车；当我 18 岁成人时，他就给我买了一条西装，并手把手教我打领带。父亲教会了我很多，其中最重要的是人生的准则，上学的时候他对我说要尊敬老师，与小朋友好好相处，如今工作了，他还常对告诫我，不仅要努力工作，还要尊重他人，对人诚实。父亲在我的人生中不仅是一个向导，更是一个雕刻家，他塑造了我的品格，让我在工作和生活中可以自如地表现。

可以说，父亲对于孩子的培养和教育是非常重要的，没有什么可以取代。一个父亲对于孩子的教导，足以影响孩子的一生。我很庆幸有这样一个好父亲，他给了我强健的体格，又教会了我如何做人处事，我能有今天的地位和成就，我父亲真的是功不可没。

在今天这个父亲的节日里，我的父亲也来到了活动现场，所以，我要真诚地向我的父亲说一声"爸爸，父亲节快乐！"希望你快乐地度过这一天。我还有一句长久以来的心里话要对父亲说，那就是："爸爸，谢谢你，你为儿子骄傲，你的儿子也因你而自豪。"

我知道咱们单位，有很多同事已经成为了父亲，在这里我也希望你们能勇敢地挑起家庭的重担，全身心关爱你们的子女，努力做一个好父亲，那么你们的子女将来也会让你们骄傲的。

最后，我祝愿天下所有的父亲健康平安，幸福快乐。

谢谢！

庆护士节贺词

范文一：在庆祝护士活动中医院院长的贺词

【致词人】医院院长

【致词背景】医院庆祝护士节活动

各位护士同志：

你们好：

五月，是个树木苍翠的季节；五月，是一个风雨豪爽的季节。在这个美好的季节，我们迎来了护士们自己的节日——"5·12"国际护士节。值此佳节来临之际，我谨代表医院的领导班子向一直以来在护理岗位上努力工作的新老护士同志们致以崇高的敬意和衷心的祝福！祝愿你们身体健康、家庭美满、生活幸福、工作进步！我也要通过你们向你们的家属表示诚挚的感谢，感谢他们多年来对自己亲人工作的理解和支持！

5月12日，是一个值得人们永远铭记的日子，护理学创始人南丁格尔让这一天变得神圣而纯洁。自从南丁格尔创立了护理专业后，护理工作就和人道主义精神及以关爱生命、维护健康为原则的职业道德紧密联系在一起，受到了社会和人们的尊重和称赞！

多年来，我院的护理工作者们，始终牢记南丁格尔的誓言，不断发扬南丁格尔的奉献精神，本着"以人为本、以病人为中心"的服务宗旨，以不变的爱心、耐心、细心和责任心对患者进行护理。在平凡的护理岗位上，你们以严谨的工作态度、精湛的护理技术、尽职尽责、团结一心、坚决履行"关爱生命、救死扶伤"的职责。近年来，我院患者的病愈率明显提高，他们对我院的护理工作均表示十分满意，并送来多面锦旗对你们的工作表示感谢和称赞，这是对你们护理工作的最好嘉奖！

我在此也要对你们表示肯定，你们的工作是神圣的，你们的服务是周到的，而你们的成绩是辉煌的！你们不愧是人民的白衣天使！

社会在发展，时代在进步，广大人民群众的物质文化生活水平在不断提高，

这对我们医院的护理工作也提出了更高的要求。尤其是在卫生事业改革的今天，更需要我们每一位护理人员都具备良好的心理素质、精湛的护理技术和与患者贴心交流的能力。当你为患者护理时，面对患者的不断挑剔，你可能要承受被拒绝的无奈或者被误解的委屈，你该怎么办？在未来的护理工作中，有许多问题我们是想不到的。如何提高我们的护理服务质量，使患者满意，这就要求我们不能满足现状，必须改变观念，与时俱进，创新护理服务，以满足广大人民群众对我们护理工作日益增长的需求！

我们的护理工作任道重远，只有树立护理服务的新理念，加强护理技术的学习，提高护理服务的质量，才能让每一位患者得到规范满意的服务。

让我们携起手来，为了医院美好的明天，为了广大患者的健康，希望医院全体护理工作者们，努力拼搏、开拓进取，在护理工作中再立新功！

最后，我祝愿全体护士同志们节日快乐！谢谢大家！

范文二：在庆祝护士节活动中护士代表的贺词

【致词人】护士代表

【致词背景】××市庆祝护士节的文艺会演

尊敬的各位领导、各位朋友，亲爱的护士姐妹们：

大家好！

今天，我们迎来了“5·12”国际护士节，值此佳节喜庆之际，我谨代表全市的护士姐妹们，向一直关心和支持我们工作和护理事业的省委、省政府以及各级部分的领导致以诚挚的感谢，向为本市护理事业作出杰出贡献的老一辈人致以亲切的问候！借此机会，我个人也要向我们这些默默坚守在护士岗位上的姐妹们致以最真诚的节日祝福！

护士，是一个充满了爱心的称谓；护士，是一个给人以希望的名字。想到护士，人们总会想到“白衣天使、救死扶伤、心地善良、和蔼可亲”这些词汇。那么护士是做什么的？其实我们的工作很平凡，那就是照顾好病人。

作为一个护士，我们在平凡的工作中奉献自己的爱心，体现自己的价值。我们会通过一次次的晨间护理来了解病人的睡眠和进食情况，或者通过帮助病人翻身来查看其皮肤状况，或者通过一次次为病人处理大小便来观察他的排泄物情况等等。

护士的工作是平凡的，又是繁复的，我们每天都在重复着相同的内容，虽然看起来枯燥劳累，但是我们无怨无悔，因为我们是健康的使者，我们有坚定的责任感和事业心。

曾几何时，我们放弃了与家人的团聚继续在医院护理病人；曾几何时，我们不怕脏和累，冲在拯救生命的第一线；曾几何时，我们没有作息规律，在夜深人静还巡视于每一个病房。为了工作，我们付出了很多，但是当我们面对康复的患者和家属的感谢时，我们会感到欣慰和喜悦，因为这是对我们护理工作的最好肯定！

而在今天，市政府卫生厅在这里举行了隆重的庆祝“5·12”国际护士节文艺会演，是对全市护士姐妹工作的最大关心和鼓励。

护士是一项神圣的事业，当我们选择了护士工作时，我们就已经决定为它付出一切了。拯救生命是我们的天职，也是我们的荣幸，我们决不会辜负国家和人民寄予我们的厚望，将我们的爱心和责任心投入了到我们深爱的护理事业中去，坚持“以人为本，以病人为中心”的服务宗旨，不断提高护理服务，增强护士与患者的交流，贴近患者，倾听患者的要求，真正做到切实有效的护理，用我们的爱心为患者撑起一片希望的天空，争取使患者能快速康复！

各位护士姐妹们，让我们携起手来，努力进取，务实苦干，在市委、市政府的正确领导下，坚持科学发展观，一如既往地在平凡的护士岗位上创造出不平凡的成绩，为保障人民健康，为建设社会主义和谐社会作出更大的贡献！

谢谢大家！

庆“六一”儿童节贺词

范文一：在庆祝“六一”儿童节活动中小学校长的贺词

【致词人】小学校长

【致词背景】学校“六一”儿童节庆典

亲爱的同学们：

今天，我们全校师生满怀喜悦的心情迎来了国际“六一”儿童节，我很高兴能在这里和同学们共度这一美好的节日。借此机会，我谨代表学校全体老师向各位小朋友、少先队员们致以节日的问候和诚挚的祝福！

同学们，“六一”儿童节，是属于你们的节日，每年的今天，我都会看到你们兴高采烈地欢度自己的节日，你们那一天天喜悦的笑脸，一串串清脆的歌声，都充满了甜蜜和快乐。看得出，今天同学们也非常高兴，每位同学都穿上了鲜艳的新装，脸上挂着灿烂的笑容，红扑扑的脸蛋与系在脖子上的红领巾相映衬，令人觉得清新活泼。特别是六年级的同学们，你们的心情肯定更不一般，因为你们即将结束小学时代的学习和生活，马上升入初中成为一名少年，所以今天是你们和大家欢聚一起，度过人生中最后一个儿童节，从你们喜悦的表情中，我看出你们是非常兴奋和激动的。

今天，我们每一位老师也都是笑容满面，因为他们看到了自己的学生就如初升的旭日冉冉升起，散发着青春的朝气和活力！他们像爱自己的孩子一样，期待和看着你们的茁壮成长。

在过去的一学期，同学们的表现也十分优秀。在课堂上，你们积极思考、勇敢提问，总要把学习的知识装入腹中；在操场上，你们身姿矫健奔跑着，或跳绳、或打乒乓球、或玩捉迷藏，充分开发了兴趣爱好；你们也会跟随时代的潮流，去图书馆学习电脑，在实验室研究小发明，你们总会有惊喜呈现给我们。

今天，我和所有的老师们要把热烈的掌声送给你们，你们为学校增光添彩，你们是学校的骄傲！

同学们，我们正处于一个充满希望充满挑战的时代，你们是幸运的一代，也是肩负重任的一代。儿童时代是美好人生的开端，它孕育着远大的理想和高尚的情操，我真诚希望同学们珍惜眼前美好的生活，努力学习，不断磨炼自己的身心，在校做一名好学生，在家做一名好孩子，在社会上做一名好公民。你们应该从现在做起，把握人生的正确方向，用自己的行动来证明，时代因你而多彩，国家以你为骄傲！

我深信，每一位同学都会用自己的努力创造出属于自己的美好未来！

最后，我再次祝愿同学们节日快乐，天天开心！

谢谢！

范文二：在庆祝“六一”儿童节中老师代表的贺词

【致词人】老师代表

【致词背景】学校庆祝儿童节的文艺联欢会

亲爱的同学们、少先队员们：

你们好！

今天阳光灿烂，微风凉爽，在这个美好的日子里，我们迎来了“六一“国际儿童节，这是少年儿童们自己的节日。在这里，我代表学校的老师们向同学们表示真挚的祝贺，祝愿你们节日快乐！

在过去一年的教学中，同学们在党和政府的关怀下，在学校领导的正确领导下，在全校老师的谆谆教诲下，在学习、活动等各方面都取得了长足的进步。

你们在学习上善于思考、积极提问，力图用正确的思想和方面提高自己，不断用优秀的榜样来激励自己，不断用新的知识充实自己，在勤奋中学习，在努力中成长。

你们在争创“优秀班集体”中积极参与，用自己的一双小手美化了教室的环境，又用自己的聪明进取活跃了课堂的氛围，你们使学校的教室成为了纯洁无瑕、求知上进的乐园。

你们还与学校和老师一起，每周为校园做清洁，美化环境，将我们的校园建设成为大家美好的家园。

你们还在甘肃舟曲泥石流特大自然灾害中，踊跃奉献你们的爱心，将自己平日积攒的零花钱捐献出来，有的还捐赠了自己心爱的衣服和玩具。

你们还在课堂外参与体育活动，操场上奔跑着你们的身影，飞扬着你们的欢声笑语，这不仅能锻炼你们的身体，还为学校赢得了荣誉。在今年全市小学生跳绳比赛中，五年级二班的×××同学勇夺桂冠，他为学校增添了光彩。

你们还积极加入了学校的军鼓队，努力排练，达到了高超的水平，在去本市的敬老院、公安局慰问时，你们的表演都很出色，得到了人家的感谢和赞扬。

你们还有很多进步的方面，总之，在过去一年，同学们的表现是优秀的，你们得到了成长，我为你们高兴，为你们自豪！

少年是初升的旭日，散发着朝气，充满了希望。同学们，你们是未来的主人，国家和人民都在殷切期盼你们早日成为社会主义建设的合格接班人。

我希望你们能树立远大的理想，继承和发扬中国民族的传统美德，培养良好的习惯，努力学习知识，不断探索创新，争取成为国家的栋梁之才；我也希望你们能保持锻炼身体，可以拥有强健的体魄，注重卫生和健康，在以后的人生路上平平安安，幸福地过着每一天。

同学们，时代在召唤你们，你们要努力，你们要奋进，弘扬少先队员积极向上的精神，为祖国的美好明天，为你们将来的成功，做好一切准备！

最后，我祝愿同学们能度过一个健康快乐的“六一”儿童节。

谢谢！

范文二：在庆祝“六一”儿童节活动中家长代表的贺词

【致词人】家长代表

【致词背景】学校为庆祝儿童节举办联欢会

各位老师、各位家长、亲爱的小朋友们：

大家好！

我是三年级一班×××同学的妈妈，今天很荣幸能站在这里，代表与会的家长向各位师生致词。在这个喜庆欢乐的日子里，我代表全体家长向所有的小朋友们表示节日的祝贺，祝你们儿童节快乐！同时，我还要向为了孩子学习和成长而付出辛勤劳动的老师们表示最真挚的感谢！

孩子是父母的希望，是祖国的未来，我们身为父母，最希望的就是孩子能健康快乐地成长。所以，我觉得很幸运，我为我的孩子选择了一所好学校。学校就像是一个开锁者，为孩子们开启了知识之门、思想之门，学校又是一个引导者，它带领着孩子们通过未来世界的彼岸。在学习上，学校的老师开发了孩子的学习思维，并且有目的有计划地培养；在生活上，老师们悉心关爱和照顾孩子，引导他们积极投入自己的兴趣爱好，在短短一个学期，我的孩子在德、智、体、美各方面都取得了长足的发展。

咱们学校的学生都还是个孩子，不懂事理，他们经常会淘气、会惹是非，而他们白天的大部分时间都待在学校，所以学校的老师们，不仅要教给他们文化知识，还要时刻照料他们，不使他们出事。老师们为孩子做的，应该说比我们做父母的还要多、还要辛苦，所以说，学校的老师们真的是不容易啊。

借此机会，我要向学校的老师们说一句："谢谢，你们辛苦了！"谢谢你们对孩子的关心和教育，你们启迪了孩子的心灵，带领他们走向了探索求知的光明道路，你们培养了孩子良好的习惯和思维方式，你们教给孩子的一切，必将给他们的一生带来非常深远的影响。

我还要对我们在座的家长朋友们说一句：为了我们的孩子，我们要密切配合老师的工作，倾听他们对孩子成长的方法和建议，对于孩子的培养要尽心尽责，不能懈怠；同时，我也希望我们家长之间，也能多多进行交流，沟通育子之道，彼此借鉴，取长补短。各位家长一定要振奋起来，为孩子的成长努力付出，让我们一起我们的孩子加油鼓掌，帮助他们快些成长成才！

亲爱的小朋友们，你们是国家的希望，未来的栋梁，你们也要好好学习文化知识，不断求知进取，老师和家长们对你们寄托了希望，你们一定要努力哟。

最后，我祝愿小朋友们节日快乐，茁壮成长！祝愿老师们身体健康、工作顺心！也祝愿所有的家长朋友家庭和睦、生活幸福！

谢谢大家！

范文四：在庆祝"六一"儿童节活动中学生代表的贺词

【致词人】学生代表

【致词背景】学校庆"六一"活动

尊敬的各位领导、各位来宾，亲爱的老师们、同学们：

大家好！

我是四年级三班的学生×××，今天能站在这里代表全校学生发言，我很高兴，也很激动。

六月里，阳光灿烂、绿树成荫、鲜花争艳。在这个美好的季节，我们迎来了"六一"国际儿童节，这是属于我们少年儿童自己的节日。今天，我们欢聚在一起，怀着喜悦的心情，伴着嘹亮的歌声，共同庆祝这一节日。

首先，我代表全校学生，向和我们一起共度佳节的各位领导、各位来宾表示热烈的欢迎，并对你们一直以来对我们的关爱和帮助表示衷心的感谢。

我也要感谢学校的老师们，你们为了学生的学习和成长付出了许多艰辛努力，我要对你们说："老师，你们辛苦了！"

同时，我也要真诚地祝福同学们，祝你们节日快乐！

光阴似箭，转眼间，我已经升入了四年级了。还记得初入小学时，我是那么的紧张和好奇，当老师为我戴上鲜艳的红领巾时，我是多么激动和兴奋。作为一名21世纪的少年儿童，生活在这个美好的时代，我们是幸福的。

在家中，我们有父母无微不至的关心，在学校，我们有老师的悉心培育、同学之间的关心和友爱。学校就是我们第二个家园，我们在这里健康成长，快乐学习；我们无忧无虑，老师会为我们解答所有的好奇、告诉我们许多奥秘，同学们会在一起读书，一起玩耍，享受人生的乐趣。

我们生活在爱的世界里，我们懂得了爱的真谛，所以，我们只有努力学习，不断磨炼和提高自己，才能回报所有人对我们爱的付出。

父母、老师以及所有的人都对我们充满了殷切的期望，我们一定要珍惜今天的幸福生活，发奋读书、刻苦钻研、探索创新，掌握科学文化知识，全面提高自身素质，同时我们还要树立正确的人生观和价值观，确立报效祖国、为人民服务的远大理想，争做四有新人，争取成长为德智体美全面发展的社会主义建设接班人。我相信，未来我们会用自己的勤劳和智慧把我们的祖国建设得更加富强、更加美好！

同学们，我们是祖国未来的希望，我们担负着建设祖国的众人，让我们趁着火热的青春，抓住机遇，掌握自己的命运，为我们的未来，为国家的未来而努力。21 世纪是属于我们的，让我们做好一切准备，时刻接受新的挑战，创造出属于我们的辉煌！

最后，我要再次感谢所有人与我们一起共度这美好的节日，祝愿同学们节日快乐！

谢谢大家！

庆建军节贺词

范文一：在庆祝建军节活动中领导的贺词

【致词人】××市领导

【致词背景】八一建军节慰问军队文艺会演

各位首长、全体指战员、同志们：

大家好！

今天，我们迎来了中国人民解放军的光辉节日——“八一”建军节，我们怀着喜悦的心情在这里欢聚一堂，共同庆祝这一佳节，共叙军民鱼水情谊。在此，我谨代表××市委、市政府，向军分区全体官兵同志们，致以节日的问候和衷心的祝福！

82 年来，中国共产党发动和领导了南昌起义，标志着我党开始创建自己的革命军队。80 多年来，人民解放军为中国革命的胜利，为共和国的建立，为社会主义建设事业的发展，为中国民族的伟大复兴，进行了长期不懈的艰苦奋斗，建立了不可磨灭的历史功勋！

而在今天，中国人民解放军在党的领导下，坚持以毛泽东军事思想和邓小平

新时期建军思想为指导，按照江泽民主席“政治合格、军事过硬、作风优良、纪律严明、保障有力”的总要求，紧紧围绕“打得赢、不变质”两个历史课题，坚定不移地走中国特色的精兵强军之路，不断深化军队改革，加强军队的现代化、正规化建设，使人民解放军成为闻名世界的威武之师、文明之师！

我市驻地部队始终保持和弘扬了人民军队的优良传统和作风，以驻地为故乡、视人民为父母，在努力做好战备训练的同时，认真贯彻“三个代表”重要思想，大力支持我市各项事业的发展，哪里最艰苦、哪里最危险、哪里最需要你们，哪里就有中国人民解放军！尤其是在扫黑除恶、抢险救灾、支援重点工程项目建设等方面，你们都勇往直前，坚决执行任务，为我市老百姓解决了无以计数的困难！

各位官兵同志们，你们为我市经济事业的发展，为我市社会稳定的维护，作出了巨大的贡献，你们代表了人民军队的光辉形象！在此，我要代表市委市政府和全市广大人民群众向你们表示崇高的敬意和衷心的感谢！

如今，中国和世界跨入了21世纪，这是一个到处是竞争，到处都有挑战的时代，新时代的新形势，赋予了我们全新的任务，对我们军队的工作提出了更高的新要求。

我希望，全体干部官兵能坚持以“三个代表”重要思想为指导，服从市场经济发展规律，在更大范围、更高层次上去谋划未来工作的新思路；以经济发展和军队建设为出发点，以加强军民团结和提高军队战斗力为目标，以解决热点难点问题为突破口，不断探索军队工作的新途径；还要加大科技创新力度，推动军队和地方的科技合作，增强军队战力和科技含量，促进地方经济和军队战力的跨越式发展！

官兵同志们，让我们以更加高昂的精神状态，更加饱满的工作热情，脚踏实地、务实苦干，进一步发展“同呼吸、共命运、心连心”的新型军民关系，继续谱写军队建设的新篇章，为创造我市繁荣富强的美好未来作出更大更新的贡献！

今天，市政府组织了这场文艺会演，邀请驻地部队所有的官兵参加，就是为了向你们表示全市人民的感谢，希望你们在接下来欣赏歌舞表演时能放松心情，享受其中。我祝愿你们能过一个愉快的节日！

谢谢大家！

范文二：在庆祝建军节活动中战友的贺词

【致词人】部队××连连长

【致词背景】连队庆祝建军节文艺演出

尊敬的各位首长、亲爱的战友们：

首先，请允许我代表战友们对各位首长的到来，表示热烈的欢迎！多年来师部和团部的诸位首长十分重视和关心我连军人的生活和训练情况，给予了多方面的支持，在此我向你们表示衷心的感谢！

今天我们迎来了军人光荣的节日——“八一”建军节，我向各位首长和连部所有的战友们表示节日的祝贺和真挚的祝福！

今天我们欢聚一堂，隆重聚会，我感到无比的亲切，心情异常兴奋！数年的军旅生涯，让我们连的战友们结下了真诚恒久的友谊，正所谓，海内存知己，天涯若比邻，我们的友情，正如这一杯杯醇烈的美酒，时间越长，味道越浓香！

忆往昔，岁月峥嵘，令人感慨！我们这些来自祖国四面八方的热血男儿，响应国家的号召，跟随时代的步伐，来到了这里，从此开始了我们绿色军营、绿色军装的生活。

严酷的军旅生活锻炼了我们的身体，也磨砺了我们的意志，塑造了我们如苍松般坚忍不拔的军人作风，也铸就了我们如磐石般倔犟不屈的刚硬性格。部队生活是残酷的，是令人难忘的，它在我们每一个人的心中都烙下了不可磨灭的印记。连队的战友们也因此而结下了深厚的友情，在我们一起经历风吹雨打，一起摸爬滚打的日子了，我们团结在一起，为了一个共同的任务和目标而拼搏。我们每个人都可以自豪地说，在我们的军旅生涯，我们会为有这样一个一起奋斗的经历而感到光荣、感到骄傲！

铁打的营盘，流水的兵。我的战友们，过不了多久，你们有的人就会转入其他的部队，也有的人会退役、然后进入社会从业，不管你们将来的命运如何，我希望你们依旧保持着军人顽强拼搏的作风，为国家的各项事业奉献出你们的青春和热血！而且，我们的友情依然如故，绝不会褪色和消逝，不管光阴流逝，年轮转换，我们的容颜会衰老，我们会失去年轻的风华，但是我们之间亲如兄弟的战友之情会永驻我们心灵深处，伴随我们到永远！

战友们，今天我们会聚一堂，不仅是要一叙友情，更是要敞开心扉、开怀畅饮，因为今天是建军节，是属于我们军人的节日，让我们举起酒杯，对着各位首长，对着你身边的每一个人说一声问候，道一声祝贺。

在今后的日子里，留下的战友，让我们携手并肩，以我们独有的豪情壮志，为我们连队，为我们祖国的军队，作出更大的贡献！而离开的战友，希望你们能互帮互爱，团结拼搏，创造属于你们的美好明天！

最后，我祝大家节日快乐，高高兴兴度过这一天！

谢谢大家！

庆中秋节贺词

范文一：在庆祝中秋节活动中经理的贺词

【致词人】××酒店总经理

【致词背景】酒店举办中秋晚会

各位领导、各位同事：

大家晚上好！

金秋送爽，瓜果飘香。在这个喜获丰收的季节里，我们迎来了中国的传统佳节——中秋节，今晚，我们欢聚一堂，在酒店举办的文艺晚会上共度中秋！首先，我谨代表酒店董事长×××先生和所有领导班子的成员，向在这个团圆佳节中仍然坚守在工作岗位上的各位员工表示诚挚的问候，并致以崇高的敬意和衷心的感谢。祝愿大家中秋快乐、工作顺心，合家幸福！

独在异乡为异客，每逢佳节倍思亲。我知道，在这个万家团聚的日子里，在座的各位同事都远离亲人，为了酒店的业务默默地工作着，辛勤地耕耘着。此时此刻，我的心情很激动，我为大家这种一心为公、以酒店为家的主人翁精神而深深地感动着。同时，我也要感谢在座的所有员工家属，感谢你们对亲人工作的理解和支持。因为有了你们的理解和支持，酒店的员工才能安心工作，我们××酒店才能得以持续健康的发展。在这里，我要向你们致以最真诚的问候和最美好的祝福，祝愿你们身体健康，生活幸福，万事如意！

刚刚过去的上半年，是酒店发展的重要一年。凭着广大酒店员工的努力，××酒店发生了翻天覆地的变化，创造了令人瞩目的业绩。目前，××酒店在我市酒店业中上半年的营销总额位居第一、向国家缴纳的税额第一、员工薪资第一，在各种消费调查中，我们酒店的服务质量和消费者满意度也是遥遥领先。而且，经过上个月政府部门的酒店星级评定，我们酒店也被评为了我市五星级酒店中的冠军！

数着这些沉甸甸的成绩，真是来之不易，这里面，有在座的每一位员工辛勤汗水的付出，在这里，我要再次感谢酒店的所有员工，向你们说一声："你们辛苦了！"

回顾过去，令人欣喜，展望未来，我们任道重远。在上个月的酒店星级评定之后，酒店董事会遂即作出了决定，要将××酒店建设成为我市最大、最豪华的国际性商务酒店，同时也将斥资千万，为酒店员工建造一座公寓，而在下半年，我们的经营目标就是"大干一百天，效益翻一番"，不论是公司的半年目标还是长远计划，都需要我们全体员工携手并肩、团结一心、奋发图强、努力拼搏，为酒店的未来而奋斗！

各位领导、各位员工，在这个象征丰收、团圆的喜庆日子里，让我们祝愿我们的酒店越来越强大、越来越美好，也祝福我们的员工工作顺利、家庭美满、生活越来越幸福！祝愿我们都有一个更加辉煌灿烂的明天！

我也预祝今晚的中秋晚会能圆满成功！

谢谢大家！

范文二：在庆祝中秋节活动中领导的贺词

【致词人】市领导

【致词背景】××市中秋节庆典

各位领导、同志们、朋友们：

大家好！

伴随着送爽的金风，我们迎来了一年一度的中秋佳节。在这个欢歌如潮、喜庆团圆的日子里，我们在这里会聚一堂，共叙情意、共度佳节，此时此刻，我的心情充满了欢欣和喜悦。在这里，我谨代表市委、市政府，向多年来一直奋战在我市各条战线上的社会各界人士，致以节日的美好祝愿！并通过你们向你们的家属致以亲切的问候！

寒来暑往，春华秋实。近年来，在市委、市政府的正确领导下，在全市广大人民群众的积极参与下，全市深入贯彻“三个代表“重要思想和十七大会议精神，聚精会神搞建设，一心一意谋发展，不断克服我市经济和社会发展道路上的一个又一个困难。全市人民抓住机遇，努力拼搏，开拓进取，团结一心，众志成城，使我市各项事业的建设和发展取得了辉煌的成就！

首先是国民经济以每年超过15%的增长率持续健康发展，其中农业经济稳步发展，工业结构不断优化，服务业蓬勃增长。每年的财政收入屡创新高，为我市的发展建设提供了雄厚的经济支持。

其次，我市的民营经济进一步发展壮大，在国民经济中比例不断提高，极大活跃了本市的经济环境，创造了更多的就业机会。

最后，城市基础建设步伐加快，环境不断优化，人民生活质量稳步提高，社会安定繁荣，向全面建设小康社会又迈出了一大步。

我们欣喜地看到，近来年，我市已经步入了一个美好的发展期，各项社会事业都得到极大的提高，这让我市每一个市民都感到无比的骄傲和自豪！

面对未来，我们饱满激情，我们充满信心，我们的意志更加坚定！我们要深入学习“十七大”会议精神，积极落实中央政府下发的政策和任务，高举发展建设的旗帜，树立科学发展观，充分发挥集体的智慧，积极献言献策，进一步提高自身能力，为新时期我市各项事业的发展鼓足干劲、振奋精神、尽心尽责，要千方百计、坚持不懈地将我们今天的宏伟蓝图变成明天的美好现实！

同志们、朋友们，人逢喜事精神爽，时值佳节面貌新，在这个喜庆的节日里，我们心中都充满了精神和力量。我相信，只要大家团结一致、风雨同舟、努力拼搏、开拓进取，我们的目标就一定能达成，我市的发展建设事业也一定会再创新业绩，再铸新辉煌！

最后，我祝大家工作顺利、生活幸福，快快乐乐度过这个中秋佳节！

谢谢大家！

庆重阳节贺词

范文一：在庆祝重阳节活动中市领导的贺词

【致词人】市领导

【致词背景】市离退休老干部座谈会

尊敬的离退休老干部同志们：

你们好！

人生易老天难老，岁岁重阳，今又重阳。今天我们欢聚一堂，共同迎接中国传统敬老节日“重阳节”的到来，在此，我代表市委、市政府向在座的所有老干部职工致以亲切的问候和节日的祝福！

各位老同志，不管你们是离休人员，还是退休人员，你们都为我市的各项事业作出了不可磨灭的贡献。你们为政府和人民兢兢业业工作数十年，是我市经济建设的先头兵和践行者，没有你们的劳动和创造，就没有我市今天经济大发展的辉煌成果；没有你们对我市改革事业的理解和支持，就没有我市今天繁荣安定的社会环境；没有你们锐意进取、开拓创新，就没有我市人民今天不断提高的生活水平。

你们的经验和智慧是政府和人民的财富，你们也是政府和人民的财富！你们崇高的精神和高尚的品德，是我们在青年干部职工的榜样，是我们更加努力工作，推进我市建设事业持续发展的永恒动力！在这里，我要向你们表示感谢，你们是我市最不朽的精神价值！

尊老敬老是中国民族的传统美德，尊重老一辈人，就是尊重历史，尊重过去。新中国成立以来，党和政府始终高度重视老人工作，颁布了多项法律法规，保护和关爱老年人呢，并在国家“十五”规划中，将老龄事业明确纳入我国的可持续发展战略和经济社会发展的总体规划中，这是一项历史性的决策，为我国的尊老敬老事业建立了一个与时俱进的广阔平台！

市委、市政府根据中央政策，第一时间作出了决议，要从改革发展稳定的大局出发，坚持“党政主导、社会参与、全民关怀”的指导方针，深入贯彻中央关于老龄事业的政策精神，加强对老龄事业的指导，加大对老龄事业的投入，大力弘扬尊老敬老的传统美德，努力营造尊老敬老的社会环境，不断丰富老龄人的精神文化生活，为老年人有一个安乐的晚年创造良好的条件！

各位老职工干部，我祝愿你们能够享受政府对你们的扶助政策，过一个幸福安稳的晚年生活，同时我也希望你们还能与时俱进，积极关心和支持我市的发展建设，为我市的持续发展作出新的贡献！

最后，祝全体离退休干部职工节日快乐，身体健康、合家美满、生活幸福、万事如意！

谢谢大家！

范文二：在庆祝重阳节活动中校长的贺词

【致词人】××中学校长

【致词背景】学校重阳节座谈会

尊敬的各位老领导、老教师：

你们好！

九月九日重阳节，金秋送爽菊花开。值此重阳佳节来临之际，我们实验中学的退休老领导、老教师欢聚一堂，共同庆祝这一美好节日。在此，我谨代表学校全体师生向尊敬的各位老领导、老教师们致以节日的问候和衷心的祝福！祝你们福如东海长流水，寿比南山不老松！

学校的昨天，凝聚了你们老一辈教育工作者的心血和汗水，倾注了你们执著不懈的辛勤探索和奉献。学校的每一片砖瓦都铭刻着你们献身教育事业的功劳，学校的每一棵草木都浸润着你们孜孜求索的深情。学校是我们共同耕耘的园地，你们是我们的同事，也是我们的长辈，更是我们的老师。从你们身上，我们学到了务实苦干、精益求精的工作精神，学到了坦荡做人、真诚待人的处世哲学，学到了严谨治学、专注育人的优良作风。

你们为学校教育事业的发展作出了巨大的贡献，取得了辉煌的成就，学校许多优秀学子都是在你们的关爱和呵护下成长成才的，我代表他们，代表学校所有师生，感谢你们曾经为学校作出的贡献，更感谢你们长久以来持续关心和帮助学校事业的发展。

在今年学期之初，学校面临着极为严峻的形势，私立学校突起涌现、生源日趋减少，而学校的教学质量和教学环境也出了下滑的趋势，面对如此不利的局面，学校的领导班子感觉压力巨大。但是我们没有惧怕，没有退缩，我们在困境中不断探索。

我们加强了学校的宣传力度，将学校的教学优势通过媒体传播给每一个人；我们还积极强化学校的教学质量和政教工作，并整顿了后勤工作，使学生在就餐和打水等方面得到保障；而且，我们还多次向教育局申请扶助，争取得到教育局的大力支持。这些政策就如一支强心剂，使学校坚定下来，使全校教职工看到了学校摆脱困境、走向振兴、重塑辉煌的希望。在过去的一个月里，经过我们的不懈探索和努力，学校工作终于有了起色，在各个方面都达到了预期的效果。

然而，目前学校还处于探索和发展阶段，展望未来，我们面临着许多挑战，所以，在这里我真诚希望在座的老领导、老教师能理解和支持学校，尽自己的一份绵薄之力帮助学校；我也衷心期盼所有的老领导和老教师能给予学校更多的关注和指导。你们有这丰富的经验和很强的影响力、感召力，你们是学校的一笔宝

贵财富，希望你们以后能一如既往、发挥余热、多为学校教育事业的发展献言献策，多提宝贵的建议。我们也一定不会辜负你们的期望，全校师生会坚持创新和发展，再造学校的新辉煌！

最美不过夕阳红，温馨又从容，夕阳是晚开的花，夕阳是陈年的酒，夕阳是迟到的爱，夕阳是未了的情……在这里，我唱这一首歌，再次祝愿各位老领导、老教师，节日快乐，健康长寿、生活幸福！

谢谢大家！

庆教师节贺词

范文一：在庆祝教师节活动中校长的贺词

【致词人】学校校长

【致词背景】学校教师节庆典

亲爱的老师们、同学们：

大家好！

在这金风送爽稻花香的季节里，我们迎来了中国第25个教师节，在这里，我谨代表学校领导班子以及全体学生，向多年来辛勤工作在教育事业第一线的广大教职员工致以亲切的问候和诚挚的祝福！

教育，是利国利民的千秋大业，教育，关系着国运的兴亡盛衰。教育是塑造未来、孕育希望的事业，是一个国家、一个民族兴盛的根基所在，而教师，则肩负着传播人类文明、开发人类智慧、塑造人类灵魂的神圣使命！国家提出“科教兴国”、“人才强国”的口号，那么谁来振兴科教？谁来培养人才呢？那就是我们的教师。一所学校，教师就是那撑起学校的基石，就是那学校事业发展的根源，学校的特色和实力，都体现在教师身上！

教师是一个伟大的职业，我们也永远不会忘记，那些将青春年华、心血汗水奉献给了学生、奉献给了学校的老教师们，也一直都会关注、关心着那些辛勤耕耘、默默守在自己岗位上的风华正茂的青年教师们。对于你们，我们永远都心存敬意、充满感激！

感谢你们，正是你们勤恳育人，润物细无声，为学校、为社会、为国家培养是数以千计的优秀学子，他们步入社会后，成为了对社会有用的杰出人才；

感谢你们，正是你们勇攀高峰、开拓创新，在教育领域创立了众多的教学方法和学习思维，不仅使本校学生得以稳步较快获取知识，还为国家的教育事业积累了不少教育经验，被许多高校借鉴和效仿。

感谢你们，正是你们团结一致，爱岗敬业，在管理和后勤等岗位上兢兢业业，努力工作，为广大学生热忱服务、默默奉献，学校才能和谐发展，稳步前进。

优秀的学校必须拥有优秀的老师，优秀的老师必须拥有优秀的学识和优秀的师德。所以，学校也希望广大教师能够加强个人思想品德和职业操守的修养，展开厚德载物济天下的胸襟，为人师表、以身作则；同事希望你们能增强爱心和责任感，做一个传统美德的传承者、文化知识的散播者、严谨治学的践行者和优良作风的倡导者。

学校期待着你们，期待你们能身体力行，做一个受人尊敬的师者，期待你们能成为教学严谨、关爱每一个学子的模范教师，更期待你们为学校更加辉煌灿烂的明天作出你们的贡献！

亲爱的教师们，你们是社会的传道者，你们是学生的引路人，你们是学校永远的骄傲和永恒的财富！我要再次向全校的教职工说一声："节日快乐！"

谢谢大家！

范文二：在庆祝教师节活动中教师代表的贺词

【致词人】教师代表

【致词背景】学校庆祝教师节庆典

尊敬的各位领导、各位老师：

大家上午好！

今天是我国第25个教师节，学校专门组织召开了隆重的庆祝大会，并邀请了市委、市政府的有关领导来参加，作为一名普通的人民教师，我很荣幸能够和各位领导和全体师生参加这次庆典，聆听领导的教诲、感受社会对教师的尊重。

此时我的心情倍感激动，因为我是作为教师代表站在台上发言。首先，请允许我代表学校的全体教师向多年来一直关心和支持我校教育事业的市委、市政府领导表示崇高的敬意和衷心的感谢，向提供给我们教学机会和发展平台的学校领导表示诚挚的问候，向和我朝夕相处的所有同事们说一声："节日快乐！"

有人说，教师一道楼梯，以宽厚的身躯拖着学生只能的双脚，一步步登高向上；有人说，教师是一盏蜡烛，以火红的信念为学生照亮了未来前进的路，引领他们披荆斩棘、乘风破浪；还有人说，老师是一条渡船，将一批批渴求的学生载送到知识的彼岸……任职教师这几年，我受益匪浅，真正明白了，教师是一个神圣的职业，身为教师，我们不仅是将知识传授给学生，我们还要以身作则，用自己的热心、爱心和责任心来关心和呵护学生，促使他们快速健康成长。判断一个教师是否优秀，不是看他的教学水平，而是职业道德。师德，这是教师最重要的素质，是教师的灵魂。

近年来，我校的教育事业蒸蒸日上，教学成绩步步辉煌，这里有各位领导对于教育事业的重视和扶持，更有学校的各位老师们在教育这片沃野上的挥洒汗水、辛勤耕耘。有了他们在课堂上散播智慧的阳光，懵懂的孩子才能感受到知识的呼唤，孩子们收获了知识，才会树立远大的理想，迈出创新的步伐！

我可以毫不夸张地说，在我们学校，每一位老师的事迹都可以编撰成一部感人至深的书籍！不记得有多少个夜晚，他们笔耕不辍，只为做好明天的教案、批改学生的作文；不记得有多少个课间，他们都没有休息，仍旧在给学生辅导学习，解答学生知识的困惑，不记得有多少个晨曦，他们早早地来到教室，在反思昨日教学疏漏的同时，思索今天教学的最佳方法。这真是“无需扬鞭勤奔走，俯首甘为孺子牛”啊！

今天，面对全面建设小康社会的新形势、新任务，面对教育改革的新标准、新要求，我们教室应该进一步锻炼和加强自身能力和素质！我们应当守住心灵的宁静，爱岗敬业，视学生如子女，做一名优秀的人民教师。学校的老师们，让我们携起手来，努力进取，在所有人的尊重和期待中，坚持学习，不断丰富自己的知识储备和精神世界，关爱我们的每一个学生，为学校的教育事业创造更辉煌的成就！

雄鹰用翱翔回报蓝天，骏马用奔驰回报草原，我们要相信，我们的辛勤耕耘，必将收获桃李芬芳！

最后，我再次祝愿所有的同事们，节日快乐，永远年轻！

谢谢大家！

范文三：在庆祝教师节活动中家长代表的贺词

【致词人】家长代表

【致词背景】××小学为教师节举行联欢会

尊敬的各位领导、各位老师、亲爱的所有家长朋友们：

大家好！

我是五年级四班学生×××的母亲，非常感谢我校校长×××先生给予我这个机会，能站在这个讲台上和各位老师和家长们一起探讨孩子的教育问题，我感到十分荣幸和激动。

首先，请允许我代表××小学所有的家长们，向在座的各位领导和全体老师们致以节日的问候和真诚的感谢，孩子们在学校一点一滴的进步和成长都渗透着你们的心血和汗水付出！我也要感谢多年来一直关心和支持××小学教育事业的所有来宾朋友们，你们的无私帮助是学校在各方面事业上取得进一步发展的保证！

有这样一个故事：“文革”时期的一个知青，在上山下乡活动中被分配到西北的一所中学教书。那里的条件很苦，生活很艰难，随他一起的六岁女儿都被炎日晒成了黑煤，但是这个知青坚持了下来。终于有一天，他有机会调回城市了，然而他果断放弃了。为什么呢？因为他爱上了那里，爱上了那里的学生，他说：“这儿需要我，我要是走了，就没人教他们了。”最后他留了下来，从此里扎了根。他的女儿受到了父亲的熏陶，也立志上完大学后到西北做一名老师。

当我在思索到底是什么力量驱使着他们这样做时，我想到了泰戈尔的一句名言："我的心，在你的眼里找到了天空"。以这句话来阐释老师，那么老师的心，就是在莘莘学子渴求知识的眼睛中找到了属于他们的那片神圣的天空！作为老师，他们为了属于自己的神圣事业，甘愿奉献自己的一生。

当老师走上那庄严的讲台，深入浅出地向学生们传授知识时，我们的内心充满了尊敬；当老师带着温馨的微笑来到学生们身边，帮助学生克服学习上的种种困难时，我们内心充满了感动。

我的孩子入学这四年来，所经历的每一次挫折、每一次成功，无一不伴着老师耐心的教导和细心的帮助。有时老师看到孩子情绪的低落，会专门带她到郊野游玩；有时老师会为了孩子在某方面知识的不足，特意在假期来到家中为他补课，而当孩子取得好成绩时，老师总是第一个为她鼓掌喝彩的。

每当看到孩子的进步，我们做家长的当然十分高兴，在这时，我们都应该对教育孩子的老师们充满感激，是他们的培养和辛苦，才换来孩子今天的成绩。

最后，我代表全体学生和家长再一次祝愿学校的全体老师们节日快乐，生活幸福，工作顺利，桃李满天下！祝愿我们的孩子能够创造精彩，拥抱未来！衷心希望我们的老师们奋发图强，再创辉煌！

谢谢大家！

范文四：在庆祝教师节活动中学生代表的贺词

【致词人】学生代表

【致词背景】××中学庆祝教师节典礼

尊敬的各位领导、各位老师、同学们：

你们好！

金秋九月，处处弥漫着丰收喜悦的气息，教师节，如一位美丽动人姑娘，踏着轻盈优美的步伐缓缓到来。对我们每一个中学生来说，从顽皮孩童到青涩少年的成长历程中，老师，你永远都是那个最值得我们尊重和感恩的人！在第25个教师节来临之际，我代表学校所有的学生，向多年来辛勤工作、教书育人的全体老师们表示诚挚的祝贺和衷心的感谢！

老师，你像是一支蜡烛，虽然微弱，却仍要献出一份光热来照亮别人；你像是一股春风，带着微笑，和煦而温暖。你的无私和奉献，让我们永志不忘，你虽然生活很清苦，却一直心系学生。老师，是你渊博的知识，让我们领略到学习的乐趣，是你关爱的目光，让我由怯懦变得坚强，当我们遇到挫折时，是你给予了我们希望。老师，你是多么伟大，你们毕生的心血浇灌了我们这些祖国的花朵。

多少次，我们看见你在认真地批改着作业。你细细翻阅，一行一行，一页一页，不肯漏过任何一个错误和亮点，因为你知道，那是学生的翅膀和台阶。每当这个时候，我们多么想走到你的身边，为你端上一碗茶水，对你说一句："老师你辛苦了！"

不管你有多忙多累，你始终精神饱满地站在我们面前，为我们传授知识。你为了我们的成长，付出了多少心血和汗水，牺牲了多少个良宵和周末啊！你眼角的皱纹刻下了对我们的慈爱，你鬓边的白发记载了多年的劳累，我们永远铭记着你——我们的启蒙老师！

人们说，春蚕到死丝方尽，蜡炬成灰泪始干。老师，你为了学生付出了一切，你的爱，如阳光般温暖；你的爱，如清泉般甘甜；你的爱，是细致而温馨的；你的爱，是圣洁而伟大的！今天是教师节，我们心潮澎湃、思绪万千，千言万语，也无法表达我们对你的深深感谢；万语千言，也诉说不完我们对你无尽的爱。

希望我们学生一声亲切的问候，一封感激的书信，一张精致的贺卡，黑板上一句祝福的话语，讲台上一朵美丽的鲜花，电脑里一封庆祝的邮件，都能带给你节日的快乐和欣慰的感受！

在这个特殊的日子里，我还要向我们敬爱的老师们深深鞠躬，衷心地对你们说一句："老师，你们辛苦了！"

同学们，让我们弘扬尊师重教的传统美德，感谢老师的恩情，为学校营造人人尊敬师长的良好氛围。并自我保证，认真听好每位老师的每一堂课，认真完成每位老师布置的每一项作业，从一点一滴做起，真正做到尊敬老师、热爱老师、关心老师，为创造学校乃至全社会尊师重道的优良氛围作出自己的贡献！

最后，我祝愿全天下所有的老师们身体健康、合家美满，吉祥如意，青春永驻！

谢谢大家！

庆国庆节贺词

范文一：在庆祝国庆节活动中政府领导的贺词

【致词人】××市市长

【致词背景】××市政府庆祝国庆节茶话会

同志们、朋友们：

你们好！

今天，我们满怀喜悦的心情，在这里相聚一堂，共同庆祝伟大的中华人民共和国成立 61 周年。首先，我代表××市市委、市政府向我市广大人民群众和驻地部队、武警官兵、公安干警以及各条战线上的同志、社会各界人士以及所有关心和支持我市发展建设事业的海内外朋友们，致以节日的问候和诚挚的祝福！

新中国成立61年来，在中国共产党的领导下，国家发生了天翻地覆的变化，特别是改革开放以来，国民经济持续快速稳定发展，综合国力不断增强，人民生活不断改善，文化生活日益丰富，民主法治深入人心，城乡面貌变化巨大，国际地位空前提高，当今之中国充满勃勃生机，各项事业蒸蒸日上。

今年，是中国人民政治生活中极具意义的一年，是新中国成立61周年，是中国共产党建党90周年；今年，也是我市经济建设和社会发展的重要一年。在省委、省政府的领导下，我市全体干部职工，认真贯彻“三个代表”重要思想，深入落实党的十七大精神和十七届四中全会精神，切实提高党的执政能力，努力把我市建设成为经济蓬勃发展、社会和谐稳定的省内示范市。

特别是今年以来，我市在环境美化和维护、招商引资、产业结构调整优化、科技创新、农业发展等方面取得了显著成就。德国大众、阿迪达斯、索尼爱立信、华为等国内外知名品牌相继在我市投资建厂，极大地促进了我市的人口就业和经济发展，目前，我市的经济产业和各项社会事业均呈现出一派喜人的势头。

未来几年，是我市经济建设和社会事业发展的关键时期，市委、市政府将未来三年定为战略机遇期，并寄予了厚望。为了确保我市经济发展目标的顺利实现，我们必须团结一心、努力拼搏、团结进取，加快实施优化产业结构和提高科技创新能力两大发展战略，继续加大招商引资力度，加速产业聚集，培育壮大我市重点企业，美化市区环境，塑造我市优良形象，将我市建设成为省内经济发展新的增长点和中国重要的高新技术产业化基地，成为省内投资环境最好、经济发展最好的地区！

回顾过去，我们豪情满怀；正视现在，我们充满希望；展望未来，我们踌躇满志。信心十足！让我们携起手来，为我市更美好的明天而奋斗吧！

最后，我衷心祝愿我们伟大的祖国更加繁荣富强！祝愿我市的各项事业更加辉煌灿烂！也祝愿各位来宾、各位朋友、各位同志身体健康、生活幸福、事业发达！

谢谢大家！

范文二：在庆祝国庆节活动中校长的贺词

【致词人】××中学校长

【致词背景】学校国庆节庆典

亲爱的老师们、同学们：

你们好！

一年一度的国庆节到来了，今天我们聚集在学校的操场上，一起来庆祝我们伟大祖国的生日，我相信大家此时此刻心情都很激动。

在六十年前的今天，也就是1949年10月1日，在天安门广场上汇集了来自全国五湖四海的人民代表和首都北京军民共30多万人，在这一特殊的日子里，我们伟大的领袖、新中国的缔造者毛主席向全世界宣告了：中华人民共和国成立了！中国人民从此站起来了！并且，毛主席还亲手升起了象征中华民族精神的第一面五星红旗。此后，每年的十月一日就被定为了中华人民共和国的国庆节。

同学们，我们是华夏子孙，我们的民族是中华民族。中华民族在人类历史上有着五千多年的文明历史，中华民族是世界上一个伟大和卓越的民族，她曾经创造了无数的辉煌和成就，她在过去的几千年里都处于人类文明的前列。

但是，我们不能忘记，我们的民族在近代史上也有过落后屈辱的历史。我们不能忘记，西方侵略者无耻地向中国走私鸦片、坑害中国人民，并发动鸦片战争强迫中国割地赔款；我们不能忘记，八国联军一路烧杀抢劫到北京，一把火烧毁了属于我们民族的举世闻名的“圆明园“等许多名胜古迹；我们更不能忘记，日本帝国主义发动侵华战争，占我中华河山，杀我中华百姓，仅在南京一地，就屠杀了我们30多万中国同胞！

然而，自从1949年10月1日，中华人民共和国诞生之日起，中国人民重新站了起来。在祖国960多万平方公里的疆域上，我们研制爆炸了第一颗原子弹和氢弹。特别是改革开放以来，伴随着“神六”、“神七”的发射、北京奥运会的成功举办，我国的综合国力大大增强，人民生活水平不断改善，中国的国际地位也空前提高，并在国际事务上发挥着举足轻重的作用！

如今，中华民族又一次倔犟地昂起了头，屹立在世界的东方！

同学们，只有国家富强了，我们才能有这么美丽的家园和幸福的生活。而国家富强，靠的是什么？就是科技和人才！过去我们落后被挨打，就是因为我们轻视了科技、忽略了人才，现在我们强大了，正是因为我们开始崇尚科技和重视人才了。国家提倡“科技兴国”、“人才兴国”，这是多么伟大而响亮的口号！可以说，科技和人才，是维系我们中华民族繁荣富强的根本钥匙！

同学们，你们是祖国的未来，担负着建设祖国未来的希望，为了祖国的明天更加强盛、作为未来祖国的主人翁，你们有责任、有义务挑起振兴中国民族的重任。我希望你从现在做起，勤奋学习科学文化知识，时时刻刻把祖国装在心里，时时刻刻与祖国母亲同呼吸、共命运；坚持从身边的小事做起，用自己的一言一行为祖国母亲增光添彩！

同学们，要记住我的话，你们要努力进取，争取将自己锻炼成为祖国的栋梁之才，为祖国的科技，乃至各项事业，作出你们应有的贡献！

最后，我祝愿学校的全体老师和同学们过一个愉快的国庆节！

谢谢大家！

庆圣诞节贺词

范文一：在庆祝圣诞节活动中公司经理的贺词

【致词人】××公司总经理

【致词背景】公司庆祝圣诞节平安夜晚会

各位同事、各位来宾，女士们、先生们：

大家晚上好！

今晚，我们欢聚在这里，踏着圣诞宁静的钟声，共同迎来了这个祥和美好的平安夜。今晚，我们在公司的会客大厅举办了这隆重的圣诞晚宴，让我们一起狂欢，一起庆祝“圣诞节”这个西方的节日。

我们为什么庆祝圣诞节呢？因为它包含有与中华节日文化相通相融的地方，那就是平安，平安是财，平安是福。在这里，我也要用“平安”这两个字祝福大家，祝愿公司全体员工平平安安、幸福快乐；也祝愿一直关心和支持我公司发展的各位来宾平平安安、幸福快乐，并对你们多年来的帮助，表示最衷心的感谢！

近年来，公司经历了一系列重大变革，并取得了许多惊人的成就，首先是在香港证券交易所成功上市，而且公司通过种种人事调配和制度改革，使得公司在管理、服务、网络等内部结构上更加科学和完美，公司事业的发展也更加超前。目前，公司正朝着国际跨国公司的目标迈进。

为了实现这一目标，公司始终坚持“务实苦干、拼搏进取、自主创新”的发展宗旨和“顾客至上、服务专注”的工作理念，强化营销渠道建设，力图将对公司的服务质量标准化、专业化、个性化，将客户的需求作为公司的神圣职责，将客户的满意作为我们不懈的追求。经过这几年的努力，公司已经拥有了一大批忠实的客户，一直保持着同类行业中的优势地位。

圣诞节是一个感恩的日子，在这里，我要感谢公司全体员工这几年的努力付出，也感谢在座的各位来宾，多谢你们对本公司的信赖和关爱。

成绩属于过去，发展才是未来，服务是我们的主题，客户是我们的上帝。因为有了上帝存在，公司才能得以生存，有了上帝存在，公司才能得以发展。我相信，有了在座诸位上帝的支持，我们公司可以不断强大，最终实现成为国家大型跨国公司的宏伟目标。

朋友们，让我们尽情享受这平安夜的温馨和喜悦，让我们尽情地抒发内心的情怀和热忱。让我们一起祈祷：祝愿我们的明天更美好！

谢谢大家！

庆元旦贺词

范文一：在企业庆祝元旦活动中总经理的贺词

【致词人】总经理

【致词背景】企业举办的元旦晚会

各位员工、各位家属朋友：

大家好！

“爆竹声中一岁除，春风送暖入屠苏。”今天是新年的第一天，我代表公司向全体员工及家属致以节日的问候和美好的祝福！

在过去的一年中，由于公司业务比较多，广大员工不得不加班加点，用自己勤劳的双手和智慧的头脑，战斗在工作第一线。他们以公司发展为己任，忘我地工作，不仅取得了出色的业绩，还为公司赢得了客户的信任，从而为公司今后的发展壮大奠定了坚实的基础。在这里，我要向你们表示衷心的感谢，我要真诚地向你们说一声：“你们辛苦了！”

当然，我还要感谢在座的员工亲属，你们坚定不移地支持亲人的工作，从不抱怨，公司的员工才能心无旁骛地投身到工作当中，而且你们还尽自己所能，无私地帮助公司，你们与公司的员工一样，都为公司的美好前景作出了贡献。我也要对你们说一声：“谢谢你们！”

展望未来，我们信心十足，过去一年，我们挺过了难以想象的艰苦，在新的一年，还能有什么困难能击败我们呢？咱们公司正处于发展壮大的大好时期，新的一年，将是公司快速发展的重要一年，我们已经确定了打入京沪市场的战略目标，并将深化内部改革，不断提高公司产品的竞争力，争取使我们的产品在同类产品中处于领先水平。

要实现这一宏伟目标，依然离不开大家的理解和支持，我相信，有了你们所有员工真诚的关心和奉献，公司的事业一定可以再创辉煌！

最后，我祝愿大家身体健康、合家幸福、吉祥如意！

谢谢大家！

范文二：在庆祝元旦活动中校长的贺词

【致词人】学校校长

【致词背景】在××大学元旦晚会上致词

老师们、同学们、朋友们：

大家好！

新年的钟声已经敲响，今天是2011年的第1天，在这词旧迎新的时刻，我们全校师生团聚在这会议大礼堂内一起欢庆元旦，我和大家一样，内心充满了兴奋，充满了激动。

虽然我每年和学校的师生们庆祝元旦，但是每一次的庆祝都会有新的感受，因为我们每一年的欢乐，都是由全体师生用又一年的辛勤汗水换来的，这欢乐，包含了我们对学校事业建设的不懈努力，也寄托了大家对学校未来改革与进步的深切祝福。

所以，在这个欢乐喜庆的时刻，我要向大家表示我的一些感谢：

首先，我要代表学校，向这一年辛勤耕耘在教学战线上的老师们致以崇高的敬意和新年的祝福！正是由于你们这些爱岗敬业、关心学生的老师，秉着对学生负责的态度，教书育人，才使得学校上万名求知若渴的学子能不断提升自己的专业水平，不断领悟人生的新境界。学生的进步，与你们的努力是密不可分的。

然后，我也要向这一年来坚守岗位、勤勉工作的广大干部职工表示诚挚的问候！你们扎实的工作，为学校美化了环境，保卫了学校的安全，为广大学子营造了一个安静和谐的学习氛围。

当然，我更要以最饱满的热情，向全校广大学生表示最真挚的感谢，并致以新年的祝福！你们怀着“报效祖国”的梦想，你们肩负着“为人民服务”的责任，而你们在这一年拼搏奋进中所取得的成就，使我坚信，你们是有能力去担当国家赋予你们的使命的。你们这一代，代表着国家的未来，你们将成为中国崛起和富强的中流砥柱！

最后，我还有感谢这一年来，支持和关爱学校的社会各界友人，你们慷慨无私的帮助，极大地推动了学校建设的发展，在这里，我要向你们致以新年的祝贺，并对你们说一声：“谢谢！”

在过去的一年里，在党和国家的指导下，在社会各界的帮助下，在全校师生和干部职工的辛勤努力下，学校在教学、科研、艺术等事业上保持着良好的发展势头，并取得了可喜的成绩。我校的教研水平位居全省前列，各院系的学生在个人才艺方面多次获得国家级、省级大奖，而且我校还参与了中国科学院的化学工程项目……一系列累累硕果，成就令人振奋啊。在新年一年里，我们学校又将进入新一轮的发展建设期，面对全国高校迅猛的发展和竞争形势，我们相信，学校可以战胜任何困难和挑战，取得更大的成就，实现质的飞跃！

老师们、同学们、朋友们，新的一年已经到来，让我们把真诚的祝福送给我们深爱的祖国，献给我们热爱的学校。让我们共同祝愿祖国更加繁荣富强，也祝愿学校在以后的发展道路上取得更大的辉煌！

范文三：在庆祝元旦活动中企业董事长的贺词

【致词人】××酒店董事长

【致词背景】酒店内部的元旦晚会

各位员工、各位同事：

你们好！

旧岁已去，新年又到，今天是2011年1月1日，在这个新年佳节到来之际，我向所有员工以及你们的亲属致以节日的问候和衷心的祝福！祝愿你们身体健康，生活美满，天天都有一个好的心情！

在过去的一年中，我们酒店的所有员工都坚守在各自的岗位上，努力工作，毫不懈怠。你们挥洒着勤劳的汗水，以拼搏顽强的精神，使酒店渡过了一个又一个的难关。如今的酒店市场，竞争越来越激烈，顾客的消费指向也越来越挑剔，然而，面对如此严峻的市场行情，我们没有人退缩，我们喊着“逆水行舟不进则退”的口号，越战越勇，越勇越强，最终创造了一个又一个的成就，取得了一系列令同行们惊叹和羡慕的业绩，而我们的成就，正是我们这个团队无坚不摧的强大力量的体现。

经过酒店全体员工过去一年艰苦卓绝的努力和拼搏，在这里我要大家宣布一个激动人心的消息：我们的酒店已经正式升级为五星级大酒店了！

在去年的今天，我们酒店确定了向五星级酒店规格的目标迈进，在过去的一年，大家用自己执著的努力实现了这一目标，这正是：辛勤耕耘，方能有丰硕收获！在过去的一年，我们酒店取得了巨大的成绩：二月份，国际著名导演×××的新片《×××××》在我们酒店举行了电影首映式；五月份，香港明星×××和×××，他们这对“金童玉女”也在我们酒店喜结连理；在七月份，NBA篮球巨星××在他的中国之行中，也来到了我们酒店下榻；还有十月份，×国领导人×××在访问我国时，专程来到我们酒店参观和就餐，大大提高了酒店的知名度……除此之外，酒店还接待了其他名人明星、专家领导将近300人。这就是我们酒店在去年取得的辉煌成就，也是酒店星级上升的根本原因，而这一切的成绩，都离不开广大员工在过去一年中默默辛苦的奉献！

作为酒店的董事长，我为拥有你们这样的员工而感到骄傲，你们也应该为属于这样一个优秀的团队而感到自豪！我们这个团队已经证明了一件事情：只要我们敢想敢做，勇敢地去追求，我们不仅能够在市场上占有一席之地，更可以使酒店迈出质的跨越，成为同行业中最优秀的一家酒店！

各位员工，我们在过去一年作出了优异的成绩，但是我们也应该看到，在新的一年，酒店的发展道路上还布满了坎坷和艰辛，但是我们不会害怕，也不会退缩，只要我们勇敢地面对，努力去克服，绝对没有我们做不好的事情！

我有信心，大家一定也有信心，就让我们以满腔的热血，团结一致，一路披荆斩棘，在迎接新年曙光的同时，为我们的酒店创造新的辉煌！

范文四：在庆祝元旦活动中局长的贺词

【致词人】××市质监局局长

【致词背景】质监局元旦庆典

各位同志、各位朋友：

大家好！

伴随着2010年的悄然逝去，我们又迎来了喜气洋溢的新一年。值此元旦佳节来临之际，我代表××市质监局领导班子，向辛勤工作在产品质量监督第一线的全体工作人员以及社会各界关心和支持产品质量监督工作的朋友们致以新年的问候和祝福，祝大家新年快乐！

已经过去的2010年，是不平凡的一年，也是我们质监局事业稳步发展的一年。在这一年里，质监局的干部职工紧密围绕党的十七届三中全会精神，在省质监局和市委、市政府的正确领导下，在县乡各相关部门的全力配合下，全局职工奋发努力、团结拼搏，踏实工作，在各方面都取得了骄人的成绩。

我们顺利地创建了全市第一个食品安全示范县，并在各乡镇都设立了食品安全协管站，深入开展食品安全检验工作，加快食品安全信用体系建立，组织了在节假日期间对各类食品及食品添加剂的突击检查，并大力整顿了全市学校及周边的食品安全问题；我们还认真履行了产品质量监督检验的职责，全面查处不合格和有安全隐患的产品上千件，完成了县城以及部分乡镇产品和进口销售规范化的工程建设，严厉打击违法违规的产品批销线，确保了全市各类产品的质量安全。

在过去的一年，我们全体职工对工作的付出尽职尽责，毫不懈怠，我们始终秉承着“勤奋、敬业、创新”这三点原则，以此为指导来为全市的产品质量监督检验而努力工作着。虽然产品质量的监督工作任重道远，但是我们绝不会退缩，因为我们深知：踏踏实实做事，堂堂正正做人，这是我们身为人民公仆的处世准则。不断加强队伍素质建设，以事实为依据，以法律为准绳，依法行政，严格执法，构建平安、和谐、稳定的社会是我们永恒的信念和使命！

2011年，是我们持续发展的关键一年，也是我们实现跨越式发展目标的攻坚之年。新的一年，我们面临着新的形势、新的任务和新的挑战，产品质量的监督检验是我们肩负的重任，我们决不能有丝毫懈怠。当新年的钟声敲响时，我们就要开始新的征程了，我们要以坚定的信念、坚韧的恒心、不屈不挠的精神，挑起国家和人民赋予我们的使命。让我们携起手来，团结一心，努力奋斗，去实现我们共同的梦想吧！

最后，我祝大家元旦快乐、身体健康、合家幸福、万事如意！

第十章　庆乔迁贺词

旧宅换新舍，不论是对人，还是对单位，都是一件喜事。在一个新的环境中，谁都会觉得温馨和舒适，他们会对工作充满了期待，对生活充满了希望，怀着这样的喜悦心情，自然要广邀亲友来庆贺了。企事业单位的乔迁，家庭乔迁，都要献上一篇激情洋溢的贺词吧！

庆典之道

乔迁庆典的布置事项

一般来说，企事业单位的乔迁庆典都是安排在新办公楼的外面举办，然而室外是没有现成的庆典场景，诸如座位、话筒、地毯等物品，都需从头布置。如何布置庆典现场，是个大问题，需要从以下方面着手！

一、主席台

主席台都设在一个较高的台阶上，根据实际人数确定主席台座位。主席台要一般用红布覆盖，周围也要铺上红地毯，后面有背景幕布，主席台上摆设有话筒，也可在台前放置一个竖立的主持话筒，音箱就放在主席台两边。

二、背景幕布

主席台后面的背景幕布应与红地毯登场，幕布一般是红底黄字，文字的内容通常是“×××乔迁仪式”或“×××开幕仪式”，幕布上还应有背景画面，这是对创意的考验，不过在管理上，都是主题办公楼的外观图。

三、喜庆物品

乔迁新址是一件喜庆的事，自然少不了放置一些物品来增添喜庆氛围了。红地毯是最常用的喜庆物品了，主席台上必须铺，观众座位下也应该铺上，这样会给人一种红红火火的喜悦感觉。还有就是高空气球、彩虹门、礼炮等，都是烘托庆典氛围的不可或缺的物品。

四、现场座位

现场座位数根据邀请来宾人数而定，不过最好多预备一些。座位摆好之后，还要划分区域，哪些是政府代表区，哪些是企业代表区，哪些是金融代表区，哪些是媒体代表区，都要细致划分。

五、贵宾休息区

庆典附近还要搭建一个贵宾休息区，这是给重要的客人预备的。也许对方不仅仅是来参加庆典的，还有要事与举办方商议，一般都是在庆典之前或活动结束

后，这时候就需要一个专门的场所为双方提供便利了。贵宾休息区可以是移动篷房，也可以设在新办公楼内，休息区内要摆设小圆桌和宴会椅，鲜花、矿泉水、烟灰缸也是必不可少的。

六、临时厕所

这个不必多介绍，任何庆典都必须有的。临时厕所应当离庆典近点，最好有专门的服务人员引领来宾前往。高质量的厕所服务会使来宾对这次庆典乃至举办方单位增加不少好感。

七、应急物品

策划一个庆典活动时，必须准备一个应急预案，而应急预案里就包括了应急物品。一般来说，应急物品包括遮阳伞、雨伞、消防器等物品和一些庆典常用物的备用品，当然还有很多，这需要具体情况具体分析了。

乔迁庆典的礼仪

所谓庆典，其实就是各种庆祝礼仪的综合。在庆典活动中，礼仪是非常重要的，由于参与庆典的人数众多，身份各不相同，所以他们所要遵守的礼仪也是不同的，譬如说有举办方的礼仪、来宾的礼仪等。那么，在乔迁庆典上，有哪几种礼仪呢？每一种礼仪需要注意哪些事项呢？

在乔迁庆典上，参与者的礼仪可分为四种：

一、举办方领导的礼仪

1．准备充分

庆典活动的前期准备工作很多，比如说确定来宾名单、联系致词嘉宾，以及庆典的各项活动安排等，作为举办方的领导，这些事情都是必须熟悉掌握的，而且还要了解其中的每一个细节，以便在活动开始时用得着。譬如说，在庆典欢迎现场，领导一定是负责与每一位来宾握手的那位，也许旁边会有人介绍，但是领导最好事先还是记住来宾的相貌、姓名等情况，那么在欢迎的时候就可以很自然地与对方交流。还有就是庆典活动的安排，来宾的座位安置等，这些都需要领导负责，有时候领导还要亲自招待来宾入座，这其中的盘根错节，若是不充分准备，怎么能做的好？

2．态度热情

在这个喜庆的典礼上，来宾都是怀着喜悦的心情向你祝贺的，那么你怎么对待人家呢？冷冰冰的待客之道是决然不行的，但要是太庄严肃穆或是微微一笑也不行，来宾们都觉得自己没有得到尊重。怎么办呢？应该时刻面带微笑，要自然地笑，喜悦地笑，这样会给人一种如沐春风的感觉，来宾的心情才能好。当然这还不够，还要表现出极大的热情。客人们都是乘兴而来，他们高高兴兴来为你祝贺，因为这是你的喜事，你应该表现得比客人更高兴，这种高兴转化到招待客人方面，那就是热情。只有态度热情，客人们才会觉得宾至如归。

3．沉着冷静

任何一个庆典活动都是纷繁复杂的，比如说在台上致词，或者与来宾交流，其中有许多琐碎的细节需要注意，不可马虎大意，一旦某一细节出差错，就会影响自身形象和来宾对庆典的观感。如何漂亮地处理这些事情？那就需要头脑必须冷静，只有冷静的头脑，才能在任何时候都知道自己应该做什么。举办方领导是贯穿整个庆典活动始终的人，可以说是庆典的主持人，他的一举一动都会受到所有人的关注，想要完美地展现自己，即便是前期准备充分，也需要自己临场自如发挥，这时候就需要头脑冷静，准确判断形势，决定自己接下来该做什么。而且，一旦出现意外，领导可以冷静观察，指挥工作人员解决问题。

4．指挥有序

举办方领导不仅是庆典的主持人，还是庆典的指挥官，复杂的活动程序需要领导来指挥完成。什么时候致词，什么时候剪彩，相接的两个活动之间如何衔接，领导需要把握好这个度。这是对领导组织水平的考验，领导必须镇定自若地指挥，使庆典活动平稳有序的展开，那么这次庆典才会取得成功。

二、来宾的礼仪

1．服饰规范

仪表包括发型、衣服、装饰等。从衣服来说，男士一般穿西装，再配以衬衫领带和黑色皮鞋，女士着装有很多种类，可以穿西装，也可以穿裙子或大衣，配以高跟鞋和丝袜。不论穿什么衣服，最好不要太时尚，衣服的颜色也要深一些。发型上，男士最好剃掉胡须，也不要戴帽子，女士有长发的，可以做一个简洁的发型，不要披头散发，或者妖艳；装饰上，尽量不要戴显眼的佩饰，像戒指啊、项链啦，可以用衣服遮盖住。还有一点，参加庆典活动前一天，最好洗个澡，换身干净的衣服。

2．准时到场

遵守时间，是参加任何活动的一项基本礼仪，不论来宾是政府高层，还是企业经理，都不能姗姗来迟、或无故缺席。庆典活动什么时候开始，就要按时达到，可以早来一会儿，但也不要太早，提前15分钟就可以了。

3．言行得体

一个人的言行是塑造其个人形象的关键因素，如何维护自己的形象，必须在

言行上谨慎细微。言语上不能太随意，态度不能嚣张，语速要慢，说什么话都要想好再说，若是嘴巴比脑子还快，即便是没有说错话，也会给人留下不好的印象；举止上更不能随便，在庆典开始后，不能在会场乱转，不要想来就来想走就走，不要摆出心不在焉或是无所谓的态度，不要乱开玩笑，更不能玩世不恭、扰乱会场。

4．友好交流

对于来宾来客，中规中矩的表现是不够的，还得学会交流。多与其他的宾客交流，不仅能活跃庆典气氛，还能放松自己的心情，说不定能交到一些好朋友呢。在与人交流的时候，不仅要主动，还要友善，不管对方是什么人，什么身份，在这种喜庆的场合下，绝对不能恶语相对！

三、致词人和剪彩人的礼仪

1．注意修饰仪表

致词人或剪彩人的仪表相对普通来宾，要求更为严格，因为他们将在全场人的聚焦下表现自己，他们仪表上的每一个细节都会被放大。所以，上台的嘉宾必须在自己的仪表上狠下工夫，比如说，上台的嘉宾身上可能会戴一朵红花，这红花位置既要方正，也不能让它掉了，再比如说衣领或者袖口有褶皱，要事先抚平。诸多细节必须注意。

2．注重致词或剪彩中的细节

致词或剪彩，是一件很庄重的事情，任何细节都需要好好表现，比如说上台致词或剪彩，一定要露出喜悦的表情，而且不能着急，要缓缓地、慢慢地走上台去，可也不能太慢了；致词的时候一定要沉着冷静、心平气和，内容不能说错或漏说，开场要说“大家好”，结束要说“谢谢大家“，绝不能遗漏；剪彩时，若一个人剪彩，要按照主持人的口令，一步一步来，多人剪彩，就得与他人形成默契，不能你剪完了，他人还没剪，那就不好了，这个“度”要把握好。

3．尊重举办方单位，尽力配合庆典进程

致词或剪彩时，要配合庆典的进程，主持人请你上台时，喊到你的名字，千万不能耍大牌，等第二次邀请，应该第一次就起来，上了台后，听从举办方安排，什么时候致词或剪彩，站什么位置，等等，都要配合。

四、礼仪小姐和服务人员的礼仪

1．仪容得体

礼仪小姐和其他服务人员虽然不需要时刻微笑，但是必须以友善的表情来看待每一个人。没有人希望看到一张哭丧着的脸，也没有人会拒绝一个充满善意的表情。你的友善，会使来宾感到愉悦、舒服，来宾们才能舒心地参加这次庆典活动。

2．行为规范

庆典活动的服务人员，一般都是事先经过培训的，他们的一举一动都有固定的规范，但是在庆典现场，临场发挥才是最重要的。规范很多，比如说给客人送水、引客人到座位，每一件小事都有很多细节，而这些细节都需要规范化，不能出格。即便事先受过训练，但在现场，也必须努力表现好自己。毕竟你不是活动主角，你的一点瑕疵，都会影响客人的心情和活动的展开。

3．工作责任心强

这是对所有服务人员的基本要求，除了努力做好工作外，还需要积极主动的态度，能看到客人的潜在需要，为客人解决他们的问题，这样才是真正的责任心强。举个例子：服务人员看到一位来宾在会场内转悠，观看神情，显然是在找寻厕所，这时候虽然那位来宾没有走到服务人员身边，但是你也应该主动走上前去，轻声询问来宾：你有什么需要？在得到对方的确认后，带着对方上厕所。询问的时候千万不能说：你要上厕所吗？这是不礼貌的。

家庭乔迁庆祝酒宴的礼仪

家庭乔迁新居，主人家通常都会在新房内设下酒席，邀请亲朋好友和周围邻居来聚会。聚会属于家宴，不似企事业单位举办的乔迁庆典那么盛大、那么正规，只要带着一个好心情就足够了，不需要讲究那么多礼仪。

像主人家，对宾客招呼周到就行，而他们对于宾客的期待，也只希望他们吃喝尽兴；亲朋好友参加聚会，都是熟人，可以很随便，需要带上他们的礼品和贺词就可以去了；街坊邻居可能要准备的多一些，毕竟人家是新人来，自己受邀去赴宴，岂能光坐着吃喝？以后相处的日子长着哩，所以趁此机会多与对方沟通，增进彼此感情，以后也好融洽相处，这种交流，邻居必须先主动。

聚会的礼仪不需要讲究，但是赴宴所带的礼品可要慢慢讲究。自古以来，乔迁送礼就形成了一套规范，什么样的礼品，代表着来宾什么样的心情，所以送礼应当遵循以下原则：

表示喜庆的：对联、年画、装饰品

表示祝福的：蛋糕、水果

表示温馨的：香水、枕头、地毯

表示热闹的：DVD、卡拉 OK、各类酒品

表示希望的：钢笔、书籍、蜡烛

表示享受的：烧鸡、鱼翅等美食

也可以送一些实用的礼品，如剪刀、茶杯、厨具等。

妙句共赏

绝妙好词

新宅新气象，不论是家庭乔迁，还是企事业单位乔迁，当你受邀去参加庆祝仪式时，心中一定也十分喜悦，在你向对方表示祝贺时该怎么说呢？如果你不能出口成章，那就用几个绝妙的词汇表达心中的祝福吧！

乔迁常用贺词及场合如下：

家庭乔迁新居贺词：高第莺迁、莺迁乔木、新居落成、乔迁志庆、金至满堂、华屋生辉、新居鼎定、福地人杰、瑞霭华堂、昌大门楣、华堂集瑞、华堂集福、华堂祥瑞、德门仁第、良禽择木、莺迁吐吉、德必有邻、鸟枪换炮、新居报到、安居有年、迁居福地、喜入华堂、乔迁新屋、祥云绕宅、燕入高楼、玉宇呈祥、燕贺德邻、室接青云、金玉满堂、德昭邻壑、名凤栖梧、莺迁仁里、、平安福地、吉庆人家、春风架梁、新人新居等等。

企事业单位乔迁新址贺词：华厦开新、创厦维新、堂构增辉、弘基永固、鸿猷大展、骏业日新、万商云集、陶朱媲美、敬贺开张、鸿基始创、多财善贾、相宅而居、兴业长新、永隆大业、昌裕后人、吉祥开业、驰骋八方、福临吉宅、瑞气盈门、积玉堆金、一门瑞气、事业创新、大展经纶、骏业崇隆、骏业肇兴等等。

通用贺词：良辰安宅、吉日迁居、乔迁之喜、焕然一新、气象更新、华居添彩、庭宇生辉、迁居吉祥、喜气盈门、甲第宏开、福地呈祥、华庭集瑞、旭日临门、花香入室、华厦新成、吉照佳地、紫微指栋、万象一新、大展宏图等等。

绝妙好对

若是几个好词不够用的话，那就学习几副对联。对联更具文采，当你脱口而出几副对联时，不仅能赢得满堂喝彩，说不定你立马文思泉涌，出口成章了！

这里精选了一些经典对联：

玉堂映曙色，珠树发秋香。

喜讯悄入户，金鸡早叩门。

兰径香风满，松窗夜月圆。

留云笼竹叶，邀月伴梅花。

远山花作伴，近岸柳为城。

旭日随心临吉宅，春风着意入新居。

美奂美轮启真道，肯堂肯构蒙主恩。

五旬圣灵临斗室，八福真道萃新居。

里有仁风春意永，家余德泽福运长。

新居丕振显新貌，宏图奂命展宏容。

紫微高照勤劳宅第，福气长凝俭朴人家。

创基业门庭祥云卷，展宏图宅第瑞气生。

家富人和顺如流水，时言乐笑穆若清风。

神光照临聿新栋宇，主爱覆庇高筑华堂。

新居焕彩盈门秀色，华构落成满座春风。

笑语声声共庆乔迁喜，腊梅朵朵同妆进取楼。

华堂锦乡江山添异彩，甲第祥和农户乐重光。

小院四方几度春风几度雨；新房一座半藏农具半藏书。

兴大厦建乐园景色如画美；住新居创家业生活似蜜甜。

山河气象果新奇到处莺歌燕舞；栋宇规模真壮丽满眼虎踞龙蟠。

绝妙好句

◆搬家的时候，一些贵重物品如幸福、快乐，是一定要带走；一些无用破烂如烦恼、忧愁必须坚决丢掉！

锣鼓喧天，鞭炮齐鸣，良辰吉时已到，恭贺乔迁，我的朋友！新宅新气象，祝你在新的环境中，生活幸福、天天快乐！

◆房子换新了，心情就会好；心情好了，孩子学习好了，夫妻更恩爱了，工作也更顺心了，做朋友也没啥说了，只能说：迁居新宅，恭喜恭喜！

◆鸟枪换炮入新居，奋力挥手别老宅，亲朋好友来庆贺、恭喜乔迁齐欢笑！喜迁新居，万象更新，这里有崭新的房、崭新的墙、崭新的窗，还有崭新的人。新的世界，代表着一个更美好的新明天！

◆水往低处流，人往高处走，恭喜你迁居啦。你的新房可是块福地，你会越来越富有的，你会越来越兴旺！

◆新的宅邸，代表新的畅想；新的环境，代表新的希望；新的人生，会有新的感受；新的祝福，那是我对你的真诚问候。祝你迁居幸福，事业步步高升！

◆乔迁理想的家园，迈入希望的征程，打造成功的基础，完成一生的幸福。我为你燃放绚烂的爆竹，送上我美好的祝福：乔迁新居，好运常驻！

◆吉祥的光辉倾泻在阳台上，幸福的鲜花绽放在客厅中；平安的床铺给人温

暖，健康的佳肴回味悠长。恭贺我的朋友，喜迁新居，万事如意！

◆家是幸福的港湾，房是家庭的据点，终于盼来了乔迁的喜事，祝愿你，家庭幸福美满，事业进步有成，明天更加美好！

◆祝贺你乔迁，希望你在新的家园里，以快乐为地板，把幸福当壁纸，将美满做花灯，用幸福成厨具；希望你好运常驻，天天相伴！

◆恭喜老总乔迁新址，新楼新起点，祝愿贵公司兴旺发达，事业步步高升！

◆良辰安宅，吉日迁居。恭贺贵公司骏业开张，愿贵公司大展鸿猷，多财善贾，事业更上一层楼！

◆新的办公楼落成，代表着新的钢铁雄心，在未来的日子里，祝愿贵单位驰骋八方，再创辉煌！

◆房子是新的，地毯是新的，窗帘是新的，一切都是新的，只有旧的朋友，旧的祝福，但我相信，旧的比新的更恒久远。祝你乔迁幸福，新房是新家，新家有新的生活，新的生活蕴涵着新的幸福！

◆爆竹声声添喜气，迁居新家好运来。恭喜乔迁，祝你夫妻更甜蜜，子女多才气，生活更幸福，财源滚滚来！

实用贺词赏析

家庭乔迁贺词

范文一：在庆祝乔迁新居家宴上主人的贺词

【致词人】男主人

【致词背景】喜庆乔迁家宴

各位亲朋好友：

大家晚上好！

今晚月明星稀、风轻云淡，真是一个美好的夜晚啊。首先，我要代表我的家人，对各位的光临表示热烈的欢迎和衷心的感谢！

俗话说得好，人逢喜事精神爽，本人目前就沉浸在乔迁新居的喜悦中。以前，我和我的家人生活上很艰难，只能蜗居在一个六十平方米的小房子里，不敢吃肉、不敢喝酒，一切克勤克俭、能省则省；而且由于身处陋室，心理上也产生了自卑，从来不愿与朋友同事谈论家中的情况，更不敢邀请朋友来家中聚会，因为房舍寒酸，怕被朋友戏谑，也怕招待不周，委屈了朋友。

现在不同了，我们夫妇的事业经过多年打拼，事业都有了起色，收入也渐渐增多，因此我们在攒够了钱后，立刻就买了这套房子。这房子，真真正正称得上是一个“家”，虽然谈不上宏伟阔气、富丽堂皇，但却十分宽敞明亮，又不失舒适与温馨。更重要的是，这个家将不再有烦琐的苦恼、细碎的忧愁，有的只是家人的爱。能有如此一个宽敞明亮、舒适温馨的家，谁能不开心，谁的心情能不舒畅呢?

所以，我今晚特意备下了这桌宴席，就是要把我乔迁新居、拥有“家”的喜悦与所有的朋友一起分享，同时也要借这场酒，为多年来未能邀请朋友来家中做客向你们表示遗憾和歉意。请放心，今后我会更多请朋友来来家中聚会，不论谁，什么时候想来，我都欢迎之至。

最后，我还要借这席美酒，祝愿各位朋友，生活幸福，工作顺利，前程似锦。

朋友们，在这个喜庆的日子里，我提议，大家共同举杯，为在座的每一位朋友都能有一个温馨浪漫的家，为我们能有一个更美好的明天，也为了我们的祖国更加繁荣昌盛，干杯!

范文二：在乔迁新居庆宴上主人朋友的贺词

【致词人】主人的朋友

【致词背景】乔迁新居宴席

各位来宾、各位朋友：

大家好!

今天是20××年×月×日，农历×月×日，我们会聚在这间新房内，喜气洋洋、欢声笑语，共同庆贺我们的朋友×××乔迁新居的大喜事。朋友们，请允许我代表××夫妇欢迎在座嘉宾的到来；×××，也请允许我代表所有来宾朋友向你们夫妇乔迁新居表示衷心而热烈的祝贺!

大家都知道，人类赖以生存的四大要素：衣、食、住、行。在过去，大家生活清苦的时候，基本上安贫乐道，然而现在，国家经济在快速发展，人民的生活水平也在不断提高，所以，我们对这四大要素的要求越来越高了。

××夫妇年轻有为，他们在事业上辛勤耕耘、合力打拼，通过不懈的努力奋斗，日子过得红红火火，不仅开上了崭新的跑车，在今天，他们还搬入新居，住上这宽敞明亮的大房子，是真正步入了小康生活啊。

这的确可喜可贺，所以借此机会，请允许我送上一副对联：乔迁喜天地人共喜，新居荣福禄寿全荣。横批：大吉大利!

乔迁新居、气象更新，人逢喜事、精神倍爽，今晚的幸福和喜悦自然非××夫妇莫属了。我和他相处多年，目睹了他们从职工宿舍搬入市区租房，后来在一间不到五十米的小屋子生活，今天才搬到了这个令我们羡慕的公寓小区，可以说，他们能有今日的事业成就，能住上如此舒适的房子，真的是多年心血汗水的付出换来的。

各位朋友，今晚我们来此参加宴席，相聚一起，房屋内胜友如云、高朋满座，大家的到来为宴会增光添彩，为此，我们的朋友×××特意准备了丰盛的酒菜，让我们尽兴畅饮。不过，在开席之前，让我们举起酒杯，共同祝福主人家生活幸福，万事如意；我也祝愿所有的来宾朋友们事业有成，财源广进，明天更美好！

谢谢大家！

企事业单位乔迁贺词

范文一：在企业乔迁新址典礼上领导的贺词

【致词人】公司董事长

【致词背景】公司乔迁新址典礼

各位同事、各位来宾：

大家好！

今天是一个重要的日子，通过我公司全体员工积极努力，××公司今天正式乔迁新址。在这个喜庆的时刻，我谨代表公司向全体员工表示衷心的感谢和崇高的敬意；多年来关心和支持我公司发展的社会各界人士表示诚挚的谢意和由衷的祝福；同时对公司乔迁新址这一喜事表示热烈的祝贺！

我公司成立于19××年，至今已经走过了××个年头。公司成立之初，经营管理不够科学，在业务上也达不到专业水准，所以客户群很少，为此公司一方面完善和加强内部管理，制定了有效合理的规章制度，另一方面，积极探索研发，不断提高公司产品和服务质量，就这样，一步一个脚印扎扎实实走了过来。公司能够成就今天的规模，除了公司的业务水准非常优秀外，还在于公司员工的努力进取。我们公司的员工都具有一颗爱岗敬业的心以及足够的专业技术和职业素养，他们以公司为家，加班加点，勤奋工作，才使公司能够不断发展壮大，在此，我要再次感谢公司的全体员工，你们是公司的宝贵财富。

当然，公司的发展壮大，也离不开社会各界的关心和厚爱，我也要再次向那些支持和帮助我们公司的各界朋友表示衷心的感谢，希望大家能一如既往关注我们，而我们公司也将继续努力工作，创造财富，回报社会。

以人为本，是公司远航的风帆，以人为本，公司才能走得更远、更稳。企业的发展离不开员工，员工才使公司的真正主人。员工的每一份勤劳、质朴、真诚都体现在公司的发展之路上，员工的每一点疾苦公司都会铭记在心。公司必须关心每一名员工的工作与生活情况，对有困难的员工及时进行扶助。今日公司乔迁新址，不仅是为了公司的长远发展，也是为了广大员工着想。新址附近交通便利，员工们不论住在哪里，都能乘坐公交车到达公司，不用再转车，也不用再费钱打的；公司新的办公楼十分宽敞明亮，员工们可以有一个温馨舒适的工作环境，在新的环境中，一切设施都很完备，你们可以轻松安心地工作。

新的环境，带来新的气象，我希望广大员工有一个新的更好的工作状态。我们应当看到，当前市场竞争日益激烈，客户对产品的需求、对产品质量的挑剔，都在不断提高，所以，我们必须对原有产品进行改良和优化，大幅度提高产品的质量，同时我们有必要加大科研力度，进一步研发新产品，这样才能使我们公司的产品在市场中具备竞争优势。

要达到这一目标，就要求广大员工不断提高自身素质，在敬业精神的带动下，关注产品质量、关注客户需求、关注市场导向、关注公司发展道路上的一切细节。请员工们务必要谨记！我相信，在全体员工的共同努力下，我们不断开拓创新，扎实苦干，就一定能抓住机遇、创出新的业绩，创造更大的辉煌！

让我们一起祝愿我们公司和大家一起迎接更加灿烂辉煌的明天！

谢谢大家！

范文二：在邮政营业厅乔迁典礼上局长的贺词

【致词人】邮政支局局长

【致词背景】邮政营业厅乔迁典礼

尊敬的各位领导、各位来宾，女士们、先生们：

大家好！

今天晴空万里、微风徐徐，在这个美好的日子里，我们相聚在这里，一起迎来了一件令人瞩目的大喜事——××邮政营业厅乔迁典礼。首先，我代表××邮政支局，向百忙之中抽空来参加庆典的各级领导表示热烈的欢迎，向一直关心和支持我市邮政事业的相关兄弟单位和社会各界朋友表示衷心的感谢，也对这次营业厅乔迁顺利表示诚挚的祝贺！

××邮政支局设立于2000年，经过这十多年的发展，已经成为了所在地区重要的通信和金融机构，为当地的经济发展和稳定作出了一定的贡献，这是大家有目共睹的。然而随着我市经济的快速发展和社会的不断变革，××邮政支局所处地段已经由原来的繁华街市没落为偏僻街道了，导致了周边许多居民都找不到××邮政支局，甚至有些居民根本就知道支局的存在，所以无法充分发挥邮政支局原有的全部职能。

所以，我以××邮政支局的名义向市委、市政府提出迁址的申请，很快引起了市政府领导的重视。于是，在各级领导的关心和帮助下，尽管条件艰苦，财力紧张，但是我们全局职工团结一致，发扬自力更生的精神，克服了重重困难，排除了种种障碍，顺利完成了迁址的任务。

今天，××邮政支局的新营业厅正式启用了，新的营业厅不仅地处所在分区的重要地段，而且大厅的内部设施完善、功能齐全，使我们的工作条件得到了极大改善。但是，我们始终不能忘记，政府领导支持并扶助我们乔迁新址，绝不只是为了改善我们的工作环境，根本目的还是希望我们能提高工作效率，更好地为人民服务。

我们会时刻谨记上级部门的良苦用心，始终牢记为人民服务的宗旨，全心全意投入到工作中，尽职尽责为每一位客户办理好存贷收发业务。××邮政支局的全体员工们，你们要记住，从小事做起，从细节做起，从我做起，更加诚心诚意地为群众办实事、解难事、做好事，不觉能辜负了上级领导和广大人民群众对咱们的期望。

同志们，让我们乔迁新址的东风，在新的起点上，以新的姿态、新的面貌，新的作风、新的口号，团结一致、携手并肩、与时俱进、奋发拼搏，努力开创××邮政支局工作的新局面！让我们一起为××邮政支局创造更加辉煌的明天！

最后，我祝愿各位来宾工作顺利、生活幸福、万事如意！

谢谢大家！

范文三：在幼儿园乔迁仪式上领导的贺词

【致词人】××县教育局局长

【致词背景】××幼儿园乔迁仪式

各位来宾、各位老师，亲爱的小朋友们：

你们好！

感谢园长×××先生的邀请，我很高兴能参见××幼儿园乔迁新址的庆祝仪式。首先，我代表县教育局向××幼儿园乔迁新址表示热烈的祝贺，并借此机会，向幼儿园的各位老师表示诚挚的问候，向幼儿园的小朋友们表示亲切的祝福，祝愿你们天天快乐，健康成长！

××幼儿园是我县的重点学前教育机构，在当地享有良好的声誉，我是久闻大名，很多同事和朋友向我推荐过，只是由于工作忙碌，一直没能来幼儿园参观。今天趁着参加庆典，我特意在幼儿园的新学园转了一圈，并认真听了园长的介绍，真的是让我感到震撼。

学园内摆设有大量先进的教育和活动器材，而且其余功能设施相当齐备，给孩子塑造了一个优越的学习生活环境，幼儿园的老师也是园长从省幼教机构高薪聘请的高水平老师，幼儿园运作方面也采用了现代化大都市幼儿园的管理模式。不论哪一点，都是我县幼儿园中的首创，也难怪××幼儿园每年都成创造优异的教学成绩，赢得家长们的一致好评。

在这里，我要向园长×××先生和幼儿园的老师们表示崇高的敬意和深深的感谢，谢谢你们为孩子的成长夯实了出色的基础！

今天，我来到××幼儿园，站在这新学园内，我感受到的是浓郁的文化和学习氛围，一个幼儿园能够如此重视孩子的教育，投入大量人力物力提高教学水平，有理由相信，××幼儿园一定会有一个更加美好的明天。

21世界，国家与国家之间、地区与地区之间的竞争日趋激烈，竞争是经济、科技、局势、文化等领域的竞争，但归根结底，是人才的竞争，而人才竞争的中心，则是教育的竞争。教育，是利国利民的千秋大业，是一个国家兴旺发达的标杆。评价一个国家的先进程度，最重要的标准就是评判该国家是否重视教育，教育事业的质量和成就如何。要办好教育，政府部门要负起首要责任，但光靠政府的力量是不行的，办好教育需要全社会的共同关心和支持。

所以，在这里我希望我县其余幼儿园，甚至所有的教学机构都能像××幼儿园一样，为了学生的教育、为了孩子的成长，不惜一切，全心全意为学生着想；我也希望我县的所有的干部职工和社会各界人士能够关注教育、关心教育、尽自己的能力支持我县教育事业的发展。只有形成了浓厚的尊师重教氛围，才能为我县实现跨越式发展提供不竭的新动力，我县的明天才会大有希望，才有可能创造新的辉煌！

最后，我祝愿××幼儿园越办越好，也祝福各位来宾、各位朋友能如这些天真无邪的孩子一样，活泼可爱，天天有个好心情。

谢谢大家！

范文四：在地税局乔迁仪式上领导的贺词

【致词人】××县县长

【致词背景】县地税所乔迁仪式

各位来宾、各位朋友：

大家好！

春回大地，万物复苏，这是一个处处生机勃勃的季节。沐浴在这美好的春季里，今天，我们热烈聚会，心怀喜悦，共同庆祝××县地税局乔迁新址，这是全县人民的一家大喜事！值此喜庆之际，我代表××县委、县政府，向地税局所有的全体干部职工表示热烈的祝贺，向今天来参加庆典的各位来宾、各位朋友，表示诚挚的欢迎和万分的感谢！

税收，是政府财政收入的主要来源，也是推动经济和社会发展的命脉。我县地税局作为全县税收管理的职能部门，多年来始终坚持以服务地方经济和社会发展为己任，立足本职，深化依法收税、强化税收管理、优化税收服务，同时加强单位干部职工队伍的建设和培养，组织了一个优秀的税收管理团队，为促进我县财政收支平衡、推动经济发展和社会和谐作出了积极贡献。

今年是全面建设小康社会的重要一年，我县的改革和发展事业依然十分艰巨，任何一项事业的完成，都离不开充足的地方财政所保证。地税局作为组织地方财政收入的主力军，在我县各项事业中占有举足轻重的地位，然而地税局面临的形式和任务也将更加艰巨和复杂。

所以，我要向地税局提出几点希望：

首先，希望地税局能一如既往地发扬吃苦耐劳、拼搏进取的优良作风，在县委县政府的正确领导下，加强收税管理，确保我县税收及财政收入稳定增长；

其次，希望你们能不断完善税收制度、规范税收秩序，为我县纳税人创造一个公平公正的税收环境；

再次，希望你们始终以为人民服务为宗旨，诚心诚意为纳税人着想，进一步强化服务理念，认真落实各项税收政策，为推动我县经济建设和社会发展作出新贡献！

最后，我祝愿地税局在新的环境中，工作百尺竿头、更进一步；也祝福地税局的干部职工和所有来宾身体健康、工作顺利，事业有成！

谢谢大家！

第十一章　庆建筑物落成贺词

建筑物的落成向来都是一件值得关注的事情，比如广场落成、大桥竣工、新学校建成等等，都会让人们感到高兴，因此，建筑物的落成也是一件值得庆贺，具有纪念意义的事情，举行一个落成庆典也成为了人们庆祝的方式之一。庆祝建筑物落成，一方面是广而告之，另一方面也是对新生物产生的祝福，更是对修建期间所经历的艰辛给予的肯定！建筑物落成典礼并不一定要多盛大，但是却具有很重要的意义，因为其中饱含的是对新建筑浓浓的祝福！

庆典之道

建筑物落成贺词的要点

在建筑物落成典礼上的贺词，一般有两种：一种是本单位领导致贺词；另一种是邀请的嘉宾致贺词。一般都是不属于本单位，或者是某个市区的领导等。这两种类型的贺词的目的是相同的，都是为了庆贺，但是在语言风格和角度上略有不同。

如果是本单位领导致贺词，那么有以下几点需要注意：

1. 首先是问好，向所有在场的嘉宾问候。然后就是感谢，感谢嘉宾们的到来，感谢他们对本单位工作的支持和帮助。一般可以说："感谢大家在百忙之中前来参加我们的庆典，我代表单位的全体人员向大家表示衷心的感谢！"或者说："大家前来参加庆典，我感到十分荣幸，在此我向大家表示我最真诚的感谢！"无论是问好还是感谢都是一个礼貌问题，是商务礼仪中非常重要的一环，不管是单位哪个领导发言，问好和感谢是必不可少的，大家能够前来参加庆典说明大家对本单位的支持，本单位也理所应当致以感谢。

2. 感谢过后，要简单回顾一下建筑物修建的经历、现状等，展望本单位美好的未来。这个部分可以根据不同单位的实际情况来写，如果学校落成，可以说："我们学校在经历了几个月时间的建设，终于建立起来了！学校里面的设施有多媒体室等等，我们学校成立以后，将继续弘扬伟大的教育精神，以培养人才为己任，相信我们会培养出更多的优秀人才……"总之，这个部分是要表达出建筑物修建的过程，或者直接写修建好的现状也可以，对未来的展望是一定要有的，因为这是修建此建筑物的目的，也表示出此建筑物建成后将发挥的巨大作用。

3. 发言人要表达本单位将更加努力工作的决心。一般会说："在新的环境中，我们将更加努力，争取创造更大的辉煌！"如果是广场之类的公益场所，可以说："我们将给大家营造一个更好的环境，更好地服务于市民。"这个部分中在整个篇幅中虽然占据不大，但是，却是最能营造气氛的部分，一般这段话会将这个致词推向高潮，发言人可以充满激情地读出来，将大家的喜悦心情充分调动出来！

4. 结束的时候，要感谢所有嘉宾对本单位支持和关怀，向其表达美好的祝愿。可以说："在此，我祝愿所有的嘉宾事业顺利、万事如意！"

如果是被邀请的嘉宾致贺词，贺词的要点为：

1. 嘉宾致词，要将贺词的重点放在祝贺上，开头就要重点表达祝贺之意，如“今天，是×××建筑物的落成典礼，我在此向其表达深深的祝贺！”有的时候，也可以说一些谦虚的话，例如“能够被邀请感到非常荣幸”等。

2. 对本单位以往取得的成绩给予肯定，并祝贺其在今后的日子里取得更加辉煌的成绩。这个是站在第三者的角度给予的肯定和鼓励，说的时候要中肯、有诚意，依照本单位的事实来陈述。例如“希望×××在今后的日子里，可以百尺竿头更进一步！”

3. 可以对新建成的建筑物简单介绍一下概况，或者做一下新旧对比，比如“从前，×××设备比较落后，在新的单位建成之后，单位添加了很多先进的设备，环境也更加优美了……”。这个部分是对新建筑物祝贺的一个补充，放在回顾之前或者之后都可以，或者不描述也可以。也或者可以说一下建筑物建成后对本单位将起到什么样的作用，对大家有什么样的好处等。

4. 再次祝贺新建筑物的建成，给予在场的来宾美好的祝愿，这点无论发言人是谁，在结束时都要表达一下。

总之，在建筑物落成的贺词中，既要有回顾也要有鼓励，既要有祝贺也要有感谢！

落成庆典的注意事项

当一个建筑物落成的时候，我们一般都要举行庆典，这个庆典包含两层意思，一是对建筑物落成的祝贺或者是纪念，二是起到一个宣传作用，广而告之，让大家都知道一个新事物的诞生！那么，在举行落成庆典的时候需要注意写什么呢？

1. 庆典地点的选择。如果要举行建筑物落成庆典，那么，首先就要有一个场地，场地的选择是至关重要的，要根据任务的多少、会场如何布置等来综合考虑。一般来说，首选的场地应当是现场，比如刚刚建好的学校、医院、厂区、广场、办公大楼、纪念碑、纪念堂等地方。在这些地方举行可以让大家对整个建筑一目了然，还可以进行参观，使得庆典的意义更突出。但是，如果来宾比较多，第一现场比较小，不适合庆典的举行，那么，也可以选择一个宾馆、公园、广场等地方举行庆典！

2. 庆典的氛围要把握好。建筑物的落成和普通的庆典有一点不同，一般的庆典突出的都是喜庆，但是，如果某个纪念堂、纪念碑话题有些沉重的话，需要调整一下气氛，保持庄严和肃穆。比如纪念南京大屠杀的纪念馆落成，那么，肯定不可以用喜庆的氛围来庆贺，应当保持庄严、肃穆，表达出逝去人们的缅怀等！

3. 一般在庆典结束的时候，都有一项是进行参观。在参观的时候，嘉宾一般不可以拒绝，也不可以表现出兴趣缺缺的样子。在参观的过程中，要跟着主办方的引导，不可以随意乱走动，更不可以中途退出。在参观的过程中，大家可以对主办方说一些祝福的话，或者是留影纪念等！

此外，还有庆典的步骤、时间安排、嘉宾座位安排、工作人员的确定、纪念品的发放等问题需要注意，总之，建筑物落成庆典的举行涉及方方面面，主办方一定要注意到小细节，以免出现疏漏！

如何给嘉宾准备纪念品

在一个建筑物落成的庆典上，主办方一般都会给嘉宾和客人准备一些纪念品，在庆典结束的时候，让嘉宾和客人带回去，留作纪念！纪念品一般会有特殊的含义，比如寓意吉祥、作为宣传媒介等，那么，在准备纪念品的时候该如何准备呢？一般来说，有以下几个方面：

1. 具有一定的纪念意义，这个是首要的。一般新建筑物的建成是具有很大的重要意义，对一个单位或者集体来说是一个新起点的开始，踏上了新的旅程。具有纪念意义的礼品，被赠方比较容易接受，也对其会更加重视和珍惜。

2. 具有一定的宣传性。在馈赠嘉宾礼品的同时，其实也是对新建筑物的一个宣传，礼品具有很大的宣传媒介作用，可以扩大新建筑物或者单位的名气。一般来说，可以在纪念品或者外包装上印上本建筑物或者本单位的企业名称、标志、产品图案、宣传语、广告语、联系方式、建筑物落成日期等。这样一来，被馈赠对该建筑物或者单位的印象就加深了，以后只要看见这个纪念品，必然会想到此建筑物或单位。

如果本单位是实业单位，生产的产品可以直接作为纪念品，那么就最好不过了，直接拿自己的产品就可以了，宣传的作用相对就更强了！

3. 具有一定的实用性。这点也是比较重要的，如果说你赠送礼物没有任何的实用性，那么在生活中使用的频率就会大大降低，甚至有的人拿到纪念品后就会随手一丢或者放在柜子里，轻易也不会想起来，这样一来，纪念品就失去了它宣传的价值。如果是一件比较实用的纪念品，使用的范围比较广泛，生活中总是能够用到，那么，被馈赠者就会将其好好放起来，或者是摆起来，在使用的时候，自然就会想到本单位，宣传效果将大大增强！

4. 礼物一定要制作精美。平时我们在赠送人礼物的时候都会选择一些漂亮的、精美的礼物，至于那些粗制滥造的礼物，送给他人不仅拿不出手，显示不出自己的诚意，也会给他人留下一个不好的印象。在建筑物落成典礼上给嘉宾的纪

念品也一定要遵守这个原则，一定要精美，价格的高低无所谓，但是，一定不要给人粗糙的感觉，否则就太没有诚意了！

总之，在选择纪念品的时候，一定不可大意，一般来说，可以选择的有挂饰、字画、摆件、玉器、工艺品等。

妙句共赏

经典佳词

在庆祝建筑物落成的时候，我们需要说一些祝贺的话语，一方面是表示祝贺，另一方面也是吉利的象征！在祝贺的时候，我们不妨说一些经典佳词，来提升一下祝贺的档次，也显示一下自己的文采！

常用的庆建筑物落成经典佳词有：

宏基永固，人杰地灵！

物华天宝，百世其昌！

新基鼎定，焕然一新！

神工天巧，华厦开新！

堂构更新，千祥云集！

鸣凤栖梧，金玉满堂！

良辰安宅，吉日落成！

一门瑞气，万里和风！

宏基鼎定，创厦维新！

门迎百福，户纳千祥！

堂开华厦，鸿猷丕展！

华厦生辉，华堂集瑞！

新厦鼎定，美轮美奂！

喜庆落成，秀茁兰芽！

山河气象，栋宇壮丽！

庆贺对句

在建筑物落成的时候，一般的会送一些花篮或者牌匾等物品，上面会写上一些祝福话，这些祝福话最好的形式就是对句，既显示出诗情画意，也具有喜庆成分！

岁寒三友添新颜，春风满堂聚德光。

吉日落成万事如意，良辰迁居百年顺心。

创业始门庭送祥云，宏图展宅第生瑞气。

庆乔迁新居满屋春风，喜落成华构盈门秀色。

日照华构生紫烟，月映丽厦吐瑞气。

两手两肩建大厦，一砖一石筑高楼。

华构式颖式构华，新居时艳时居新。

新居丕振显新貌，宏图奂命展宏容。

琼宇落成市添颜，华构玉容喜谊亲。

新第旁围多睦邻，小楼上下皆春意。

钢铁铸锤镰开天辟地，灯烛煌火炬接力传薪。

添瓦加砖筑大厦，万丈高楼平地起。

砌铜墙粉铁壁华居添彩，上金梁竖玉柱庭宇生辉。

银屏似心扉，尽抒教师育才情；视窗如天门，大展学子凌云志。

建修坚固乐称心，钢骨框架筑高楼；设计精美喜开怀，混泥坚基建大厦。

五色祥云笼甲第，华门安居进财源；三多景福集门闾，新厦落成增瑞气。

新宇喜迎四方客，两手两肩建大厦；爆竹欢送五州宾，一砖一石筑高楼。

新厦落成创业始，依旧基旧址立柱；宏图初振治国先，择新础新栋为梁。

山河气象果新奇到处莺歌燕舞，栋宇规模真壮丽满眼虎踞龙蟠。

近水楼台先得月，向阳花木易逢春；新屋落成逢新岁，春风送暖发春华。

迁入新宅吉祥如意，乔迁喜天地人共喜；搬进高楼福寿安康，新居荣福禄寿全荣。

热汗千滴夜以继日，大厦落成到处欢天喜地；高楼万栋遮雨避风，福人迁入满堂金碧辉煌。

贺词好句

◆今天，是×××建筑物落成的好日子，在此，我对其表示最衷心的祝贺！

◆在新的环境下，一定要有新气象、新风貌、新精神，继续发扬努力进取、不断开拓的精神，创造更大的辉煌！

◆在这个喜庆又吉祥的日子里，我们迎来了×××的竣工庆典仪式，能够站在新的×××大楼面前，为大家致贺词，我的心情十分激动！在此，我向×××的竣工表示热烈的祝贺！

◆新居落成了，希望你可以福星高照、喜气盈门，家中充满欢声笑语，四邻友好和睦相处，恭祝新居落成！

◆希望贵公司在新的办公大楼中，继续发扬开拓进取的精神，取得更加优异的成绩！

◆俗话说：风雨之后见彩虹！我们经历了两年的奋战，克服了重重的困难，今天，终于收获了，一座新的办公大楼耸立在我们面前了！能够取得大楼的圆满竣工，都得益于大家的辛勤付出和努力！没有大家努力，就没有今天的成就！

◆看着眼前新建立的×××，我仿佛置身于另一个世界，遥想两年前，我们这里还是一片荒地，杂草丛生，没有任何的人气，但是，今天，一座崭新的大楼在这里耸立起来了，这里将变得繁华、充满生机！

◆过去我们取得了不错的成绩，今天，我们将踏上另一段新的征程，希望我们能够继续谱写出辉煌的篇章！

◆展望未来，让我们在新的环境中，风雨同舟、携手共进，用自己满腔的热血和汗水来开拓更加壮丽的事业！

◆此刻，我的心情十分激动，任何语言都表达不出我的心情。从三年前开始动工到今天的落成庆典，我们经历了多少风雨、多少坎坷，一路走来满身尘土，但是，我们的付出并没有白白浪费，看着今天这个宏伟的×××大桥，我感到十分欣喜，我们的汗水将化作力量，通向祖国的四面八方！

◆各位同学们、老师们，我们新的图书馆在今天终于建成了，从此你们可以在现代化的图书馆中学习，畅游在知识的海洋中，扩大你们的视野、开拓你们的思维！

◆希望我对你们的祝贺能够谱成一首永远不朽的歌曲，伴随在你们身边，给你们带来生活的快乐，让你们得生活更加幸福！

◆不经一番寒刺骨，那得梅花扑鼻香！我们××学校的顺利完工，正是这样，艰难困苦，玉汝于成。我们在经历了多方面的困难之后，学校终于完工了，今后，我们将在这个美丽的校园中工作、学习和生活了！

◆最后，祝大家在新的环境中，可以奋发向上，努力进取，创造更美好的明天！

实用贺词赏析

庆学校建筑落成贺词

范文一：庆××希望小学落成县领导贺词

【致词人】××县政府领导

【致词背景】××希望小学落成庆典

各位同志们、同学们、父老乡亲们：

大家好！今天，是开学的第一天，我们××村迎来了一个大喜的日子，××希望小学正式落成，从今天起，同学们就要在新的学校学习和生活了！这不仅是××村的一件大喜事，也是我们县的大喜事！在此，我代表县委、县政府向大家表示热烈的祝贺，也向投资兴建希望小学的×××先生表示真诚的感谢！

××希望小学是由×××先生投资兴建的，先后投入了××万元，经过了一年多的辛苦建立，今天终于落成了。希望小学中有一座三层的教学楼，拥有二十多年教室，教室中教学设施完备，同时还配备了一个多媒体教室和一个电脑室，可以满足现代化的教学模式。学校还修建了新的操场、两层的办公楼以及宿舍楼，配备有食堂等配套设施，可以满足路途比较远的学生和老师生活上面的需求！××希望小学的落成，标志着×××先生嘉兴教育事业的支持，标志着××村的教育进入了一个新的时代，也标志着我县教育进入了一个蓬勃发展的时期。××希望小学将成为我县的示范性小学，不仅可以促进××村的教育发展，也可以带动周围村镇的教育发展！

此刻站在新的教学楼前面，我心情十分激动，同学们从此可以摆脱破旧的环境，在新的教学楼中汲取知识的养分了！今后，学校在教学和工作中，一定不要忘记艰苦奋斗、努力进取的精神，将学校建为高标准、高水平的一流小学。当然作为政府部分，我们也会给予相应的指导，希望各教育部门能够大力支持××希望小学的工作，提高学校的整体教育水平，给同学们一个更加优秀的教育环境！我希望××希望小学的全体教师们，也要不断学习，做到爱岗敬业，以培养人才为已任，为国家的教育贡献更多力量！我相信，在各个部门的配合下，××希望小学会越办越好，蒸蒸日上！

再次感谢×××先生对我们希望小学的投资，感谢您对我们教育事业的大力支持！也祝各位师生、乡亲们身体健康、万事如意！最后，祝××希望小学落成庆典圆满成功！

范文二：×××中学落新址成市长贺词

【致词人】×××市长

【致词背景】×××中学新址落成典礼

各位来宾、同志们、老师们、同学们：

大家好！阳春三月、微风拂面，在这个生机勃勃、万物萌生的季节，我市迎来了一件值得庆贺的事情，那就是×××中学新址落成了！今天，我们一起来到了新学校的大礼堂，欢聚在一起，共同庆祝这件大喜事！在此，我谨代表市委、

市政府向×××中学致以最衷心的祝贺，向在场的大家致以最亲切的问候！

能够前来参加×××中学的落成庆典，我的心情十分激动！为什么呢？因为，这里是我的母校，我曾经是这里的学生，我的青春年少在这里度过，我曾经得到过这里老师的辛勤培育，我能够取得今天的成就也是因为母校的精心培养。今天，看到母校能够发展壮大，同学们能够有一个更加美好的学习环境，我的心情怎么能不激动呢？尊师重道是每一个人的基本素质，母校是我们心中最美好的回忆，我希望我的母校能够越办越好！

×××中学已经有40多年的历史，是我市的一所重点中学，向来以严谨治学、培育人才为己任，每年为我省培育出了大批的人才，为我市的教育事业作出了巨大的贡献！近年来，我市对教育的投入愈加重视，为了加快我市教育的发展步伐，我市投入了大量的人力物力财力，改善学校环境，提高师资力量！×××中学是我市的示范性中学，向来走在教育事业的前列。三年前，×××中学为了扩大规模、改善教育环境，开始了新校址的规划，最后，他们将新的校区选择在了环境幽雅的北区！这里环境美好、远离闹市区，非常有利于教学活动的进行！×××中学新校区面积达××亩，相当于原先校区的三倍，校舍的面积也大大扩大，并且增加了很多先进的教学设备，可以让学生接受到更加先进的教育方法，对人才的培养是非常有利的！新校区落成后，×××中学的招生人数将大大增加，更多品学兼优的学生们将进入这里接受教育，同时，×××中学为了满足新学生的学习还特意面向社会公开招聘了多名优秀的教师。×××中学新校区的落成，一方面有利于扩大规模，招收更多学生，另一方面也促进了教师的就业，可谓是益处多多。总之，为教育作出了很大的贡献，

希望新校区建成后，×××继续发扬严谨治学的精神，培养出更多的人才！最后，祝×××中学落成庆典圆满成功！祝同学们学习进步、天天向上！谢谢大家！

范文三：庆×××大学图书馆落成校长贺词

【致词人】×××大学校长

【致词背景】×××大学图书馆落成仪式

尊敬的各位领导、各位来宾，老师们、同学们：

大家上午好！今天，是图书馆举行落成仪式的日子，我们一起欢聚图书馆的门前，共同庆贺我们学校的这件大事！在这里，我谨代表学校的领导班子全体成员以及教职工向大家的到来致以最亲切的问候！向关心和支持我们学校图书馆事业的各级单位以及社会各界人士表示衷心的感谢！

学校是一个教书育人的地方，作为一个高等学府，我们×××大学更是具有义不容词的责任！大学的学习对于一个学生的学习生涯来说至关重要，这里基本是大学生学校生活的最终点，通过大学的历练，他们将走向社会，奉献社会，因

此，大学的教育不仅要局限在校园里，更多的是要学生们开阔眼界，拓展思维，更好地向社会过渡。大学的教学也和以往的学习不同，需要学生更加主动，更加灵活，甚至要求学生要有更强的自学能力，这个能力的培养将对学生走向社会后至关重要。因此，一个大学的图书馆就显得尤为重要了，每一个优秀的大学都要有一个完备的图书馆。

对学校来说，从图书馆中可以看出一个大学的实力，从图书馆中可以看出一个大学的学习风气，从图书馆中可以看出一个大学的教育水平！对大学生来说，图书馆就好比是第二课堂，无论是辅助教学还是开阔眼界，都有很重要的作用，图书馆给予学生的知识甚至要远远大于课堂！

今天，我们新的图书馆建成了，新建成的图书馆大楼共有十层，设有十个借阅室、十个电子阅览室、两个书刊阅览室以及数个自修室。本图书馆的建立，满足了我校师生对图书借阅方面的需求，让广大师生们摆脱了借阅图书的难题，从今以后，我们再也不需要为借阅图书而烦恼了！图书馆落成以后，将一进步增加藏书量，扩展到各个学科，充实师生们的业余生活，进一步促进我校的科研教学工作。希望图书馆投入使用之后，师生们能够合理利用，丰富自己的学习生活！图书馆所有的工作人员也要努力提高自身的素质，做好图书管理工作，为广大师生更好地服务！

最后，祝在场的所有领导、来宾、师生们身体健康、学业有成！也祝图书馆落成仪式圆满成功！谢谢大家！

范文四：庆×××幼儿园新校舍落成贺词

【致词人】×××幼儿园园长

【致词背景】×××幼儿园新校舍落成庆典

尊敬的各位领导、各位来宾，老师们、家长们、小朋友们：

大家好！欢迎大家前来参加×××幼儿园新校舍落成庆典，我代表我们×××幼儿园的全体教职工向大家道一声真诚的感谢！感谢大家对我们×××幼儿园的关心和支持！

幼儿教育工作虽然在一个人的教育生涯中占的比重并不大，但是，对一个人的一生却有着很深远的影响。幼儿园是一个孩子最先接触的学校，这里将会是孩子一生中重大的转折，进入幼儿园之后，孩子将从一个小单位家庭进入一个大集体，这其中的转变会让孩子对社会有一个初步的认识，这里将开启孩子接触社会的第一步，这里也是孩子的教育启蒙。作为一名幼儿教育工作者，我深知幼儿教育对孩子的影响，因此，我园不断努力，争取给孩子们一个更好的学习生活环境！

×××幼儿园从创办以来，就一直坚守着“优秀办学，开发智能”的方针，寓教于乐，关注孩子的动脑动手能力，培养孩子的创造性思维，充分挖掘孩子的潜力。因此，我们从创办至今，受到了社会各界人士的好评，也受到妈妈们的喜

爱，大多从×××幼儿园毕业的孩子们，到了小学、中学依旧是佼佼者！

随着教学规模的不断扩大，教育层次的提高，我园原有校舍以及设备已经不能满足教学，因此，我院就再次投资兴建了新的校舍，并且添置了很多新的教学用具和设备。新的校舍占地除了基本的教室，还配备有各种功能室、保育室等。这次的建设，使得×××幼儿园的硬件设施大大提高，对今后教学的开展更加有利了！硬件设施只是教学的一部分，我们现在有了完备的硬件设施，今后就要加强对软件的提高，加强师资力量，提高教师素质，不断钻研新的教学方法，让软件和硬件能够同时为小朋友们服务，让小朋友们能够得到更好的教育！

希望在今后的日子里，大家能够多多关注我们×××幼儿园，让我们一起共同为幼儿教学作出贡献！祝在场的各位领导、各位来宾，老师们、家长们、小朋友们身体健康、快乐平安！谢谢大家！

庆办公大楼落成贺词

范文一：在×××区工商所办公大楼落成典礼上致贺词

【致词人】×××区政府领导

【致词背景】×××区工商所办公大楼落成典礼

尊敬的各位领导、各位来宾、同志们：

大家上午好！秋风送爽、气候宜人，在这个收获的季节，我们区迎来了一个大丰收，同时又迎来了一件大喜事，那就是区工商所办公大楼落成了！今天，我们聚集在新的办公大楼前面举行落成庆典，我的心情十分激动！在此，我谨代表区委、区政府向工商所的落成表示最热烈的祝贺！

我们区对经济的发展非常重视，最近几年推出了很多促进经济发展的政策，同时得到了社会各界人士的支持，吸引了很多外来投资者，我们区的经济已经得到了前所未有的发展速度，看到这样繁荣发展的局面，我的心情是十分激动的！在经济繁荣发展的过程中，区工商所功不可没！我区工商所一直以来以服务地方经济为原则，发扬了扎实苦干的精神，取得了很大的成绩，并且还在不断改进，不断完善，为我区得经济发展作出了很大的贡献。除了在工作上的努力奉献，我区工商所还是一支作风优良，服务优质的队伍，他们在人员管理上、工作方法上都是我区先进的工作单位，年年受到好评，他们高效的工作管理，是我们区每个企事业单位学习的榜样，也正是因为有了严格的管理，区工商所才能取得如此大的成绩！

今天，工商所新的办公大楼落成了，这个办公大楼是工商所成绩的表现，新的办公楼将给工商所的同志们带来一个更加优质的办公环境，也是对其的鼓励。在新的办公楼启用后，工商所要继续发扬自己的优良传统作风，继续踏实工作，树立自己的良好形象，争取为我区的经济作出更大的贡献！作为区政府，我们也有义务进一步监督和指导你们的工作，因为，区政府会积极配合你们的工作，给予及时的指导和帮助，希望，在我们共同的努力下，工商所能够更上一层楼！

最后，祝工商所办公大楼落成典礼圆满成功！也祝在场的各位领导、来宾、同志们，工作顺利、事业有成！谢谢大家！

范文二：庆×××社区居委会办公楼落成市领导贺词

【致词人】×××市政府领导

【致词背景】×××社区居委会办公楼落成庆典

各位领导、各位来宾、同志们：

大家好！今天，我们迎来来一个值得庆贺的日子——×××社区居委会办公楼落成了！此刻，我们相聚在一起，共同庆贺这件令人振奋的喜事！我谨代表市委、市政府向×××社区居委会致以最热烈的祝贺！也向所有到场的领导、嘉宾、同志们致以最亲切的问候！

×××社区位于我市的西南，是我市最大的开放型社区，该社区已经建成20多年，居住人口高达3万人，90多幢居民楼，周围的配套设施完备，分布有幼儿园、小学、中学等学校，社区中有中心市场，社区对面开设有大型超市、商场、办公楼等。是我市设施最齐全、居住人口最多的社区。虽然，该社区并不年轻了，但是，该社区依旧充满了活力，并且具有浓厚的生活气息，在我市的社区中依旧属于佼佼者！

想要管理好一个规模如此大的社区并不是一件易事，但是×××社区居委会却将其管理得有声有色，实属不易啊！×××社区居委会在为社区服务20多年的时间里，从来都是以“服务社区、方便居民”为原则，并且与时俱进，不断完善自己，深受广大居民的好评。随着近几年社会经济不断的发展，社区居委会开展了各项活动，并且建立了多个社区活动室，努力提高社区居民的业余生活。但是，在发展的同时，社区居委会也面临了困局，因为原先的办公场地过小，已经满足不了社区居民的需求，开展活动局限性很大。因此，居委会新办公楼的建立就应运而生了！

今天，新办公楼已经落成，即将投入使用，新办公楼的建立标志着我市社区工作进入了一个新阶段，标志着×××社区居委会二十多年的发展策划成果。新办公楼投入使用后，除了作为居委会日常办公的场地，也为市民提供了更多的休闲娱乐室，这里将陆续开设图书室、电脑室、棋牌室、医疗保健室、心理辅导室等，届时，居委会还会开展更多精彩的社区活动，让居民的业余生活变得更加丰富多彩！

×××社区居委会大楼的落成，大大改善了居委会的办公条件，希望居委会的工作人员能够在新的环境中继续发扬服务精神，更好地为广大居民服务！在

此，我祝社区居委会越办越好！谢谢大家！

范文三：庆×××县政府新办公大楼落成县委书记贺词

【致词人】×××县委书记

【致词背景】×××县政府新办公大楼落成庆典

尊敬的各位领导、各位来宾、同志们：

你们好！今天，我们县有一个非常值得庆贺的事情，那就是县政府的新办公大楼落成了！在此，我谨代表县委领导班子以及全体人员向新政府致以最热烈的祝贺！向在场的各位领导、各位来宾、同志们致以最亲切的问候！

县政府是我们县的最高行政机构，是全县的领导核心，是全县人民的向心力所在。改革开放以后，县政府在新政策的指引下，推出了很多有利于政治、经济、文化、教育、医疗等方面发展的政策，我县在县政府的领导下一步步向前稳健发展，综合实力不断提高，人民生产总值已经达到了×××亿元！我县人民的生活水平也是不断提高，人均年收入从原先的××元提高到了××元，人民的医疗、教育等方面也得到了多方位的保障。经过这么多年的发展，我县从一个落后县一跃成为了省里的先进县，多年受到了省市的表彰和称赞。能够取得这样的成绩，多亏了县政府的领导和指引，在此，我要衷心地感谢县政府领导班子以及全体人员的努力和付出，感谢你们为了我县的繁荣发展作出的巨大贡献！

三年前，我县为了改善县政府的办公条件，决定修建县政府办公大楼，新的办公大楼建立在原有办公楼的后边，这里的面积是原先的两倍，将大大扩大县政府的办公面积，更加有利于工作的开展！新的办公大楼里面还采购了多种现代化办公工具，配置了三个现代化会议室，我们的目标是就是高效办公、现代化办公，做到最大程度地为百姓服务！新的办公地点要有新的气象，也希望新政府在新的办公环境中，能够发扬艰苦的作风，履行自己的责任，不辜负党和人民对政府的期望！县委也会最大程度地配合工作，让我们为×××县美好的明天共同努力！

最后，祝县政府办公大楼落成庆典圆满成功！谢谢大家！

范文四：庆×××区民政局办公大楼落区委书记贺词

【致词人】×××区委书记

【致词背景】×××区民政局办公大楼落成典礼

各位来宾、同志们：

大家好！

屋前青山翠，重门瑞气浓！今天，是我区民政局办公大楼落成的日子，很高兴能够前来参加庆典，并发表贺词，在这里我代表区委、区政府向民政局表示热烈的祝贺！

民政局是一个关系到国计民生、人民生活的单位机关，民政局除了管理人们的婚姻大事以外，还关系人们的社会保障、人口的救济、对低保户的低保发放等责任。民政局的工作看似很小，其实却有着很深的含义，和人民的生活息息相关，因此，作为一个民政部门，我们不能有丝毫的懈怠！我区的民政局就深刻认识到了自己工作的重要性，因此他们在以往的工作中，本着“为人民服务”的理念，踏实苦干、勤勤恳恳，立下了不少业绩。因此，得到了区政府、市政府的多次好评。

今天，民政局的新办公大楼落成了，这是一件可喜可贺的事情！办公大楼的落成，体现了政府、人民对民政局工作的极大支持，同时也代表着民政局全体工作人员辛勤工作、开拓进取、奋勇拼搏的精神。新的办公大楼虽然不华丽，但是，里面却具有完善的配套办公条件，改善了以往简陋的办公环境！我们改善办公环境的目的是什么呢？就是为了更加努力地工作，提高工作效率，更加方便群众办事，因此，民政局的同志们在新的办公楼中要继续努力，不要辜负国家和人民对你们的期望！

海不择细流，方能成其大；山不拒细土，故能显其高！我们要在工作中牢记这句话！坚持权为民所用、利为民所谋、责为民所尽、情为民所系的宗旨，以全心全意为人民服务为核心，做到尽心尽责为群众谋利！作为政府部门，我们也会及时解决你们工作中的困难，相信，在我们共同的努力下，民政局的工作一定会更上一层楼！

树雄心创伟业为江山添色，立壮志写春秋为日月增光！希望同志们能够以新的姿态、新的面貌投入到工作中，也希望大家爱在新办公大楼中工作愉快！最后，祝民政局办公大楼落成典礼圆满成功！谢谢大家！

庆重点工程竣工贺词

范文一：庆×××商业大厦落成市领导贺词

【致词人】×××市市长

【致词背景】×××商业大厦落成典礼

尊敬的各位来宾、同志们：

大家好！今天是×××商业大厦举行落成典礼的日子，我们欢聚在此共同庆贺这件大喜事！我作为政府部门的代表能够前来参加庆典并发表贺词，感到十分的荣幸，在此，我向×××商业大厦全体人员致以亲切的问候，也向在场的所有来宾、同志们表示感谢！

×××商业大厦属于市政府的重点工程，是市政府首次规划开发的一座商业综合大楼。当年政府提出这一规划时，面向社会进行了投资招标。在经过多次的考核和竞争后，×××集团从这些招标单位和集团中脱颖而出，成为了×××商业大厦的全权投资兴建者。×××集团之所以能够成为政府信赖的单位，正是因

为它雄厚的实力、严谨的管理。×××集团是我市重要企业，曾经多次和政府部门合作，在全市拥有多个投资单位，涉及多个领域，为我市的经济发展作出了很大贡献！

×××大厦于前年2月开始动工，历经两年半的时间，终于在今天圆满竣工了！在此，我向为这座大厦的建设付出心血和汗水的工人们道一声感谢，正是因为有了你们的劳动付出，才有今天的大厦，才会有美好的城市建设！××大厦分为A、B两栋，竣工使用后，将策划成为我市的重点商业大厦，届时将会有很多公司入驻，底下将会有超市、商场入驻，同时带动周围的商业发展，这里将成为我市的又一个商业繁荣区！从×××大厦的建立可以看出我市经济发展的程度，也是我市商业发展的一个标杆，希望我市的商业犹如×××大厦一样，永远屹立不倒，节节高升！

希望，×××大厦在投入使用之后，能够继续发扬×××集团的优良传统，严格要求自己，不断前进，争取成为我市的先进单位集体！作为政府部门，我们也会给予极大的支持和帮助，让我们共同努力为我市的建筑添砖加瓦！

最后，祝×××大厦落成典礼圆满成功！谢谢大家！

范文二：庆×××大桥竣工仪式企业家代表贺词

【致词人】×××企业总经理

【致词背景】×××大桥竣工通车仪式

尊敬的各位领导、各位来宾、朋友们：

大家好！今天是×××大桥举行竣工通车仪式的日子！非常荣幸，我能够作为企业家代表站在这里为大家致贺辞，我感到非常地荣幸，心情也是非常地激动！我代表所属企业的领导班子以及全体员工向大桥的竣工通车表示最热烈的祝贺，也谢谢大家能够前来庆贺！

我市位于黄河岸边，黄河就好像是我市的一道护城河一般，在解放初期我市分别建设了黄河公路大桥和黄河铁路大桥，这两座桥一直担负着我市通经黄河通向北方各省市的公路、铁路责任。近年来，我市的经济得到了飞速的发展，商贸来往越来越多，因此，对路桥的要求也越来越大。黄河上唯一的公路大桥所承担的压力相对过大，这样一来，不仅会减少大桥的使用寿命，也会造成一定的安全隐患！因此，我市在这样的情况下，开始修建新的大桥——×××大桥。

×××大桥于三年前开始动工，共投入了将近1亿资金，今天终于建成通车了！这座浮桥的落成，将大大缓解黄河公路大桥的通车压力，并且缩短了我市和×××市将近一半的通车时间，由原先的两个小时变为一个小时，可以进一步加强双方之间的经济交流，也方便了大众的通行！路桥建设是一个城市建设的重要部分，也是一个城市发展的标杆，“要想富，先修路”这句早先的标语，用到现在依旧是实用的，要想经济发展，就要交通先行，如果没有便利的交通，那么，经济就好比是没有根基的大树，永远发展不起来！×××大桥的建立，将为成为我市的又一个标志，会促使我市的经济越加繁荣！

自此，我要感谢政府，能够造福于民，便利于民，为我们企业行方便！我也要感谢在施工期间付出心血和汗水的人员，有了你们的艰辛付出此会有了我们的便利，你们的付出将永远记在我们心中！

最后，祝×××大桥竣工通车仪式圆满成功！也祝在场的各位领导、各位嘉宾、朋友们身体健康、事业有成！谢谢大家！

范文三：×××水库竣工贺词

【致词人】×××省长

【致词背景】×××水库竣工庆典

各位嘉宾、各位朋友、同志们：

大家好！在这里个春光明媚、草长莺飞的季节，我们一同来到了×××水库，在这里我们要共同庆祝一件大喜事，那就是×××水库一期工程已经竣工了！在这里，我代表省委、省政府向水库建设付出心血和汗水的同志们致以最衷心的感谢，感谢你们对我省水利事业作出的巨大贡献！

×××位于我省的×××市郊区，是我省在十一五计划期间的重点水利工程建设，水库的建设对于全省都有重要的意义！水库总共投资×××亿元，如今一期工程已经竣工，即将投入使用。一期工程总共历时将近四年时间，水库的主体设施已经基本完备。该水库集蓄水、灌溉、发电为一体，投入使用会将大大改善周边地区用水和用电的需求，同时也会带动周围产业的兴旺，将对我省经济和农业的发展都起到很大的促进作用。在一期工程投入使用的过程中，二期、三期工程也将会陆续开始，当总体工程完工之后，这里还会成为人们平时休闲娱乐的地方，在水库不远处的地方将开辟出一个森林公园，和水库的风景连为一体，组成一个大的休闲观光旅游区，丰富人们的业余生活！

×××市是我省的示范市，历年来都取得很优秀的成绩，从几年前开始，×××市加快了旅游开发的脚步，努力挖掘自己的旅游资源，仅几年的时间，×××市就成功转型，从一个传统的老工业城市成为了一个以环境优美著称的示范性旅游城市。如此大的转变，一来是依靠重要的旅游资源，二来是市政府领导班子努力的结果！×××市的成功转型是值得我省各市县值得借鉴的成功例子，希望大家都可以让×××市学习！

×××水库竣工投入生产之后，希望水库工作人员能够严格要求自己，加强水库管理，做到为人民服务！更希望二期、三期工程能够顺利施工，进一步扩大水库的规模！最后，祝×××水库竣工庆典圆满成功！谢谢大家！

庆文化、公益场所落成贺词

范文一：庆仁爱敬老院落成院长贺词

【致词人】仁爱敬老院院长

【致词背景】仁爱敬老院落成庆典

尊敬的各位领导、各位嘉宾、各位朋友：

大家好！欢迎大家能够出席我们仁爱敬老院的落成庆典，看到大家的到来，我的心情十分激动，这说明我们仁爱敬老院得到了政府以及社会各界人士的关心和爱护，也是大家对敬老养老事业的关注！在此，我向所有关心和支持我们仁爱养老事业的各位领导、嘉宾、朋友们表示衷心的感谢！

我们都知道，我国是一个人口大国，人口基数大，出生率高，随着计划生育政策的推出，我国的人口出生率逐渐减低，出生人口减少。虽然人口增长率减小了，可是我们的人口又出现了新的问题，那就是老龄化现象越来越严重了，我国已经步入老龄化社会。我市的老龄化结构更加严重，60 岁以上老人比重要比全国水平高出 3 个百分点。但是，这些老人的子女相对于从前却是很少的，甚至很多都是独生子女，甚至还有夫妻双方二人负担四个老人的现象，对于三四十岁的人来说，正处于上有老下有小的年龄，如此一来，负担就非常沉重了！如果只是经济上的负担，年轻人或许还可以承受，但是，如果老年人需要专人照顾，那么，就会让子女非常为难，因为这样一来就要放弃工作，但是放弃工作如何来养家糊口呢？所以，很多子女就陷入了两难的境地！养老院的出现，帮助很多家庭解决了实际困难，这也是我们建立仁爱养老院的最初目的！

仁爱养老院位于环境优美的市南郊，这里山清水绿、空气清新，非常适合居住和修养，总面积达 × × 亩，建有三栋住宿楼，分有单间、双人间、套房等多种房间，设有影视厅、小剧场、棋牌室、图书室、运动健身室、医疗保健室等多个娱乐保健设施，同时我们敬老院还配备有专业的医生、护士、护工等，都是具有多年经验、严格筛选出来的！我们致力于给老人一个优雅的生活环境，实现老有所养、老有所乐，让老人的晚年不再孤单！

我们建立仁爱敬老院的目的就要替那些没有精力全方位照顾老人的子女服务，为他们的父母服务，我们仁爱敬老院的目标就是要解决社会的养老问题，减轻大家的养老负担！根据我们的传统观念，孝顺是首要的，因此很多人认为将老人送到敬老院是不孝顺，其实不然，你自己没有能力照顾，或者你不能待在老人身边，与其让老人孤孤单单，不如将老人送到养老院，有专业人员护理，有同龄人一起娱乐，这不就是对老人最大的孝顺吗？因此，我们应当改变传统观念，给老人一个更加舒适的晚年！养老是我们社会的大事业，我们仁爱人将养老作为毕生的事业，努力争取让更多的老人享受到我们仁爱的关怀！

最后，我祝在场的各位领导、各位来宾、各位朋友事业顺利、家庭美满，也祝天下所有的老人健康长寿、生活幸福！谢谢大家！

范文二：庆×××陵园完工市领导贺词

【致词人】×××市领导

【致词背景】×××陵园完工庆典

尊敬的各位领导、各位嘉宾、同志们：

大家好！今天是×××陵园举行万公庆典的日子，很荣幸能够前来参加庆典并且发表贺词，在此，我谨代表市委、市政府向为陵园建设付出心血和汗水的人们致以亲切的问候，感谢你们为陵园建设付出的努力！

×××陵园是我市开发和建设的最大陵园，该陵园落成投入使用后，将成为我市丧葬的示范地，我市的丧葬制度将得到进一步完善，这里将是社会进步的又一体现。×××陵园采用的是更先进的丧葬方法，可以消除乱埋滥葬的坏现象，节约日益减少的土地资源，将更加环保、更加合理化、更加科学，从此后，我们×××市将迎来一场丧葬业的改革。这个改革是具有重大意义的，关系到民生，关系到未来，是造福子孙的长远大计！×××陵园还有一个突出特色，那就是更加人性化，这里将与自然同在，最大限度尊重自然，将生态陵园的概念进行到底，这是人类同自然和平共处、共同发展的典范，具有非常高的生态效益！

×××陵园刚刚才成立，一起还处于起步中，因此，这里还有很多不足的地方需要完善。在今后的发展中，我们要继续努力，完善自己。陵园的管理部门要进行合理、科学、严格的管理，另外，还要积极向社会宣传新的丧葬思想，争取让全社会转变观念，形成良好的社会风气！陵园是社会的一项公益事业，我们的工作人员要有充分的耐心和爱心，全心全意为人民服务，显示出人文关怀。市政府也会对陵园的不断建设给予帮助和支持，相信，在我们共同的努力下，×××陵园会成为一个环境优美、具有人文关怀的现代环保陵园，也将成为我市的示范性公益单位！希望社会各界人士都能够给予陵园支持和关心，全民行动，塑造更加生态环保的社会！

最后，祝×××陵园完工庆典圆满结束！谢谢大家！

范文三：庆×××广场落成区领导贺词

【致词人】×××区领导

【致词背景】×××广场落成庆典

尊敬的各位领导、各位来宾、同志们：

大家上午好！金秋送爽、秋果飘香，今天是十月一日，是我们伟大的祖国××岁的生日，首先，我祝愿我们伟大的祖国生日快乐、更加繁荣富强。在这个举国欢庆的日子里，我们区也迎来一个大喜事，那就是×××广场落成了！很高兴

能够前来参加广场落成庆典，我的心情十分激动，在此，我向广场的落成表示最热烈的祝贺！

此时此刻，我们站在新建成的×××广场上，相信大家和我的心情一样激动！×××广场是我区重要的建设工程之一，该广场建设的主要目的就要为市民提供一个休闲娱乐的场所，丰富市民的业余生活，还可以方便社会机构开展各种活动。该广场于三年前开始修建，到现在为止，大体工程已经修建完毕，后面我们还将陆续对广场进行美化和完善。×××广场的中心为×××人工湖，在×××湖的周围，分布着各种小亭子、座椅、草地、树林、各种雕塑、多个室内外体育活动场所等广场设施，广场有东西南北四个停车场，可以方便人们的交通出行。

×××广场的建立对我区的精神文明建设具有重要的意义，它是我区政府人文关怀的表现，今后，×××广场将成为我区的中心文娱广场，对我区文艺发展有巨大的促进作用，我区也会充分利用现有的广场资源，多多组织各项文娱活动。这里的多个室内外体育活动场地，也将成为市民健身运动的好场所，全民健身不会再是一个口号，而将会彻底地贯彻下去！广场落成投入使用之后，希望广大市民能够多多爱护广场，维护好广场的一草一木，美好的城市环境需要大家共同努力，让我们共同塑造一个美好的家园！

在此，我要感谢所有在广场建设期间付出心血和汗水的人们，你们的付出换来了我们的方便，你们的劳动给我们带来了美好！谢谢你们对广场建设的参与！最后，祝×××广场落成庆典圆满成功！谢谢大家！

范文四：庆×××文化中心镇领导落成贺词

【致词人】×××镇领导

【致词背景】×××文化中心落成庆典

尊敬的各位领导、各位来宾、朋友们：

你们好！今天我们镇迎来了一件大喜事，那就是×××文化中心落成了！今天将成为一个值得庆贺的日子，将成为大家铭记在心的日子！非常感谢大家能够前来参加庆典，我谨代表镇政府、镇党委以及文化中心的全体人员向大家致以最热烈的欢迎！×××文化中心能够顺利落成，是离不开大家的关心和支持的，在此，我向大家道一声真诚的感谢！

最近几年，我镇努力发展自己，在政治、经济方面都取得了很大的成绩，我镇也发生了翻天覆地的变化，呈现了一个崭新的面貌，但是，我们所做的这些还是远远不够的，我们需要继续努力，我们需要百尺竿头更进一步，要在经济不断发展的同时，增强我镇的综合实力，实现我镇的可持续发展。因此，我们要在经济的基础上，大力发展文化事业。

一个地区的文化事业将决定着整个地区的发展前景，文化事业在整体的区域竞争力中占有很高的比重，如果说文化事业落后，那么，即使经济发展再迅速，那么，一切也将是昙花一现，并不能可持续发展，最终我们还会落后。文化是第一生产力，文化将成为发展的举出。最近几年，我镇认识到了文化的重要性，因此，在文化的发展上下了很大工夫。虽然采取了很多措施，但是并不能满足人们对文化方面的需求，人们对文化的需求依旧很大，因此，我镇还需要加强对文化的建设。

为了进一步发展我镇的文化事业，我镇决定建立×××文化中心，该文化中心是我镇十一五计划中的重要工程之一，经过两年的时间，今天终于建成了。文化中心的建成可以满足人们对文化的需求，也是我镇领导对加大文化建设的体现，这个文化中心将成为我镇文化建设的一个标杆，成为我镇得文化建设核心，在今后的文化发展中将有着举足轻重的作用！我镇以该文化中心为基础，将大力发展各种文化事业和活动，充分发挥文化中心的作用，带动全镇人民的文化学习热情，努力提高我镇人民的文化素质和涵养！在今后的日子里，镇政府会和全体镇民一起努力，打造出一个全新的×××镇，一个文化的×××镇！

最后，祝×××文化中心落成庆典圆满成功！谢谢大家！

范文五：庆×××足球场落成领导贺词

【致词人】×××市体育局局长

【致词背景】×××足球场落成庆典

尊敬的各位领导、各位来宾、朋友们：

大家好！春风和煦、春意浓浓，在这个万物勃发的季节，我们共同相聚在这里，为的是庆祝我市体育界的一个大喜事，那就是×××足球场落成了！我谨代表体育局领导班子以及全体人员向×××足球场的落成表示热烈的祝贺！同时，也向在建设期间付出汗水的人们道一声辛苦了！

我市是一个体育强市，在众多的体育的比赛中都获得过大奖，我市对体育的教育也非常重视，从小学到高中，我市是体育人才辈出，很多同学还有幸进入到省队和国家队，不仅为我市增光添彩，也为国家和地方培养了大量的体育人才！我市在发展体育事业的时候，也十分注重发展全民体育，修建了多个体育场所，方便运动员训练的时候，也方便了市民的运动健身。虽然，我市的体育事业发展势态良好，可是，我市的体育项目还有一个不足的地方，那就是没有一个专业的足球场，足球运动没有得到很好的发展，现有的足球场已经不能满足广大市民以及运动员的需求了。考虑到一个专业足球场对运动事业的重要性，考虑到专业足球场对足球运动提升的促进作用，我局在市政府的批准下决定建立一个专业主球场，进一步促进我市的体育事业！

×××足球场于2003年开始动工，历时两年的时间，今天终于竣工了！×××足球场是我市的第一个专业足球场，这个足球场将改变我市的足球运动，将

进一步推动我市的足球运动发展，带动全市人民对足球运动的喜爱。同时，有了这个专业足球场后，我们还可以举办更多专业的足球赛，让大家开阔眼界，充分了解这项运动。足球起源于中国，却没有在中国兴旺起来，其中有很多原因，我们就不探究了，但是，振兴足球运动却是我们每个人的责任，因此，×××足球场的建立也是具有深远意义的，它将成为振兴我市足球运动的一个基点，或许将来，在我们这片热土上，会培养出优秀的足球运动员，为振兴我国足球运动贡献自己的一份力量！

希望，×××足球场在投入使用后，大家能够充分利用现有的资源，多多参加足球运动，努力培养体育人才，争取将我市的足球事业发展壮大！

最后，祝×××足球场落成庆典圆满结束！也祝我市的体育事业能够更加兴旺！谢谢大家！

庆新居落成贺词

范文一：庆×××公司职工宿舍楼落成贺词

【致词人】×××公司总经理

【致词背景】×××公司职工宿舍楼落成庆典

各位来宾、各位朋友、全体员工们：

大家好！今天，我们欢聚在公司大礼堂中，是为了共同庆祝一件大喜事，那就是我们新建的职工宿舍楼圆满竣工了！在这里我代表公司向在修建期间付出心血和汗水的所有人道一声辛苦了！正是因为你们的辛勤劳动才有了我们的宿舍楼，才给了我们员工一个舒适的住宿环境！

我们集团是一个多领域的股份制集团，这里的厂区是我集团在×××投资兴建以生产型材为主的分公司，分公司在建立的五年时间里，踏实务实，不断前进，取得了很不错的成绩！我们分公司已经成为了集团的中流砥柱，每年创造的效益已经大大超越了其他分公司，我们能够取得这样的成就，和全体员工的努力是分不开的，正是因为有了你们的勤奋工作，才会有了我们今天的辉煌。我们分公司还涌现出了很多优秀员工，每年都会有数名员工得到总公司的嘉奖，这不仅是个人的荣耀，也是我们×××公司的荣耀！在此，我要感谢所有的员工，是你们创造了奇迹，是你们成就了我们×××公司！

随着公司规模的不断扩大，原先的一幢宿舍楼已经无法满足我们员工的住宿要求，因此，为了改善员工的住宿条件，我们决定再兴建两栋宿舍楼，经过两年的时间，这两栋宿舍楼终于圆满竣工。新建的宿舍楼总面积达×××平方米，可以满足全体员工的住宿要求，不仅如此，我们还根据员工的住宿要求，分别修建单间和一室一厅两种房型，可以满足员工以及家属的住宿要求，在每个房间里我们都配备有卫生间，个别房间配备有小厨房。新建的宿舍楼无论是从配置上还是装饰上我们都尽量做到人性化，让我们的员工得到最大的温暖。公司就是一个大家庭，我们要相互关怀、相互帮助，每个人都要相亲相爱，相信一个拥有爱的公司必然会蓬勃发展起来。我相信我们的员工入住新宿舍楼之后，一定会更加努力工作，为公司创造更大的效益！

最后，祝职工宿舍楼落成庆典圆满结束，也祝在场的所有来宾、朋友以及全体员工身体健康、合家幸福！谢谢大家！

范文二：庆×××集团家属院落成贺词

【致词人】×××集团后勤处领导

【致词背景】×××集团家属院落成庆典

尊敬的各位领导、各位来宾、各位朋友、全体员工以及家属们：

大家好！今天是我们集团一个值得庆贺的日子，因为我们的家属院终于圆满竣工了！现在，我们来到了新落成的家属院门前，共同庆贺这件大喜事！我代表集团的领导班子向在家属院修建期间关心和支持我们的领导、朋友表示最衷心的感谢！

×××集团成立于××××年，已经有了40年多年的历史，集团从建立起，经历了数次改革和重组，最终形成了现在的规模。我们集团能够在改革的大溯中，迎风破浪，屹立几十年不倒，就在于我们集团有着团结一致、积极奋进的精神，我们从来不会在困难面前低头，我们不怕挫折，不畏艰险，坚持自己的信念，不断完善自己。因此，虽然我们曾经消沉过，可是，我们依旧一步一步挺了过来，不仅恢复了以往的活力，而且变得更加欣欣向荣！在这里，我祝愿我们集团能够越来越好，创造更大的辉煌！

我知道，企业的核心力在于人，在于人文关怀，如果没有全体员工的共同努力，我们集团也不会有今天的成就，因此，每一位员工对于我们集团来说都是非常重要的。作为集团后勤处的工作人员，我们管理着我们集团员工的衣食住行等方面的问题，每一个员工的生活都和我们息息相关！我们集团最大的优点就在于一切以员工为主，为员工创造更多的福利生活，让员工生活的更加幸福！因此，我们集团十分关注员工的住房问题，从建立的四十多年时间里，我们陆陆续续修建了多座宿舍和家属楼，大大改善了员工的住宿环境！

今天落成的家属院中，总共有十二幢楼，均为六层的多层建筑，其中两幢为商用楼，其余为居民楼，可以容纳×××户居民入驻，届时将解决我集团住房有困难的所有员工。这些居民楼的建造，是对我们集团员工的奖励，也是我集团人性化的体现。希望我们的员工在入住后能够更加努力地工作，为集团创造出更多的效益！

最后，祝家属院落成庆典圆满节结束！祝各位领导、各位来宾、各位朋友、全体员工以及家属们工作顺利、幸福美满！谢谢大家！

范文三：庆×××村新农村社区居民楼落成贺词

【致词人】×××镇镇长

【致词背景】×××新农村社区居民楼落成庆典

尊敬的各位领导、各位来宾、同志们、父老乡亲们：

大家上午好！今天是×××村新农村社区居民楼落成举行庆典的日子！这是一个值得庆贺的大喜日子，是全体村民值得纪念的日子，也是我镇的一件大喜事！此刻，站在崭新的社区居民楼前面，我的心情十分激动！看到农民的居住条件有了如此大的改善，我十分高兴，为农民的生活水平提高而感到开心！在此，我向所有为新农村建设付出心血和汗水的人民致以最衷心的感谢！也向×××村新农村社区居民楼的落成表示热烈的祝贺！

国家根据近年来全国的发展形式，对新农村的建设加大了力度，新农村建设不仅包括减轻农民的生活负担，也要改善农民的生活环境，其中，居住环境就是其一。×××村向来都是我镇的先进村，在最早开展乡镇企业的时候，×××就一马当先，利用自己当地的特长和优势，引进外资，开办了我镇首家乡镇企业，成为了我镇乡镇企业的典范带头人，从而带动了我镇乡镇企业的发展。后来×××村不断增加乡镇企业的数量，又建立了村办企业，村中还出现了许多优秀的乡镇企业家，到今天，×××村已经实现了从单纯种地到生产、加工、销售一体化的产业链。村中的财政收入不断增加，农民的生活水平不断提高，成为了我镇最富裕的村子！

当我镇提出修建新农村社区居民楼的时候，×××又是第一个响应号召，他们到全国考察了多个新农村建设的典范，经过研究和考察以及在全村征询意见，他们制定了一套适合自己的新农村社区建设方案！在经过了短短四年时间的建设，×××村的新社区终于竣工了！社区中除了整齐划一的居民楼，还建有中心广场、花园等公共设施，并且全村都装上了燃气、暖气设施，农民的生活从此焕然一新了！×××村能够取得今天的成绩和村干部的领导是分不开了，因此，我镇的各村干部都要向×××村学习，争取赶上建设的步伐！

最后，祝×××新农村社区居民楼落成庆典圆满成功！也祝各位领导、各位来宾、同志们、父老乡亲们身体健康、万事如意！谢谢大家！